윤숙자 교수의

제6판

한국의 떡·한과·음청류

| 전통의 맛과 멋 |

지구문화사
JIGU PUBLISHING Co.

머리말

우리의 전통음식은 유구한 역사와 함께 우리 민족의 혼과 정서를 면면히 이어온 전통문화의 집약체로서, 그 종류도 많거니와 맛이나 영양, 질감과 향(香)을 위한 배합이 대단히 과학적입니다.

전통떡의 경우, 전분성 식품인 쌀에 두류와 밤 · 대추 · 호두 · 잣과 같은 견과류 등의 단백질과 지방식품의 혼합, 그리고 마른 과일, 쑥, 승검초, 석이, 복령, 창출, 해송자, 토란 등의 약이성 초본(藥餌性草本)의 배합으로, 우리 몸에 영양을 주고 약(藥)이 되는 성분이 많아 건강을 보존할 수 있습니다. 또한 진달래, 국화, 장미, 계피, 송화, 흑임자, 송기, 오미자, 치자, 연지, 갈매, 지추, 심황 등 다양한 천연염료와 천연향신료의 이용은 과학적으로 영양소의 상호보완작용을 해주며, 한편으로 향약성 효과와 함께 시각적인 면과 미각적인 면을 만족케 해 줍니다.

또한 지방에 따른 떡과 한과의 크기나 모양의 특색은 그 지방 사람들의 독특한 심성을 보는 것 같습니다. 특히 떡을 비롯 한과의 문양을 내기 위한 떡살 · 다식판 · 약과판의 아름다운 조각은 운치가 있어 음식의 품격을 높여주고, 편의 웃기로 많이 쓰이는 주악이나 화전의 아름다운 조화는 자연과 인간이 하나로 이어지는 우리네 삶의 철학을 보는 것 같아, 우리 전통 떡과 한과의 훌륭함은 아무리 강조해도 지나치지 않습니다.

오늘날 우리네 생활이 좀더 빠르고, 쉽고, 편하게만 되어가는 시대에 우리 떡과 한과, 음청류를 현대 생활에 적응시켜서 한국 고유의 전통을 이어가는 것은, 우리의 의무이며 뜻깊은 일이라 생각됩니다.

본인은 그 동안 (사)한국전통음식연구소 떡과 한과를 가르치는 일에 치중해왔으며 이러한 경험을 바탕으로 현재 알려져 있는 떡과 고(古)조리서에는 기록되어 있으나, 지금은 사라져 버린 우리의 떡과 한과, 음료를 함께 정리한《한국의 떡 · 한과 · 음청류》제6판을 출간하게 되었습니다.

좋은 책이 나올 수 있도록 회(回)를 거듭하며 출판을 도와주신 지구문화사의 주병오 사장님과 함께 만들고 애쓰신 한국전통음식연구소의 사랑하는 이명숙 원장님을 비롯한 여러 선생님들께 감사드립니다.

계묘년 정월

저 자

차 례

제1부 한국의 떡

1. 떡의 역사와 유래

1. 찌는떡

백설기 14
콩시루떡 16
각색편 18
잡과병 20
서속떡 22
모듬백이 24
상주설기 26
사과버무리 28
남방감저병 30
색떡(무지개떡) 32
구선왕도고 34
팥고물시루떡 36
물호박떡 38
무시루떡 40
상추떡 42
감고지떡 44
찰옥수수시루떡 46
율 고 48
석탄병 50
복령떡 52
조침떡 54
귤병편 56
약편 · 대추편 58
느티떡 60
호박편 62
신과병 64
두텁떡 66
혼돈병 68
녹두찰편 70
깨찰편 72
쇠머리찰떡 74
구름떡 76
송 편 78
도토리송편 80
조개송편 82
칡송편 84
호박송편 86
감자송편 88
꽃송편 90
햇보리개떡 92
모시잎떡 94
쑥갠떡 96
깻잎떡 98
솔방울떡 100
콩 떡 102
백령도김치떡 104
부 편 106
상외떡 108
약 식 110
증 편 112
강릉방울증편 114

2. 치는떡

인절미 116
연안(혼인)인절미 118
개피떡 120
여주산병 122
고치떡 124
달 떡 126
쑥굴레 128
좁쌀떡 130
꽃산병 132
감자찰떡 134
골무떡과 꽃절편 136
단자(밤, 쑥, 석이) 138
단자(색, 은행, 대추) 140
호박삼색단자 142
감단자 144
해장떡 146
오쟁이떡 148
감 떡 150

3. 지지는떡

진달래화전 152
장미화전 154
맨드라미화전 156

국화전 158
익신섭진 160
구절떡 162
곤 떡 164
찰부꾸미 166
결명자 찰부꾸미 168
섭산삼병 170
노티떡 172
잡곡부치개 174
토란병 176
주 악 178
대추주악 180
빙 떡 182
개성우메기 184
서여향병 186

4. 삶는떡

각색경단 188
꿀물경단 190
오베기떡 192
두텁단지 194
율무단자 196
차수수경단 198
잣구리 200
도행병 202
꼬장떡 204
오그랑떡 206
닭알떡 208
잡과편 210

제2부 한 과

2. 한과의 역사와 유래

약과 · 다식과 218
모약과 220
만두과 222
중박계(중배기) 224
매작과 226
채소과(채수과) 228
요화과 230
계강과 232
차수과 234
강정(흑임자 · 송화 · 세반 · 깨) 236
각색산자(세반 · 승검초가루 · 송화 · 계피 · 깨) 238
잣산자 · 매화산자 · 밥풀산자 240
빈사과 242
감사과 244
연사과 246
메밀산자 248
묘화산자 250
엿강정 252
엿강정(쌀 · 대추 · 호두) 254
오색쌀엿강정 256
다식(송화 · 흑임자 · 콩 · 오미자 · 녹말) 258
다식(용안육 · 북어 · 새우 · 산사 · 파래 · 당귀 · 인삼) 260
율란 · 조란 262
생 란 264
밤초 · 대추초 266
정과(연근 · 도라지 · 생강 · 산수유 · 매실 · 유자) 268
정과(잣 · 건포도 · 행인 · 당근 · 맥문동 · 수삼 · 산사) 270
오미자편 272
유자편 274
앵두편 276
버찌편 · 생강편 278
살구과편 280
산딸기편 282
엿(들깨 · 땅콩) 284

제3부 음청류

3. 음청류의 역사와 유래

차(茶)
국화차 · 매실차 292
오과차 294
모과차 · 귤강차 296
녹차 · 매화차 298
구기자차 · 결명자차 300

탕(湯)
습조탕 · 제호탕 302
회향탕 304
봉수탕 306

장(漿)
유자장 · 여지장 308
매 장 310

갈수(渴水)
오미갈수 · 임금갈수 312

숙수(熟水)
율추숙수 314
자소숙수 · 정향숙수 316

청량음료
식 혜 318
수정과 320
배 숙 322
진달래화채 324
밀감화채 326
오미자화채 328
유자화채 330
산딸기화채 332
순채화채 334
수박화채 336
송화밀수 338
잡곡미수 · 율무미수 340
안동식혜 342
떡수단 344
보리수단 346
원소병 348
창 면 350

부록 1 여러 가지 떡가루와 떡 만들기 354
부록 2 떡의 용도와 그 성격 358
부록 3 떡 기구 · 기명 360
부록 4 고려시대 이전의 조리용구 364
부록 5 각종 떡살 문양 365
부록 6 식품 중량표 366

참고문헌 367
찾아보기 369

제1부
한국의 떡

떡의 역사와 유래
찌는 떡
치는 떡
지지는 떡
삶는 떡

1. 떡의 역사와 유래

떡이란 곡식을 가루내어 물과 반죽하여 쪄서 만든 음식을 통틀어 이르는 말로서, 흰떡·시루떡·인절미·송편·화전·주악·경단 등이 모두 이에 속한다.

우리나라 떡의 유래와 발달과정은 **삼국시대 이전부터** 청동기시대의 유적인 나진초도패총 및 삼국시대의 고분군에서 시루가 출토되고 있어, 우리나라의 떡은 삼국(三國 : 고구려, 신라, 백제)이 정립되기 이전에 만들어졌을 것이라는 추론이 지배적이다. 이러한 추론을 뒷바침하는 사실로, 삼국시대 이전에 이미 쌀을 비롯한 피·기장·조·수수와 같은 곡물이 생산되고 있었고, 신석기시대의 유적지인 황해도 봉산 지탑리 유적에서 곡물의 껍질을 벗기거나, 가루로 빻는데 쓰는 원시적 도구인 갈돌이 발견되었으며, 이 무렵의 생활유적지에는 거의 예외없이 연석(갈돌)이나 확돌이 발견되고 있기 때문이다.

또한 무문토기시대 유적과 삼국시대 고분에서도 거의 시루가 출토되었으며, 고구려 시대의 유적인 황해도 안악 제 3 호 고분 벽화와 황해도 양수리 벽화 등에서도 시루에 음식을 찌고 있는 모습을 발견할 수 있다. 이러한 사실은 시루에서 찐 음식인 떡이 농경 전개시기부터 널리 애용되었으리란 추측을 가능케 한다.

따라서 우리나라의 떡은, 떡을 찌는데 꼭 필요한 상용용구(常用用具)인 시루의 역사와 같이 한다고 볼 수 있으며, 아울러 곡물의 가루로 찐 시루떡이나 쌀을 찐 다음 절구에서 쳐서 만든 도병류가 상용되었을 것으로 짐작할 수 있다.

한편, 중국 전국시대(戰國時代 : BC. 480~222)의 문헌인 《주례(周禮)》를 보면, '사(餈)'와 '분자(粉餈)'라고 하여 곡물을 쪄서 문드러지게 치는 떡과 친 떡에 콩가루를 묻힌 떡을 소개하고 있는데, 우리나라는 중국과 접경을 이루어 당시의 떡은 그들의 떡과 크게 다르지 않았을 것으로 생각된다.

삼국 및 통일신라시대로 접어들어 권농시책과 함께 본격적인 농경시대가 전개되면서 쌀을 중심으로 한 곡물의 생산량이 증대되어 쌀 외의 곡물을 이용한 떡도 다양해졌음을 알 수 있다.

《삼국사기(三國史記)》〈신라본기〉 유리왕 원년 (298)에 왕자인 유리(儒理)와 탈해(脫解)의 왕위계승과 관련된 기록이 있는데, '탈해가 유리에게 왕위는 용렬한 사람이 감당할 바 못되며, 듣건데 성스럽고 지혜로운 사람은 이(齒)가 많다고 하니 시험을 하여 결정하자고 하여, 두 사람이 떡을 깨물어 본 결과 유리의 치아 수가 더 많아 왕위에 올랐다.'고 하였다.

따라서 당시의 떡이 어떤 종류의 것이었는지 밝혀진 것이 없으나 깨물어서 잇자국이 선명하게 날 정도의 떡이라면 흰떡이나 인절미, 절편류였을 가능성이 높다. 또 동서(同書) 〈열전(列傳) 백결선생(百結先生)조〉에 의하면, 세모에 이웃에서 떡을 찧느라 방아소리가 들리자 가난하여 떡을 치지 못하는 아내의 안타까운 마음을 달래주기 위하여 거문고로 떡방아소리를 내었다고 한다.

여기서 백결선생이 거문고로 떡방아소리를 내었다고 한 것은 떡메로 떡을 치는 소리인 바, 흰떡이나 인절미와 같은 절편이었음을 알 수 있다.

이밖에 《삼국유사(三國遺史)》〈가락국기(駕洛國記)〉에 제향을 모실 때의 차림음식이 기록되어 있는데, '조정의 뜻을 받들어 세시마다 술, 감주, 떡, 밥, 차, 과실 등 여러가지를 갖추어 제사를 지냈다'고 하였다. 이러한 사실들로 미루어 떡은 당시에 제사음식으로도 쓰였음을 알 수 있다.

고려시대로 접어들면서 떡은 한층 발달하였고, 상류층이나 세시행사와 제사음식만으로서가 아닌, 하나의 별식으로서 일반에 이르기까지 널리 보급되었음을 엿볼 수 있다.

1765 년 《해동역사(海東繹史)》에 고려사람들이 밤설기떡인 율고(栗糕)를 잘 만든다고 칭송한 중국인의 견문을 소개하였으며, 지금으로부터 1,500 여 년전 원(元)의 기록인 《거가필용(居家必用)》에 '고려율고'라는 우리의 떡을 소개하고 있다.

이렇게 우리 조상들의 지혜와 뛰어난 떡 솜씨는 여러 기록에서 엿볼 수 있는데 즉, 떡을 찔 때 끝물을 내려서 공기가 고르게 들어가게 함으로써, 떡이 고르게 잘 익고 탄력성이 커지며 또한 쉽게 굳지 않는다는 사실을 이미 터득했었음을 알려주고 있다.

또 1613 년《지봉유설》에 《송사(宋史)》를 인용하여 기록하기를, '고려에서는 상사일(上巳日, 음력 3 월 3 일)에 청애병(靑艾餠, 쑥떡)을 으뜸가는 음식으로 삼았다'고 한 것으로 보아, 이 당시에도 쌀가루에 쑥을 섞어 찐 쑥설기가 보편화되었음을 알 수 있다.

고려 말기에 이르러서는 단자류와 전병(煎餠) 등 다양한 종류의 떡이 등장하였다. 고려 공양왕 때 목은(牧隱) 이색(李穡)의 저서 《목은집(牧隱集)》에 '유두일에는 수단(水團)을 하였고, 차수수로 전병을 부쳐 팥소를 싸서 만든 찰전병이 매우 맛이 좋았다'고 하는 기록과 함께 '점서(粘黍)'라고 하는 찰기장으로 만든 송편도 등장한다.

이밖에 기주떡의 일종인 상화떡(霜花餠)이 등장하는데, 상화떡(상화병)은 발효시켜 팥소를 넣어 만든 것이 오늘날의 증편(蒸餠)과는 다르다. 《고려가요》에 '쌍화점에 쌍화사러 가고 신딘/회회(回回)아비 내 손모글 주여이다/이 말씀이 이 점(店) 밖을 나명들명/다로러거더러 죠고맛감 삿기 광대 네 말이라 호리라'고 하였는바, 그 내용인 즉 '쌍화점에 갔더니 회교도인이 내 손목을 쥡디다. 이 소문이 상점밖에 퍼지면, 조그마한 새끼 광대(廣大), 네가 퍼뜨린 것인 줄 알리라' 하는 말이다. 사실 이 노래는 고려의 수도인 개성 부근에 유행되던 속요로서, 당시 고려에 와 있었던 아라비아 상인과 고려 여인과의 남녀관계를 노래한 것이나, 그 내용에 있어 쌍화점이 등장하는 것으로 보아 이미 당시에도 떡이 상품화되어 일반에 널리 보급되었음을 알 수 있다.

고려시대를 떡이 일반화되었던 시기로 본다면, 조선시대는 떡의 전성기였다고 할 수 있다. 그 종류와 용도가 한층 다양해지고, 조리 및 가공법의 발달로 맛도 향상된 것이다.

조선시대로 접어들면서 떡은 혼례·빈례·제례 등 각종 행사와 대·소연회에 필수적인 음식으로 자리잡았으며, 이 같은 습속은 지금까지도 전통과 관습으로 이어져오고 있다.

전반적으로 농업기술과 음식의 조리 및 가공기술이 발달하여 식생활 문화가 향상되었다.

국시(國示)로 내걸었던 유교가 사회 깊숙히 뿌리를 내리면서 관혼상제 등의 의례와 세시행사가 관습으로 자리를 잡게 되었으며, 조과류와 함께 다양한 떡이 전통음식으로서 등장하게 된 것이다.

초기에는 단순하게 곡물가루를 증숙하던 방법에서 벗어나 점차 다른 곡물을 배합하거나 부재료로 쓰는 소와 고물의 재료로 꽃이나 과일, 향신료를 이용하게 되었던 것이다.

즉 곡류는 물론이고 채소·과일·버섯·야생초·한약재·해조류 등을 주재료로 이용했고, 소와 고물, 그리고 감미료로 조청·꿀·계피·설탕·엿기름·참깨·팥·밤·대추 등이 이용되었으며, 치자·수리취·승검초·송기·쑥·연지·오미자 등이 발색소로 이용되면서 떡은 한층 화려해지고 모양도 다양해졌으며 맛 또한 독특해졌다.

조선시대의 떡을 기록한 문헌으로 1611년 《도문대작(屠門大嚼)》을 비롯하여 여러 종류의 다양한 조리서가 발간되어 떡 등의 음식 조리기술이 크게 발달하게 되었다. 《음식지미방》·《음식보》·《증보산림경제》·《규합총서》·《임원십육지》·《동국세시기》·《음식방문》·《시의전서》·《부인필지》·《음식만드는 법》·《군학회등》·《옹희잡지》·《주방문》·《술빚는 법》·《요록》·《조선무쌍신식요리제법》·《조선요리제법》·《시의방》·《조선세시기》·《간편조선요리제법》·《조선요리》·《우리나라 음식만드는 법》·《이조궁중음식연회고》·《규곤요람》·《조선상식》·《성호사설》·《열양세시기》·《음식법》 등이 있다.

조선시대의 떡을 만드는 기술이 얼마나 발달하였던지, 1815년 《규합총서(閨閤叢書)》에 '석탄병(惜呑餠)'의 유래에 대해 적고 있는데, '맛이 차마 삼키기 안타까운 고로 석탄병이라 한다'고 소개하고 있다. 석탄병은 감설기떡으로, 멥쌀가루에 설탕·팥·밤·대추·잣·꿀·녹두·수시(水柹)·계피·귤병을 섞어 고물을 얹어 찐 시루떡이다.

떡은 궁중과 반가를 중심으로 더욱 사치스럽게 발전하여 조선시대 음식관련 조리서에 등장하는 떡의 종류만 해도 무려 198가지에 이르고, 떡을 만드는데 사용된 재료의 가지 수도 95가지나 된다. 특히 궁중에서는 사치의 정도가 더욱 심하여 각색메시루떡, 각색 차시루떡, 각색조악, 화전, 각색단자 등을 높이 1자 8치로 높게 고여서 연회에 사용하였다고 하는 기록을 볼 수 있어 당시 조선후기를 휩쓸었던 사치풍조가 떡에도 반영되었음을 엿볼 수 있다.

대표적인 문헌으로 1670년 《음식지미방(飮食知味方)》에는 석이편법·밤설기법·전화법·빈잡법·잡과법·상화법·증편법·섭산산법 등 8가지 떡만드는 방법이 수록되어 있고, 1815년 《규합총서》에는 석탄병 · 백설기 · 혼돈병 · 복령조화고 · 도행병 · 무떡 · 기단가오 · 신과병 · 토란병 · 송기떡 · 서여향병 · 석이병 · 상화 · 밤조악 · 대추조악 등 27 종의 떡이름과 만드는 법이 기록되어 있다.

이렇듯 유구한 역사와 전통성, 토착적 성격을 간직해 오던 우리나라의 떡은 **19 세기말로 접어들면서** 한일합병과 이후 36 년간의 일제의 강점기 그리고 6 · 25 전쟁 등 급격한 사회변화와 함께 물밀듯이 밀려들어온 서양의 빵에 의해 밀려나기도 했지만, 그 문화는 지금까지도 이어져 오고 있다.

떡의 종류는 만드는 방법에 따라 시루에 쪄서 완성한 찐 떡, 찐 다음 떡판이나 절구를 이용하여 쳐서 완성한 친 떡, 기름에 지져서 완성한 지진 떡, 찰가루 반죽을 삶아 건져 낸 삶은 떡 등 크게 네 종류로 나눈다. 그리고 떡은 시루에 찐 떡이 가장 오래된 최초의 조리법이므로 떡의 기본형으로 한다.

1948 년《조선상식(朝鮮常識)》〈풍속편(風俗篇)〉에서 최남선은 '가만히 동양 3 국의 떡을 살펴보면, 중국에서는 밀가루를 주재료로 하여 굽는 것이 본위요, 일본에서는 찹쌀가루를 주재료로 하여 치는 것이 본위인데 비하여, 우리나라에서는 멥쌀가루를 주재료로 하여 찌는 것이 본위로 되어 있어, 삼국이 제 각기 특색을 가지고 있다. 진실로 조선의 떡은 시루떡이 정통의 것으로써, 다른 여러 종류는 시루떡에 대한 보조물, 사치물(奢侈物)이 되는 감이 있다'고 하여 이러한 사실을 뒷받침해 주고 있다.

찌는 떡(甑餠, 蒸餠)을 다른 말로 시루떡이라고도 하는데, 멥쌀이나 찹쌀을 물에 담갔다가 가루로 만들어 시루에 안친 뒤 김을 올려 익히며, 찌는 방법에 따라 다시 설기떡(무리떡)과 켜 떡으로 구분한다.

설기떡은 찌는 떡의 가장 기본으로, 멥쌀가루에 물을 내려서 한 덩어리가 되게 찌는 떡이고, 켜떡은 멥쌀이나 찹쌀가루를 시루에 고물로 얹어가며 켜켜로 안쳐 찐 떡이다.

1763 년경《성호사설(星湖僿說)》에 '지금도 설기를 숭상한다. 가례에 쓰는 '자고'가 이것이다. 또는 멥쌀가루에 습기를 준 다음, 시루에 넣어 떡이 되도록 오래 익힌다. 이것이 백설기이다.'라고 기록되어 있다. 따라서 설기떡은 백설기법을 기본으로, 콩시루떡 · 무시루떡 · 잡과병 · 도행병 · 율고 · 행병 · 도병 · 국화병 · 괴엽병 · 애병 · 적증병 · 상자병 · 산삼병 · 석탄병 등이 있다.

켜떡은 주재료가 찹쌀이냐 멥쌀이냐에 따라 찰시루떡과 메시루떡으로 나누며, 또 고물을 얹느냐, 얹지 않느냐에 따라 찰시루떡은 찰시루켜떡과 찰시루편, 메시루떡은 메시루켜떡과 메시루편으로 구분된다. 또 켜떡은 물호박떡 · 상추떡 · 느티떡 · 백편 · 꿀편 · 승검초편 · 석이편 · 찰시루떡 · 두텁떡 · 깨찰편 · 녹두찰편 · 꿀찰편 등이 있다.

찌는 떡의 주재료로는 멥쌀과 찹쌀이 있고 멥쌀에 찹쌀을 섞는 방법에 따라 팥 · 콩 · 녹두 · 깨 · 밀 · 녹말 등의 잡곡 및 두류가 이용된다. 부재료로는 과일 및 견과류로 밤 · 대추 · 잣 · 감 · 호두 · 복숭아 · 살구 등이 쓰이고, 기타 향미성 식품인 당귀잎 · 석이 · 무 · 쑥 · 채소 · 후추 · 술이 이용되며, 감미료로 꿀 · 설탕 등이 쓰인다.

치는 떡(搗餠)은 곡물을 탈각해서 곡립상태나 가루 상태로 만들어서 시루에 찐 다음, 절구나 안반 등에서 친 것으로 흰떡 · 절편 · 차륜병(수레바퀴모양의 절편) · 개피떡 · 인절미 · 단자류 등이 있다.

치는 떡은 주재료에 따라 찹쌀도병과 멥쌀도병으로 구분한다. 찹쌀도병의 대표적인 떡으로는 인절미가 있는데, 표면에 묻히는 고물의 종류에 따라 이를 다시 팥인절미, 깨인절미 등으로 부른다. 또 찐 찹쌀을 안반에 놓고 칠 때는 섞는 부재료에 따라 쑥인절미, 수리취인절미 등으로 부른다.

또한 단자는 찹쌀가루를 쪄서 친 떡으로 1827 년《임원십육지》에서 '찹쌀, 팥, 밤, 잣, 꿀로 만든다.'고 하였다. 따라서 떡에 들어가는 재료에 따라 석이단자 · 쑥단자 · 각색난사 · 노행난자 · 유자단자 · 토란단자 · 밤단자 · 건시단자 등으로 불린다.

지지는 떡(油煎餠)은 찹쌀가루를 반죽하여 모양을 만들어 기름에 지진 떡으로 전병 · 화전 · 주악 · 부꾸미 등이 있다.

화전(花煎)은 익반죽한 찹쌀가루를 둥글넓적하게 만든 뒤, 꽃잎을 붙여 기름에 지진 떡으로, 계절에 따라 봄에는 진달래전 · 배꽃전, 초여름에는 장미꽃전, 가을에는 국화꽃전 · 맨드라미꽃전 등이 있다.

화전에 대한 문헌의 기록을 보면, 화전은 전화병, 유전병이라 하여《도문대작》에 처음 기록되어 있는 것을 볼 수 있으며, 1670년《음식지미방(飮食知味方)》, 1600년대 말《주방문(酒方文)》에서는 찹쌀가루에 메밀을 섞었으나, 1766년《증보 산림경제》이후의 문헌에는 찹쌀가루만으로 만들었다. 1849년《동국세시기(東國歲時記)》에서는 녹두가루를 사용하였으며, 두견화·장미화·국화 등의 꽃과 꿀, 기름 등을 사용하였다.

주악은 찹쌀을 익반죽하여 깨, 곶감, 유자청건지 등으로 만든 소를 넣고, 조약돌 모양처럼 빚어 기름에 튀긴 떡으로, 승검초주악·은행주악·대추주악·석이주악 등이 있다.

부꾸미는 찹쌀·차수수·녹두 등을 물에 불렸다가 갈아서 익반죽하여 빚어 지진 뒤, 소를 넣고 반달처럼 접은 떡으로, 찹쌀부꾸미·수수부꾸미·결명자부꾸미 등이 있다.

삶는 떡은 찹쌀을 반죽하여 빚기도 하지만 주악이나 약과 모양으로 썰고, 더러는 구멍떡으로 만들어서 끓는 물에 삶아 건져서 고물을 묻힌 떡이다.

종류로는 경단류와 단자류, 잡과병류, 기타 쇄백자, 산약병, 풍소병 등이 있다.

경단류는 1680년경의 문헌인《요록(要錄)》에 '경단병'이란 이름으로 처음 기록되고 있는데, '찹쌀가루로 떡을 만들어 삶아 익힌 뒤, 꿀물에 담갔다가 꺼내어 청향을 바르고, 그릇에 담아 다시 그 위에 꿀을 더한다.'고 했다. 이렇게 시작된 경단은 1800년대 중엽《음식방문(飮食方文)》과 1800년대 말엽《시의전서》등에도 나타나 있는데, 고물을 묻히는 방법에 약간의 차이가 있을 뿐 기본적인 방법은 거의 같다.

단자류는 1766년 문헌인《증보 산림경제(增補 山林經濟)》에 '향애(香艾)단자'란 이름으로 처음 기록되고 있는데, 쑥을 이용하여 만든 것을 알 수 있으며, 이외에도 밤단자·대추단자·승검초단자·유자단자·토란단자·건시단자·마단자·귤병단자·꿀단자 등이 있다.

삶는 떡류의 주재료는 찹쌀이며, 잡곡 및 두류로 메밀·마·콩·팥·깨 등이 쓰인다. 부재료로는 감·밤·호두 등의 과일과 견과류가 쓰이고, 기타 향미성분으로는 생강·계피·정향 등이 쓰인다.

떡은 우리의 식생활을 비롯하여 풍속과 밀접한 관련이 있다. 식생활에 있어서는 제철에 나는 식품재료로 그때에 맞게 조리하여 먹음으로써 건강을 도모하는 한편, 이러한 절식(節食)은 명절을 중심으로 세시풍속행사에 빈부차이와 남녀노소를 가리지 않고 누구나 빠짐없이 만들어 먹었던 것이 떡이었다.

정월 초하루인 원단(元旦)에는 흰떡을 만들어 떡국을 끓여서 차례상에 올리고, 온가족이 함께 한 그릇씩 먹는 것으로 나이를 한 살 더 먹는다고 여겼으며, 찹쌀·차조·기장·차수수 등 찰곡식으로 떡을 만든 인절미와 거피팥을 비롯하여 콩가루·검은깨·잣가루 등을 고물로 입혀 만든 찰떡을 즐겼다.

정월대보름날에는 찹쌀을 쪄서 밤·대추·설탕을 섞고 참기름과 진간장을 쳐서 버무린 뒤 오랜시간 쪄낸 약식을 절식으로 즐겼다. '삭일송편(朔日松餠)'이라 하여, **음력 2월 초하룻날**에는 송편을 쪄서 종들에게 나이수대로 나누어 줌으로써, 농사일이 시작되는 절기에 노비들을 격려하기도 했다.

음력 3월 3일 삼짇날에는 찹쌀가루 반죽에 진달래꽃잎을 얹어 번철에 지져 꿀을 발라먹는 화전을 비롯하여 한식날 어린 쑥을 넣어 절편과 쑥을 넣어 찐 찰떡에 팥과 꿀을 소로 넣어 빚은 쑥단자가 봄의 대표적인 절식의 하나였다.

석가탄신일인 4월 초파일의 느티떡과 장미화전은 늦봄의 절식인데, 느티떡은 느티나무의 어린 순을 따서 쌀가루에 넣고 팥고물을 켜켜로 넣어 찐 시루떡이다. 장미화전은 두견화처럼 찹쌀가루 반죽에 장미꽃잎을 얹어 지진 것이다. **음력 5월 5일**에 수리취를 넣어 만든 절편과 복숭아나 살구 등 과일즙으로 반죽하여 찹쌀 경단을 만들고 삶아서 잣가루를 입힌 도행병(挑杏餠)은 단오절식이라 하여 모두가 이를 즐겼다.

유월 유두절에는 쌀가루에 막걸리를 넣어 발효시킨 후 여러가지 고명을 얹어 찐 증편이 특히 어린이들에게 인기였다. 견우와 직녀가 만난다는 **7월 7일의 칠석날**에는 흰쌀로만 만든 백설기가 여름 떡 중 으뜸인데, 어린이용 간식과 비상식량으로 애용되었다. 추석날의 오려송편은 올벼를 찧어 만든 것으로 차례상에 올리는 귀한 떡이었다.

'양수(陽數)가 겹친다.'하여 명절로 삼았던 **음력 9월 9일의 중양절**에는 화전인 국화전을, **10월 상달**

의 **마지막날**에는 집집마다 시루떡을 만들어 고사를 지내는데, 이때의 떡은 찰떡·메떡·수수떡에 콩·호박오가리·곶감·대추 등을 넣거나 무시루떡을 쪄서 가신(家神)에게 바치는 풍속이 있다. 따라서 우리나라의 떡은 농경생활에 그 바탕을 두고 있으며, 토착신앙과도 밀접한 관련을 맺고 있는 토속성과 전통성이 매우 깊은 음식이라고 할 수 있다.

떡은 만드는 재료나 방법에 따라 여러 종류가 있고, 지방이나 가정 형편에 따라서 다양하게 만들어져 왔다. 향토성을 띤 떡으로 금강산의 잣과 석이버섯을 넣어 만든 꿀편과 함경도 두메산골의 귀리로 만든 절편이 특히 유명했다고 한다.

예로부터 '남주북병(南酒北餠)'이라고 하는 말은 음식의 지역적 특성을 반영하는 것으로 생각하고 있는데, 그 뜻은 다름 아니다. 옛날에 무반(武班)은 남산(南山) 밑에서 살고 북촌(北村)에는 고관과 부자들이 살았다. 무반들은 구차하여 생활에 불편이 많았던 까닭에 이를 달래느라 자주 술을 빚어 마시게 되었고, 북촌의 고관과 살림이 넉넉한 집안에서는 여러 가지 떡을 만들어 먹음으로써 떡을 빚는 솜씨가 매우 뛰어난 데서 유래한 말이다.

떡이란 말은 옛말의 동사(動詞) '찌다'가 명사가 되어 '찌기→떼기→떠기→떡'으로 변화된 것으로, 본디는 '찐 것'이란 뜻이다. 따라서 빈부의 차이와 신분의 구별, 남녀노소, 지방에 관계없이 누구나 즐겨 만들어 먹었던 음식으로, 궁중에서 해 먹는 떡이라도 두텁떡이나 몇 가지 단자류를 제외하고는 각 지방에 전승되어 온 백성이 '찐 것'을 만들 줄 알았다

다만, 지방마다 풍토와 산물(産物)이 달라 재료와 모양에서 조금씩 달랐을 뿐이었다. 그리고 이러한 지리적 배경은, 오히려 각 지방마다 특징과 개성이 있는 향토성을 띠게 되었다.

경기도 떡은 종류가 많고 모양도 멋을 부려 화려하다. 특징있는 떡으로는 흰 설편에 노랑·파랑·분홍물을 들인 색떡, 여주산병, 개성우메기와 개성경단, 강화의 근대떡, 개떡 등이 있다.

양반과 서민의 떡이 구분되어 있는 **충청도**는 해장떡·쇠머리떡·약편·곤떡·볍씨쑥버무리·칡개떡·햇보리개떡 등이 있었으나, 요즘은 종류가 현저히 줄어들었다.

강원도는 산과 바다가 공존하는 지역으로, 재료도 다양하여 떡의 종류도 많았다. 영동과 영서지방의 떡은 조금씩 차이가 있다. 대표적인 떡은 감자시루떡·감자떡·감자녹말송편 등 감자로 만든 떡이 주류를 이루지만, 댑싸리떡·메싹떡·팥소흑임자·우무송편·방울증편 등도 알려졌다.

전라도는 곡식이 가장 많이 생산되어 음식 못지않게 떡도 사치스럽고 맛이 각별스럽다. 감시루떡·감고지떡·감인절미·나복병·수리취떡·고치떡·삘기로 만든 삐삐떡(삘기송편) 등이 널리 알려져 있으며, 특히 깨떡(깨시루떡)이 유명하다.

경상도는 각 고장에 따라 떡이 달랐는데, 상주와 문경에는 밤·대추·감으로 만든 설기떡과 편떡을 많이 해 먹었고, 경주의 제사떡이 유명하였다. 이밖에 모시잎송편·밀비지·만경떡·쑥굴레·잣구리 등이 특색있는 것들이다.

제주도는 사면이 바다로 둘러싸인 섬이라 쌀보다 잡곡이 흔하다. 떡의 재료도 메밀·조·보리·고구마가 많이 쓰였다. 다른 지방에 비해 떡 종류가 적고, 쌀을 이용한 떡은 귀하게 여겨 제사 때만 썼다.

대표적인 떡으로는 오메기떡·돌래떡(경단)·빙떡·빼대기·상애떡 등이 있다.

전라도와 비슷한 지형적 특징인 **황해도**는 조를 떡의 재료로 많이 쓰며, 잔치 메시루떡·무설기떡·오쟁이떡·큰송편·우기·수수무살이·닭알범벅 등이 주로 즐겨먹는 떡이다.

평안도의 떡은 다른 지방에 비해 매우 큼직하고 소담스럽게 만드는 것이 특징이다. 장떡·조개송편·찰부꾸미·노티가 대표적인 떡이다.

우리나라에서 기온이 가장 낮은 고장인 **함경도**는 콩·조·강냉이·수수·피의 품질이 좋아 이들을 이용해 떡을 만든다. 모양은 떡에 맵시를 부리는 일이 드물어 소박하고 구수하다. 찰떡인절미·달떡·오그랑떡·찹쌀구이·괴명떡·꼽장떡·언감자떡이 함경도를 대표하는 떡이다.

백설기

백설기는 흰무리, 꿀설기, 콩버무리, 쑥버무리 등으로도 불리우는 설기떡으로, 1815년 《규합총서(閨閤叢書)》에서 '백설고(白雪餻)'로 기록된 이후, 계속 애용해 온 전통적 시루떡 종류이다.

1763년경 《성호사설(星湖僿說)》에서 "멥쌀가루에 습기를 준 다음, 시루에 넣어 떡이 되도록 오래 익힌다. 이것을 백설기라 한다. 백설기는 시루떡(甑餠)에서 가장 기본이 되는 것으로서, 신성한 의미가 깊은 행사의 필수 음식이었다."고 기록하고 있다.

1896년 《규곤요람(閨壼要覽)》에 "백설기는 봄에 쓰는 떡, 여름에 먹는 떡이다."라고 하였다.

1938년 《조선요리법(朝鮮料理法)》에서 "백설기는 멥쌀에다 밤, 대추, 소금, 설탕을 섞어 한꺼번에 시루에 쪄 낸 켜 없는 떡"으로, 1940년 《조선요리(朝鮮料理)》에서 "백설기는 쌀가루에 소금간만 하여 쪄낸 떡"으로 기록되어 있다. 1958년 《우리나라 음식 만드는 법》에는 "멥쌀가루에 찹쌀가루를 섞어 설탕을 넣어 찐 떡으로 흰무리"라 칭했다. 떡재료에 찹쌀가루가 첨가되고 백설기 이름이 흰무리로 변한 것이 특기할 일이다.

1943년 《조선무쌍신식요리제법(朝鮮無雙新式料理製法)》에서 "멥쌀가루 빻을 때 소금을 치고, 생율, 대초, 실백 등으로 켜를 해서 쪄 낸 떡"이라 했다. 즉 백설기의 제법이 켜 없는 흰무리떡이 아니라, 백편 만드는 법과 같다는 것이 특이하다. 그래서 그 이후부터는 백설기와 백편을 구별하고 있다.

또 《조선무쌍신식요리제법》의 백설기 만드는 법을 보면 "좋은 멥쌀가루를 만들되, 겨울에는 쌀을 두어 날 불려서 찧고, 여름에는 반날쯤 불려서 먼저 한 번 찧어서 체에 치고, 그 다음부터는 소금물을 만들어 놓고 찧을 때마다 조금씩 쳐가며 찧어서 고운 체에 쳐 가지고 시루에 안치나니, 가루 한 켜 안치고 손가락으로 한 마디쯤 되게 두께를 하고 생률과 대추씨 뺀 것을 둘에 짜개어 색 맞추어 체쳐 깔고, 기름을 조금씩 바르고 백지를 덮어, 이렇듯 다 안친 후에 뚜껑을 덮고 쪄 낸다."라고 기록하고 있다. 여기서 쌀을 찧을 때 소금물을 쳐가면서 만드는 조리방법은 특이하면서도 과학적 방법으로 생각되며, 내리는 요즈음 방법과 동일한 원리이다.

흰 백설기는 어린 아이 3·7일, 백일, 돌, 생일 때 많이 하는데, 그것은 아무 것도 섞지 않은 순수한 것으로 순결과 축원을 깃들인다는 뜻이 있다.

[재료 및 분량]

멥쌀 .... 10 컵 (가루 20 컵)
소금 .... 2 큰술

설탕물

설탕 .... 2 컵
물 .... 1½ 컵

꿀 .... 4 큰술

만드는 방법

1. 멥쌀을 3~4회 깨끗이 씻어 일어서 물에 8~12 시간 정도 담갔다가 건진 다음, 소금을 넣고 빻아 체에 내려서 고운 가루를 만든다.
2. 체에 내린 쌀가루에 끓여서 식힌 설탕물과 꿀을 넣어 손으로 고루 비빈 후 체에 다시 한 번 내린다.
3. 시루에 시루밑을 깔고 쌀가루를 손으로 솔솔 뿌려 위를 수평으로 편편하게 한 다음, 젖은 면보를 덮고 시룻번을 붙인 뒤 불에 올려 김이 오르면 10~15분 정도 푹 쪄낸다.

참 고

- 떡가루는 어느 것이나 다 곱게 해서 만들어야 하는 것이지만 이 떡은 더욱 가루가 고와야 하며, 고운 체로 내려서 그 가루가 촉촉한 것을 곧 쪄야 떡의 질감이 좋다.
- 백설기에 설탕물 대신 꿀을 넣으면 촉촉한 기가 오래 간다.
- 쌀가루를 시루에 안칠 때는 손으로 솔솔 뿌려가면서 안쳐야 공기가 많이 들어가서 떡의 질감도 좋고 잘 쪄지며, 꾹꾹 눌러 안치면 공기구멍이 막혀 설익을 수가 있으므로 주의한다.
- 무리떡을 시루에 기름칠을 하고 쌀가루를 안치면 떡이 더 잘 떨어진다.
- 백설기는 볕에 잘 말려두고 암죽을 만들 때 가루를 만들어 죽을 쑤어 먹는다. 아이들의 간식으로 먹기도 한다.

콩시루떡

콩시루떡은 멥쌀에 콩을 버무려서 찌거나, 켜를 놓아 시루떡을 만든 것이다.

주로 멥쌀로 만드는데 떡을 찰지게 하기 위해서 약간의 찹쌀을 섞기도 한다. 가을에 청대콩이 나면 쌀가루에 콩을 섞어 콩버무리를 하고, 겨울철이면 검은콩을 불려 사용해도 좋다.

"콩버무리, 콩설기라 하며, 백미병, 흑태차 시루떡 등으로 멥쌀, 찹쌀에 흑두·녹두·대추·밤 등을 이용한 시루떡이다."라고 1766년《증보 산림경제(增補 山林經濟)》, 《18세기 궁중연회음식고》, 《이조궁중음식연회고》에 기록되어 있다.

1913년《조선요리제법(朝鮮料理製法)》에서는 '콩시루편'이라 기록되어 있는데, "쌀은 떡가루 만드는 방법대로 가루를 만들어 콩을 섞어서 흰무리 찌듯이 찐다."고 하였으며, 1938년《조선요리법(朝鮮料理法)》에는 "콩버무리는 멥쌀가루에다 굵은 콩을 불려 섞어서 시루에 한꺼번에 쏟아 붓고 쪄서 쓴다."고 설명되어 있다.

1958년《우리나라 음식만드는 법》에도 동일한 방법으로 소개되어 있다.

중국이 원산지로 추정되는 콩은 4천년 전부터 재배되었다고 한다. 콩이 우리나라에서 재배되었던 것은 삼국시대 초기(B.C 1세기초)로, 우리 민족의 식생활에 있어서 가장 중요한 단백질과 지방의 공급원이 되어 왔다.

콩은 오래전부터 건강, 장수식품으로 알려져 왔는데, 1763년경 이익이 저술한《성호사설(星湖僿說)》에는, "콩은 오곡의 하나인데 사람들이 귀하게 여기지 않는다. 그러나 곡식이란 사람을 살리는 것으로 주장을 삼는다면 콩의 힘이 가장 큰 것이다."라고 콩의 중요성을 강조하였다.

또한 1590년《본초강목(本草綱目)》에서는, "콩을 삶은 즙은 백약의 독을 푼다."고 하면서 "신장병을 다스리고 소변에도 이롭다."고 되어 있으며, "기침, 설사, 불면증, 동상, 대변 후의 출혈 등에 약으로 쓰여 왔다."고 기록되어 있다.

콩과 곡류를 혼합하여 음식을 만들어 먹은 우리 조상들의 슬기를 엿볼 수 있다.

콩시루떡은 만드는 법이 용이하고 영양가도 높아 현재까지 즐겨 해먹는 떡이다.

[재료 및 분량]

멥쌀	10컵 (가루 20컵)
소금	2큰술

설탕물

물	1컵
설탕	1컵

청대콩	4컵
소금	⅔큰술

만드는 방법

1. 멥쌀은 3~4회 깨끗이 씻어 일어서 물에 8~12시간 담갔다가 건진 다음, 소금을 넣고 빻아 체에 내려서 고운 가루를 만든다.
2. 물과 설탕을 끓여 식힌 다음 멥쌀가루에 뿌리고 손으로 고루 비벼 수분량을 조절한 다음 체에 내리고 다시 한 번 체에 내려서 고운가루로 준비한다.
3. 청대콩은 껍질을 까고 깨끗이 씻어 물기를 뺀 뒤 분량의 소금을 넣고 잘 섞어 준다.
4. 체에 내린 멥쌀가루와 준비한 청대콩을 잘 섞는다.
5. 시루에 시루밑을 깔고 준비한 떡가루를 안쳐서 솥에 올려 시룻번을 붙인 후, 젖은 면보자기를 시루 위에 덮고 센 불에서 찌다가 김이 오르면 약 10~15분 정도 더 쪄 낸다.

참 고

- 흰 쌀가루에 콩을 버무려 고명과 켜 없이 쪄 낸 떡이다.
- 소금으로 버무린 청대콩은 물기가 생기므로 체에 받쳐 물기를 뺀 다음 쌀가루와 버무린다.
- 팥을 삶아서 섞어 넣거나 다른 풋콩을 넣어 쪄도 좋다.
- 시룻번은 쌀가루무거리 남은 것이니 밀가루를 반죽하여 만드는데, 붙일 때 솥과 시루에 틈이 없도록 잘 붙인다. 조금이라도 틈이 생기면 김이 새어서 고루 김이 오르지 않아 떡이 익지 않는다.
- 떡은 센 불에서 찌는데 불길이 골고루 솥 밑에 닿도록 해야 김이 고루 올라 떡이 잘 쪄지며, 김이 나오는 때부터 작은 시루는 15분, 큰 시루는 30분이면 떡이 잘 쪄진다.
- 청대콩의 풋풋한 맛이 가을을 느끼게 한다.

각색편

각색편은 멥쌀을 주재료로 하여 고명을 올리고 백편, 꿀편, 승검초편 등 각색의 켜를 지어 시루에 찌는 떡이다.

혼례, 회갑연 등 잔칫상에 오르는 상품 떡의 하나로, 주로 서울·경기 지방에서 많이 해 먹었으며, 백편·승검초편·꿀편을 '갖은편'이라 일컫기도 한다.

백편은 곱게 빻은 멥쌀가루에 설탕물을 섞어 체에 다시 내린 촉촉한 가루로 켜를 지어 안치고, 매 켜마다 대추, 밤, 석이버섯을 곱게 채친 것과 실백을 얹어 찐 떡이다.

꿀편은 백편과 물 내리는 것은 똑 같으나, 흰 설탕 대신에 꿀과 황설탕을 넣어 꿀의 맛과 색깔을 내게 한 것이 특징으로 꿀편, 꿀설기라 명하였다.

1800년대 말의 《시의전서(是議全書)》에 꿀찰편이 나오는데, "찹쌀, 꿀, 팥이 들어간다."고 하였다. 1934년 《간편조선요리제법(簡便朝鮮料理製法)》에 "꿀이나 설탕을 많이 섞고 밤, 대추, 잣을 섞고 잣을 매 켜에 안친다." 하였고, 1938년 《조선요리법(朝鮮料理法)》에서는 "설탕과 딸기물을 섞고 밤, 청매, 귤병을 넣고 켜 없이 쏟아 붓고 찐다."고 하였다.

연대미상의 《음식방문(飮食方文)》에도 꿀찰편과 꿀편이 나오는데, "꿀편은 가루로 빻아 꿀 버무려 안치되, 고물은 흰깨 거피하여 볶아 빻아 고물로 쓰라."고 하였고, "맨가루에 꿀을 진하게 타서 가루에 버무려 도톰이로 쳐서 안치되, 켜를 매우 두꺼이 하고, 고명은 대추, 밤 채 쳐서 자욱이 뿌리고 실백을 흩어 써라."고 기록하고 있다.

역시 《음식방문(飮食方文)》의 승검초편은 "맨가루에 꿀물 진히 타서 가루에 버무려 도톰이로 쳐서 승검초가루를 섞어 안치되, 켜 두께와 고명은 꿀편과 같나니라."고 설명하고 있다.

특히 승검초편은 백편에다 승검초(辛甘草)가루를 섞어서 같은 요령으로 만드는데, 승검초의 향미가 섞여서 맛이 특이하고, 고유의 향기와 풍미가 감도는 떡이다.

이 승검초(辛甘草)는 미나리과의 여러해살이 약초로, 잎은 마주나며 깃 모양의 겹잎이고, 낱잎은 길이 3 cm 정도의 길 둥근 모양이거나 달걀 모양이다.

약간의 한약특유의 냄새가 있어서 떡에 넣었을 때 특이한 맛을 낸다.

몸에 좋은 한약재를 떡에 넣어 맛과 건강을 동시에 살린 조상들의 식생활 지혜가 돋보이는 떡이다.

[재료 및 분량]

백편

- 멥쌀 5컵(가루 10컵)
- 소금 ………… 1큰술

- 설탕 ………… 1컵
- 물 ………… ⅔컵

- 밤 ………… 5개
- 대추 ………… 7개
- 석이버섯 ………… 3장
- 잣 ………… 1큰술

꿀편

- 멥쌀 . 5컵(가루 10컵)

- 황설탕 ………… ½컵
- 물 ………… ½컵
- 진간장 ………… 3큰술
- 꿀 ………… ½컵

- 밤 ………… 5개
- 대추 ………… 7개
- 석이버섯 ………… 3장
- 잣 ………… 1큰술

승검초편

- 멥쌀 .. 5컵(가루 10컵)
- 소금 ………… 1큰술
- 승검초가루(쑥가루) 3큰술

- 설탕 ………… 1컵
- 물 ………… ⅔컵

- 밤 ………… 5개
- 대추 ………… 7개
- 석이버섯 ………… 3장
- 잣 ………… 1큰술

만드는 방법

1. 멥쌀은 3~4회 깨끗이 씻은 후 물에 8~12시간 담갔다가 소쿠리에 건져서 분량의 소금을 넣고 가루로 빻는다.
2. 백편은 설탕물을 끓여 식힌 다음, 쌀가루에 뿌려 손으로 고루 비벼 수분함량을 조절한 후 다시 체에 내린다.
3. 꿀편은 끓여 식힌 황설탕물에 진간장과 꿀을 넣어서 쌀가루에 뿌린 다음 고루 비벼서 체에 내리고, 승검초편은 승검초 가루를 쌀가루에 넣어 체에 내린 후 백편과 같은 방법으로 만든다.
4. 고명은 밤과 대추, 석이버섯을 손질하여 아주 가늘게 채 썰고 잣은 고깔을 떼고 길이로 반을 잘라 준비한다.
5. 시루에 시루밑을 깔고 꿀편을 2cm 두께로 안치고, 준비한 고명을 얹은 후 다시 기름종이를 깔고 계속 반복하여 승검초편과 백편을 안친다. 솥 위에 시루를 올려 시룻번을 붙인 다음, 젖은 면보자기를 시루 위에 덮고 센 불에서 김이 오르기 시작하면 약 10~15분 정도 쪄 낸다.

참 고

- 멥쌀가루에 밤·대추·석이버섯 등의 고명을 얹어 켜를 안쳐 쪄 낸 떡으로, 고명이 여러가지가 구비되지 못할 때에는 석이채만 뿌려도 좋으며, 밤·대추를 납작하게 썰어서 간격을 맞추어 모양을 내기도 한다. 쑥잎을 사용하여 꽃무늬를 장식하면 운치가 난다.
- 떡을 만들 때에는 쌀가루를 반드시 체에 내린 다음 사용하는 것이 좋으며, 물을 첨가하여 손으로 비빌 때 질어지지 않도록 물의 양에 유의한다.

잡과병

잡과병은 찹쌀가루에 여러가지 건과를 섞는다는 뜻으로 잡과편·잡과고·잡과병으로 불리운다. 문헌상의 기록으로 볼 때, 1670년 《음식지미방》의 잡과편에는 "찹쌀가루를 반죽하여 주악같이 썰어서 삶아내어 꿀을 바르고, 곶감, 삶은 밤, 대추와 백자 짓두드린 것을 묻혀서 쓴다."고 하였고, 1815년 《규합총서》는 "《음식지미방》과 같은 방법으로 삶아내어 대추, 건시, 생율 채친 것을 묻힌다."고 하였다.

1855년 《부인필지》의 잡과편은 "찹쌀가루로 구멍떡을 만들어 삶아서 소로는 황률 삶은 것, 계피, 호두를 섞어 넣고 떡을 만들어 대추, 건시, 생율 채친 것과 잣가루를 묻힌다." 하여, 앞의 문헌과 달리 소를 넣고 있으며, 구멍떡을 만들어 삶는 법이 보인다.

또한 1800년대 중엽에 쓰여진 《역주방문(曆酒方文)》의 잡과병은 "찹쌀가루에 메밀가루를 ¾ 섞고" 있으며, "약과 모양으로 잘라 삶아내어 꿀 바르고 밤가루 또는 다른 열매가루를 묻힌다."고 하였다.

한편, 1763년경 《성호사설》에 의하면, 이 떡은 "팥가루 소를 넣고 대추를 썰어서 떡 위에 글자를 만들어 붙였던 고명에서 유래되었다."고 하였다.

《증보 산림경제》에는 "햅쌀을 물에 담갔다가 가루를 만들고, 햇밤 찐 것, 햇 붉은 대추씨 뺀 것, 홍시를 껍질을 벗기고 썰어서 쌀가루에 고루 섞는다. 녹두나 팥, 청대콩 등으로 켜 놓고 찐다."고 하였다.

1815년 《규합총서》에서는 찹쌀에 여러가지 과일을 넣은 과일찰떡인 잡과편이 나오는데, 과일메떡인 신과병(新果餠)을 소개하고 있다. 신과병은 "햇밤 익은 것, 풋대추는 썰고, 좋은 침감은 껍질을 벗겨 얇게 저미고 풋청태콩과 햅쌀가루에 섞어 꿀 버무려 햇녹두 거피하여 뿌려찌라."고 했다.

《증보 산림경제》의 잡과고법(雜果糕法), 《규합총서》의 잡과병, 1943년 《조선무쌍신식요리제법》에서의 잡과병도 과일메떡이다.

그러나 《규합총서》의 잡과편, 1670년 《음식지미방》의 〈잡과편법〉, 1938년 《조선요리법》, 1945년 《시의방》, 1940년 《조선요리》의 잡과편, 《부인필지》의 〈잡과편〉은 모두 과일찰떡이다.

잡과병은 가을이 무르익어 햇곡식과 햇과실들이 나오면, 햅쌀에 밤·대추·단감·호두·유자청 등 햇과실의 상큼하고 싱싱한 맛과 영양이 함께 어우러진 떡으로, 가을의 풍요로움을 한껏 맛볼 수 있다.

[재료 및 분량]

멥쌀	10컵(가루 20컵)
소금	2큰술
꿀	1컵
밤	400g(30개)
대추	100g(20개)
꿀(황설탕시럽 : 황설탕 1컵, 물 1컵)	1컵
곶감	5개
호두	20개
잣	3큰술
유자청건지(귤껍질 조린 것)	1컵

만드는 방법

1. 멥쌀은 3~4회 깨끗이 씻어 일어서 8~12시간 정도 담갔다가 건진 다음, 소금을 넣고 빻아 체에 내려서 고운가루를 만든다. 멥쌀가루에 꿀이나 황설탕시럽을 조금씩 부으면서 고루 비벼 섞고, 체에 다시 한 번 내려 고운가루를 만든다.
2. 밤은 껍질을 깨끗이 벗겨 4~6등분하고, 대추는 돌려깎기 하여 씨를 발라내고 3~4등분으로 잘라서 꿀이나 황설탕시럽에 조려낸다. 곶감은 씨를 발라내어 굵직하게 썰고, 호두는 겉껍질과 속껍질을 벗기고 잣은 고깔을 떼어놓는다. 유자청건지는 굵게 다져 놓는다.
3. 체에 내린 멥쌀가루에 밤, 대추, 곶감, 호두, 잣, 유자청건지를 넣은 후 고루 버무려 섞어 준비한다.
4. 시루에 시루밑을 깔고 준비한 떡가루를 안친 후 솥 위에 올리고 시룻번을 붙인 다음, 젖은 면보자기를 시루 위에 덮고 센 불에서 김 오른 후 약 15분 정도 동안 쪄낸다.

참 고

- 꿀이 부족할 때는 황설탕과 물을 같은 분량으로 넣고 설탕시럽을 만들어 꿀과 섞어 써도 된다.
- 유자청은 유자껍질을 길이로 4등분하여 설탕에 재워둔 것으로 향이 좋아 떡소의 재료로 많이 쓴다. 유자청 대신에 귤껍질을 채 썰어 꿀에 조려 써도 된다.
- 고명을 꿀에 조릴 때는 타지 않도록 저어가며 조린다.
- 여러가지 과일을 섞는다는 뜻으로, 잡과(雜果)라는 이름이 붙었으며 전에는 귤병과 청매(靑梅)를 넣었다고 한다.

서속떡

서속떡은 멥쌀가루에 서속가루를 섞어 찐 특별한 시루떡의 일종으로, 서울을 비롯한 경기도 지방의 향토음식으로 남아 있다.

쌀이 귀했던 시절에는 잡곡을 이용한 떡을 많이 만들어 먹었는데, 서속떡도 그때 생겨난 떡으로 짐작된다.

떡의 이름에서 보듯 '서속(黍粟)'이란 조와 기장을 가리키는 것으로, 화북지방에서 오랫동안 재배해 온 기본 작물에 속한다.

1958년의 《우리나라 음식만드는 법》에서 서속시루편은 "백미가루에 서속가루, 설탕, 대추 채 썬 것, 밤 썬 것 등을 섞어서 시루에 안쳐 고르게 펴서 찐 떡이다."라 했다.

1913년 《조선요리제법(朝鮮料理製法)》에서는 "기장과 조를 함께 빻아 가루를 내어서 꿀이나 설탕, 대추, 밤 썬 것을 버무려 찐 떡"으로 소개하고 있다.

이 떡에 들어가는 기장은 수확량이 적고 주식으로 이용하기에도 적합하지 못하여 재배가 많지 않으나, 기름지지 못한 메마른 땅에서도 잘 견디며 조보다도 성숙이 빠른 이점이 있기 때문에 산간 지역에서 주로 재배해 왔다.

또한 기장은 밀이나 쌀에 비해 이용 불가능한 탄수화물의 함량이 높고 특유의 강한 맛을 지니고 있기 때문에 술을 비롯하여 밥이나 떡을 만들 때 두루 이용해 왔다.

조는 토양이 척박하고 가물어 다른 곡류재배가 불가능한 지역에서도 잘 자라기 때문에 대체작물로 즐겨 심었던 오곡 중의 하나이다.

서속(黍粟)은 본래 평안남도의 박천 일대에서 사용하는 말이다. 서속이 콩과 팥을 제외한 조·수수·기장 등의 잡곡을 총칭하는 이름임을 감안할 때, 본래 쌀가루를 넣지 아니하고 기장과 조, 수수 등의 잡곡가루만으로 만들어 먹었을 것으로 여겨진다. 서속떡에 쌀가루를 넣게 된 것은 농작물의 재배기술이 확대 보급되면서 쌀의 다량생산이 가능해지고, 생활이 윤택해지면서 타지방에서와 같이 조와 기장에 멥쌀가루를 섞어 보다 부드러운 맛의 떡을 빚게 되었을 것으로 생각된다.

서속떡은 멥쌀가루와 기장과 조, 그리고 대추·밤 등이 어우러져서 찹쌀과 멥쌀로만 만든 떡과는 다른 특별하고도 구수한 맛이 나는데 뜨거울 때 먹어야 제맛을 즐길 수 있다.

[재료 및 분량]

멥쌀 ················· 7 컵(가루 14 컵)
소금 ································· 2큰술

서속가루

기장가루 ··························· 3컵
좁쌀가루 ··························· 3컵

설탕물

설탕 ································ 1컵
물 ·································· 1컵

대추 ································ 20개
밤 ·································· 15개

만드는 방법

1. 멥쌀은 3~ 4회 깨끗이 씻은 후, 물에 8~12시간 담갔다가 소쿠리에 건져서 분량의 소금을 넣고 가루로 빻아 체에 내린다.
2. 기장과 좁쌀은 깨끗이 씻어 일어서 1~2시간 정도 불렸다가, 물기를 빼고 가루로 빻아 체에 내린다.
3. 멥쌀 가루에 서속가루를 섞어서 끓여 식힌 설탕물을 넣고 고루 비벼 물을 내린 후, 다시 한 번 체에 내린다.
4. 대추는 돌려깎기하여 씨를 빼고 3~4등분으로 썰어 놓고, 밤도 3~4등분하여 준비한 떡가루와 잘 섞는다.
5. 시루에 시루밑을 놓고, 그 위에 대추와 밤을 예쁘게 깔고 준비한 가루를 안친 다음, 솥 위에 시루를 안쳐 시룻번을 붙인다. 젖은 면보자기를 덮은 후 센 불에서 김이 오르면 약 15분 정도 쪄 낸다.

참 고

- 기장과 좁쌀은 특히 돌이 많으므로 씻을 때 주심해서 일어야 된다.
- 서속떡은 뜨거울 때 먹어야 맛과 향이 좋으며, 구수한 맛이 깊이 느껴진다.

모듬백이

모듬백이는 찹쌀가루에 밤·대추·콩·팥 등을 섞어 버무려 시루에 찐 찰무리떡의 하나이다.

이 떡은 쌀 중심의 식생활에서 오는 영양결핍, 곧 콩을 비롯하여 팥, 밤, 대추 등의 균형 있는 영양섭취에 알맞은 건강식이라고 할 수 있다.

떡에 들어가는 밤은 주성분이 소화가 쉬운 양질의 당질을 함유하고 있어, 위장 기능을 강화해주는 효과가 있다.

대추는 옛날부터 우리 민족이 중요하게 여겨 온 약재로, 허약한 체질에 대추를 달여 차로 복용하면 '인삼을 대신할 수 있다.'고 할 정도로 영양가가 높다고 알려져 있다.

오늘날에 와서도 대추는 노화를 방지하는 효과를 인정받고 있다.

특히 환절기의 대추죽은 원기를 회복시키고 수험생들에게 아주 좋은 당질 공급원으로 근력을 키우는데 효과적인 식품으로 알려져 있다.

이 밖에 콩은 고기와 맞먹는 단백질과 지방을 다량 함유하고 있는데, 콩의 단백질은 구성아미노산의 종류도 육류에 비해 결코 뒤지지 않는다.

또 콩의 지방성분은 50%가 리놀산으로, 이러한 불포화지방산은 동물성 지방의 과잉섭취에서 오는 콜레스테롤을 낮추어 주는 역할을 하는 것으로 알려져 있다.

그리고 팥은 곡류 중 특히 비타민 B_1 이 가장 많은 식품이다.

따라서 쌀밥을 많이 먹어 비타민 B_1 이 부족되기 쉬운 우리의 식생활 습관으로 볼 때, 떡에 콩과 팥, 밤과 대추 등을 넣어 만든 모듬백이 떡은 매우 과학적이고 합리적인 조리법이라고 하겠다.

우리 속담에 '가을비는 떡비다.'고 하는 말이 있는데, 이는 오곡백과가 무르익은 가을철에 비가 오면 논밭에 나가서 할 일이 없게 된다.

따라서 이 때에는 햅쌀과 햇과일들을 고루 섞어 모듬백이와 같은 맛있는 떡을 해먹으면서, 집 안에 들어앉아 쉴 수 있다고 해서 생겨난 속담이다.

따라서 모듬백이는 수확기인 가을철에 주변에서 흔하고 쉽게 구할 수 있는 곡식과, 여러가지 과일 등의 재료를 이용해 만든 매우 소담스럽고 찰진 가을 떡으로, 싱싱한 맛과 영양을 고루 갖춘 뛰어난 영양식이라 할 수 있다.

찌는떡

[재료 및 분량]

찹쌀	10 컵 (가루 20 컵)
소금	2 큰술

설탕물

설탕	1 컵
물	1 컵
검은콩	2 컵
붉은팥	2 컵
밤	15 개
대추	15 개

❶

❷

❸

❸'

만드는 방법

1. 찹쌀은 3~4회 깨끗이 씻은 후, 물에 8~12시간 담갔다가 소쿠리에 건져서 분량의 소금을 넣고 가루로 빻아 체에 내린 후, 끓여 식힌 설탕물을 넣고 고루 비벼 체에 내린다.
2. 검은콩과 붉은팥은 깨끗이 씻어 하룻밤 충분히 불려 삶고, 밤과 대추는 길이로 3~4등분한 다음 설탕물에 살짝 조려낸다.
3. 준비된 찹쌀가루에 준비한 검은콩과 붉은팥·밤·대추를 고루 섞어 버무려 시루에 안쳐 30분 정도 찐다.
4. 쪄 낸 떡은 뜨거울 때 네모지게 모양을 잡아 보기 좋게 만든다.

참 고

- 떡이 잘 익지 않으면 주걱으로 뒤집어 주면서 쪄 내면 좋다.
- 찹쌀가루에 모든 재료를 넣고 골고루 섞어서 쪄 내야 부재료가 한 곳에 몰리지 않고, 떡모양이 아름답다.

상주설기

상주설기는 멥쌀가루와 약한 불에 고은 홍시를 넣고 섞어서 시루에 찐 떡이다.

떡에 사용되는 재료는 배합 면에서 볼 때 전라도 지방의 감고지떡과 매우 흡사하다. 다만 전라도의 떡은 감고지를 사용하는데 비해, 경상도의 상주설기는 농익은 홍시를 사용하고 있다는 점에서 차이를 발견할 수 있다.

설기떡에 홍시를 사용하게 된 유래나 배경에 대해 정확하게 알려진 것은 없으나, 지역적 환경과 결코 무관하지 않다.

경상도 상주 등 영남지방은 예로부터 사과의 고장으로 유명했지만, 이미 조선시대 때부터 둑이나 밭두렁에 감나무를 많이 심어 왔는데, 이를 자손들에게 재산으로 물려주었다고 한다. 감나무는 별다른 일손을 필요로 하지 않는데다가, 감으로 곶감을 만들어 팔면 큰 이익을 얻을 수 있었기 때문이다.

실제로 상주지방에서 생산된 곶감은 '둥시'라고 하여 조선시대에는 진상품으로 명성을 얻었으며, 쌀·누에고치와 함께 상주는 '삼백(三白)의 고장'으로 세간에 알려져 왔다.

한편, 홍시는 이미 고려시대에 잔칫상에 오를 만큼 귀한 과일로 취급되었으며, 감은 설사를 멎게 하고 배탈을 낫게 해주어 인기가 높았다고 한다.

이것은 탄닌성분이 강한 수렴작용을 하기 때문이다. 상주 지방에서 설기떡에 감을 넣게 된 이유를 정확히 알 수는 없으나, 감이 다른 어떤 과일보다 영양이 풍부하다는데 기인한 것 같다.

감의 발그스름한 주황색은 비타민 A 의 전구체인 카로틴이 많으며, 당분으로 포도당과 과당이 풍부하게 들어 있어서 단맛이 강하고, 비타민은 과일 중의 대명사격인 사과의 8~10 배를 함유하고 있다.

감은 지혈작용을 하는 것으로 알려져 있다. 피를 토하거나 뇌일혈 증세가 있는 환자에게는 감이 좋다고 한다.

한방에서는 폐가 답답할 때, 담이 많고 기침이 나올 때, 만성기관지염 등에 먹으면 좋은 과일로, 고혈압 환자의 간식으로, 특히 숙취 예방과 치료에 다시없는 식품으로 추천하고 있음을 볼 수 있다.

따라서 상주설기는 현대인들에게 아주 적합한 건강식이자 치료식이라고 할 수 있다.

이 상주설기는 홍시의 은은한 감색이 돌아 떡의 색깔이 아름답고 맛 또한 달콤한 색다른 떡이다.

[재료 및 분량]

멥쌀	10컵(가루 20컵)
소금	2큰술
홍시	8~10개
설탕	1컵

만드는 방법

1. 멥쌀은 3~4회 깨끗이 씻은 후, 물에 8~12시간 담갔다가, 소쿠리에 건져서 물기를 뺀 후 분량의 소금을 넣고 가루로 빻아 체에 내린다.
2. 홍시는 체에 내려 낮은 불에 고아 농축시킨다.
3. 준비된 쌀가루에 농축시킨 홍시와 끓여 식힌 설탕물을 넣고 손으로 고루 비벼 다시 체에 내린다.
4. 시루에 시루밑을 깔고 준비한 쌀가루를 안친 다음, 솥 위에 시루를 올려 시룻번을 붙이고 젖은 면보자기를 덮어 센 불에서 찌다가 김이 오르면 10~15분 정도 더 쪄 낸다.
5. 완성된 설기 위에 곶감 · 대추 · 쑥가루 등으로 보기 좋게 장식한다.

참 고

- 홍시는 크고 실하며, 떫은 맛이 없고 단맛이 강하며, 색이 진한 것을 선택하여야 떡에 넣었을 때 색이 진하고 맛이 좋다.
- 홍시가 상품(上品)인 경우는 불에 고아 농축시키지 않고 체에 내려 그냥 사용해도 된다.

사과버무리

사과버무리떡은 사과를 깎아 말려서 만든 사과가루에 멥쌀가루를 섞고, 여기에 밤·검은콩·설탕 등을 넣고 고루 버무려 시루에 안친 뒤 대추와 잣을 얹어 시루에 찐 떡이다.

사과버무리떡은 사과가 많이 생산되는 충북의 진천·영동·괴산·음성 등지에서 많이 만들어 먹는데 때로는 주식 대용으로 이용하기도 한다.

사과버무리떡이 언제부터 충북지방의 향토음식으로 등장하게 되었는지는 정확히 알 수 없으나 어림잡아 구한말 이후가 아닌가 생각된다.

사과는 우리말로 '능금'이라고 하는데, 그 어원은 임금(林檎)으로서, 전해오는 말로는 임금(王)과 발음이 같아 상서(祥瑞)로운 과실이라고 생각되어 고려 때에 수도인 개성에 재배를 장려했다고 한다.

이 능금은 구한말에 도입된 서구 능금의 신종인 사과의 등장으로 위축을 받게 된 것도 사실이나, 맛에 있어서는 월등한 것으로 평가되고 있다.

1827 년의 《임원십육지》〈아규지〉편에서는, 명산물로서 함흥의 사과와 광주의 능금을 소개하였고, 1815 년의 《규합총서(閨閤叢書)》에서는 팔도의 유명한 소산물로서 "사과는 광란복통과 빈혈을 치료하며, 당뇨병 중 심장이 나빠서 오는 당뇨병에 좋고, 음식을 먹은 후 헛배부르고 가스 찬데, 설사를 다스리고 아이들 영양부족에 즙을 내어 꿀과 같이 고아 먹이면 효과가 크다. 두통·빈혈을 치료하나 많이 먹으면 열이 난다."고 하였다.

사과는 체력을 유지시켜 주는 영양식이 될 뿐만 아니라, 위장을 튼튼히 하고 피부를 아름답게 가꿔 주는 효능이 있다.

사과의 시고 단맛은 포도당과 능금산·구연산·주석산 등의 유기산에 의한 것으로, 이들 성분은 피로를 회복시켜주는 작용을 하므로, 사과버무리는 매우 합리적이고 균형잡힌 건강식이다.

사과는 칼륨이 많이 함유되어 있어, 체내의 나트륨을 배출시키므로 고혈압의 혈압 강하제가 되며, 이뇨작용도 한다.

또 사과 중의 펙틴 성분은 정장작용이 있어, 설사와 변비를 해소하는 역할을 한다.

옛부터 사과를 말려서 만든 가루를 지사제(止瀉劑)로 이용해 왔는데, 떡에 사과가루와 밤·대추·검은콩·잣 등 여러가지 과일과 곡식을 넣어 만든 사과버무리떡은 맛이 달고 영양이 조화롭다.

[재료 및 분량]

멥쌀 .... 10 컵 (가루 20 컵)
소금 .... 2 큰술
사과가루 .... 4 컵

설탕물

설탕 .... 1 컵
물 .... 1 컵

밤 .... 15 개
대추 .... 18 개
검은콩 ...... 2 컵.

고명

대추 .... 5 개
잣 .... 2 큰술

만드는 방법

1. 멥쌀은 3~4회 깨끗이 씻어 일어서 8~12시간 정도 담갔다가 건진 다음, 소쿠리에 건져서 분량의 소금을 넣고 가루로 빻아 체에 내린다.
2. 사과는 껍질을 벗기고 얇게 저며, 채반에 널어 잘 말려서 분마기에 곱게 갈아서 사과가루를 만든다.
3. 멥쌀 가루에 사과가루를 넣고 섞어 체에 내린 후, 분량의 소금과 설탕을 넣고 물을 조금씩 주면서 손으로 고루 비벼 다시 체에 내린다.
4. 쌀가루에 섞을 밤과 대추는 3~4등분하여 불린 검은콩과 함께 가루에 고르게 섞고, 고명으로 밤은 채 썰고 대추도 돌려깎기하여 곱게 채 썰고, 잣은 고깔을 떼어 준비한다.
5. 시루에 시루밑을 깔고 준비한 고명을 깔고 쌀가루를 안친 후, 솥 위에 시루를 올려 시룻번을 붙이고 젖은 면보자기를 덮어 센불에서 찌다가, 김이 오르면 약 15분 정도 더 쪄 낸다.

참 고

- 사과가루를 만들 때 채반에 널어 물기가 가시고 꾸덕꾸덕해지면 건조기에 넣어 바싹 말려서 가루로 낸다.
- 오븐을 사용하면 사과를 더 빨리 말릴 수 있다.

❷

❸

❹

❺

남방감저병

남방감저병(南方甘藷餠)은 쌀가루에 감저(甘藷 : 고구마)를 섞어 시루에 찐 떡으로, 고구마가 우리 나라에 들어올 때 남방(일본)에서 들어왔다 하여 남방감저병이란 이름을 붙이게 된 것 같다.

남방감저병에 대한 기록으로는 연대미상의 《음식방문(飮食方文)》에 "감자는 남감이니 특성은 고구마라 전라도 산이다. 감자 껍질채 쪄서 말려 작말하여 찰가루 섞어 떡하면 달기 꿀 같고 좋으니라."고 하여 감저병의 맛이 어떠한지를 느낄 수 있게 해준다.

남방감저병은 《음식방문》 외에 1815 년의 《규합총서》, 1827 년의 《임원십육지》, 1800 년 말의 《시의전서》, 1855 년의 《부인필지》, 1934 년의 《간편 조선요리제법》, 1943 년의 《조선무쌍신식요리제법》 등에 이름과 만드는 법을 소개하고 있다.

한편, 《규합총서(閨閤叢書)》에서는 "고구마를 껍질째 씻어 말리어 가루 만들어 찰가루에 섞어 떡을 하면 달기가 꿀 섞은 것보다 더하다. 감자가 마른 후 바람을 쏘이면 달콤한 맛이 아이니 왼이로 말려 임시하여 가루로 만들어라."고 하였다. 그러나 가공공장이 아닌 집에서 고구마를 말리려면 되도록 얇게 저며 널어야 고구마가루를 만들기가 쉽다.

고구마가 우리 나라에 들어온 것은 조선조 영조 39 년(1763 년)으로, 조엄이 일본에 사신으로 갔다오는 길에 대마도에서 구해 가지고 온 것을 제주도와 부산진에 보내어 재배하게 한 것이 시초가 되었으며, 곡식을 대신할 수 있어 구황작물로 널리 재배되었다. 1590 년 《본초강목(本草綱目)》에서는 "고구마는 맛이 달고 성질은 평하다. 효력은 산약(山藥)과 같으며 해중인(도서지방 사람)은 오곡을 먹지 않고, 다만 이것만을 먹고도 오래 사는 이가 많았다."고 기록하고 있다. 이는 고구마가 영양학적으로도 뛰어난 식품임을 말해주는 것으로, 고구마는 주성분이 전분이지만 당분이 많아 열량이 높으므로, 특히 발육기의 청소년들에게는 훌륭한 간식이 된다.

또한 칼륨 성분이 많은 알칼리성 식품으로 가치가 높으며 섬유질 뿐 아니라 수지성분인 얄라핀이 들어있어, 배설을 촉진시키는 장점이 있다고 한다. 또 산성식품인 곡류나 두류, 육류를 중화시키는 역할을 하므로 최근에는 건강식품으로 각광받고 있다.

이러한 고구마를 이용해 만든 남방감저병은 소박하면서도 향긋한 단맛을 자랑, 따뜻한 고향의 정감을 한껏 느끼게 해준다.

[재료 및 분량]

- 찹쌀 ……………… 7 컵 (가루 14 컵)
- 소금 ………………………… 2 큰술

고구마가루 ….. 5 컵(껍질째 말린 것)

설탕물

- 설탕 ………………………… 1 컵
- 물 ……………………………… 1 컵

장식

밤 · 치자물 · 대추 · 석이버섯 적당량

만드는 방법

1. 찹쌀은 3~4회 깨끗이 씻은 후, 물에 8~12시간 담갔다가 소쿠리에 건져서 분량의 소금을 넣고 가루로 빻아 체에 내린다.
2. 쌀가루에 물을 넣고 고루 비벼 다시 체에 내린다.
3. 고구마는 깨끗이 손질하여 껍질을 벗기고 얇게 썰어 말린 후 가루로 만든다.
4. 찹쌀가루와 고구마가루에 끓여 식힌 설탕물을 넣고 고루 비벼 체에 내린다.
5. 시루에 시루밑을 깔고 잘 섞은 가루를 안친 다음, 솥 위에 시루를 올려 시룻번을 붙이고 젖은 면보자기를 덮어, 센 불에서 김이 오르면 15~20분 정도 쪄낸다.
6. 떡 위에 밤 · 대추 · 석이버섯을 곱게 채 썰어 얹고, 편으로 썬 밤은 치자물을 노랗게 들여 번갈아가며 돌려 장식하면 아름답다.

참 고

- 말린 고구마가루가 공기와 접촉하면 색이 변하고 달콤한 맛이 덜하므로, 밀봉하여 냉동고에 보관해 두고 사용하면 좋다.
- 남방감저병은 소박하면서도 고구마의 향과 단맛이 뛰어나 아이들과 노인들의 간식으로도 별미이다.

색 떡

색떡은 소위 '무지개떡'이라고도 하는데, 쌀가루를 원하는 색의 수대로 나누어 그릇에 담고, 각각의 물을 들이면서 설탕을 섞은 물을 내려 켜 없이 시루에 안쳐 찐 떡이다.

근래에는 색료로 코코아·달걀·식용색소 등을 사용하고 있으나, 본래는 천연색소를 이용한다. 즉, 치자를 으깨서 우려낸 물로 황색을 내고, 쑥으로 청색물을 들이며 오미자나 연지를 우려낸 물로 분홍색을, 자주색은 대추즙, 팥앙금으로 물을 들인다.

이러한 색떡은 무리떡에 속하는데, 무리떡이란 떡가루에 켜를 만들지 않으며, 한 덩어리가 되게 찌는 떡을 가리킨다. 무리떡의 일종인 설기떡은 '백설기' 또는 '백설고', '흰무리', '백고괴(白糕塊)' 등으로 불려지며 우리나라의 가장 대표적인 떡이다.

1948 년 최남선의 《조선상식(朝鮮常識)》 〈민속편〉에 보면, 동양 삼국(우리나라, 중국, 일본)의 떡의 특징으로, "중국에서는 밀가루를 주재료로 하여 치는 것이 본위인데 비하여, 우리나라에서는 멥쌀가루를 주재료로 하여 찌는 것이 본위이다."라고 설기떡이 대표적인 떡임을 강조하고 있다.

설기떡은 1815 년의 《규합총서(閨閤叢書)》에서 '백설고'로 표기하고, "좋은 흰쌀 1되와 찹쌀 2되로 극상 등으로 여러 번 씻어 건져 산약초, 연육, 검인 각 넉 냥(四兩)을 곱게 가루하여 사탕 한 근 반과 모두 섞어 찌면 아름답고 보익하다."고 기록되어 있다.

한편, 오래이지 않은 1993 년에 간행된 《한국음식-역사와 조리》에서는 '멥쌀가루를 켜를 짓지 않고 한꺼번에 시루에 안쳐 찐 떡'을 설기떡이라고 소개하면서 '쌀가루에 섞은 재료에 따라 이름이 달라진다.'고 하였다. 즉, 검정콩이나 청대콩을 섞으면 콩설기, 붉은 팥을 삶아서 섞으면 팥설기, 쑥을 섞으면 쑥설기라고 한다는 것이다.

이러한 무리떡의 일종인 색떡은, 고물 대신 쌀가루에 원하는 색의 수대로 나누어 물을 들여 찐 떡으로, 천연색소를 사용하여 화려하면서도 은은한 자연색의 조화로움은 가히 아름답다 못해 먹기가 아까울 정도이다.

따라서, 집안 식구들의 생일날이나 축하의 자리에, 제과점에서 사온 케익보다는 만드는 사람의 정성과 우리 고유의 풍미가 담긴 무지개떡을 만들어 냄으로써, 건강도 돕고 어머니의 사랑이 깃들인 따뜻한 분위기를 만들어 봄이 어떨지 권하고 싶다.

찌는떡

[재료 및 분량]

멥쌀 ………………………… 10컵(멥쌀가루 20컵)
소금 ………………………………………… 2큰술
설탕 ………………………………………… 2컵

쌀가루 물들이기

흰 색
멥쌀가루 ………… 3컵

분홍색
멥쌀가루 ……… 3½컵
딸기가루 … ⅔작은술
물 ………… ⅔작은술
(오미자 2큰술, 물 10큰술)

노란색
멥쌀가루 ………… 4컵
치자물 ……… 2작은술
(치자 2개, 물 10큰술)

갈 색
멥쌀가루 ……… 4½컵
계피가루 … 1⅓작은술
(또는 코코아분 ⅔작은술)

녹 색
멥쌀가루 ………… 5컵
쑥가루 ………… 1큰술
물 ……………… 1큰술

장 식

멥쌀가루 ………………………………… 1컵
딸기가루(또는 오미자 우린물) ………… 적당량
쑥가루 ………………………………… 적당량

❶

❷

❸

❹

만드는 방법

1. 멥쌀을 3~4회 깨끗이 씻어 일어서 물에 8~12시간 정도 담갔다가 소쿠리에 건져 물기를 뺀 다음 소금을 넣고 빻아 가루를 내어 체에 내린다.
2. 멥쌀가루 20컵에 설탕을 넣고 체에 내린 다음 3컵은 그대로 흰색을, 3½컵은 물에 딸기가루를 녹여서 분홍색을 들이고, 4컵은 치자물로 노랑색을 들이고, 4½컵은 계피가루로 갈색물을 들이고, 5컵은 쑥가루를 내려 색을 들인 다음 수분을 주어 손으로 비벼서 골고루 색을 들여 각각을 고운 체에 내린다.
3. 시루에 시루밑을 깐 다음 흰색, 분홍색, 노란색, 갈색, 녹색의 순서대로 안친 후 젖은 면보를 덮고 김이 오르면 약 10~15분 정도 쪄낸다.
4. 떡이 다 되어 한 김이 나가면 접시에 떡을 엎은 후 시루밑을 떼어낸다.
5. 장식은 멥쌀가루 1컵 정도의 분량을, 물을 내려 쪄서 분홍색과 녹색의 물을 각각 들이고 밀대로 밀어 꽃과 꽃잎을 만들거나 박오가리에 물을 들여 꽃을 접어 장식하기도 한다.

구선왕도고

구선왕도고(九仙王道糕)는 쌀가루에 볶은 율무 가루와 백복령, 산약, 맥아, 능인, 백변두, 시상 등의 약재 가루를 한데 섞고 설탕물에 내려 찐 떡이다. 우리나라의 떡의 장점이 한약재를 넣어 만든다는 점인데 이 구선왕도고야 말로 몸에 좋은 약재가 많이 들어가는 떡이다.

구선왕도고에 대한 기록은 1610 년 《동의보감(東醫寶鑑)》, 1815 년 《규합총서》에도 수록되어 있다.

《규합총서》에 "연육 · 백복령 · 산약초 · 의이인 각 넉냥(四兩) · 맥아초 · 능인 · 백변두 각 이냥(二兩) · 시상 일냥(一兩) · 사탕 이십냥(二十兩)을 가루 만들어 쌀가루 닷 되에 한데 섞어 떡을 쪄서 널라. 마르거든 찧어 쳐 의이를 쑤면 보위 · 익기하여 노인에게 마땅하고, 켜를 안쳐 떡을 쪄 먹으면 맛이 달고 향긋하여 매우 아름답고 원기를 보하고 볶아 미시를 만들어 꿀물에 타 먹으면 갈증이 풀린다."라고 설명되어 있다. 구선왕도고에 들어가는 약재 중 백복령(白茯苓)은 소나무를 벌채한 후, 3~10 년이 경과된 뿌리에서 자생하는 균체를 건조시킨 것이다. 주성분은 파키만, 파키모스, 단백질, 지방 등으로 알려져 있다. 이뇨, 소염작용이 있어 신장염, 방광염, 요도염으로 인한 부종을 완화시키고, 위장 내 소화장애를 일으키는 증상에 유효하다. 그러므로 소화불량, 상복부 팽만감, 불변, 설사 등에 좋은 치료제이다.

또한 거담작용이 뛰어나고 정신을 안정시켜 주므로, 쉽게 놀라고 가슴이 뛰며, 불면과 입마름증을 치료하는데 탁월한 효능을 발휘한다.

산약은 산마로서 주성분은 사포닌과 전분, 점질액으로 되어 있고, 양질의 단백질과 만난이라는 당질이 함유되어 있으며, 각종 무기질 성분이 풍부한 알칼리성 식품이다. 또한, 아밀라제 등 효소도 함유하고 있어, 소화성이 좋은 강장(强壯)식품으로 이용된다. 자양 · 익정 · 보위 · 보폐 · 지사 등의 효능이 있어 한방에서는 신체허약 · 폐결핵 · 만성해소 · 야뇨증 · 당뇨병 등에 이용된다.

엿기름을 가루로 내어 떡에 섞는데 검고 칙칙한 것보다 파르스름한 싹이 보이는 것이 상품으로, 이 당류인 말토즈가 들어있고 당화력이 뛰어나 떡의 맛과 질감을 좋게 한다. 백변두(白扁豆)는 10~11 월에 종자를 채취하여 햇볕에 말린 뒤 가루로 내어 사용한다. 성질이 고르고 맛은 달며, 보위의 효과가 있어 위를 튼튼하게 하고 설사나 체한 데 좋다.

[재료 및 분량]

멥쌀	10 컵(가루 20 컵)
소금	2 큰술
율무가루	1 큰술
백복령가루	1 큰술
산약가루	1컵
맥아(엿기름)	½컵
백변두가루	½컵
연자육	1컵, 시상 ½컵
능인	½컵
검인	½컵

설탕물

설탕	1컵
물	1컵

만드는 방법

1. 멥쌀은 3~4회 깨끗이 씻어 일어서 8~12시간 정도 담갔다가 체에 받쳐 물기를 뺀 후 적당량의 소금을 넣고 가루를 내어 체에 내린다. 끓여 식힌 설탕물을 조금씩 넣고 고루 비벼 다시 한 번 체에 내린다.
2. 율무는 보리쌀 닦듯이 깨끗이 씻어 5~6시간 물에 담가 놓고 자주 물을 갈아 준 다음, 건져서 찜통에 쪄 2~3일 바짝 말려서 볶아 가루로 만든다.
3. 백복령, 산약, 맥아, 능인, 백변두, 연자육은 가루로 만들어 놓는다. 시상은 그대로 사용한다.
4. 멥쌀가루와 모든 약재를 한데 섞어 설탕물을 넣고 걸죽하게 만든다음 고루 비벼 부족한 물을 더 주고 체에 내린다.
5. 준비한 떡가루를 시루에 안쳐서 젖은 면보를 덮고 김 오른 후 약 10~12분 정도 쪄 낸다.

참 고

- 구선왕도고는 떡으로도 먹지만, 볕에 바싹 말려 가루로 빻아 두었다가 아침에 물을 부어 죽을 쑤어 먹이도 든든하고, 더울 때 꿀물에 타서 마셔도 시원하다.
- 맥아(엿기름)가루는 검고 칙칙한 것보다 파르스름한 싹이 보이는 것이 상품이므로, 구입할 때 잘 선택해야 맛있는 떡을 만들 수 있다.
- 시상(柿霜)은 시설(柿雪)이라고도 하며, 곶감에 많이 피어 있을수록 좋다.

❶

❷❸

❹

❺

팥고물시루떡

시루떡은 증병(甑餠)이라 하여, 찹쌀이나 멥쌀을 가루로 내어 떡을 안칠 때 켜를 짓고 켜와 켜사이를 고물로 구분하여 찐 떡으로, 고물에 따라서 팥시루떡, 콩시루떡으로 불리운다.

흔히 멥쌀을 가지고 만들어 이것을 메시루떡이라 하며, 찹쌀을 가지고 만든 것을 차시루떡이라 한다.

고물로는 붉은 팥이나 푸른 팥을 쓰는데, 붉은 팥은 귀신이 싫어하는 색이라 하여 고사떡에 쓰이고, 푸른 팥은 제사떡이나 잔치떡을 만들 때 쓴다.

시루떡은 豆糕, 次甑餠易熟法, 厚餠, 붉은 팥시루떡, 팥편, 팥찰편 등으로 전하는데, 연대미상의 《음식방문》에 "떡가루 빻아 소금물에 버무려 도드미에 무거리를 손으로 연하여 부비어 치고, 거피고물은 어레미로 쳐서 안치되, 대추를 칼로 씨 바르고 삶은 밤 쪼개어 드문드문 박고 문지른 후, 고물을 뿌려야 켜가 고르니라."고 설명하고 있다.

1849년 《동국세시기(東國歲時記)》에 의하면 "우리 풍속에 정월의 첫 말날(午日)에 증병도신(甑餠禱神)이라 하여 시루떡(甑餠)을 쪄, 일년 내내 무사태안을 비는 고사를 지냈는데, 이 때에는 붉은 팥시루떡을 두툼한 켜로 찌고, 돼지머리 삶은 것, 북어, 정화수 등을 장소에 따라 구별하여 놓았다."고 한다.

붉은 팥고물시루떡은 추수를 끝낸 후, 10월 상달에 집안이 모두 편안하기를 기원하거나, 또는 부락의 조상신(祖上神)이나 수호신, 그 부락만의 연중무병(年中無病)과 평온무사 및 풍년을 빌던 등신제 때 켜를 두툼하게 하여 만들어 해먹던 전통이 깃들인 떡이다.

1800년대 말의 《시의전서(是議全書)》에서는 팥찰편이 나오고, 1916~1917년 사이의 《조선세시기》에도 증병이 나오고 있다.

1943년의 《조선무쌍신식요리제법(朝鮮無雙新式料理製法)》에는 '팥떡'으로, 1945년 《시의방(是議方)》에는 '팥찰편'이 나오며, 1958년 《우리나라 음식만드는 법》에도 '찰시루편'이 나오는데, 이것은 찹쌀가루에 콩·대추·밤·호박·감 등을 섞어서 팥을 켜로 놓고 찐 떡으로, 찹쌀을 이용했음을 알 수 있다.

시루떡을 보면 팥을 이용한 떡이 많다. 팥에는 당질이 56%, 단백질이 21%나 함유되어 있고, 비타민류로 비타민 B_1이 많아 쌀에 팥을 섞으면 맛도 좋을 뿐만 아니라, 흰 쌀밥의 결점을 보충해 각기병, 신장병, 심장병 등에 의해 생긴 부기에 아주 좋다.

[재료 및 분량]

멥쌀	·········	10컵(가루 20컵)
소금	·········	2큰술

고물

볶은팥	·········	4컵
소금	·········	1큰술
물	·········	10컵

만드는 방법

1. 멥쌀은 3~4회 깨끗이 씻어 일이시 물에 12시간 징도 담갔다가 건진 후, 소금을 넣고 빻아 체에 내려 고운 가루를 만든다.
2. 쌀가루에 물을 뿌려 손으로 고루 비빈 후 체에 한 번 더 내린다.
3. 팥은 물을 붓고 삶아 한소끔 끓이면 그 물을 버리고, 다시 팥의 2.5~3배 정도의 찬물을 부어 팥이 무를 때까지 삶는다. 팥이 거의 익으면 물을 따라내고 낮은 불에서 뜸을 들인 후, 소금을 넣고 절구에 대강 찧어 고물을 만든다.
4. 시루에 시루밑을 깔고 팥고물을 뿌린 다음, 멥쌀가루를 3~4cm 두께의 수평으로 편편하게 안치고, 계속 팥고물과 멥쌀가루를 번갈아 켜켜로 안쳐 솥 위에 올린 후, 밀가루로 반죽한 시룻번을 붙인다.
5. 면보자기를 물에 적셔 시루 위를 덮고 센 불에서 찌다가 김이 오르면 15분 정도 더 쪄 낸다.

참 고

- 팥을 삶을 때 먼저 팥 속의 사포닌을 제거하기 위해서 한소끔 끓으면 그 물을 버리고, 찬물을 넣어 다시 팥이 익도록 삶는다. 팥이 너무 무르지 않도록 해야 하며, 뜸을 들일 때는 밑이 타지 않도록 주의한다.
- 싶으로 엮어 만든 시루밑이 없을 때에는 한지를 오려서 기름을 발라 사용해도 좋고, 얇게 썬 무로 시루구멍을 막아도 된다.
- 쌀가루를 물에 내린 후 손으로 꽉 쥐어 흔들어 보아 부서지지 않을 정도면 알맞은 수분농도다. 켜의 두께가 일정해야 보기 좋으므로, 떡가루의 분량을 미리 똑같이 나누어 놓는다.
- 솥 안에 물은 적당히 넣고 시루 꼭지를 잘 잡아 기울어지지 않게 하여 떡시루를 솥에 잘 안친다.
- 떡은 센 불에서 찌는데 불길이 골고루 솥 밑에 닿도록 해야 김이 고루 올라 떡이 잘 쪄지며, 김이 나오는 때부터 작은 시루는 15분, 큰 시루는 30분이면 떡이 잘 쪄진다.

물호박떡

우리의 전통 병과류 중에서 다른 떡류에 비해 특별한 맛을 주는 호박떡, 물호박떡, 호박찰떡, 호박시루편 등은《음식방문》,《시의전서》,《조선요리제법》,《간편조선요리제법》,《조선무쌍신식요리제법》,《우리나라 음식만드는 법》,《시의방》,《현대여성백과사전》,《한국떡편》 등에 나온다.

물호박떡은 쌀가루에 늙은호박을 넣고 거피 팥고물을 덮고 반복하여 켜를 놓아 쪄낸 떡으로, 물호박의 수분과 멥쌀가루가 촉촉하게 어우러져 호박 특유의 은은한 향기와 신선하고 달콤한 맛이 진하다.

1938 년《조선요리법(朝鮮料理法)》에 물호박떡과 호박찰떡이 나오는데, "물호박떡은 늙은 호박을 얇게 썰어서 설탕을 섞어 쌀가루에 버무린다. 이것은 팥고물로 켜를 하여 시루에 안쳐 쪄 내는 시루떡이고, 호박찰떡은 찹쌀가루에 호박고지를 한치 길이로 잘라서 가루에 섞고, 검은 밤콩으로 켜를 하여 고물을 많이 넣고 시루에 얹어 쪄낸 것이다."고 하였다.

물호박떡은 팥고물로 켜를 한 것에 반해 호박찰떡은 밤콩을 켜로 한 것이 다르다.

1943 년《조선무쌍신식요리제법》에서는 "청둥호박을 얇게 썰어서 떡가루에 섞어 가지고 팥을 두되, 설탕이나 대추를 많이 두라. 호박을 썰어 볕에다가 대강 말리면 호박이 더욱 단맛이 나느니라. 호박오가리로 하려면 물에 불려서 한치 길이로 썰어 떡가루에 섞으되 켜를 두껍게 할지니라."고 하였다.

청둥호박이란 늙은 호박으로 겨울철에 많이 먹는다. "동지에 호박을 먹으면 중풍에 걸리지 않는다"라는 말이 있다. 이는 옛날부터 호박이 건강식품이라는 것을 알고 있었음을 말해준다.

늙은 호박은 과채류 중에서도 녹말 함량이 가장 많고, 감자·고구마·콩에 이어 칼로리가 높다. 노랗게 잘 익은 호박은 카로틴의 함유량이 많아져서 체내에서 비타민 A로 흡수되며, 약간의 비타민 B, C를 함유하고 있어, 비타민 급원으로 매우 중요한 식품이다.

호박을 먹으면 호흡기가 튼튼해져 호흡기 질환에 저항력이 생기고, 부종을 치료해 주는 이뇨제가 함유되어 있어, 임산부와 신장질환자에게 효과가 있다고 한다. 또한 호박씨에는 레시틴과 필수아미노산이 다량 함유되어 있어 머리를 좋게 하고 암세포가 커지는 것을 막아 주는 프로테아제의 일종이 함유되어 있다고 한다.

[재료 및 분량]

- 멥쌀 ………… 10컵(가루 20컵)
- 소금 ………… 2큰술

설탕물

- 설탕 ………… 1컵
- 물 ………… ⅔컵

- 청둥호박 ………… 2kg
- 소금 ………… ½큰술
- 설탕 ………… 2컵

고물

- 거피팥 ………… 4컵
- 소금 ………… 1큰술

만드는 방법

1. 멥쌀을 깨끗이 씻어 일어서 물에 8~12시간 정도 담갔다가 건진 다음, 소금을 넣고 빻아 체에 내려서 고운 가루를 만든다. 설탕물을 끓여 식혔다가 가루에 섞어 손으로 비빈 후, 다시 한 번 체에 내린다.
2. 청둥호박은 속을 긁어내고 껍질을 벗겨 길이 4cm, 폭 2cm의 크기로썰고 2일간 볕에 널어 꾸덕꾸덕하게 물기를 말린다.
3. 거피팥은 3~4시간 물에 불려 여러 번 문질러 닦아 껍질을 벗기고 깨끗이 씻어, 껍질과 잡물을 모두 제거한 다음, 찜통에 쪄서 소금을 넣고 어레미에 내려 거피팥고물을 준비한다.
4. 준비한 호박에 소금과 설탕을 넣어 고루 섞은 다음, 쌀가루와 잘 버무려 물기가 생기기 전에 바로 안치도록 한다.
5. 시루에 시루밑을 깔고 거피팥고물을 고루 편 후, 준비한 떡가루를 안치고, 다시 거피팥고물을 덮고 반복하여 켜를 놓아 솥 위에 올려 시룻번을 붙이고, 젖은 면보자기를 시루 위에 덮어 센 불에서 찌다가 김이 오르면 약 15~20분 정도 더 쪄 낸다.

참 고

- 거피팥고물을 만들 때 물에 불린 팥을 보리쌀 씻듯이 박박 문질러 씻어야 물이 빠지고 거피팥고물이 뽀얗다.
- 호박을 설탕에 미리 절여 두면 물이 생겨 질어지므로 버무려서 바로 찌는 것이 좋다.
- 떡이 질 때에는 주걱으로 떠서 팥고물을 골고루 묻혀 합에 담아 내기도 하며, 숟가락으로 떠먹는다.
- 노랗게 익은 호박의 속을 파내고 썬 다음, 멥쌀가루와 섞어서 찌는 시루떡의 일종으로, 추석 무렵부터 겨울철에 많이 해 먹는다.
- 늙은호박을 길게 켜서 가을서리를 맞쳐가며 말려서 호박고지 시루떡을 해 먹기도 한다.

무시루떡

무 떡은 나복병(羅葍餠)이라고도 하며, 어느 떡보다 서민적이고 토속스러운 떡이다.

1855 년 《부인필지》에서는 "무를 얇고 넓게 저며 소금물에 담갔다 건져 쌀가루에 굴려 묻은 것만 두고 아니 묻은 것은 도로 굴려 그 무쪽을 시루에 안칠 적에 쌀가루에 대강 뿌려 찐다."고 하였다.

켜를 둔 무시루떡이 1815 년 《규합총서》, 1827 년 《임원십육지(林園十六志)》에 적혀 있고, 《임원십육지》에서는 밤·대추·쑥이 사용되고 있음을 기록에서 볼 수 있다. 또 《음식방문(飮食方文)》에서는 "무를 얇게 저며, 소금물에 담갔다가 체에 건져 버무려 가루를 털고 안치되, 찰가루 두둑히 삐어 무를 덮고 밤, 대추 고명 박아 바싹 쪄야 유활하니라."고 설명되어 있고, 1945 년의 《시의방(是議方)》에도 무떡이 나오는데 찹쌀, 무, 밤, 대추 등의 재료를 사용했다.

무시루떡은 1986 년 《한국떡편》에서 "무시루떡은 멥쌀에다 무 채 친 것을 섞어 팥고물을 넉넉히 언져 켜는 두껍게 한다."고 기록되어 있다.

원산지가 지중해 연안인 무는 채소의 한가지로 봄에 담자색이나 흰꽃이 피는데, 잎과 뿌리는 먹고 씨는 한방약재로 쓰이며, '나복(羅葍)'이라고도 한다.

백문보(白文寶)(?~1374)가 지은 《동문선(東文選)》의 〈五言古詩〉 속에 "김군이 일찍 학업에 뜻을 두어 나복산(羅葍山)에서 글을 읽었다. 羅葍은 맛이 담백한 것, 나무 뿌리 참으로 먹을만 하여라."란 구절이 나오는데, 이것이 무에 관한 첫 기록인 듯하다.

본디 무는 매운 맛이 강했는데, 여기서는 담백하다고 한 것으로 보아 품질이 개량된 무가 이땅에서도 재배되었던 것 같다.

1590 년 《본초강목(本草綱目)》에 무를 '뿌리가 흰 것, 붉은 것, 둥근 것, 긴 것' 등으로 특징을 설명하고 있으며, 또 "무는 위산과다증을 다스리고, 술독을 풀어주며 무즙을 마시면 설사를 멎게 한다."고 기록되어 있다. "우리나라에서는 삼국시대에 재배되었을 가능성이 있다."고 하였다.

문헌상으로는 조선시대 《한정록(閑情錄)》에 '明可植, 明可食'이라고 하여 무를 상식(常食)이 가능한 음식으로 쳤음을 볼 수 있다.

무가 배추, 고추와 함께 3 대 채소 중의 하나였던 만큼, 무를 떡에 넣어 무시루떡을 만들어 먹는 일은 어쩌면 자연스러운 일로 생각된다.

[재료 및 분량]

멥쌀	10 컵 (가루 20 컵)
소금	2 큰술
무(1 개)	1 kg
설탕	2 큰술

고물

붉은팥	4 컵
소금	1큰술

만드는 방법

1. 멥쌀은 3~4회 깨끗이 씻어 일어서 물에 8~12시간 정도 담갔다가 건진 다음, 소금을 넣고 빻아 체에 내려서 고운 가루를 만든다.
2. 쌀가루에 물을 뿌려 고루 비빈 후 체에 내린다.
3. 붉은팥은 물을 붓고 삶아 한소끔 끓으면 그 물을 버리고, 다시 찬물을 부어 팥이 무를 때까지 삶는다. 팥이 거의 익으면 물을 따라내고 낮은 불에서 뜸을 들인 후, 소금을 넣고 절구에 대강 찧어 팥고물을 만든다.
4. 무는 굵게 채를 썰어 설탕을 뿌려 두었다가 건져 쌀가루에 넣고 고루 섞는다.
5. 시루에 시루밑을 깔고 거피팥고물을 두껍게 뿌린 다음, 무와 같이 섞은 쌀가루를 4~5cm 두께로 안친다. 다른 떡에 비해 떡의 켜가 두껍도록 하며, 쌀가루와 팥고물을 켜켜로 넣고 안친 후, 솥 위에 올리고 밀가루로 반죽한 시룻번을 붙인다.
6. 면보자기를 물에 적셔 시루 위를 덮고 센 불에서 찌다가 김이 오르면 15분 정도 더 쪄 낸다.

참 고

- 가을에 특히 맛있는 떡으로서 10 월 상달에 고사떡으로 많이 해 먹는다.
- 무를 소금에 버무리면 물이 생기고, 무가 질겨져서 좋지 않다.
- 무의 양이 좀 더 많아도 좋으며 다른 떡보다 켜를 두껍게 한다. 처음부터 쌀가루와 팥고물을 등분하여 안치면 켜가 고르게 될 수 있다.

상추떡

상추떡은 멥쌀가루에 상추잎과 거피 팥고물을 켜켜로 얹어 가며 시루에 안쳐 찐 떡이다.

1943 년 《조선무쌍신식요리제법》에 "상추떡은 느티떡과 같은 요령으로 하되, 상추잎을 썰어 물기가 없도록 한 후, 쌀가루에 섞어야 떡이 질지가 아니하다."고 적고 있어서 언제부터 상추잎을 넣어 떡을 만들게 되었는지 정확히 알 수는 없지만, 문헌상의 기록으로 미루어 조선시대 말기 때부터가 아닐까 생각된다.

떡의 재료로 쓰이는 상추는 이미 삼국시대부터 먹어온 역사 깊은 채소로, 고려시대에 그것으로 밥을 싸 먹었다는 기록이 있는 것으로 보아, 친숙한 채소였음을 알 수 있다.

상추의 어원은 '날로 먹을 수 있다.'하여 생채(生菜)가 변화한 것으로 보이나, 한문 이름은 와거(萵苣)로 되어 있고, 송대(宋代)의 문헌인 《청이록》의 기록에 "와국(萵國)에서 건너온 풀이라 하여 와(萵)란 이름이 붙었다." 하고, "와국에서 사신들이 왔을 때 수(隋)나라 사람들이 상추 종자를 비싸게 사들였기로 천금채(千金菜)라 부르기도 한다." 고 하였다.

그런데 우리나라 문헌인 1765 년 《해동역사(海東繹史)》〈물산지(物産志)〉에 보면 "청대의 문헌인 '천록여식'을 인용, 고구려 사신이 수나라에 갔을 때 그곳 사람들이 상추 씨앗을 비싸게 사들였기로 천금채라 한다."고 적고 있다.

이러한 상추를 한방에서는 "상추가 오장을 이롭게 하고 가슴을 시원하게 하며, 원기를 돕고 근육이나 뼈를 튼튼하게 하고 입 속의 냄새를 없애고, 치아를 희게 하며, 혈맥이 잘 통하게 하며, 산후에 젖이 잘 나오게 하고, 소변에 대한 이뇨작용이 있으며, 창자를 이롭게 하여 열독(熱毒)이나 주독(酒毒)을 풀어준다."고 한다.

상추는 지방유, 호박산, 정유성분, 고미, 비타민 A 등이 들어 있어 시원한 맛을 주는 한편, 특유의 단맛과 쓴맛이 있어 식욕을 잃기 쉬운 봄과 여름철에 먹으면 좋다.

이 떡은 단맛이 적어 담백한 맛이 팥고물과 잘 어울리며, 상추 특유의 쌉싸름한 맛과 더불어 씹히는 맛 또한 독특한 별미를 주는 것이 특징이다.

상추떡은 보기 좋게 잘라 담으면 쌀과 거피팥의 담색과 상추의 푸른색이 조화를 이뤄 맛이 좋으며, 시각적으로도 아주 먹고 싶은 느낌을 준다.

[재료 및 분량]

멥쌀	10컵 (가루 20컵)	
소금	2큰술	
상추 (푸른색)	300 g	

고물

거피팥	4컵 (찐 거피팥 1.2 kg)
소금	1큰술
설탕	½~1컵

만드는 방법

1. 멥쌀은 3~4회 깨끗이 씻어 일어서 물에 8~12시간 담갔다가, 소쿠리에 건져서 분량의 소금을 넣고 가루로 빻아 체에 내린다.
2. 쌀가루에 물을 약간 주어 고루 비벼 체에 내린다.
3. 거피팥은 깨끗이 씻어서 하룻밤 충분히 물에 불려 찜통에 쪄 낸 다음, 뜨거울 때 소금을 넣고, 절구에 찧어 어레미나 체에 내려 분량의 설탕을 넣고 고루 섞어 고물을 만들어 놓는다.
4. 상추는 깨끗이 씻어 건져, 물기를 뺀 다음 2cm 폭으로 썰어 분량의 반만 쌀가루에 훌훌 섞어 놓는다.
5. 시루에 시루밑을 깔고 거피팥고물을 충분히 덮은 뒤 상추를 섞은 쌀가루를 1cm 두께로 넣고 그 위에 남은 상추를 고르게 펴서 깐 다음, 다시 2cm 두께로 쌀가루를 더 덮고 팥고물을 얹어, 4회 반복하여 떡을 안친다. 거피팥고물을 고루 덮고 시루를 솥 위에 올리고 시룻번을 붙인다.
6. 면보자기를 물에 적셔 시루 위를 덮고 센 불에서 찌다가 김이 오르면 15~20분 정도 더 쪄 낸다.

참 고

- 상추의 수분 충분하므로 쌀가루에 물을 따로 주지 않아도 된다.
- 떡을 만들 때 상추잎을 큼직하게 손으로 뜯어 가루에 섞지 않고, 켜켜이 안쳐서 쪄 내도 초록색 켜가 보여 아름답다.

감고지떡

감고지떡은 가을철에 잘 익은 감을 보기 좋게 썰어 말린 감고지와 설탕물을 내린 멥쌀가루를 섞어 거피팥고물과 켜켜로 안쳐 시루에 찐 전라도의 떡이다.

이와 비슷한 종류의 떡으로 감단자와 상주지방의 상주설기가 있고, 방법은 다르나 감을 이용한 떡으로는 감떡·감인절미가 있는데, 이들 떡은 다같이 감의 단맛과 아름다운 색으로 그 맛을 살리고 있는 점에서 특징을 찾을 수 있다.

감은 그 종류가 두 가지로 단감과 떫은 감이 있으며, 대개 단감은 따뜻한 지방, 떫은 감은 추운 지방에서 재배·생산되며, 단감도 추운 지방에서는 떫은 감으로 바뀐다고 한다.

감고지떡을 만들려면 위의 방법과는 달리, 호박고지나 박고지를 만들 때처럼 감을 도톰하게 썰어, 채반이나 돗자리 같은 것을 깔고 햇볕에서 꾸덕꾸덕하게 말리는데, 곶감 정도의 수분을 함유한 상태가 되면 당도가 증가하고 저장성도 높아져서 좋다.

감을 말려서 만든 감고지나 곶감에는 '시설(柿雪)'이라 하여 하얀 분가루가 생기는데, 그 성분은 포도당, 과당, 만니트로 한방에서는 '갈증을 없애주고, 정액을 보충해주며, 가래를 삭히고, 감기로 인한 기관지의 열을 내려주는 효능이 있다.'고 한다.

따라서 곶감을 고를 때는 하얀 분가루가 고르게 피어있는 것을 고르는 것이 현명한 방법이다.

감고지떡을 비롯하여 감떡, 감단자 등을 비롯 감장아찌, 감잎차, 감술(추시주 ; 秋柿酒) 등 전라도 지방에 감을 이용한 전통음식이 유달리 많은 것은, 전라도가 기후상으로 따뜻한 남쪽지방이어서 감 재배가 용이하고, 특별한 관리를 하지 않아도 비교적 높은 소득을 올릴 수 있는 작물이자, 제사상이며 차례상에 빼놓지 않고 올리는 음식이었기 때문이다.

특히, 감잎을 차로 만들어 마시면 비타민 C가 풍부하여 몸에 좋고, 이뇨 효과는 물론, 심장병과 신장병 등에 효과가 있어서 최근 각광을 받고 있다.

감은 전라도 지방에서도 완주군과 장성군의 감(곶감)이 특히 유명하다.

감고지떡은 흰 쌀가루에 썰어 말린 감조각이 노랗게 보이고, 켜켜로 거피팥고물이 들어있어 맛도 좋고 모양도 아름다운 가을, 겨울의 떡이다.

찌는떡

[재료 및 분량]

멥쌀	10 컵(가루 20 컵)
소금	2 큰술
썰어말린 감(감고지)	400 g

설탕물

설탕	1 컵
물	1 컵

고물

거피팥	4 컵
소금	1 큰술

만드는 방법

1. 멥쌀은 3~4회 깨끗이 씻은 후 물에 8~12시간 담갔다가, 소쿠리에 건져서 물기를 뺀 후 분량의 소금을 넣어 고루 비벼서 다시 한 번 체에 내린다.
2. 거피팥은 하룻밤 충분히 불려서 김이 오른 찜통에 쪄낸 후, 뜨거울 때 소금을 넣고 절구에 찧어 체에 내린다.
3. 감은 껍질 벗겨서 두께 0.5cm, 가로 3cm, 세로 4cm 크기로 저며 썰어 꾸덕꾸덕하게 말려서 감고지를 만들어 멥쌀가루와 섞는다.
4. 시루에 시루밑을 깔고 그 위에 거피팥 고물을 충분히 깐 뒤, 준비한 떡가루를 안치고 다시 거피팥고물을 얹는 방법으로 켜켜로 시루에 안쳐 젖은 면보를 덮고 김이 오른 후 15~20분 정도 더 쪄 낸다.

참 고

- 감고지는 단감의 껍질을 벗기고 씨를 빼낸 후 저며서 음지에 널어 말리는 것이 색 변화가 적다.
- 감을 저며 말릴 때 건조기를 사용하는 것도 바람직하며, 바짝 마른 감고지는 수분을 주어 촉촉하게 하여 사용한다.

찰옥수수시루떡

찰옥수수시루떡은 찰옥수수 가루를 빻아 물을 내리고, 팥을 고물 내어 시루에 켜켜로 안쳐 찐 떡이다.

강원도 등의 산간지방에서는 지리적 여건상 찰옥수수를 많이 재배해, 이를 이용한 시루떡을 만들어 즐겨 먹었다. 이곳에서 생산되는 찰옥수수는 다른 지방의 옥수수와는 달리, 알이 굵고 차진 맛이 있어서 밥과 떡을 만들어 먹는데, 뜨거울 때 먹으면 찰옥수수의 구수한 맛과 향을 즐길 수가 있다.

옥수수는 강남에서 전해졌다는 뜻에서 일명 '강냉이'라고도 불리우는데, 가장 많이 재배되는 강원도에서는 '옥시기'라고 부르기도 한다.

관련 문헌으로는 1766 년《증보 산림경제(增補 山林經濟)》에 '옥촉서(玉蜀黍)'라고 기록되어 있으며 1700 년대에 우리 나라에 들어온 것으로 추정된다.

예로부터 옥수수는 간편하게 쪄서 먹거나 죽·만두·수제비·범벅·올챙이묵·떡·차 등의 여러 조리법을 개발하여 식량대용으로 이용해 왔다.

옥수수는 한의학적으로 쌀이나 보리에 비해 소화율이나 칼로리 면에서는 뒤지지 않으나, 단백질이 적어 주식으로 이용하려면 콩과 섞어 먹거나, 우유·고기·달걀 등의 고단백식품과 함께 먹는 것이 좋다.

옥수수는 이뇨작용이 뛰어나서 삶아 먹거나, 옥수수알을 한 움큼 물에 넣어 달여 마시면 소변이 잘 통하여 임신중의 부기를 빠지게 하며 방광염·요도결석·임질 등의 성인병에 좋은 효과를 나타내고, 각기병과 당뇨병을 예방하는 효과를 볼 수 있다고 한다.

옥수수에는 지방성분 가운데 신경조직에 필요한 레시틴과 비타민 E (토코페롤)가 들어있어, 피부의 건조와 노화를 막아주며, 습진 등에 대한 피부의 저항력을 높여주는 것으로 밝혀져, 다이어트 식품과 미용식으로 이용할 만하다.

그러나 옥수수는 필수아미노산인 트립토판과 라이신이 부족하므로, 이것들이 비교적 많은 단백질 식품을 곁들여 먹어야 한다는 점에서 떡을 만들 때 찰옥수수와 함께 팥을 넣는 것은, 옥수수에서 부족되기 쉬운 영양을 보충해 주기 위한 지혜를 엿볼 수 있다. 이 떡은 찰옥수수의 구수하고 쫄깃한 맛과 팥의 달콤한 맛이 함께 어우러져 한층 깊은 맛을 느낄 수가 있다.

[재료 및 분량]

찰옥수수가루	20 컵
소금	2 큰술

설탕물

설탕	1 컵
물	1 컵

고물

붉은팥	4 컵
소금	1 큰술

만드는 방법

1. 찰옥수수는 8~12시간 정도 물에 불려 가루로 빻아 소금을 넣고 체에 내린 다음, 끓여 식힌 설탕물을 넣고 고루 비벼 다시 체에 내린다.
2. 솥에 물을 붓고 깨끗이 씻은 팥을 넣어, 한 번 우루루 끓으면 물을 따라내고 새 물을 부어 푹 삶아서 뜸을 들인 후, 소금을 넣고 절구에 대강 찧어 고물을 만든다.
3. 시루에 시루밑을 깔고 팥고물과 옥수수가루를 켜켜로 안친 다음, 솥 위에 올려 시룻번을 붙인다.
4. 면보자기를 물에 적셔 꼭 짠 다음 시루 위를 덮고 센 불에서 찌다가 김이 오르면 약 20~25분 정도 더 쪄 낸다.

참 고

- 시루떡은 맨 위에 고물을 얹은 후 가운데 떡가루 남은 것을 조금 올리면, 젓가락을 깊이 찔러보지 않고도 익은 정도를 가늠하기 쉽다.
- 찰옥수수시루떡은 뜨거울 때 먹어야 구수하고 제맛이 난다.

❶

❷

❷'

❸

율 고

율고(栗糕)는 쌀가루와 황률(黃栗)가루를 섞어 찐 설기떡의 한 종류이다.

단군조선부터 고려시대까지를 서술한 한치윤의 《해동역사(海東繹史, 1795년)》에 고려사람들이 밤 설기떡인 율고를 잘 만든다고 칭송한 중국인의 견문을 소개하였는데 밤을 그늘에 말려서 껍질을 벗긴 뒤 찧어서 가루를 내고 여기에 쌀가루를 섞어 꿀물을 내려서 찐다고 하였고 백당물로 내리면 더욱 좋다고 하였다.

또 지금으로부터 1,600여 년전 원(元)의 기록인 《거가필용(居家必用)》에도 우리의 떡인 '고려율고'을 소개하고 있어 율고는 고려 때 이미 즐겨 먹었던 설기떡의 한 종류로 보여진다.

1670년경의 《음식지미방(飮食知味方)》에 "밤을 많고 적음을 헤아리지 말고 그늘에서 말려 찧어서 체로 쳐서 세분한 가루를 찹쌀가루에 넣어서 꿀물로 반죽하여 윤기나게 한다. 켜는 석이편 켜같이 하여 쪄서 써야 한다."라고 기록된 것으로 보아 조선시대에도 즐겨 먹은 것으로 나타나 있다.

율고에 들어가는 황률은 밤을 말려 겉껍질과 속껍질을 벗긴 빛이 누런 밤을 말한다. 밤은 원산지가 중국 또는 유럽인데 탄수화물, 단백질, 지방, 비타민, 무기질 등의 5대 영양소가 골고루 있는 식품이다. 특히 밤에 있는 당질은 소화가 잘 되며 밤을 오래 먹으면 위장의 기능이 활발해진다. 밤에는 칼슘, 철, 나트륨 등 무기질이 많아 성장기 어린이들에게 무척 좋은 식품이다.

그래서 옛날 엄마젖이 부족할 때 어린아이들에게 밤죽을 쑤어 먹였다고 한다. 또한 밤은 비타민 B_1과 비타민 C 등 비타민도 풍부하다. 밤에 많은 당질은 소화를 돕는 비타민 B_1의 함량이 쌀보다도 4배나 더 들어있다. 피부미용, 피로회복에 효과적이며 비타민 C도 풍부하다. 영양도 풍부하고 밤향이 솔솔 나는 율고는 가을을 느끼게 해 주는 떡이다.

[재료 및 분량]

멥쌀가루 ·············· 5컵(가루 10컵)
소금 ···························· 1큰술
설탕 ······························ 1컵
황율가루 ·························· 5컵
계피가루 ························ 1큰술

설탕물

설탕 ······························ 1컵
물 ································ 1컵

만드는 방법

1. 멥쌀은 3~4회 깨끗이 씻은 후 8~12시간 담갔다가 소쿠리에 건져서 물기를 뺀 후 분량의 소금을 넣고 가루로 빻아 체에 내린다.
2. 밤은 껍질을 벗겨 햇볕에 바싹 말리어 황률을 만들어 물수건으로 깨끗히게 닦이 분미기나 절구에 넣고 곱게 빻은 후 설탕물을 넣고 걸죽하게 만든다.
3. 쌀가루에 준비한 황률가루와 계피가루를 잘 섞고 골고루 잘 비빈 다음 물을 주고 골고루 비벼 체에 내린다.
4. 시루에 시루밑을 깐 다음 쌀가루를 안쳐 냄비에 올린 다음 시룻번을 붙이고 젖은 면보를 덮고 김이 오른 후 15분 정도 찐다.

참 고

- 황률은 속껍질을 벗긴 것을 사용한다.
- 황률가루는 물을 넣어 걸쭉하게 만들어 사용해야 쌀가루와 고루 섞인다.
- 옛 조리서에는 황률과 찹쌀의 비율이 2:1이었다.

석탄병

석탄병(惜呑餠)은 멥쌀가루와 감가루를 반반 섞고, 설탕물을 넣어 체에 내린 가루에 잣가루·생강·녹말·계피가루·대추·밤 등을 섞은 후, 녹두고물을 얹고 그 위에 종이를 덮고, 다시 가루를 넣고 고물을 얹어 켜를 놓아 시루에 찐 떡이다.

석탄병이란 이름의 유래는 이 떡이 차마 삼키기 아까울 정도로 맛이 있다고 해서 붙여진 것으로, 실제로 만들어 먹어보면, 이름대로 달콤하고 부드러워 입안에 절로 녹아드는데, 그 맛은 서양의 어떤 케익과도 견줄 수 없는 독특한 감칠맛을 지니고 있다.

《규합총서》에 기록하기를 "수시(水柹)를 껍질 벗겨 말려 가루로 하고, 멥쌀가루·설탕·귤병·민감 얇게 저며 섞고, 고물로 잣가루, 계피가루를 섞어 안치고, 대추·황률 삶은 것 가늘게 채 쳐 잣가루 섞어 위에 가득히 흩고, 백지로 씻은 후에 또 종이를 덮고 다른 가루로 우덮어 찌면, 강렬한 맛이 차마 삼키기 아까운 고로 석탄병이니라."고 하였다.

여기서 재료로 사용되는 수시(水柹)란 물이 많고 연하며 맛이 좋은 단감을 말하며, 사탕가루는 국내 생산이 안되는 것으로, 이미 이때부터 설탕가루를 수입해서 사용하고 있었음을 알 수 있다.

재료 중 '민감'이란 중국 복건성에서 새앙을 설탕에 조린 과자의 일종으로, 민감 역시 수입하여 사용하였던 것으로 보여진다.

《조선요리제법》에도 "단단한 감을 껍질 벗기고 얇게 저며 볕에 잘 말려서 가루를 만들고, 백미는 떡가루 만드는 법대로 가는 체에 쳐서 곱게 만들고, 대추는 씨 빼서 셋에 썰고, 밤은 껍질 벗겨서 셋에 썰고, 계피가루는 고운 체에 곱게 쳐서 놓고, 실백은 대강 이겨서 놓고, 녹두는 맷돌에 타서 물을 부어 잘 불은 후에 손으로 부비어 껍질을 다 벗겨 여러 번 씻어 채반에 놓아 물을 다 뺀 후에 시루에 쪄서 잘 익힌다."고 재료의 처리법을 상세하게 적고 있다.

《부인필지》, 《간편 조선요리제법》, 《조선무쌍신식요리제법》 등 여러 문헌에 석탄병을 소개하고 있음은 석탄병의 뛰어난 맛을 반영한 증거라고 하겠다.

한편, 최근의 논문 실험에서는 "석탄병을 만들 때 멥쌀가루에 섞는 감가루의 양은 30%일 때가 가장 좋으며, 시럽이나 꿀보다 설탕을 첨가한 경우가 고른 색을 띄었고, 꿀을 넣은 경우 부드럽고 단맛이 강했으며, 단맛은 감가루의 양과 당의 양이 많아질수록 강하게 느껴졌다."고 보고하고 있다.

[재료 및 분량]

멥쌀	10 컵 (가루 20 컵)
소금	2 큰술

설탕물

설탕	1 컵
물	1 컵
감가루	3 컵
잣가루	2 컵
계피가루	1 큰술
생강녹말	2 큰술
밤(껍질깐 것)	300 g (15 개)
대추	100 g (14 개)

고물

녹두	4 컵
소금	1 큰술

만드는 방법

1. 쌀은 3~4회 깨끗이 씻은 후 물에 8~12시간 담갔다가, 소쿠리에 건져서 분량의 소금을 넣고 가루로 빻아 체에 내린다.
2. 멥쌀가루에 분량의 감가루, 계피가루, 생강 녹말을 넣고 고루 섞은 다음 끓여 식힌 설탕물을 넣고 고루 비벼 체에 내린다음 잣가루를 섞는다.
3. 밤과 대추는 길이로 3~4등분하여 준비한 쌀가루에 넣고 가볍게 고루 섞어준다.
4. 거피한 녹두는 충분히 불렸다가 돌 없이 깨끗이 씻어 찜통에 쪄 내, 소금간을 한 후 찧어 어레미에 내린다.
5. 시루에 시루밑을 깔고 녹두고물을 시루밑이 보이지 않도록 충분히 펴서 덮고, 준비한 쌀가루를 3~4cm 정도 넣고 고물을 얹어가며 켜켜로 안치고, 솥 위에 시루를 올려 시룻번을 붙인다. 젖은 면보자리를 덮고 센 불에서 찌다가 김이 오르면 약 15~20분 정도 더 쪄 낸다.

참 고

- 감가루는 단감의 껍질을 벗겨 얇게 저며 썰어서, 채반에 바싹 말렸다가 빻아 가루로 만들어 냉동고에 보관해 두었다가 필요할 때 쓴다.
- 단감을 저며 말릴 때는 건조기나 오븐을 사용하면 시간을 단축시킬 수 있다.

복령떡

복령떡은 복령병(茯苓餠)이라고도 하는데, 멥쌀가루와 백복령가루를 반반씩 섞어 설탕물로 촉촉하게 내려서 시루에 안치고, 그 위에 계피가루와 잣가루를 고물로 뿌려서 찐 전라도지방의 떡이며, 다른 이름으로는 백복령가루를 넣는다고 하여 백복령병(白茯苓餠)이라고도 부른다.

복령떡은 1815 년의 《규합총서》, 1800 년대 말엽의 《시의전서》, 1855 년의 《부인필지》, 1934 년의 《간편 조선요리제법》 등 여러 문헌에 만드는 법과 떡 이름을 소개하고 있는데, '복령조화고(茯苓造化糕)', '복령병'으로 기록하고 있음을 볼 수 있다.

《규합총서(閨閤叢書)》의 복령병 만드는 법을 보면, "백복령, 연육(連肉), 산약(山藥), 검인(芡人)을 각 4 냥과 설탕 한 근을 곱게 가루하되 희게 쓴 멥쌀가루 두 되에 섞어 시루에 안치고 대칼(竹刀)로 그어 조각나게 경계를 지어서 찐다. 베보자기나 보 같은 것을 덮어 쪄 먹고, 혹 말려서 의이(薏苡 : 율무)로 먹되, 이 떡이 나무뚜껑을 덮어 찌면 익지 않는다."고 하였다. 또 《부인필지(夫人必知)》와 《간편조선요리제법(簡便朝鮮料理製法)》에서는 "백복령가루와 쌀가루를 같은 분량으로 섞고 설탕물에 버무려 시루에 안쳐 찌되, 계피와 잣가루를 위에 얹으면 좋으니라."고 하여 재료와 제법상 다소 차이를 보이고 있다.

또한, 《음식방문》에서는 "적복령 날연히 찧어 깁체로 쳐서 찰가루와 복령말과 반씩 섞어 사탕가루와 계피가루를 많이 넣고 꿀에 버므려 도드미에 망울없이 쳐서 팥켜 놓아 찌면 좋으니라."고 기록하고 있어, 문헌마다의 차이를 엿볼 수 있다.

떡에 복령을 넣게 된 배경이나 시기에 대해 정확히 알려진 것은 없으나, 복령은 소나무 뿌리에 기생하는 버섯으로, 이뇨작용을 비롯한 혈당량 저하, 진정작용의 효능을 가지고 있고, 검인은 가시연밥을 가리키는 것으로 정기(精氣)를 보하고 귀와 눈을 밝게 하며 허리나 무릎이 아픈데 효험이 있다. 연육은 원기를 돋우는 약이고, 산약은 기운을 돋워주며 근육을 성장시키고 남자의 성 능력과 허리의 힘, 뼈를 강화시켜주는 효능이 있어 한방에서 보약제로 사용되고 있다.

이러한 사실로 미루어 우리 조상들이 옛부터 오늘날과 같은 성인병 예방을 위한 방편으로, 떡에 이들 약재를 넣어 그 맛을 배가시키고, 아울러 약리적 효과를 얻고자 했던 게 아닌가 생각된다.

[재료 및 분량]

멥쌀	10컵 (가루 20컵)
소금	2큰술
백복령가루	1½컵(120 g)

설탕물

설탕	1컵
물	1컵
꿀	3큰술

고물

거피팥	4컵
소금	1큰술

장식

계피가루 · 잣가루	적당량

만드는 방법

1. 멥쌀은 3~4회 깨끗이 씻은 후 물에 8~12시간 담갔다가, 소쿠리에 건져서 물기를 뺀 후 분량의 소금을 넣고 가루로 빻아 체에 내린다.
2. 쌀가루에 백복령가루를 섞은 다음 끓여 식힌 설탕물과 꿀을 섞고 고루 비벼서, 다시 한 번 체에 내린다.
3. 거피팥은 하룻밤 충분히 불려 거피한 다음 김오른 찜통에 약 30~40분간 쪄 내어, 소금을 넣고 찧어 체에 내려 고물을 만든다.
4. 시루에 시루밑을 깔고 거피팥고물과 쌀가루를 켜켜이 네 켜로 안치고, 솥 위에 시루를 올려 시룻번을 붙인 다음 젖은 면보자기를 덮어 김이 오른 후 10~15분 정도 쪄 낸다.
5. 떡의 맛과 모양을 좋게 하기 위해서 시루를 접시에 조심스럽게 엎은 후, 떡 위에 대각선으로 경계를 내고 마주보는 면에 계피가루와 잣가루로 골고루 덮어 장식한다.

참 고

- 백복령 외에 연육, 산약, 검인을 넣을 수 있으나, 한약 냄새가 너무 강하므로 백복령만 넣는 것이 떡의 맛이 어울린다.
- 복령떡을 말려 가루로 두었다가, 죽이나 미수로 만들어 먹어도 좋다.

조침떡

조침떡은 좁쌀가루에 생고구마를 채 썰어 섞고, 팥고물을 켜켜로 안쳐서 시루에 찐 제주도 지방의 떡으로, 호박채를 넣기도 한다.

조침떡은 원래가 메밀가루로 전병을 부쳐 반듯반듯하게 썰고, 여기에 닭고기와 쇠고기 외에 여러가지 채소로 만든 소를 넣고 한 번 말아서 두 끝을 붙인 떡이다. 함경도 지방의 향토음식으로 이 조침떡을 초장에 찍어 먹는다고 한다.

그러나 제주도 지방의 향토음식으로서 이 조침떡은 기록이나 문헌이 없어 제주도지방에서 언제부터 만들어 먹었는지, 또 함경도지방의 조침떡과는 달리 어떻게 좁쌀가루에 고구마를 넣어 떡을 만들게 되었는지, 그 유래를 알 수 없으나, 제주도에서 생산되는 조와 고구마가 특히 맛이 있었던 것 같다.

떡에 사용되는 주재료인 조는, 쌀의 자급이 이루어지지 못했던 옛날에는 보리·콩·수수와 함께 오곡(五穀)이라 하여 중요한 곡물로 취급되었으나, 쌀이 많이 생산되는 최근에는 재배량이 급속히 감소되었다. 조는 토양이 척박하고 가물어 다른 작물을 재배할 수 없는 조건에서 잘 자라기 때문에 제주도를 비롯한 산간지방에서 재배가 많이 이루어지고 있다.

조는 '차조'와 '메조' 두 품종이 있으며, 차조는 메조보다 차지고, 열매는 메조보다 작지만 빛깔도 훨씬 누르고 약간 파르스름한 빛깔을 띤다. 조는 쌀과 함께 섞어서 혼식하며, 단백질과 지방의 함유량이 많아 엿·떡·죽·소주 등의 음식에 이용되는데, 방아로 찧은 것을 '좁쌀'이라 한다.

고구마는 조선조 영조(1763 년)때 조엄이란 사람이 일본에 사신으로 갔다 돌아오는 길에 대마도에서 구해 온 것을 제주도와 부산진에 보내어 재배하게 된 것이 그 시초라고 한다.

당시의 사람들에게는 고구마가 신기한 것으로 여겨져, 지체가 높은 사람이나 부자 외에는 감히 맛볼 수 없는 귀물(貴物)로 여겼다고 한다.

고구마는 야리핀이라는 수지배당체인 하얀 진액이 있어, 변통을 좋게 하고 피부를 곱게 만들며, 칼로리가 높아 남녀노소를 막론하고 훌륭한 간식이 된다.

따라서 제주도 지방의 조침떡은 지역특산물인 조와 고구마를 이용한 향토음식이면서, 이들 재료의 영양성분이 고루 조화되어 있고, 또한 찹쌀가루를 섞지 않고 좁쌀가루로 만들어 구수하며, 특히 고구마의 단맛이 어우러져 특별한 맛을 준다.

[재료 및 분량]

- 차조 .... 8컵(가루 16컵)
- 멥쌀 .... 2컵(가루 4컵)
- 소금 2큰술

- 고구마(大) 4개
- 설탕 1컵

고물

- 붉은팥 4컵
- 소금 1큰술

장식

고구마 · 설탕시럽 · 대추 .... 적당량

만드는 방법

1. 차조와 멥쌀은 각각 씻어 일어 물에 8~12시간 불렸다가, 체에 받쳐 물기를 빼고 분량의 소금을 넣고 가루로 빻아 체에 한 번 내린다.
2. 고구마는 0.5cm 정도의 굵기로 채 썰어 색깔이 변하지 않게 설탕에 재워 놓는다.
3. 붉은 팥은 깨끗이 씻어 일어서 한 번 끓으면 물을 버리고, 다시 새 물을 넣고 푹 삶아 뜸을 들여 소금을 넣고 절구나 분마기에 찧어 고물을 만든다.
4. 시루에 시루밑을 깔고 팥고물로 충분히 덮은 뒤, 준비해 놓은 차조가루를 3cm 두께로 넣고 그 위에 물기를 뺀 고구마채를 충분히 얹는다.
5. 고구마채 위에 차조가루를 넣고 그 위에 준비한 팥고물을 얹는다. 같은 방법으로 고구마채, 차조가루, 팥고물을 반복해서 켜켜이 안친 후, 솥 위에 시루를 올려 시룻번을 붙인다. 젖은 면보자기를 덮어 센 불에서 찌다가 김이 나면 약 20~25분 정도 더 쪄 낸다.
6. 쪄낸 떡이 한 김 나가면 엎어서 그 위에 설탕시럽에 조려 다진 고구마와 대추로 장식한다.

참 고

- 차조는 돌이 많아 깨끗이 씻어 잘 일어야 한다.
- 고구마는 채 썰어서 바로 사용해야 색이 변하지 않고 깨끗하다.
- 조침떡은 원래 차조가루로 만드는 떡이나, 떡의 질감을 위해서 멥쌀가루를 섞는다.

귤병편

귤병편은 멥쌀가루에 귤껍질을 썰어 저며서 꿀이나 설탕에 조린 귤병을 고명으로 얹어 가며 켜켜로 안쳐 찐 떡이다.

귤병편은 《조선요리제법(朝鮮料理製法)》에 소개되어 있는데, 거기에 보면 "떡가루를 가늘게 만들고 설탕을 체에 쳐서 섞고 귤병을 채 쳐서 넣고 시루에 켜를 안칠 때에 손가락 두마디 만큼씩 두껍게 하고 매켜마다 기름종이로 덮고서 위에 켜를 놓아 찐다." 라고 기록되어 있다.

귤병편이 언제부터 제주도지방의 향토음식으로 자리잡게 되었는지 정확한 기록을 찾을 수는 없으나, 우리 나라에서는 아주 오랜 옛날부터 제주도에서 재배되었으며, 매 년 동짓달이면 임금님께 귤(橘)과 유자(柚子)가 진상되었을 정도로 귀한 과실이었으므로 이를 이용하여 떡을 만들어 먹게 되었던 것 같다.

귤은 과육보다 껍질에 비타민 C가 4배나 풍부한 과실로, 옛부터 한방에서는 귤껍질 말린 것을 진피(眞皮)라고 하여, 가슴이 답답한 것을 다스리고 치료하는데 이용해 왔으며, 위장의 기운을 다스려 소화효과가 뛰어나다.

또한 담을 삭이고 구토증을 없애주며 기침을 치료하는 효과가 있다. 특히, 귤 중의 비타민 C는 피부와 점막 등의 상피조직을 튼튼하게 해주며, 신진대사를 원활하게 해주어 겨울철에 체온이 내려가는 것을 막아주는 것으로 알려지고 있다.

귤 중의 헤스페러딘이라는 비타민 P 성분은 모세혈관에 대해 투과성의 증가를 억제하고, 취약성을 회복시켜 주는 효능이 있어 동맥경화와 고혈압 예방, 폐출혈과 동상, 치질, 감기 치료 등에 이용된다.

그리고 귤의 특유한 향미는 귤 속에 들어있는 당분, 유기산, 아미노산, 무기질, 비타민 등에 의한 것으로, 특히 비타민 P와 유기산은 피로회복과 피부미용에 뛰어난 효과가 있는 것으로 밝혀져 있다.

옛사람들은 특히 귤껍질의 영양성분과 신진대사작용을 알고 이를 떡에 넣음으로써, 맛과 향을 즐기는 것은 물론이고, 귤껍질의 약리작용을 함께 얻고자 했다. 그 지혜에 새삼 고개가 숙여진다.

귤병편은 새콤달콤한 맛과 유기산, 아미노산 등 귤 특유의 방향 성분에 의한 향기가 뛰어난 떡으로, 가정에서도 쉽게 만들어 먹을 수가 있다.

[재료 및 분량]

멥쌀 .... 10 컵 (가루 20 컵)
소금 .... 2 큰술

설탕물

설탕 .... 1 컵
물 .... 1 컵

귤병

귤껍질 .... 1 kg
황설탕 .... 1 컵

만드는 방법

1. 멥쌀은 3~4회 깨끗이 씻은 후 물에 8~12시간 담가두었다가, 소쿠리에 건져 소금을 넣고 가루로 빻아 체에 내린 뒤, 끓여 식힌 설탕물을 넣고 고루 비벼 체에 한 번 더 내린다.
2. 귤을 깨끗이 씻어 껍질을 벗긴 후 속껍질을 제거하고, 겉껍질을 채 썰어 꿀과 황설탕에 조려서 귤병을 만든다.
3. 멥쌀가루에 준비한 귤병 ½의 분량을 넣고 잘 섞는다.
4. 시루에 시루밑을 깔고 쌀가루를 3cm 정도로 안친 다음, 남은 귤병을 적당량 보기 좋게 얹고 다시 쌀가루를 넣고 켜켜이 안친다. 솥 위에 시루를 올려 시룻번을 붙인 다음, 젖은 면보자기를 덮고 센 불에서 김이 오른 후 15~20분 정도 쪄 낸다.

참 고

- 귤 겉껍질 채 썬 것과 꿀, 황설탕을 넣어 귤병을 만들 때 국물이 흐르지 않도록 졸여 내야 떡이 깨끗하게 된다.
- 황설탕과 백설탕을 섞어 사용해도 귤병 색깔이 곱다.

약편 · 대추편

약편은 충청도에서 주로 해 먹는 향토음식 중의 하나이다.

대추고와 막걸리를 섞은 멥쌀가루를 시루에 얹어서 밤채 · 대추채 · 석이채를 고물로 뿌려 찐 떡이다.

1997년 《한국의 떡과 과즐》에서 약편은 "멥쌀을 깨끗이 씻어 일어 충분히 불린 다음, 건져 물기를 빼서 소금을 넣고 빻아 가루로 만든다. 멥쌀가루에 대추고를 넣어 고루 섞은 다음 막걸리와 설탕을 넣고 체에 내려 멥쌀가루를 손으로 쥐어 보아 엉켰다가 풀릴 정도로 하여 시루에 안친 뒤 밤채 · 대추채 · 석이채 고명을 얹어 찐다."라고 기록되어 있다.

부재료인 대추는 보은, 논산, 경산, 밀양, 동곡의 대추가 유명하다. 우리나라에는 중국에서 전래된 것으로 그 정확한 시기는 알 수 없지만 고려시대에 대추나무의 식수를 권장한 기록이 있다. 대추는 옛날부터 우리나라에서 중요한 과일의 하나로 약용과 식용으로 오래 전부터 이용하여 왔다. 말린 대추는 관혼상제(冠婚喪祭)와 손님 대접에 필수적인 식품으로 쓰여 왔다. 《한서지리지 낙랑조》에 의하면, 대추와 밤이 많이 산출된다고 하였고, 고려시대의 문서에도 대추를 과일로 식용한 기록이 많이 남아 있어 아주 오래 전부터 대추를 식용하였던 것으로 생각되어진다.

대추는 완화강장제로 잘 익은 대추를 쪄서 말렸다가 달여 먹으면 열을 내리고, 변을 묽게 하여 변비예방과 치료에 좋다. 기침을 멎게 하고 강장, 강정의 효과가 있으며, 쇠약한 내장을 회복시키는 효험이 있다고 한다. 혈액정화제로 고혈압에 칼슘이나 철분이 풍부해 빈혈의 치료에 도움이 되며 그 밖에도 신장염, 불면증, 소화불량에 효능이 있는 것으로 알려져 있다.

대추를 이용한 음식에는 대추죽, 대추초, 대추 · 밤설기떡, 대추인절미, 대추경단, 대추단자, 대추조악, 조란(棗卵) 등이 있는데, 특히 환절기의 대추죽은 원기를 회복시키고 수험생들에게 아주 좋은 당질 공급원으로 근력을 키우는데 효과적인 식품으로 알려져 있다.

약편은 만드는 방법도 쉽고 영양가도 우수한 떡이다.

[재료 및 분량]

멥쌀	5컵 (멥쌀가루 10컵)
소금	1큰술
설탕	½컵
대추고	1컵
막걸리	½컵

대추고

대추	200g
물	6컵
설탕	½컵

고명

대추	3개
석이버섯	1장
호박씨	1작은술
잣	1작은술

만드는 방법

1. 멥쌀은 깨끗이 씻어 일어서 물에 8~12시간 담갔다가 소쿠리에 건져 소금을 넣고 빻아 체에 내려서 고운 가루를 만든다.
2. 대추에 물을 붓고 푹 고아서 체에 내린 다음 걸죽하게 졸이다가 설탕을 넣고 바짝 조려 대추고를 만든다.
3. 멥쌀가루에 분량의 설탕, 대추고, 막걸리를 넣어서 잘 섞어준 다음 체에 내린다.
4. 대추는 씨를 빼고 돌려 깎아서 채 썬다. 석이버섯은 깨끗이 손질하여 채를 썰어 고명을 준비한다.
5. 스텐틀에 시루밑을 깔고 순비한 쌀가루를 시루에 안친 다음 위에 고명을 얹고 찜기에 올려 김이 오르기 시작하면 15분 정도를 더 쪄 낸다.

참 고

- 약편은 대추편이라고도 하며, 대추고가 껍질없이 고와야 한다.
- 대추편은 막걸리가 들어가 떡이 더 부드럽고 촉촉하다.
- 대추편은 딤섬에 2단으로 쪄 낼 수도 있다.

느티떡

느티떡은 물을 내린 멥쌀가루에 어린 느티잎을 넣고 팥고물을 켜켜로 얹고 쪄 낸 떡이다. 고향의 마을 어귀에 큼지막하게 서 있는 느티나무(槻木)는 3~4월에 어린 새싹이 나오는데, 가지마다 가득 달리고 톱니가 있으며 타원형이다. 무독하고 향이 좋아 떡을 찌면 느티잎 향이 집안에 가득하다.

주로 사월 초파일 부처님 오신날 전후에 해먹는 시절 음식으로 이때가 제일 맛이 있는 때이다.

1913년 《조선요리제법(朝鮮料理製法)》에 "팟은 거피하여 시루에 찌고 느티 잎사귀는 연한 새싹으로 따서 정하게 씻어서 채반에 놓아 물을 다 빼고 떡가루를 잘 만들어서 느티잎을 함께 섞어 손가락 두마듸 운두 만큼하고 팟을 가루가 보이지 않도록 뿌리고 또 이렇게 여러 켜를 해서 찌나니라. 떡가루는 가루 만드는 법에서 보고 소금물을 뿌려 잘 찌어야 하나니라."고 기록되어 있다.

1934년 《간편 조선요리제법》에서는 '느티떡을 4월떡'이라고 하였으며, '느티나무 잎사귀를 떡가루에 섞어가지고, 거피한 팥을 두고 쑥떡하는 법으로 찌라.'고 하였다.

1943년 《조선무쌍신식요리제법(朝鮮無雙新式料理製法)》에서는 '늦티떡'이라 했고, "느티나무 잎사귀를 연할 때 따서 원 잎을 섞어 뚜껍게 켜를 안치고, 아무 팥이나 두어 찐 후에 먹으면 버석버석하여 조흐니라."고 설명하고 있다.

1958년 《우리나라 음식만드는 법》에서 느티시루편으로 소개되어 있는데 내용은 "팥은 거피하여 준비해놓고, 느티잎은 연하고 어린 새싹으로 따서 정하게 씻어 건져 놓고, 떡가루에 잎사귀를 넣어 섞어가지고 시루에 켜를 알맞게 앉히고 팥을 뿌려서 이렇게 여러 켜를 다 앉혀서 쪄 가지고 썰어서 상에 놓으라."고 하였다.

1969년 《현대여성백과사전》에서는 녹두를 켜를 두고 쪄 낸 기록이 보인다. 이로 보아 고물은 주로 팥고물을 사용해 오다가 최근에 녹두고물도 사용했음을 알 수 있다.

느티나무에서 싹이 날 때 어린 느티잎을 따다가 두둑하게 넣어 팥을 두고 쪄 낸 떡의 맛과 향은, 떡 중에 가히 일품이라 말 할 수 있다.

❶

❷

❸

❹

[재료 및 분량]

멥쌀	10 컵(가루 20 컵)
소금	2 큰술
어린 느티잎	300 g

설탕물

설탕	1 컵
물	1 컵

팥고물

거피팥	4 컵(찐 거피팥 1.2 kg)
소금	1 큰술
설탕	1 컵

만드는 방법

1. 멥쌀은 깨끗이 씻어 일어서 물에 8~12시간 정도 물에 담갔다가 체에 받쳐 물기를 뺀 후 적당량의 소금을 넣고 가루를 내어 체에 내린다. 끓여 식힌 설탕물을 소금씩 넣고 고루 비벼 다시 한 번 체에 내린다.
2. 거피팥은 깨끗이 씻어 하룻밤 충분히 물에 불려 거피한 다음 찜통에 젖은 보를 깔고 푹 쪄서 뜨거울 때 소금, 설탕을 넣고 빻아 고물을 만들어 놓는다.
3. 연한 느티잎 새순을 따서 물에 깨끗이 씻어 건져 물기를 뺀 후, 쌀가루에 넣고 훌훌 섞는다.
4. 시루에 시루밑을 깔고 팥고물을 충분히 덮은 뒤 느티잎을 섞은 쌀가루를 3cm 두께로 안치고, 그 위에 팥고물을 고루 얹는다. 계속 반복하여 4켜 정도로 떡을 안친 다음 맨 위에 팥고물을 덮고, 솥에 시루를 올려 반죽해 놓은 시룻번을 붙인다.
5. 면보자기를 물에 적셔 꼭 짜서 시루 위를 덮고 센 불에서 찌다가, 김이 오르면 15~20분 정도 더 쪄 낸다.

참 고

- 느티떡에 들어가는 느티잎은 4 월에 새순이 돋아 잎이 여리고 부드러워야 맛과 향이 좋다.
- 느티잎은 무독하고 향이 좋아 떡을 쪄 먹으면 느티잎 향기가 하루종일 입안에 가득하다.
- 느티떡을 찔 때 느티잎을 훌훌 섞어서 찌는 방법 외에 느티잎을 팥고물과 번갈아 켜켜히 넣어서 쪄내면 켜가 깨끗하고 색이 아름답다.

호박편

호박편은 멥쌀가루에 호박, 소금, 설탕을 섞어 팥고물과 켜켜로 안쳐 시루에 찐 떡이다.

1938년의 《조선요리법》에 물호박은 "멥쌀을 정히 씻어서 담갔다가 절구에 붓고 소금물을 타서 부어가며 찧어서 고운 체로 쳐놓고 팥은 미리 준비해야 할지니 매에다 타서 담갔다가 붇거든 거피를 정히 해서 시루에다 솥에 쪄가지고 펴서 소금을 약간 처서 뭉개가지고 도듬이에 걸로 놓습니다. 늙은 호박을 껍질을 벗겨 속을 빼버리고 얄팍하고 나붓나붓하게 썰어서 설탕을 섞어가지고 쌀가루에다 버무립니다. 다한 후 시루에 시루밑을 깔고 팥 거른 묵어리를 깔고 켜를 너무 두껍도 얇도 않게 안쳐서 고물을 보통 떡보다 푹푹 안겨야 됩니다. 다 안쳐서는 솥에 안쳐 쪄냅니다."라고 기록되어 있다.

또 호박찰떡은 "찹쌀을 정히 씻어서 맑은 물이 나도록 씻어 담갔다가 소금물을 타서 조금씩 처가며 빻아서 고운 겹체로 처가지고 호박꼬지를 한 치 길이쯤 짤라서 정한물에 얼핏 헹구어 물기를 빼가지고 가루에 다 섞고 콩은 검은 밤콩을 씻어 담갔다가 불려 건져서 소쿠리에 담고 소금은 조그만치 흩흩 뿌려서 놓았다가 떡을 안치고 찰떡이니 만큼 고물은 푹푹 안겨야 합니다. 콩찰떡은 켜가 너무 얇으면 덜 좋으니까 약간 두터운 듯하게 안치고 고물을 푹신하게 뿌리십시요."라고 기록되어 멥쌀 또는 찹쌀을 넣고 호박떡을 해 먹은 것을 알 수 있다.

1958년 《우리나라 음식 만드는 법》에는 호박시루편이라 하여 "팥은 거피해서 짜가지고 소금을 넣고 잘 섞어서 대강만 으깨놓고, 청둥호박오가리를 한 치 길이로 잘라서 물에 정하게 씻어 즉시 건저가지고 정한 행주로 꼭 채놓고(호박오가리가 물에 불르면 맛이 없으니 잠깐만 불리라), 떡가루에 호박을 섞어가지고 시루에 앉히는데 손가락 두 마디 운두로 가루를 고르게 펴고 가루가 보이지 않도록 팥을 뿌리고 또 팥 위에 가루를 한 켜 펴고 팥을 또 뿌려 이렇게 여러 켜를 다 안쳐 가지고 시루본을 잘 바르고 찌라."라고 기록되어 있는데, 여기서 떡가루는 멥쌀가루를 사용하였다. 호박편은 《현대 여성 백과사전》, 《한국떡 편》에도 물호박떡으로 소개되어 꾸준히 전승되어 온 떡이다.

[재료 및 분량]

멥쌀	5컵(멥쌀가루 10컵)	
소금	1큰술	
단호박	400 g(찐 것 300 g)	
거피팥	2컵	
소금	½ 큰술	
설탕	½ 컵	

❶

❷

❸

❹

만드는 방법

1. 멥쌀을 깨끗이 씻어 일어서 물에 12시간 정도 담갔다가 소쿠리에 건져 소금을 넣고 가루로 빻아 체에 내려서 고운 가루를 만든다.
2. 단호박을 4등분하여 씨를 제거한 후 김 오른 찜통에 찐 다음 체에 내린다.
3. 거피팥은 깨끗이 씻어 일어서 8시간 정도 물에 담갔다가 거피하여 찜통에 쪄낸다. 뜨거울 때 어레미에 내려서 설탕을 넣고 고물을 만든다.
4. 준비한 쌀가루에 쪄낸 호박을 고루 섞고 체에 내려 준다.
5. 시루에 시루밑을 깐 다음 고물을 충분히 깔고 쌀가루를 올린다. 고물과 쌀가루를 번갈아 가며 안치고 냄비에 올려 시룻번을 붙인 다음 젖은 면보자기를 덮고 센불에서 찌다가 김이 오르면 10~15분 정도를 더 찐다.

참 고

- 단호박은 찜통에 찔 때 반드시 세워서 쪄야 단호박에 불이 석게 들어산나.
- 떡 위에 장식은 단호박을 껍질채 얇게 자른 후 설탕물에 살짝 조려 예쁘게 올린다.

신과병

신과병(新果餠)은 멥쌀가루에 밤·대추·단감 등의 햇과실을 넣고, 녹두고물을 두둑하게 얹어 시루에 쪄 낸 떡이다.

1815 년의 《규합총서》에 일명 '햇실과떡'이라 하여 "햇밤 익은 것, 풋대추 썰고, 좋은 침감 껍질 벗겨 얇게 저미고 풋청대콩과 가루에 섞어 꿀 버무려 햇녹두 거피하여 뿌려 찌라."고 기록되어 있다.

이로 보아 신과병(新果餠)은 가을이 무르익어 햇곡식과 햇과실이 나올 때 비로소 맛 볼 수 있는 떡임을 알 수 있으며, 햅쌀에 밤·대추·단감 등 햇과실의 상큼하고 싱싱한 맛과 영양이 함께 어우러져 특별한 맛을 느끼게 한다.

고서인 《구황보유방》에, "밤·대추·호두·곶감을 씨와 껍질을 버리고 모두 함께 방아에 잘 찧어서 떡으로 만들던가, 다식틀에 찍어내어 햇볕에 말려서 벽돌같이 만들어 오랫동안 모아 놓았다가, 후에 큰 흉년을 만났을 때 이것을 씹어서 먹고 모두 살아났다."고 기록되어 있어, 신과병에 사용된 재료들의 영양이 어떠한지를 짐작할 수 있게 해준다.

실제로 밤은 가을에 수확하는 과실중 풍성함과 윤택함을 상징하는 대표적인 것으로, 우유가 귀했던 시절에 산모가 젖이 모자라거나, 일찍 아우를 보았을 때 밤을 푹 삶아 만든 밤암죽은 이유식으로 많이 이용될 만큼 영양이 풍부하고, 주성분인 당질은 소화가 잘 되므로 훌륭한 구황식이자 영양식이었다.

대추 또한 비타민 C를 다량으로 함유하고 있는 강장식품이면서, 예로부터 노화를 방지하는 효과가 있는 신비로운 생약 식품으로 애용되어왔다. 대추만큼 우리 음식에 널리 이용된 식품도 드문데 떡류만 해도 대추인절미·대추전병·대추주악 등이 있고 그 외에 대추미음·대추초·대추차 등 매우 다양하다.

감은 비타민 A와 C가 풍부한 식품으로 주성분인 당분은 포도당과 과당이다. 따라서 질병에 대한 저항성을 높이며, 피부를 탄력있고 강하게 하는 특성이 있으며, 숙취해소는 물론이고 고혈압 예방과 설사를 멎게 해 주는 등 다양하게 이용되고 있다.

이렇듯 여러가지 햇곡식과 햇과실로 만든 신과병은 흰무리 사이로 보이는 햇과실들의 자연스런 색이 무척 보기 좋을 뿐만 아니라, 녹두고물의 노란색은 마치 벼가 누렇게 익은 가을 들판의 풍경을 연상시켜주는, 가을의 정취가 흠뻑 느껴지는 아름다운 떡이라 하겠다.

[재료 및 분량]

재료	분량
멥쌀	7 컵(가루 14 컵)
찹쌀	2 컵(가루 4 컵)
소금	1 ⅔ 큰술

설탕물

재료	분량
설탕	1컵
물	1컵
밤	12개
풋대추	16개
청대콩(풋콩)	1컵
단감	3개

고물

재료	분량
녹두	4컵
소금	1 큰술

만드는 방법

1. 멥쌀과 찹쌀은 3~4회 깨끗이 씻은 후 물에 8~12시간 담갔다가 소쿠리에 건져서 분량의 소금을 넣고 가루로 빻아 체에 내린 다음 설탕 끓인 물을 식혀 조금씩 넣으며 손으로 고루 비벼 다시 한 번 체에 내려놓는다.
2. 밤은 3~4등분하고, 풋대추는 돌려깎기해서 씨를 빼고 길이로 3~4등분한다.
   풋콩은 껍질을 까서 소금을 약간 뿌려놓고, 단감은 껍질을 벗겨 두께 0.5cm, 폭 2cm, 길이 3cm 정도로 저며 썰어 놓는다.
3. 거피한 녹두는 하룻밤 정도 충분히 불렸다가 거피한 다음 찜통에서 쪄서 한김 나가면 소금을 넣고 찧어 어레미에 내린다.
4. 손질한 밤, 대추, 풋콩, 단감을 멥쌀가루와 찹쌀가루에 넣고 골고루 섞어준다.
5. 시루에 시루밑을 깔고, 녹두고물을 밑이 보이지 않게 충분히 펴서 깔고 준비한 쌀가루를 2cm 정도로 고르게 넣고 다시 녹두고물을 얹어 시루에 켜켜로 안쳐 솥 위에 올려 시룻번을 붙인 다음 젖은 면보자기를 덮고 센불에서 찌다가 김이 오르면 약 15~20분 정도 더 쪄 낸다.

두텁떡

두텁떡은 떡을 시루에 안칠 때 떡의 모양을 작은 보시기 크기로 하나씩 떠낼 수 있게 소복하게 안치므로 봉우리떡, 혼돈병이라고도 하며, 소를 넣고 뚜껑을 덮어 안쳐 그 모양이 그릇 중의 합과 같다는 뜻으로 합병(盒餠), 편편히 썰어 먹는 떡이 아니라 도독하게 하나씩 먹는 떡이라는 뜻으로, 두터울 후(厚)자가 붙은 후병(厚餠)으로도 불리었다.

왕의 탄신일에 빠짐없이 올랐던 떡 중에서 가장 희귀한 궁중의 떡으로,《정례의궤(整禮儀軌)》·《진찬의궤(進饌儀軌)》등에 그 만드는 법이 기록되어 있다.

이 떡은 거피팥고물을 솥에 볶아 쓰므로 맛과 향이 좋고, 소에도 꿀을 버무린 팥고물과 대추, 잣, 유자가 어우러져 떡의 모양과 맛이 특별하다.

《음식방문》에 "찰가루에 꿀을 진히 타서 반죽하여 볶은 팥가루, 꿀, 계피를 섞어 소 넣어 빚어 둥글게 계란만큼 만든다. 좌우에 실백 한 개씩 박고 대추와 밤은 잘게 반듯이 썰어 돌려 박고 볶은 팥가루 꿀물에 계피 섞고 버무려 백지 깔고 팥가루 한 켜 뿌리고 빚은 떡을 한 켜 놓고 팥가루 뿌려 찌되 연하게 찌고 어레미나 정한 채반에 찌라."고 하였다.

1611 년의《도문대작》의 석탄병 만들기에서 경고(瓊羔)로 처음 보이는데, 1815 년《규합총서》에서는 혼돈병이라 설명하면서 두텁떡이라고 했다.

《규합총서》의 두텁떡은 "찹쌀가루를 꿀에 버무리고 신감초가루를 ⅓ 섞고, 황률 삶은 것에 계피, 후추, 건강말, 잣에 꿀을 버무려 뭉쳐서 소로 준비한다. 시루에 보자기를 깔고 꿀팥 볶은 것에 계피가루를 섞어 한 켜 깔고 그 위에 떡가루 한 켜를 두껍게 깔고 소 놓고 그 위에 쌀가루를 덮고 대추, 통잣으로 고명박고 볶은 팥고물을 덮는다."고 하였다.

《시의전서》·《이조궁중음식연회고》에는 '찹쌀, 팥, 흑두, 잣, 밤, 대추, 계피, 꿀로 만든다.'고 하였다.

1934 년《간편 조선요리제법》에서는 "양푼을 올려놓고 꿀을 부은 후 팥을 거피하야 잠깐 동안 볶으면 빛이 붉게 되나니 이것을 다시 얼멩이에 걸러서 떡에 두는 것이니라."고 설명하고 있다.

이렇듯 두텁떡은 찰떡으로서 팥고물이 다른 팥고물과 다르며, 소 등을 따로 준비하여 찹쌀을 한 번 찌거나, 물에 삶아 내어 소를 박고 고물을 안쳐 찌기도 하고, 찹쌀가루를 그대로 한 순갈씩 떠 놓거나, 익반죽한 것을 소를 박고 팥으로 켜를 놓아 쪄 내기도 했음을 볼 수 있다.

[재료 및 분량]

찹쌀	5컵(가루 10컵)
진간장	3큰술
꿀	½컵

고물

거피팥	8컵
진간장	6큰술
흰설탕	1½컵
황설탕	1컵
계피가루	1½큰술

소

볶은팥고물	2컵
밤	10개
대추	10개
유자청건지	2큰술
유자청	2큰술
잣	1큰술
호두	5개
꿀	2큰술
계피가루	½큰술

만드는 방법

1. 찹쌀을 3~4회 깨끗이 씻어 일어서 물에 8~12시간 정도 담갔다가 건진 다음, 빻아 체에 내려서 고운 가루를 만든다. 찹쌀가루에 분량의 진간장과 꿀물을 넣어 두 손으로 비벼 섞고 체에 내린다.
2. 거피팥은 물에 불려 껍질없이 씻어서 찜통이나 시루에 푹 쪄, 뜨거울 때 어레미에 내리고 넓은 번철에 진간장, 흰설탕, 황설탕을 넣어서 팥을 말리는 상태로 보슬보슬하게 볶아 체에 내린다.
3. 소를 만들기 위해 밤과 대추, 호두는 손질하여 0.5cm 정도 네모나게 썰고, 유자청 건지는 다지고, 잣은 고깔을 떼고 통잣으로 준비한다. 볶아 놓은 팥고물에 꿀과 유자청, 다진 유자청건지, 계피가루를 섞어 뭉쳐, 작은 밤톨만큼씩 떼어 밤, 대추, 호두, 잣을 꼭꼭 박아 직경 2cm 정도로 동글납작하게 빚는다.
4. 시루나 찜통에 젖은 면보를 깔고 팥고물을 한 켜 넣고 그 위에 떡가루를 한 수저씩 서로 붙지 않도록 드문드문 떠 놓고, 준비한 소를 하나씩 얹고 양념한 찹쌀가루를 봉우리처럼 덮은 후 팥고물을 충분히 얹는다. 이렇게 봉우리 사이로 3~4켜 안쳐서 김이 나면 10~15분간 더 쪄 낸다.

참 고

- 찜통에 팥을 찔 때는 심이 없도록 푹 쪄서 사용하여야 하며, 볶을 때에는 질지 않고 보슬보슬하게 볶아 중간체에 내린다.
- 두텁떡이 다 쪄지면 한 김이 나간 후 주걱으로 떡 하나씩 꺼내면서 모양을 다듬어 낸다.

혼돈병

혼돈병(渾沌餠)은 꿀팥 볶은 것에 계피가루를 섞어 밑에 깔고 찹쌀가루를 얹은 후, 황률 삶은 소를 줄지어 놓고, 그 위에 찹쌀가루를 덮고 대추채, 밤채, 통잣을 박은 다음 볶은 팥을 두껍게 뿌리고, 다시 그 위에 같은 순서로 켜를 올려 시루에 찐 떡이다.

혼돈병은 봉우리떡, 두텁떡이라고도 하는데 《규합총서》, 《증보 산림경제》, 《음식방문》, 《도문대작》등에 혼돈병, 합병, 후병 등으로 소개되어 있으며, 재료나 만드는 방법이 조금씩 차이가 있다.

혼돈병(渾沌餠)은 재료준비가 다양하고 손이 많이 가기는 하나 정성이 든 만큼 품위가 있는 떡이다.

만드는 과정에 있어서도 거피팥고물을 솥에 볶아 쓰므로 맛과 향이 좋고, 소에도 꿀을 버무린 팥고물과 대추·잣·유자가 어우러져 떡의 모양과 맛이 뛰어나다.

1815년 《규합총서》이전의 문헌인 1766년 《증보 산림경제》에도 '혼돈병'이란 떡이름이 소개되고 있으나, 거기에는 "메밀가루를 꿀물에 타서 죽처럼 만들어 질항아리에 넣고 입구를 봉한 다음 겻불 속에 묻는다."고 기록되어 있어 조리방법이 다르다는 것을 알 수 있다.

1815년 《규합총서》에 수록된 혼돈병은 "찰가루에 꿀 버무려 승검초가루 삼분지 일만 섞고 계피가루 두돈, 후춧가루 한돈, 건강 오푼 넣어 굵게 간 잣 한 홉과 섞는다. 증편테에 보재기 깔고 꿀팥 볶은 것에 계피가루 섞어 밑에 깔고 떡가루를 한벌 두껍게 깐 후, 꿀 섞고 양념한 황률 삶은 소를 위는 동글고 밑은 편하게 큼직히 쥐어 만들어 줄지어 놓는다. 가루를 위에 소가 비치지 않을 만큼 방울이 분명하게 덮고 대추·밤·잣 고명을 빈틈없이 방울에 박고 볶은 팥을 두껍게 뿌린다. 그 위에 맨 찰가루를 한 벌 덮어야 터지질 않는다. 보재기로 위를 싸 시루에 넣어 익게 쪄 위에 덮은 떡을 걷어 버리고 방울방울 베어 쓴다."고 자세히 설명하고 있다.

한편, 《음식방문》의 혼돈병은 "찹쌀가루를 소금 대신 진간장으로 간을 맞춰 연한 갈색을 띠게 만들고 잣과 다진 유자를 꿀에 졸였다가 넣는다. 이 떡은 거피팥고물을 그냥 쓰지 않고 번철에 살짝 볶아 보슬보슬하게 만들어 쓰므로 맛과 향이 한층 좋다." 고 하였다. 혼돈병을 통해서도 역시 우리 조상들의 다양한 떡 만들기와 그 솜씨를 엿볼 수가 있다.

[재료 및 분량]

- 찹쌀 .. 7 컵 (가루 14 컵)
- 소금 .... 1½ 큰술
- 꿀 .... ½ 컵
- 승검초가루(쑥가루) .... 4 큰술
- 계피가루 .... ½ 큰술
- 후춧가루 .... ½ 작은술
- 생강녹말 .... ½ 큰술
- 잣가루 .... ⅓ 컵
- 대추 .... 4 개
- 밤 .... 4 개
- 잣 .... 1 작은술

고물

- 거피팥 .... 6 컵
- 진간장 .... 4 큰술
- 황설탕 .... ½ 컵
- 흰설탕 .... 1 컵
- 꿀 .... ¼ 컵
- 계피가루 .... ½ 큰술

소

- 밤 .... 16 개
- 소금 .... 1 작은술
- 꿀 .... 2 큰술
- 설탕 .... ½ 작은술

만드는 방법

1. 찹쌀은 3~4 깨끗이 씻은 후 8~12시간 정도 물에 담갔다가 소쿠리에 건져서 분량의 소금을 넣고 가루로 빻아 체에 내린다.
2. 찹쌀가루에 꿀을 넣고 비벼서 체에 내린 후 승검초가루 · 계피가루 · 후춧가루 · 생강녹말 · 잣가루를 넣고 가볍게 섞는다.
3. 거피한 팥은 깨끗이 씻어 하룻밤 정도 충분히 불렸다가 찜통에 쪄 낸 후 진간장, 황설탕, 흰설탕, 꿀, 소금, 계피가루를 넣고 고루 섞어 두꺼운 팬에 넣고 보슬보슬해질 때까지 약한 불에서 볶아 체에 한번 내린다.
4. 밤을 푹 삶아 어레미에 내린 후 소금, 꿀, 설탕을 섞고, 대추알 만한 크기로 동글납작하게 소를 빚어 놓는다. 소에 박을 대추와 밤은 두께로 0.5cm, 길이 1~1.5cm로 두껍게 채 썰어 놓고 잣은 고깔을 빗겨 놓는다.
5. 찜통에 젖은 면보를 깔고 고물을 고루 편 후, 준비한 찹쌀가루를 2cm 두께로 안치고 소를 술 지어 놓은 다음 소가 충분히 덮이도록 찹쌀가루를 얹고, 볼록 올라온 밤을 위에 대추채, 밤채와 잣을 함께 박아 고명으로 얹는다. 다시 그 위에 팥고물을 올린 다음 1.5cm 두께로 찹쌀가루를 얹고 젖은 면보자기를 덮어 찜통에 쪄서 맨 위에 한 켜 얹은 떡은 걷어내고, 직경 4~5cm 정도의 둥근 몰드로 찍어내거나 방울방울 하나씩 베어 쓴다.

녹두찰편

녹두편은 녹두병이라고도 하며, 녹두고물시루떡에는 점미병, 녹두찰편, 녹두메시루떡, 녹말 메시루떡, 녹두차메시루떡 등이 있다.

《음식방문》·《시의전서》·《간편 요리제법》·《조선요리》·《조선무쌍신식요리제법》·《시의방》·《한국떡 편》 등에 만드는 방법이 설명되어 있는데, 이 떡들은 멥쌀이나 찹쌀가루에 대추, 밤, 감을 넣어 만들었으며, 《이조궁중음식연회고》에서는 꿀을 이용했다고 기록되어 있다. 연대미상의 《음식방문(飮食方文)》에는 "가루를 물 아니 내리니 소금 넣고 빻고 고명은 메편과 같이 하고 고물은 녹두 생거피하여 뿌리나니라."고 설명하고 있다.

1800년대 말 《시의전서》에서도 녹두편과 녹두찰편이 나오며 1934년 《간편 조선요리제법》에서는 녹두떡을 '춘하음식'이라 하여, "녹두를 맷돌에 팔 갈 듯이 두 쪽만 나게 갈아서 물에 불려 거피를 해 가지고 그대로 떡에 두어 찌나니라."고 설명되어 있다.

1943년 《조선무쌍신식요리제법》에는 비교적 자세하게 설명하고 있다. 이 기록에서의 녹두병(綠豆餠)은 "녹두를 먼저 맷돌에 갈아서 한번 까불러 버리고, 물에 불려서 키에 담고 거피를 한 후에 물에 씻어 건져 놓았다가, 쌀가루를 고운 체에 쳐서 시루에 안치나니, 두께는 5분 두께 되게 안치고, 거피한 녹두를 떡가루가 보이지 않도록 넉넉히 뿌리고, 또 떡가루를 담고 또 녹두를 뿌리고, 이와 같이 다 안친 후에 오랫동안 잘 찌나니라."고 기록되어 있다.

녹두는 인도가 원산지로 중국을 거쳐 우리나라에 도입되었으며, 소화성이 좋다. 특히 당질이 53~34%, 단백질이 25~20%로 영양가가 높고 향미도 좋아서 고급식품에 이용된다. 청포(녹두묵), 빈대떡, 소, 떡고물, 녹두차, 녹두나물 등 모두 양질의 식품이다. 또한 녹두는 비타민 A, B군, C를 다량 함유하고 있으며 물에 불려 나물로 만들면 비타민 A는 2배로 늘어나고, B군은 30배 이상, C는 40배로 증가된다. 녹두는 맛도 좋을 뿐만 아니라 해열·해독작용이 있으며, 고혈압인 사람이 두통이 나고 어지럼증이 있을 때 좋다.

예로부터 한방에서는 녹두를 약으로 사용하였는데, '소변이 잘 나오게 하며 종기를 없애고, 열을 내리며 위장을 튼튼하게 하고, 눈을 밝게 하며 원기를 내리고, 피부를 윤택하게 하며 약물중독이 되었을 때 해독작용을 한다.'고 효능이 열거되어 있다.

[재료 및 분량]

- 찹쌀 ..... 10컵 (가루 20컵)
- 소금 2큰술

고물

- 거피녹두 4컵
- 소금 1큰술

만드는 방법

1. 찹쌀은 깨끗이 씻어 일어서 8~12시간 정도 담갔다가, 건져서 소금을 넣고 빻아 체에 내려 고운 찹쌀가루를 만든다.
2. 녹두는 하룻밤 정도 물에 불려 여러 번 문질러 껍질을 벗겨 흐르는 물에 깨끗이 씻어 녹두에 섞여 있는 껍질과 잡물을 모두 제거한 후, 찜통에 푹 쪄서 소금을 넣고 찧어 체에 내려 고물을 만든다.
3. 시루에 시루밑을 깔고 녹두고물을 고루 편 후, 그 위에 찹쌀가루를 3cm 정도의 두께로 한 켜 놓고, 찹쌀가루와 녹두고물을 번갈아 켜켜로 얹어 솥 위에 올리고 시룻번을 붙인다. 젖은 면보자기를 시루 위에 덮어 센 불에서 찌다가 김 오르면 약 20~25분 정도 쪄 낸다.

참 고

- 녹두는 거피한 것을 충분히 물에 불려 제물에서 보리쌀 씻듯이 박박 문질러 닦아야 껍질이 완전히 벗겨지며, 고물 색깔이 곱고 깨끗하다.
- 찰편을 찔 때에는 메편은 수분의 양만 적당하면 설익는 법이 없으나, 찰편은 더운 김이 떡가루 사이로 잘 올라오지 못하여 중간이 설게 되므로 언제나 시루밑 바닥에는 고물을 두껍게 한 켜 깔고, 메떡을 몇 켜 안치고 그 위에 찰떡을 안쳐야 찰편이 잘 쪄진다.
- 고물에 설탕을 ½~1컵을 넣어도 좋다.

깨찰편

깨찰편은 쌀가루에 소금, 설탕을 섞어 펴 놓고 깨고물을 뿌리면서 이와 같이 여러 켜를 안치고 찐 떡이다.

깨찰편은 깨설기, 깨떡 등으로도 불리우는데, 《음식방문》, 《시의전서》, 《조선요리제법》, 《간편 조선요리제법》, 《조선무쌍신식요리제법》, 《우리나라 음식 만드는 법》, 《시의방》, 《이조궁정요리통고》, 《현대 여성백과사전》 등에 만드는 방법이 나와있다.

연대미상의 《음식방문》에는 "가루맨니로 빻아 꿀찰편처럼 꿀섞어 안치되 고물을 흰깨실하여 볶아 빻아 고물로 써라."라 하였으며, 1800년대 말 《시의전서》에는 "가루를 맨으로 빻아 꿀찰편처럼 꿀을 섞어 안치는데 고물은 흰깨를 볶아 쳐서 쓴다."하여 조리법에 차이를 보이지 않는다.

1957년 《이조궁정요리통고》에는 깨설기라 하여 "멥쌀에 찹쌀을 조금 섞어서 떡가루를 만들어 소금과 설탕을 섞어서 굵은 체에 쳐놓는다. 참깨는 씻어서 모래없이 일어가지고 절구에 넣고 대강 찧어서 타지 않도록 주의해 볶아가지고 다시 절구에 넣어 소금을 좀 넣고 찧은 다음에 시루 밑바닥에 기름을 바른 종이를 깔고 떡가루를 한 켜 펴놓고 깨를 뿌린다. 이와 같이 여러 켜를 똑같은 두께로 안친 다음에 시루를 솥에 올려놓고 시루번을 바르고 찐다. 김이 오른 다음에 잠깐 동안 뜸을 드려 시루에 쏟아 놓고 김이 나가 식은 후에 썰어 쓴다."고 기록되어 있다.

고물로 쓰이는 참깨는 중국을 통해 우리나라에 들어왔다. 《삼국사기》와 《삼국유사》에 참기름이 나온 것으로 미루어 삼국시대(618~676)에 이미 참깨의 재배와 이용이 활발했던 것으로 추측된다.

참깨는 역사적으로 등화용, 약용으로 사용되었다가 식용이 주였다. 참깨는 날알 그대로 또는 마쇄하여 또는 기름으로 짜서 음식의 주·부재료로 사용하였다. 《음식디미방》에 18종류의 요리에 참기름, 으깬 참깨, 볶은 참깨가 사용되고 있다. 참깨를 이용한 음식에는 깨죽, 흑임자죽, 임자수탕, 깨국국수, 깨엿강정, 흑임자다식, 부각, 깨경단, 깨강정, 약과 등이 있다.

[재료 및 분량]

- 찹쌀 ·············· 5 컵(찹쌀가루 10 컵)
- 소금 ······································ 1큰술

설탕물

- 설탕 ······································ ½ 컵
- 물 ·· ½ 컵

고물

- 참깨 ······································ 1 컵
- 흑임자가루 ························ ½ 컵
- 소금 ······································ ¼ 개

만드는 방법

1. 찹쌀을 깨끗이 씻어서 8~12시간 정도 물에 담갔다가 소쿠리에 건져서 분량의 소금을 넣고 가루로 빻아 체에 내린다.
2. 체에 내린 찹쌀가루에 설탕물을 넣어서 체에 내린다.
3. 참깨와 흑임자는 깨끗이 씻어 일어서 팬에 볶은 다음 곱게 갈아서 소금을 넣고 체에 내린다.
4. 찜기에 젖은 면보자기를 깔고 4각틀을 올려놓고 깨고물을 넉넉히 뿌린 다음 찹쌀가루를 1cm 높이로 놓고, 다시 흑임자가루, 찹쌀가루, 깨고물 순으로 올려 놓은 다음 김 오른 후 30분 정도 쪄 낸다.
5. 찐 떡이 식으면 보기 좋게 모양은 잡아낸다.

참 고

- 깨찰편은 콩고물을 사용할수도 있다.
- 흑임자가루를 곱게 갈아서 쌀가루 사이사이에 살짝 뿌려야 떡이 떨어지지 않는다.

쇠머리찰떡

쇠머리찰떡은 모두 배기떡이라고도 부르는 충청도 향토음식이다. 충청도는 충남·충북 모두 곡창 지대를 끼고 있어 곡류가 비교적 풍부한 편이므로 곡류 중심의 떡이 발달해 왔다.

쇠머리찰떡은 콩, 밤, 대추, 팥 등을 섞어 찐떡이다. 약간 굳었을 때에는 쇠머리편육처럼 썰어 구워 먹으면 맛이 좋다. 썰어 놓은 떡의 모습이 쇠머리 편육을 썬 것과 같아서 쇠머리찰떡이라 부른다.

1938년 《조선요리법》에 "찹쌀은 정하게 씻어서 키로 까불러 정한 물이 나도록 씻어서 담갔다가 불거든 절구에 부어 빻아서 고운 체로 쳐가지고 밤을 까서 굵은 것은 두어쪽 쪼개고 대추도 씨를 빼고 두어쪽씩 내고 콩도 불려서 전부 한 테 가루에다가 섞어서 시루에 안치는데 시루밑을 놓고 콩을 한 켜 놓은 후 가루 버무린 것을 시루가에로 몰려가며 벌려 안쳐서 쪄야 합니다. 다 익거든 그릇에 꺼내놓고 거진 식어 굳거든 납작납짝하게 썰어두고 구워 잡수면 좋습니다."라고 소개되어 있다.

콩은 '밭에서 나는 쇠고기'라고 불리울 정도로 단백질이 풍부한 식품인데, 콩의 기원은 많은 학자들이 만주지방을 점령하고 있던 한국이라 주장하고 있다. 우리나라에서 콩의 재배 역사는 확실하지 않으나 옛날 기록인 《삼국유사》에 콩이 나오는 것을 보아 콩이 식용으로 재배된 역사는 매우 오래 되었다.

《동의보감》에서 콩은 "맛이 달고 무독하며 오장을 보하고 십이경을 돕는다."고 소개하고 있다. 이러한 콩은 혈중 콜레스테롤을 낮추고, 변비를 없애주며, 항암작용과 골다공증을 예방하고 혈당을 조절하는 것으로 알려져 있다.

밤은 낙랑고분에서 옷칠한 상자 안에 군밤이 발견되었을 만큼 오래 전부터 애용된 식품이다.

1610년 《동의보감》에는 "과일 중에서 가장 유익한 것이 밤이니, 기운을 돋우고 위장을 튼튼하게 하며, 정력을 보해주며 사람으로 하여금 굶주리지 않게 한다."고 기록되어 있다. 밤은 비타민 C가 많아 피부미용, 피로회복, 감기예방 등에 효과적이다.

밤암죽·밤밥·밤다식·밤편·밤주악·밤엿 등은 밤을 이용한 우수한 전통음식이다.

[재료 및 분량]

찹쌀	5컵(찹쌀가루 10컵)
소금	1큰술
흑설탕	1컵

서리태	1컵
붉은팥	1컵
밤	10개
대추	10개
소금	1큰술
설탕	½컵

만드는 방법

1. 찹쌀을 깨끗이 씻어서 8~12시간 정도 물에 담갔다가 소쿠리에 건져서 분량의 소금을 넣고 가루로 빻아 체에 내린다.
2. 팥과 서리태는 삶아서 물기를 뺀 후 설탕 1컵에 소금을 넣고 버무렸다가 체에 받친다.
3. 밤은 껍질을 벗겨 6등분하고 대추는 돌려깎기하여 5~6등분 한다.
4. 찹쌀가루에 밤, 대추, 팥, 콩을 넣어 섞는다. (찜기 밑에 깔 콩은 남겨둔다)
5. 찜기에 젖은 면보자기를 깔고 콩을 바닥에 깐 다음 4의 쌀가루를 넣으면서 중간 중간에 흑설탕을 솔솔 뿌려서, 김 오른 후 25~30분 정도 쪄 낸다.
6. 쪄 낸 것을 뜨거울 때에 모양을 잘 잡아 보기 좋게 만든다.

참 고

- 쇠머리찰떡은 썰어 놓은 모양이 쇠머리편육과 비슷하여 쇠머리떡이라 부른다.
- 황설탕을 넉넉히 뿌려주면 색이 선명하고 먹음직스럽게 보인다.

구름떡

구름떡은 썰어서 그릇에 담으면 떡의 단면이 구름의 형상과 같다 하여 붙여진 이름이다.

찹쌀을 쪄서 안반에 놓고 찧어서 밤·대추·호두·잣·강낭콩 등을 넣고, 계피가루와 팥가루를 섞은 고물을 뿌려 시루에 찐 후, 식힌 뒤 모양을 내어 썬 떡이다.

떡 중의 별미는 단연 인절미라고 하였으나, 우리나라의 풍속에서는 팥을 이용한 팥시루떡을 비롯하여 팥죽, 팥밥 등 여러가지 절식을 즐겨왔다.

원시신앙에서는 귀신은 입을 통해서 들어간다고 믿었던 것이 일반적인 생각이었다. 병이 드는 것은 귀신이 몸 속에 들어간 탓이므로, 병을 방지하거나 물리치기 위해서는 의타적으로 방귀법(防鬼法)과 음식법, 약물법을 썼는데, 대체로 귀신이 싫어하는 것을 먹음으로써 물리칠 수 있다고 믿었으며, 고사떡에 팥고물을 꼭 쓰는 것이나, 동짓날이나 새로 지은 집으로 이사하고 나서 팥죽을 쑤는 일들이 모두 이러한 이유에서 집안의 평안함을 기원하는 우리의 고유한 풍속으로 자리잡았다.

그러나 실제로 팥은 비타민 B_1 이 많아 쌀에 섞어 먹으면 이상적인 혼식이 된다. 팥은 곡류 가운데서 비타민 B_1 이 많은 편으로, 쌀밥을 많이 먹어 비타민 B_1 이 결핍되기 쉬운 우리의 식습관으로 볼 때, 팥밥이나 팥떡은 매우 합리적인 것이라고 할 수 있으며, 팥에는 4% 가량의 섬유가 있어 장을 자극하는 작용을 하므로 변비에는 탁월한 효능이 있는 것으로 밝혀지고 있다.

또 팥은 예로부터 여러가지 민간요법으로 이용되어 왔는데, '신장염과 각기병인 사람은 팥을 삶아 먹으면 좋다', '숙취에는 팥죽이 좋다', '손가락이 부어 아플 때에 팥가루와 같은 분량의 찹쌀가루를 식초로 개어 바르면 잘 낫는다', '출산 후 젖이 적을 때 팥죽을 먹으면 유량(乳量)이 많아진다', '육류에 의한 식중독인 경우에는 삶은 떡이나 볶은 팥을 가루내어 한번에 세 수저씩 먹으면 좋다' 등이 그것인데 이는 다같이 팥의 효능을 잘 설명해주고 있다.

구름떡에는 팥 외에도 계피가루가 들어가 계피의 향과 맛이 떡에 가미되어 구름 위를 나는 것 같은 달콤한 느낌을 주며, 강낭콩과 밤·호두·잣 등 여러가지 열매들이 함께 듬뿍 들어 있어 맛이 좋고, 특별히 두류와 곡류, 견과류가 어우러져 영양적인 면에서 부족함이 없이 훌륭한 떡이다.

[재료 및 분량]

찹쌀	8 컵(가루 16 컵)
소금	1½ 큰술
대추	14 개
밤	10 개
설탕	½ 컵
호두	1 컵
서리태(강낭콩)	½ 컵
소금	½ 작은술
잣	1 큰술

팥가루

붉은팥	6 컵
설탕	1½ 컵
진간장	1 큰술
계피가루	¼ 컵
설탕시럽	½ 컵

만드는 방법

1. 찹쌀은 3~4회 깨끗이 씻은 후 물에 8~12시간 물에 담갔다가 소쿠리에 건져서 분량의 소금을 넣고 가루로 빻아 체에 내린다.
2. 대추와 밤은 3~4등분하여 설탕에 조리고, 호두는 속껍질을 벗겨 4~6쪽으로 자른다. 강낭콩은 물에 푹 불려 물기를 빼고 소금을 약간 뿌려 놓는다.
3. 찹쌀가루에 준비된 대추, 밤, 호두, 강낭콩, 잣을 골고루 섞어서 찜통에 젖은 면보를 깔고 쪄 낸다.
4. 붉은팥은 푹 삶아서 고운 체로 걸러 팥앙금을 낸 다음, 설탕과 진간장을 넣어 팬에 은근한 불로 볶고 계피가루를 섞어 놓는다.
5. 조리대 위에 팥가루를 고루 펴고 쪄낸 떡을 얹은 다음 다시 그 위에 팥가루를 뿌리고, 떡 표면을 편편하게 눌러 놓는다. 떡을 2~4등분하고 시럽을 고루 뿌려 준 후 길이로 2~3번 접어서 모양을 만들고 식으면 1~1.5cm 두께로 썰어 낸다.

참 고

- 떡의 단면이 구름의 형상 같아 구름떡이라고 하는데, 팥가루가 넉넉해야 문양이 선명하다.

❶

❷

❸

❺

송 편

송편은 솔잎을 사용한 데서 송병(松餠)으로도 불렸으며, 멥쌀가루를 익반죽하고 소를 넣어 모양을 갖춘 떡류다. 모든 지방에서 잘 만드는 떡으로, 추석 때 햇곡으로 빚는 명절 떡이기도 하다.

연중 가장 먼저 나오는 햅쌀로 빚은 송편을 '오려송편'이라 하여 조상의 차례상과 묘소에 올린다.

송편은 17세기부터 기록에 보이는데 1680년《요록(要錄)》의 송편은 "백미가루로 떡을 만들어 솔잎과 켜켜로 쪄서 물에 씻어낸다"고 하였으며,《성호사설》에서는 "멥쌀, 콩으로 만든다"고 기록되었다.

《규합총서》에서는 '팥, 꿀, 계피, 후추, 건강말'을,《동국세시기》에서는 '콩, 검정콩, 팥, 꿀, 대추, 미나리'를,《부인필지》에서는 '팥, 잣, 호도, 생강, 계피'를,《시의전서》에서는 '거피팥고물, 거피녹두고물, 대추, 꿀, 팥, 계피, 밤' 등을 송편의 소로 썼다.

한편,《동국세시기》에서는 "2월 초하루 중화절(노비일)에 정월 보름날 세워 두었던 화간(禾竿)에서 벼이삭을 내려다가 크게는 손바닥만하게, 작게는 계란 만하게 만드는데, 모두 반쪽의 둥근 옥모양 같다. 이것을 노비들에게 나이 수대로 주었는데, 농사일이 이때부터 시작되므로 사기를 돋우어 주기 위해 만들어 주었다."고 기록되어 있어, 노비송편의 유래를 알 수 있다.

이렇듯 송편은 흰 떡에 솔찜으로 발산되는 솔의 정기를 침투시킨 떡으로 이월 초하루와 유두일, 추석날에 제 나이 수만큼 송편을 먹게끔 하여 솔의 정기를 체질화시킴으로써 소나무처럼 건강해진다고 여겼다. 또 고려말의 충신 이색의《목은집(牧隱集)》에 기장 송편에 대한 시(詩)가 나온다.

송편은 색에 따라 흰송편, 쑥송편, 송기송편으로 구분하고, 소를 무엇을 넣느냐에 따라 달리 부른다. 또한 송편의 모양은 지방에 따라 북쪽은 대체로 크게 만들며, 서울 쪽은 작게 빚는다.

옛부터 전해오는 이야기로 '처녀들이 송편을 예쁘게 빚으면 좋은 신랑을 만나고, 임부가 송편을 예쁘게 빚으면 예쁜 딸을 낳는다.'고 하여 송편 빚기에 정성을 다하였다.

추석을 앞두고 여러 날 전에 연한 솔잎을 뜯어 깨끗이 손질해 두었다가 갈피갈피 놓아 찌면, 송편에 솔잎 자욱이 나고, 은은한 솔 내음이 쫄깃쫄깃한 멥쌀 떡맛과 각색으로 넣은 소의 맛이 어울려 명실공히 한국떡의 맛을 대표한다 하겠다.

[재료 및 분량]

멥쌀	5 컵(가루 10 컵)
소금	1 큰술
쑥	50 g
소금	¼ 작은술
치자·오미자 우린물	적당량
·소 밤	200 g (10 개)
설탕	2 큰술
풋콩	100 g
소금	¼ 작은술
참깨	100 g
꿀	3 큰술
거피팥(혹은 녹두)	1 컵
꿀	5 큰술
소금	½ 작은술
계피가루	1 큰술
솔잎	300 g
참기름	적당량

참 고

- 송편의 반죽은 감자·고구마·도토리·칡녹말, 모시잎·송기 등을, 소로는 검은콩, 녹두, 밤, 대추, 참깨, 고구마 등을 사용하기도 한다.
- 오래 두었다가 먹을 것이나 멀리 가져갈 송편은 물에 씻지 말고 솔잎이 있는 채 바구니에 담아 둔다.

만드는 방법

1. 멥쌀은 3~4회 깨끗이 씻어 일어서 물에 8~12시간 정도 담갔다가 소쿠리에 건져 물기를 뺀 후 분량의 소금을 넣고 가루로 빻아 체에 내려서 고운가루를 만든다. 쑥은 끓는물에 소금을 넣고 파랗게 데쳐서 곱게 다진다.
2. 체에 내린 떡가루를 4등분으로 나누어 하나는 흰색, 하나는 쑥 다진 것을 넣어 절구에 찧고, 하나는 치자 우린 물을, 하나는 오미자 우린 물을 넣어 색을 들이고 끓는물로 익반죽하여 많이 치대어 보드랍게 반죽한다.
3. 밤은 껍질을 벗겨 3~4등분하여 설탕을 넣어 약간 설삶아 놓고, 풋콩은 껍질을 벗겨 소금을 약간 첨가하고 참깨는 씻어 일어서 물기를 뺀 뒤 볶아 꿀을 섞어 둔다.
   물에 불려 거피한 팥은 삶아서 절구에 빻아 체에 내린 뒤 꿀과 소금, 계피가루를 넣어 소를 만들어 놓는다.
4. 미리 준비한 반죽을 조금씩 떼어 엄지손가락으로 가운데를 파서 둥글게 빚어, 가운데에 준비한 소를 넣고 오므려 눌러 예쁘게 송편 모양을 빚는다. 솔잎은 씻어 건져 물기를 빼 놓는다.
5. 시루나 찜통에 솔잎을 깔고 송편은 가지런히 놓은 뒤, 솔잎은 겹지겹지 덮고 계속해서 켜켜로 안친다. 김이 올라오면 뚜껑을 덮고 푹 찐 다음, 솔잎을 꺼내고 찬물에 담가 재빨리 씻어 건진 다음 참기름을 바른다.
   빚은 떡은 마르지 않게 젖은 보로 덮어 놓아야 터지지 않는다.

도토리송편

우리나라 어느 지방에서나 잘 만들어 먹고 잘 만드는 떡이 송편이다.

송편은 멥쌀가루를 익반죽하여 한가운데에 콩·깨·팥·밤 등의 소를 넣고 빚어 시루에 솔잎과 켜켜이 안쳐 찐 떡을 말한다.

도토리 송편은 쌀가루에 도토리가루를 적당한 비율로 섞어 익반죽한 뒤, 팥소를 넣어 빚은 떡을 말한다. 송편에 넣는 소로는 풋콩·팥·꿀·대추·밤·잣·호도·녹두·깨·흑임자 등을 많이 쓴다.

송편의 소로 쓰이는 흑임자는 1610 년 허준의 《동의보감(東醫寶鑑)》에 "검은깨를 오랫동안 먹으면 몸이 가벼워지고, 늙지 않으며 굶어도 배고프지 않으며 수명이 연장된다. 일명 거승(巨勝)이라고 한다."고 소개하고 있는 것으로 미루어, 검은깨는 옛부터 귀하게 여겼음을 알 수 있다.

떡에 사용되는 도토리가루는 도토리를 맷돌에 갈아서 물에 오랫동안 담가 떫은 맛을 없앤 다음, 웃물을 따라버리고 가라앉은 녹말을 햇볕에 말려서 만든 것을 사용한다.

도토리송편을 맛있고 잘 만들기 위해서는 멥쌀가루 75%에 도토리가루 25%의 비율이 적당하다.

도토리는 상수리와 함께 구황식이나 별식으로 오랫동안 이용해 온, 역사가 오래된 식품이다. 주성분은 녹말이고 특수성분으로는 탄닌을 들 수 있다.

도토리의 녹말은 묵을 쑤는데 많이 이용해 왔으며, 최근에는 열량이 적기 때문에 비만증인 사람의 다이어트식으로 각광을 받고 있다.

묵을 쑤어 채소를 넣고 무쳐 한 대접 먹어도 열량이 많이 나오지 않으니, 기호식으로도 좋은 식품이다.

한방에서는 도토리를 지사·수렴의 효능이 있어, 설사를 멎게 하고 장의 출혈과 치질로 인한 출혈, 탈항 등의 질환에 치료약으로 이용해오고 있다.

이와 같이 도토리는 예전에 배고플 때는 구황식으로 이용되다가, 최근에는 묵무침이나, 수제비, 송편 등을 만들어 별미로 즐기는 귀한 식품이 되었다.

도토리 송편은 강원도 지방의 토속성이 흠뻑 배인 떡으로, 예로부터 강원도 등의 산악지방에서는 도토리의 떫은 맛을 빼고, 맷돌에 갈아 얻은 녹말과 떡갈나무의 어린잎을 따서 쌀가루와 섞어 송편과 같은 떡을 해먹기도 하고, 떡에 섞어 쪄먹기도 하였다.

[재료 및 분량]

멥쌀	4컵(가루 8컵)
소금	1큰술
도토리가루	2½컵

소

검은콩	3컵
소금	1½작은술
설탕	3큰술
솔잎	100 g
참기름	적당량

❷

❸

❹

❹'

만드는 방법

1. 멥쌀은 3~4회 깨끗이 씻은 후, 8~12시간 물에 담갔다가 소쿠리에 건져서 분량의 소금을 넣고 가루로 빻아 체에 내린다.
2. 멥쌀 가루에 도토리가루를 넣고 고루 섞은 후, 끓는물로 익반죽을 한다.
3. 검은콩은 물에 3~4시간 불린 후 건져서 물기를 뺀 다음 분량의 소금과 설탕을 넣고 소를 만들어 놓는다. 준비한 송편 반죽을 조금씩 떼어서 동그랗게 빚어 소를 넣고 예쁘게 송편을 빚는다.
4. 찜통에 솔잎을 깔고 송편을 얹어 김이 오르면 15~20분 정도 쪄 낸 다음, 찬물에 헹구어 솔잎을 떼어낸 후 참기름을 발라 낸다.

참 고

- 솔잎이 없을 경우는 젖은 보를 깔고 쪄 내도 좋다.
- 도토리 송편 속에 들어가는 소는 검은콩 외에 팥이나 청대콩, 강낭콩, 동부 등을 넣어도 좋다.

도토리가루 만들기

껍질을 제거한 도토리를 찬물을 갈아주며 6일 정도 쓴맛을 충분히 우려낸 다음, 분마기와 믹서에 갈아 물을 부어 앙금이 생기면 가라 안치고, 여러 번 물을 갈아준다. 앙금이 굳어지면 말려서 체에 쳐서 가루로 만든다.

조개송편

조개송편은 그 모양이 조개처럼 생겼다 하여 이름이 붙여진 찌는 떡으로, 멥쌀가루를 익반죽한 뒤, 참깨를 볶아 찧고 여기에 설탕과 간장을 버무려 만든 깨소를 넣어 모시조개 모양으로 예쁘게 빚어 찐다.

조개송편은 평안도 지방에서 많이 해 먹는 떡인데, 관련 문헌이나 기록은 보이지 않는다. 다만, 1984년 《한국민속종합조사보고서》 〈향토음식편〉에 조개송편을 "쌀가루를 익반죽하여 소를 넣고 조개모양으로 빚은 송편"이라고 설명하고 있다.

따라서 조개송편은 일반에서 널리 만들어 먹고 있는 송편 만드는 법을 바탕으로 하되, 떡반죽을 조개모양으로 작고 예쁘게 빚어 희고 깨끗하게 만들어 낸 떡임을 알 수 있다.

송편에 대한 최초의 기록으로는 1680년경의 《요록(要錄)》을 비롯하여 1763년경의 《성호사설(星湖僿說)》, 1815년경의 《규합총서(閨閤叢書)》, 1849년의 《동국세시기(東國歲時記)》, 1800년대 말엽의 《시의전서(是議全書)》, 1855년의 《부인필지(夫人必知)》 등 여러 음식관련 문헌에 여러 종류의 이름과 재료, 만든 법을 기록하고 있음을 볼 수 있다.

조선조 영조 때에 간행된 가정백과서라 할 수 있는 《규합총서(閨閤叢書)》의 송편 만드는 법을 보면, "가루를 곱게 하여 흰 떡을 골무떡보다 눅게 하여 쪄서, 채 쳐 굵은 수단(水團)처럼 가루 묻히지 말고 비벼 그릇에 서려 담고, 얇게 얇게 소가 비치게 입혀서는 거피팥, 꿀, 달게 섞고 계피, 후추, 말린 생강가루를 섞어 빚는다. 너무 잘고 둥글면 야하니 크기를 맞춰 버들잎같이 빚어 솔잎을 격지격지 놓은 위에다 찌면 맛이 유난히 좋다."고 하였다.

이밖에 《성호사설(星湖僿說)》, 《동국세시기(東國歲時記)》, 《부인필지(夫人必知)》, 《시의전서(是議全書)》 등에 소개된 송편은, 각기 다른 재료와 함께 다양한 소를 사용하고 있다. 이러한 사실로 미루어, 우리나라 송편의 다양성을 알 수 있으며, 지방마다의 각기 다른 이름의 송편이 만들어졌음을 알 수 있다.

이 조개송편은 흰색 외에 치자, 쑥, 오미자, 연지 등의 천연색소를 사용 색색으로 아름답게 빚을 수도 있다. 그러나 흰색으로만 조개처럼 빚어 쪄내는 것이 마치 조개를 보는 것 같고 모양이 특이하게 아름답다. 소로 참깨와 설탕, 간장이 들어가 고소한 맛이 뛰어나다.

[재료 및 분량]

멥쌀	5 컵(가루 10 컵)
소금	1 큰술

소

통깨	1 컵
설탕	4 큰술
간장	1 큰술
참기름	적당량

만드는 방법

1. 멥쌀은 3~4 회 깨끗이 씻은 후 물에 8~12 시간 정도 담갔다가, 소쿠리에 건져 물기를 뺀 후 분량의 소금을 넣고 가루로 빻아 체에 내려 끓는 물로 익반죽하여 많이 치댄다.
2. 볶은 통깨를 분마기에 갈아 설탕, 간장으로 버무려 소를 만든다.
3. 반죽을 밤톨만하게 떼어 동그랗게 만들어 깨소를 넣고 오므려 조개 모양으로 빚는다.
4. 김 오른 찜통에 약 15~20 분 정도 쪄 내어 한김 나간 후 참기름을 발라 낸다.

참 고

- 조개송편은 참깨와 설탕, 간장으로 간을 하여 소를 만들어 넣기 때문에 다른 송편보다 고소한 맛이 뛰어나다.
- 떡 표면에 깨소가 묻으면 쪄낸 후 지저분하기 때문에 소를 넣을 때 주의한다.
- 깨소를 넣을 때 공기가 들어가면 떡을 찔 때 터지기 쉬우므로, 공기를 빼주면서 떡을 빚는다.

칡송편

칡송편은 멥쌀가루에 칡가루를 섞어 익반죽하여 강낭콩과 팥으로 만든 소를 넣고 빚어서 찐 떡이다.

칡송편은 여느 송편과 마찬가지로 찌는 떡의 한 가지이며, 칡의 단맛과 쓴맛, 독특한 향을 함께 느낄 수 있는 산간지방의 토속성이 깃든 떡이다.

칡은 전국 각지에 자생하는 식물로, 단맛이 많고 전분이 많아 예로부터 흉년에 대용식량, 구황식으로 이용해 왔다.

칡뿌리 말린 것을 갈근(葛根)이라고 하는데, 식용 외에 약으로도 이용되고 있다. 갈근은 맛이 달고 해열, 진통에 효과가 좋으며 감기에 걸렸거나 어깨가 결리고, 목의 근육이 뻐근할 때 먹으면 효과가 있다.

칡은 암칡과 숫칡으로 나뉘는데 송편 등 떡을 만들 때는 전분이 많이 나고 겉껍질이 얇은 암칡을 선택하여 사용하도록 한다. 특히, 녹말을 고를 때는 색이 희고 가루가 잘 부서지는 것이 좋다.

칡녹말을 만드는 방법은 먼저 껍질을 벗긴 칡뿌리를 방아나 절구로 찧은 다음, 이것을 베로 만든 자루에 넣고 물을 부어 주물러서 체에 두 번 받친다. 이상의 과정을 3~4 번 반복하여 앙금이 가라앉으면 윗물을 따라 버리고, 다시 물붓기를 여러 번 반복한 다음 가라앉은 앙금을 햇볕에 널어 말린다. 약간 굳어진 앙금을 손으로 비벼가며 고운 가루로 만들어 완전히 말린 다음, 냉장고에 보관하면서 사용한다.

이 갈분을 더운물에 풀어 마시면 초기 감기에 잘 듣는다고 하며, 뿌리와 꽃을 함께 달여 먹으면 숙취와 식중독에 효과가 있다고 알려져 있다.

1984 년 《한국민속종합조사보고서》〈향토음식편〉을 보면, 경북 지방의 구황음식으로 칡뿌리녹말떡이 소개되어 있는데, 칡뿌리로 녹말을 내어 말려두고 익반죽하여 떡을 한 것으로, 쑥과 곡물을 섞으면 더욱 좋다고 했다.

따라서 칡송편 등의 칡을 이용한 다양한 음식은 강원도 뿐만이 아니라 경북일대 산간지역에서도 맛볼 수 있는 토속음식이다.

칡송편은 녹말을 이용한 방법 외에 칡을 건조시켜 만든 칡가루를 체에 내려 고운 가루를 이용해서도 만들 수 있는데, 녹말을 이용해 만든 송편과는 달리 진한 갈색을 띠며, 향과 맛에서 더 구수하고 맛도 달다.

[재료 및 분량]

멥쌀	3 컵(가루 6 컵)
칡가루	1 컵
소금	½ 큰술
멥쌀	3 컵(가루 6 컵)
칡녹말	1 컵
소금	½ 큰술

소

붉은팥	2 컵
소금	½ 큰술
설탕	2 큰술
강낭콩	2 컵
소금	½ 작은술
설탕	2 큰술
참기름	적당량

❷

❸

❹

❺

만드는 방법

1. 멥쌀은 3~4회 깨끗이 씻은 후 물에 8~12시간 담갔다가, 소쿠리에 건져서 분량의 소금을 넣고 가루로 빻아 체에 내린다.
2. 붉은팥은 깨끗이 씻어 일어 푹 삶아 소금과 설탕을 넣고, 강낭콩은 물에 불려 소금과 설탕을 넣어서 각각 소를 준비해 놓는다.
3. 멥쌀가루에 칡가루와 칡녹말을 각각 넣고 고루 섞어 익반죽을 해 놓는다.
4. 반죽한 것을 조금씩 떼어 속에 소를 넣고 동그랗게 빚은 후 손자국을 내어 송편을 빚는다.
5. 찜통에 젖은 면보자기를 깔고 송편을 얹어 김이 오르면 15~20분 정도 쪄낸 다음, 한 김 나가면 참기름을 발라 내 놓는다.

참 고

- 팥소를 넣은 송편은 찔 때 떡이 터질 수 있으므로 반죽은 많이 치대는 것이 좋다.
- 송편을 빚을 때 손자국이 매끄럽고 선명하게 나게 하려면, 반죽이 질어지지 않게 수의한다.
- 칡송편에 들어가는 칡녹말은 잡티가 있고 색이 희지 않은 것은, 상품이 아니기 때문에 희고 깨끗한 녹말을 사용한다.

호박송편

호박송편은 가을에 나는 호박을 썰어 말렸다가 가루로 만들어 멥쌀가루와 섞어 익반죽한 뒤, 삶은 밤이나 볶은 통깨로 소를 만들고 송편을 빚어 솔잎을 얹어 시루에 찐 떡이다.

호박송편은 맛이 달고 구수할 뿐만 아니라, 부재료인 호박의 노란색이 선명하게 배어있어 시각적으로도 뛰어나다.

호박은 원래 열대 아메리카가 원산지로 임진왜란 이후 우리 나라에 들어온 것으로 알려져 있다. 구수하고 단맛이 있어 옛부터 누렇게 잘 익은 늙은 호박은 떡을 비롯하여 국, 수제비, 나물 등으로 즐겨 먹었는데, 늙은 호박에는 비타민 A 의 전구체인 카로틴이 풍부하며, 부종 치료에 좋은 이뇨제가 함유되어 있어 임산부와 심장질환자에게 효과가 있다.

또한 호박씨는 레시틴과 필수아미노산이 다량 함유되어 있어, 두뇌를 좋게 하고 암세포가 커지는 것을 막아주는 프로테아제의 일종도 함유하고 있다.

최근에는 호박과 호박을 응용한 음식들이 당뇨병에 최고의 식품이자 치료식으로 부상하고 있다.

옛사람들이 "동지에 호박을 먹으면 중풍에 걸리지 않는다."고 말한 것도 옛부터 호박이 건강식품이라는 것을 경험적으로 알고 있었음을 말해주는 것이라고 하겠다.

요즘 여성들 사이에서 호박이 다이어트 식품으로 인기를 누리는 것도, 호박에는 당질이 많아 단맛을 주지만 일반 곡물이나 감자류에 비하면 절반 이하의 저칼로리인데다, 풍부한 카로틴은 체내에서 비타민 A 로 흡수되며, 약간의 비타민 C 와 B 군을 함유한 비타민 급원식품이기 때문이다.

특히 비타민 B 군 등은 근육조직을 만드는데 우선 필요한 비타민으로, 조혈작용이 있어 항빈혈제로 이용되며, 호박의 카로틴은 성장과 피부의 중요 영양소인 비타민 A 로 전환함으로써, 비타민 C 와 함께 피부미용에 효과적인 작용을 해 준다.

푸른 채소의 섭취가 부족되기 쉬운 무렵인 가을과 겨울에 걸쳐, 늙은 호박으로 비타민을 보급하여 주면 호박 중의 지방산이 혈관을 깨끗하게 해주어, 신진대사가 원활하게 되고 피부도 윤택해 진다.

이렇듯 이용성이 좋은 호박을 이용해서 빚은 호박송편은 황금색에 가까울 만큼 빛깔도 아름답거니와, 감자송편 · 칡송편 · 쑥송편과 비교해 결코 영양과 맛에서도 뒤떨어지지 않는 별미의 떡이다.

[재료 및 분량]

- 멥쌀 ………………… 5 컵(가루 10 컵)
- 소금 ………………… 1 큰술

단호박(단호박 찐 것 300 g) ‥ 400 g

소

- 밤 ………………… 15 개
- 꿀 ………………… 2 큰술
- 통깨 ………………… ½ 컵
- 꿀 ………………… 1 큰술

솔잎 ………………… 100 g

참기름 ………………… 적당량

만드는 방법

1. 멥쌀은 3~4회 깨끗이 씻은 후 물에 8~12시간 담갔다가, 소쿠리에 건져서 분량의 소금을 넣고 가루로 빻아 체에 내린다.
2. 단호박은 껍질째 4등분하여 찜통에 쪄 낸 후 과육을 수저로 긁어내어 체에 한 번 내린다
3. 밤은 껍질을 벗겨 푹 삶아 으깨어 꿀로 버무리고, 볶은 통깨는 가루를 내어 꿀로 버무려 대추알 만큼의 크기로 뭉쳐 소를 만들어 놓는다.
4. 멥쌀가루에 분량의 단호박 쪄낸 것을 넣어서 반죽을 하고 부족한 수분은 끓는물로 익반죽한 후, 준비한 밤소와 깨소를 각각 넣어 송편을 빚는다.
5. 찜통에 솔잎을 깔고 켜켜로 송편을 얹어 센 불에서 김이 오르면 15~20분 정도 쪄낸 다음 찬물에 헹구어 솔잎을 떼어낸 후 참기름을 발라 낸다.

참 고

- 호박송편에 들어가는 호박가루는 늙은호박과 단호박으로 가루를 만들어 섞어 쓰면 맛이 더 달고 색도 진하다
- 단호박을 얇게 저며서 쌀과 함께 가루로 빻아 사용하거나, 얇게 저민 단호박을 찜통에 찌거나 설탕물에 조려서 쌀가루와 함께 섞어 써도 좋다.
- 호박 송편에 호박가루를 넣어 만들기도 한다.

감자송편

감자송편은 감자가 많이 생산되는 강원도 지방의 토속음식으로, 색이 약간 검으면서 투명한 정선지방의 감자가 유명하다.

감자송편은 감자떡과 마찬가지로 감자를 갈아서 만든 앙금과 건지를 섞어서 되직하게 반죽한 뒤, 콩으로 소를 넣어 송편으로 빚어 쪄내거나, 감자녹말을 익반죽하여 팥이나 강낭콩으로 소를 넣고 송편처럼 빚어 찌는데, 강릉에서는 이 떡을 빚을 때 손자국을 내어 소박한 멋을 내기도 하며, 북쪽에서는 언 감자를 녹여 만들기도 한다.

감자송편의 재료로는 감자가루, 양대(동부콩), 설탕 등이 쓰이는데, 1969 년의《현대 여성백과사전》에 "감자가루를 뜨거운 물로 익반죽하여 송편 만드는 식으로 만들되, 소로는 콩이나 강낭콩을 4~5 개 정도 넣어 양쪽으로 손자국과 손가락 자국을 내며 빚어 낸다."고 기록되어 있다.

재료로 쓰이는 감자녹말을 만들 때에는 깨끗하고 좋은 감자를 골라 껍질을 벗긴 후, 강판에 갈아서 건더기를 베보자기에 싸서 꼭 짜내고, 그 물을 가라앉혀 웃물을 따라내고 앙금을 말려 가루로 만들어 냉동고에 보관해 두었다가 사용한다.

감자는 한자명으로 "마령서(馬鈴薯)"라고 하는데, 중요한 에너지원 뿐만 아니라, 사람의 성장과 건강을 돕는 양질의 단백질과 무기질이 풍부한 알칼리성 식품이다. 주성분이 녹말이어서 맛이 담백하여 동서양을 막론하고 주식으로 널리 이용되어 오고 있다.

감자를 상용하고 있는 나라에서는 영양결핍에 걸린 사람이 없다고 할만큼, 철분·마그네슘·칼륨과 같은 중요한 무기성분과 비타민 C, 비타민 B 복합체를 골고루 가지고 있으며 특히 아미노산의 조성이 우수한 반면, 함황아미노산은 적다.

육식을 많이 하는 나라에서는 육류가 산성식품이기 때문에 알칼리성식품인 감자를 끼니마다 먹고 있는데, 맛이 담백하여 계속해서 먹어도 싫증이 나지 않는 특성이 있다.

송편에 사용할 감자로는 수분이 적은 밭감자가 좋고, 눈자국이 얕게 패인 것을 사용하도록 하며, 조리시에는 녹색으로 변한 부위와 눈자국은 도려내고 사용한다.

손가락자국이 여러 개 나고 모양이 소박한 감자송편은 뜨거울 때 먹으면 맛이 매우 구수하고 쫄깃하여 별미이다.

[재료 및 분량]

감자녹말

흰녹말	6컵
소금	½큰술
회색녹말	6컵
소금	½큰술

소

강낭콩(붉은색)	3컵
소금	1½작은술
설탕	2큰술
강낭콩(흰색)	3컵
소금	1½작은술
설탕	2큰술
참기름	적당량

만드는 방법

1. 감자녹말에 분량의 소금을 넣고 끓는물로 각각 익반죽한다.
2. 붉은 강낭콩은 씻어 각각 분량의 소금과 설탕을 넣고 고루 섞어 간을 한다.
3. 반죽을 조금씩 떼어 강낭콩 소를 넣고 갸름하게 빚은 후, 손자국이 나오도록 잘 눌러준다.
4. 찜통에 젖은 면보자기를 깔고 빚어 놓은 송편을 얹어 김이 오르면 15~20분 정도 쪄낸 다음, 한 김 나가면 참기름을 발라 낸다.

참 고

- 회색의 감자녹말은 가정에서 만든 것으로, 시판되는 흰색의 감자녹말보다 맛이 더 좋다.
- 감자송편은 참기름을 넉넉하게 발라 반드시 뜨거울 때 먹는다.

꽃송편

전라도 지방의 꽃송편은 오미자 · 치자 · 송기 · 쑥 등을 이용하여 여러가지 맛과 자연스런 색감을 즐기기 위해 빚어 먹는 떡이다.

전라도 지방은 산이 낮고 들이 넓어 김제평야를 비롯 나주평야 등 곡창지대를 이뤄, 쌀을 비롯한 곡식의 산출량이 많다. 이런 관계로 꽃송편, 깨시루떡, 감고지떡 등 다양한 떡과 화려한 향토음식으로, 순후한 인심과 함께 깊은 맛을 자랑해 온 고장으로 유명하다.

특히 꽃송편은 오색으로 빚은 송편 위에 오색의 떡반죽으로 여러가지 모양을 만들어 붙인 것이 특징이다.

송편은 대개 재료에 따라, 이름을 달리하는데, 멥쌀로 빚는 떡류에 속하면서도 특이한 방법으로 만드는 것이 특징이다.

멥쌀가루를 익반죽하고 알맞은 크기로 납작하게 만든 뒤, 다양한 재료의 소를 넣고 반달모양으로 접어서 맞붙임으로써, 일정 형태의 모양을 갖춘 떡이기 때문이다.

송편에 대한 기록으로는 《요록(要錄)》을 시작으로 《성호사설(星湖僿說)》, 《규합총서(閨閤叢書)》, 《동국세시기(東國歲時記)》, 《부인필지(夫人必知)》, 《시의전서(是議全書)》를 들 수 있는데, 문헌에 따라 송편의 주재료로는 멥쌀과 기장이 쓰였으며, 소에는 콩 · 팥 · 후추 · 계피 · 건강말 · 검정콩 · 잣 · 팥 · 호도 · 생강 · 대추 · 녹두 · 밤 · 꿀 등을 각각 또는 2~3 가지씩 섞어 쓰기도 하였다.

송편은 또 크기나 모양에 있어서도 다양했는데, 대개 북쪽 지방에서는 크게 만들고 남쪽지방에서는 작고 예쁘게 빚었음을 알 수 있다.

송편은 지금도 전국 어느 곳에서나 추석명절에 많이 만들어 먹는 떡이다.

추석을 앞두고 며칠 전에, 연하고 짧은 참솔잎을 뜯어다가 깨끗이 손질해서 보관해 두고 송편을 빚어 시루에 찌는데, 이 때 켜켜이 솔잎을 넣어 찌면 송편에 솔향이 자욱하게 배어들어, 은은한 향기와 함께 각색의 쫄깃쫄깃한 떡맛과 다양한 소의 맛이 한데 어우러져 맛이 각각 다르며, 여러가지 색이 아름답다.

따라서 송편은 가장 대표되는 한국적인 맛의 떡이라고 할 수 있는데, 이름 또한 솔잎을 사용한 데서 송편(松餠)이라 부르게 되었다.

[재료 및 분량]

멥쌀 ………………… 10 컵(가루 20 컵)
소금 ……………………………… 2 큰술

치자물(치자 2 개, 물 10 큰술) ‥ ½ 컵
오미자물(오미자 30 g, 물 10 큰술)
……………………………… ½ 컵
포도즙(포도 농축한 것) ……… ½ 컵
쑥가루물(쑥가루 3 큰술, 물 4 큰술)
……………………………… ½ 컵

소

깨소금 ……………………………… 2 컵
설탕 ……………………………… ½ 컵
참기름 ……………………………… 2 큰술
대꼬지 ……………………………… 2 개

장식

치자물 · 오미자물 · 쑥가루
물들인 떡반죽 …………… 적당량

❶

❷

❹

❹'

만드는 방법

1. 멥쌀은 3~4회 깨끗이 씻은 후 물에 8~12시간 정도 담가 두었다가, 소쿠리에 건져 분량의 소금을 넣고 가루로 빻아서 체에 내린다.
2. 쌀가루를 5등분하여 치자물, 오미자물, 포도즙, 쑥가루물을 넣고 각각 익반죽한다.
3. 깨소금과 잣가루, 설탕은 고루 섞어 소를 만들어 놓는다.
4. 흰색 송편 위에 여러 가지 색으로 물들인 반죽을 이용해 꽃잎과 줄기를 만들어 붙인다. 나머지 4가지 색깔의 반죽은 일반송편 빚듯이 예쁘게 빚는다.
5. 빚은 송편을 찜통에 젖은 면보를 깔고 올려 김이 오르면 20~25분 정도 쪄낸 다음 찬물에 헹구어낸 뒤 참기름을 발라낸다.
6. 떡 위에 붙이는 장식 꽃은 작은 반죽을 떼어 굴리거나 실세 하여 꼬지로 모양을 눌러준 뒤, 흰 송편에 붙여서 쪄 낸다.

참 고

- 떡에 여러 가지 색깔의 물을 들일 때 너무 진한 색보다는, 연하고 은은한 색이라야 보기도 좋고 맛도 있어 보인다.
- 떡 위에 장식하는 반죽은 촉촉하게 만들어야 잘 붙는다.

햇보리개떡

햇보리개떡은 햇보리를 새파랗게 타서 방아에 찧어 볶다가 여러 번 까불고 체에 쳐서 고운 가루를 내어, 참기름·파·간장을 넣고 반죽하여 절구에 찧어 둥글고 도톰하게 반대기를 지어 찜통에 쪄 낸 떡이다.

1984 년 《한국민속종합조사보고서》에서도 "햇보리개떡은 보리를 타서 빻아 까부른 가루를 파, 간장, 참기름으로 반죽하여 절구에 오래도록 찧어 차지게 만들어 솥에 겅그레를 놓고 쪄 낸다."고 소개하고 있다.

이러한 햇보리개떡은 주로 충주 지방에서 많이 해 먹는 떡이라 하여 '충주개떡'이라고도 하는데, 밀과 보리 이삭이 막 여물어 물기가 흐르지 않을 때 추수해서 만든다. 예전과 달리 요즈음은 햇보리개떡을 별식으로 즐기고 있으며, 햇보리로 만든 떡은 단오날 제례 때 올리기도 한다.

보리는 여름이 되어야 수확을 하게 되는데 사람들은 배고픔을 참지 못해 덜 여문 보리를 다다 죽을 쑤어 먹기도 하고, 그것도 부족해서 송기며 쑥, 온갖 나물을 뜯어다 밀가루나 쌀가루와 섞어 죽이나 떡을 해먹으면서 보리가 익기를 기다렸으니, 이른 바 춘궁기(春窮期)가 그것이요, 참으로 배고픔을 넘기 힘들었던 때가 보릿고개였다. 이렇듯 보리는 주요한 곡식의 하나로 떡과도 불가분의 관계를 맺고 있다.

옛부터 떡을 찍어 먹는 조청을 만드는데 쓰는 엿기름은 그 재료가 보리를 싹 틔워 만든 것으로, 소화를 돕고 비위(脾胃)를 덥혀주며 입맛을 돋구는 작용을 한다.

보리는 쌀에 비해 섬유질 성분이 5 배나 많아 소화율이 낮고, 성분중의 탄닌계 물질로 인해 쌀만큼 맛과 색깔은 부드럽고 하얗지 못하나, 섬유질 성분은 장의 연동운동을 촉진시켜 변비를 해소해주며 쌀에 부족한 비타민 B_1 은 당질대사에 큰 도움을 주므로 중요한 식품이다.

한방에서는 보리가 장을 튼튼히 하고 설사를 멎게 하며, 엿기름을 만들어 소화제로 쓰거나 얼굴에 부스럼이 많은 사람은 감초와 함께 볶아서 달여 먹으면 좋다고 한다.

우리나라는 절기에 따라 그때에 산출되는 식품을 이용한 시식과 절식이 무척이나 발달되어 있는데, 햇보리개떡 또한 봄철이 아니면 맛볼 수 없는, 향토성과 우리의 정서가 듬뿍 담긴 진귀한 떡이다.

[재료 및 분량]

재료	분량
햇보리가루	10컵
볶은 보리가루	5컵
진간장	6큰술
다진 파	2큰술
홍고추	1개
풋고추	1개
소금	½큰술
물	8½컵
풋콩	1½컵
강낭콩	1컵
설탕	5큰술
참기름	3큰술

만드는 방법

1. 햇보리가루와 볶은 보리가루는 체에 내려서 진간장, 파, 다진 것, 홍고추와 풋고추 다진 것, 소금, 물을 넣어 반숙하여 자지게 오래 치낸다.
2. 풋콩과 강낭콩에 설탕을 뿌려 재워 놓는다.
3. 반죽에 설탕을 뿌려 재워 놓은 풋콩과 강낭콩을 ⅔는 섞고, ⅓은 위에 얹어서 두께 0.8cm, 직경 8cm로 둥글게 반대기를 짓는다.
4. 찜통에 젖은 면보자기를 깔고 반대기 지은 떡을 얹은 다음, 김이 오르면 15~20분 정도 쪄 내고 한 김 나가면 참기름을 발라 낸다.

참 고

- 햇보리가 나는 초여름에 많이 해 먹는 떡으로, 뜨거울 때 먹으면 맛이 있으며, 식어도 쫄깃하여 별미이다.

모시잎떡

모시잎떡은 전라도 향토음식으로 쌀가루에 빻은 모시풀을 섞어 오래 치대면서 반죽하고 적당한 크기로 납작하게 만들어 안친 후, 찜통에 김이 오르면 반죽한 것을 얹고 쪄낸 뒤 뜨거울 때 참기름을 바른 떡이다.

모시잎 대신 쑥을 넣으면 쑥갠떡, 수리취를 넣으면 수리취갠떡, 송기를 넣으면 송기갠떡이 된다.

모시풀은 저마(苧麻)라고도 한다. 동남아시아 원산으로 줄기의 인피섬유(靭皮纖維)를 사용하여 왔으며, 아주 오래 전부터 재배되었다.

이집트에서는 이미 7,000년 전에 아마와 더불어 미라포(mummycloth)로 사용되었다. 유럽에 도입된 것은 18세기였고, 한국에서는 고려시대부터 재배되었다.

모시잎의 어린부분은 나물로 무쳐 먹는데 맛이 특별하다. 뿌리는 당뇨병(糖尿病), 이뇨(利尿), 하혈(下血), 광견(狂犬), 충독(蟲毒) 등의 약으로 쓴다.

모시풀을 이용한 또 다른 떡은 모시송편이 있다. 경상도, 전라도에서 추석 때 많이 해 먹는 떡으로 색상과 맛이 아주 좋다.

모시송편은 멥쌀가루에 삶은 모시잎을 찧어 넣고 반죽한 다음, 밤·콩·대추 등을 꿀에 재워서 만든 소를 넣고 송편을 빚어 찐 뒤 감잎에 싸서 내놓는 떡으로 초록색이 먹음직스럽다.

최근 식생활과 건강이 밀접한 관계가 있는 것으로 나타나 건강식에 대한 관심은 날로 증가하고 있다. 먹을 것이 없을 때 먹던 모시잎떡은 볼품없는 모시잎떡이었지만, 오늘날에는 섬유질이 많아 건강식으로 훌륭한 음식이 될 수 있다. 또한 모시풀의 새파란 색을 즐길 수 있는 모시잎떡은 모시잎의 향긋하고 덥떱한 맛도 즐길 수 있다.

모시잎을 넣어 만든 떡은 쉬이 상하거나 굳지 않는 기능성 식품의 떡이다.

[재료 및 분량]

재료	분량
멥쌀	5컵(멥쌀가루 10컵)
소금	1큰술
모시잎(데친 것)	300 g

소

재료	분량
흰깨	½컵
설탕	2큰술
꿀	1큰술
땅콩	½컵
설탕	2큰술
꿀	1큰술
소금	적당량
참기름	적당량

만드는 방법

1. 모시잎(7~9월까지)은 깨끗이 손질하여 끓는 물에 소금을 넣고 파랗게 데친다.
2. 쌀가루는 8~12시간 물에 불려서 소금을 넣어 빻고 모시잎을 넣어서 다시 한 번 빻아 체에 내린다.
3. 깨는 볶아서 가루로 만들고, 땅콩은 다져서 각각에 설탕, 꿀, 소금을 넣어 골고루 섞어서 따로따로 소를 준비한다.
4. 쌀가루를 익반죽한 다음 동글동글하게 떼어내어 소를 넣고 모양을 낸 후 찜통에 젖은 면보를 깔고 15분 정도 쪄 내어 참기름을 발라 그릇에 담아 낸다.

참 고

- 모시잎떡은 7~9월 여름에 해먹는 떡으로 반죽을 많이 치대야 쫄깃쫄깃하고 맛이 있다.
- 찜통에 반숙을 쪄 낸 후 찬물에 헹구어 참기름을 바르면 떡이 더 매끄럽다.

쑥갠떡

쑥갠떡은 경기도 음식으로 삶은 쑥을 넣은 멥쌀가루를 익반죽하여 둥글납작하게 빚은 후 쪄서 참기름을 발라 먹는 떡으로 쑥 대신 수리취를 넣으면 수리취갠떡, 송기를 넣으면 송기갠떡이 된다.

《한국의 떡과 과즐》에서 "삶은 쑥을 넣어 빻은 멥쌀가루를 익반죽하여 둥글납작하게 빚은 다음, 찜솥에 쪄서 참기름을 바른 떡이다. 한층 구수한 맛이 나도록 삶은 콩을 소로 넣고 빚어 찌기도 한다."라고 소개되어 있다.

단군신화에도 나온 쑥은 삼국시대 이전부터 식용으로 사용하였다.

봄철에 독특한 맛과 향으로 식욕을 돋구어주는 쑥은 무기질과 비타민이 많아 몸에 활기를 되찾아주는 식품이다. 쑥에는 칼슘과 철분이 많이 함유되어 있기 때문에 쌀밥 위주의 식생활로 인해 체질이 산성화되는 것을 방지해 준다. 쑥과 멥쌀가루를 섞어 빚은 쑥갠떡은 우리 조상들의 지혜를 엿볼 수 있는 우수한 음식이라 할 수 있다.

쑥은 민간요법에 많이 쓰여 왔으며, 약효가 가장 좋다 하여 음력 5월 단오 전후로 채취한다.

《동의보감》에 "쑥은 독이 없고 모든 만성병을 다스리며, 특히 부인병에 좋고 자식을 낳게 한다."라고 기록되어 있다. 쑥은 부인병에 효과가 있어 부인들에게 좋다고 한다. 추위를 심하게 타는 사람에게도 좋고, 쑥의 향기 성분은 중추신경을 흥분시키는 작용을 해서 활동이 약한 장기를 정상화시키는 역할을 한다. 또한 혈압을 내리는 작용이 있어서 고혈압에 좋다. 위장병, 신경통, 소화불량에 효과가 있고, 비타민 C의 함유량이 높아 감기에도 좋다.

또한 쑥 인형을 만들어 문전에 걸어두면 액귀(厄鬼)나 병귀(病鬼)를 물리친다고도 하여 쑥이 액을 막는 데에도 널리 사용하였다.

쑥은 어린 잎의 경우 식용으로 하며 국을 끓이기도 하고 쌀가루에 섞어 떡을 만들어 먹거나 줄기나 잎자루는 약용으로 쓰여 물에 넣고 달여서 마시기도 한다. 떡으로는 쑥개피떡 · 쑥송편 · 쑥절편 · 쑥버무리 등이 있다.

[재료 및 분량]

멥쌀		5컵(멥쌀가루 10컵)
소금		1큰술
데친 쑥		300 g(쑥가루 3큰술)
소금		약간
참기름		적당량

만드는 방법

1. 멥쌀은 3~4회 깨끗이 씻은 후 물에 8~12시간 담갔다가 소쿠리에 건져서 분량의 소금을 넣고 가루로 빻는다.
2. 쑥은 깨끗이 씻어 팔팔 끓는 물에 소금을 넣고 데치고, 쑥이 없으면 쑥가루를 사용한다.
3. 방아에 한 번 내린 쌀가루에 삶아 놓은 쑥을 넣고 다시 한 번 내린다.
4. 쑥과 함께 방아에 내린 쌀가루를 익반죽한 다음 적당한 크기로 떼어 둥글 납작하게 모양을 만들어 찜통에 10~20분 정도 쪄 낸 다음 기름을 발라 그릇에 담아낸다.

참 고

- 쑥갠떡은 익반죽보다 찬물로 반숙하는 것이 더 쫄깃쫄깃하다.
- 봄에 나는 어린 쑥을 넣어서 만들면 쑥에 씹히는 섬유질과 향긋한 향기가 배어나와 더우 맛이 있다.

깻잎떡

깻잎떡은 잘 씻은 멥쌀을 불렸다가 건져서 가루를 만든 뒤, 반죽하여 들깻잎에 싸서 시루에 찐 떡으로, 함경도에서 많이 해 먹는 떡이다.

깻잎떡과 같이 채소나 나뭇잎으로 떡을 싸서 쪄낸 떡은 그리 흔치 않은데, 이 떡은 들깻잎의 은은하면서도 자극적인 향을 즐기고자 만들어 먹게 된 것으로 여겨진다.

보통 깻잎이라고 하면 들깻잎을 가리키는데, 들깻잎은 양념을 해서 쪄 먹기도 하고, 밀가루반죽을 입혀 기름에 튀겨 먹기도 한다.

또 그냥 날것으로 쌈을 해 먹기도 하고 여러가지 양념장이나 된장에 박아 장김치를 담그거나, 오랫동안 익혀 장아찌를 담가 그 맛을 즐기기도 한다. 이렇듯 우리의 식생활과 매우 친숙한 채소류 가운데 하나이다.

우리나라에서는 들깨가 통일신라시대부터 재배되어, 현재 전국적으로 경작되고 있는데 잎은 고소하면서도 독특한 향과 맛으로 음식에 많이 이용된다.

떡의 주재료로 사용되는 들깻잎의 성분 중에는 페릴라케톤(perillaketone) · 페릴알데하이드(perillalde-hyde)등의 방향성 정유성분이 들어있어, 독특한 향기를 지니고 있다.

또한 깻잎은 비타민과 무기질을 고루 갖추고 있어, 영양적으로도 매우 우수하다.

'떡'이란 말이 옛말의 동사 '찌다'가 명사화되어 '찌기→떼기→떠기→떡'으로 변화한 것으로서, '찐 것'이란 뜻을 원형으로 받아들일 때, 깻잎떡은 채소인 깻잎에 싸서 그냥 찐 떡으로 떡의 원형에 가깝다고 보여진다.

그리고 늘 먹지 않는 특별한 음식을 별식(別食)이라고 하는데, 우리의 전통음식 가운데 별식이라고 하면 떡을 빼놓을 수 없다.

우리 속담에 '밥 위에 떡'이란 말도 밥보다도 떡을 특별한 음식으로 여긴 데에서 생겨난 말이고 보면, 별식 중의 별식은 아마도 깻잎떡이 아닐까 싶다.

별로 사치스럽지도 않고 조리과정이나 재료 준비에 있어서도 복잡하지 않으며, 특히 소박하기 이를 데 없는 떡이라는 사실에서도 깻잎떡은 별식이라 할 수 있을 것이다.

깻잎떡은 떡 자체의 맛보다는, 깻잎이 주는 새롭고 풋풋한 맛, 깻잎 특유의 고소하고 향긋한 맛을 즐길 수 있다는 데에서 그 가치를 찾게 된다.

찌는떡

[재료 및 분량]

{ 멥쌀 .... 8 컵(가루 16 컵)
{ 소금 .... 1½ 큰술
들깻잎 .... 30 장

장식

{ 찹쌀가루 .... ½ 컵
{ 귤채 · 대추채 · 오이채 .... 적당량

만드는 방법

1. 멥쌀은 3~4회 깨끗이 씻은 후 물에 8~12시간 담갔다가, 소쿠리에 건져 물기를 뺀 후 분량의 소금을 넣고 가루로 빻는다.
2. 멥쌀가루에 끓는물을 넣고 익반죽하여 반죽을 떼어서 1cm 정도 두께의 깻잎 모양으로 둥글게 빚어 놓는다.
3. 들깻잎은 깨끗이 씻어 물기를 닦고, 깻잎에 빚은 떡을 놓고 다른 한 면에 깻잎을 한 장 더 맞붙여 손바닥으로 눌러 떡을 빚는다
4. 찜통에 젖은 면보자기를 깔고 김이 오르면 10~15분 정도 쪄 낸 다음, 가위나 칼로 끝을 오려 낸 후 참기름을 발라 낸다.
5. 찹쌀가루 반 컵 정도를 끓는물로 익반죽하여 2cm 정도 동글납작하게 빚고, 귤채 · 대추채 · 오이채를 아주 곱게 썰어 고명으로 얹어, 기름에 지져 내어 깻잎떡 위에 올려 장식하면 아름답다.

참 고

- 들깻잎은 크기가 큰 것보다 중간 크기의 여린 것이 좋다.

솔방울떡

솔방울떡은 멥쌀가루에 여러가지 색을 곱게 물들여 소를 넣고 솔방울 모양으로 문양을 넣어 쪄낸 떡이다.

1984 년 《한국민속종합조사보고서》〈향토음식편〉에 서울 지방의 떡으로 솔방울떡을 소개하고 있는데, "멥쌀을 가루로 곱게 내어 셋으로 나누어 치자로는 노란빛을, 오미자로는 분홍빛을, 쑥으로는 푸른빛을 들여서 말랑말랑하게 반죽하고, 대추는 씨빼고 곱게 다지고 깨도 가루를 내고 하여 꿀로 개어 소를 준비한 후, 반죽을 포도알 만큼씩 떼어 소를 대추·잣·깨 골고루 넣어 경단같이 빚어서, 솔방울모양이 되게 끝을 찝어 낸다."라고 기록되어 있다.

솔방울떡을 만들 때 노란 물을 들이는데 쓰이는 치자(梔子)는, 10 월경 노랗게 잘 익은 치자나무의 열매를 채취하여 햇볕에 말리거나 불로 말려서 사용하는데, 짙은 누른빛에 약간 붉은 색을 띤다. 그 성질이 차서, 한방에서 이뇨제로 사용하기도 한다.

붉은물을 들이는데 이용되는 오미자는 9, 10 월경 짙은 다홍빛의 열매를 채취하여 햇볕에 말렸다가 물에 우려서 쓰는데, 그 성질이 따뜻하고 맛은 '달고', '시고', '떫고', '맵고', '짜다' 하여 오미자(五味子)라고 한다. 오미중 신맛이 가장 강하여 식욕을 돋구는데 그만인 오미자는, 과육이 주로 사과산, 주석산 등의 유기산을 다량 함유하고 있다.

쑥은 그 어떤 식품보다 우리의 식생활과 친숙한 것으로, 18 세기의 실학자 성호 이익 선생은 쑥을 일컬어 "우리 조선사의 명맥을 유지시킨 일등공신이다."고 까지 말한 바 있다. 그리고 오행설에서 동방색(東方色)은 청색이요, 동방국인 우리나라를 청색의 쑥이 지탱한데 대한 오행합리주의(五行合理主義)를 내세우기도 하였다.

역사적으로 가뭄이나 전란, 내란이 끊임없었던 우리나라 실정에서, 쑥은 기근과 절량(節良)의 고비를 넘기는데 매우 중요한 몫을 차지하였을 것이다.

쑥은 구황식이기도 했으나, 복통·토사 등과 자궁출혈, 육혈 등의 지혈제로, 또 향긋한 냄새와 독특한 맛 때문에 절편, 쑥버무리, 경단 등의 떡류를 비롯하여 쑥국·쑥차·쑥전 등 폭넓게 이용해 왔다.

솔방울떡은 빚어서 만드는 떡류 가운데 대추·잣·깨와 같은 여러가지 소가 들어가므로, 떡살의 쫄깃한 맛과 함께 고소한 맛의 소가 어우러져 씹히는 맛이 아주 특별한 떡이다.

[재료 및 분량]

- 멥쌀 .... 5 컵 (가루 10 컵)
- 소금 .... 1 큰술

반죽 물들이기

- 치자 2 개 · 물 10 큰술
  ⇒ 치자물 8 큰술과 끓는물 2 큰술
- 오미자 30 g · 물 10 큰술
  ⇒ 오미자물 8 큰술과 끓는물 2 큰술
- 쑥가루 10 g (2 큰술) · 물 3 큰술
  ⇒ 쑥물 2 큰술과 끓는물 12 큰술

소

- 대추 .... 30 개
- 꿀 .... 4 큰술
- 계피가루 .... 2 작은술
- 깨소금 .... 1 컵
- 꿀 .... 4 큰술

만드는 방법

1. 멥쌀은 3~4 회 깨끗이 씻은 후 물에 8~12 시간 물에 담갔다가, 소쿠리에 건져서 분량의 소금을 넣고 가루로 빻아 체에 내린다.
2. 멥쌀 가루를 3 등분하여 분량의 치자 우린 물과 오미자 우린 물, 쑥가루물을 넣고 각각 끓는물로 익반죽한다.
3. 대추는 씨를 빼고 곱게 다져 꿀 · 계피가루를 섞고, 깨는 가루를 내어 꿀로 개서 은행알 만하게 뭉쳐 소를 만들어 놓는다.
4. 반죽을 밤알만큼씩 떼어 송편 만들 때처럼 오목하게 빚어 속에 준비한 대추, 깨로 속을 꽉 채워 넣고, 솔방울 크기로 빚어 둥근 조각칼로 각을 떠 솔방울모양으로 문양을 낸 후, 김 오른 찜통에서 15~20 분간 쪄 낸다.
5. 뜨거울 때 찬물에 담가 재빨리 씻어 건져 참기름을 발라 낸다.

참 고

- 여러가지 색을 더 내려면 쌀가루를 4 등분하여, 물들이지 않은 반죽으로 흰 색의 솔방울떡도 만들 수 있다.
- 솔방울 문양을 낼 때는 둥근 조각칼로 깊이 각을 떠야 쪄 낸 후에도 솔방울과 같다.

콩 떡

콩떡은 쌀가루에 물에 불린 콩을 갈아서 소금을 넣고 반죽한 뒤, 둥글게 빚어 시루나 찜통에 찐 떡이다.

콩을 주재료로 한 떡류로는 '콩설기'와 '콩찰떡'이 있는데, 함경도 지방의 향토음식인 콩떡과는 각기 다른 조리법으로 만들어진다.

《세계요리백과》에 '멥쌀가루에 검은콩이나 청대콩을 섞어서 시루에 켜 없이 안쳐 찐 떡'이라고 했다.

반면, 콩찰떡은 찹쌀가루에 검은콩을 불려서 두고 켜를 얇게 하여 시루에 찐 떡이다.

따라서 다 같이 찐 떡이면서도 함경도 지방의 콩떡과는 전혀 다른 방법으로 만드는 떡임을 알 수 있다. 즉, 콩설기는 일반적인 방법의 설기떡에 콩을 섞어 만든 떡이고, 콩찰떡은 콩으로 켜를 넣어 만든 시루떡인데 반하여, 콩떡은 콩을 갈아서 쌀가루와 같이 섞어서 익반죽한 것을 시루에 찐 떡이라는 점에서, 우리 떡의 다양한 조리법을 엿볼 수 있다.

이와 같이 함경도 등지의 이북지방에서는 콩, 팥, 조, 수수 등 잡곡을 넣어 만든 떡이 많고, 그 조리법도 매우 다양하다는 것을 알 수 있다.

콩떡에 사용되는 콩은 예로부터 건강, 장수식품으로 알려져 왔는데, 이는 이익의 《성호사설(星湖僿說)》에 기인한 것이 아닌가 생각된다.

《성호사설》에 "콩은 오곡의 하나인데 사람들이 귀하게 여기지 않는다. 그러나 곡식이란 사람을 살리는 것으로 주장을 삼는다면, 콩의 힘이 가장 큰 것이다." 라고 콩의 중요성을 강조한 데서 그 까닭을 찾을 수 있다는 것이다.

실제로 콩을 '밭에서 나는 고기'라고 할만큼 콩에는 양질의 단백질과 함께 풍부한 지방과 아미노산이 비교적 많이 들어 있는 훌륭한 영양공급원이며, 콩 중의 지방은 불포화지방산으로 비만증, 고혈압 등 각종 성인병의 예방과 치료에 도움을 주고, 노화방지에도 효과가 큰 뛰어난 식품이다.

따라서 콩떡은 쌀이나 보리쌀 중심의 주식에서 오는 영양불균형을 해소해 주며, 곡류와 콩을 혼식하면 매우 이상적인 단백질을 섭취할 수 있다는 사실에서, 우리 조상들의 슬기를 엿볼 수 있다.

이러한 콩떡은 그 옛날 어렵게 살던 시절 배고플 때 많이 해 먹었던 떡으로 단맛은 없으나 담백하며, 오래 씹을수록 깊은 맛이 나고, 콩가루보다 불린 콩을 이용하여 만든 떡이 훨씬 더 고소한 맛을 준다.

[재료 및 분량]

멥쌀	10 컵(가루 20 컵)
소금	2 큰술
콩	3 컵
물	½ 컵
소금	1 큰술

장식

치자 · 오미자 · 쑥가루로 물을 들인 떡반죽 .... 적당량

만드는 방법

1. 멥쌀은 3~4회 깨끗이 씻은 후 8~12시간 물에 담갔다가, 소쿠리에 건져서 분량의 소금을 넣고 가루로 빻아 체에 내린다.
2. 콩은 씻어 물에 충분히 불린 후 믹서기에 갈아 놓는다.
3. 멥쌀가루에 갈아 놓은 콩을 섞고 소금을 넣어 끈기나게 반죽한 뒤, 많이 치댄다.
4. 반죽한 것을 6cm 직경으로 동글납작하게 빚는다.
5. 김 오른 찜통에 면보자기를 깔고 약 20~25분 정도 쪄 낸다.
6. 멥쌀가루를 쪄내어 삼색으로 물들이고 꽃 모양으로 빚어 붙여 장식한다.

참 고

- 콩떡은 콩가루를 이용하기도 하지만, 불린 콩을 이용하여 만든 떡이 훨씬 더 고소하다.

백령도김치떡

백령도 김치떡은 서해안의 백령도 주민들이 간식용으로 즐겨 만들어 먹는 떡이다. 찹쌀가루와 메밀가루를 섞어 찐 다음 밀가루를 섞어 반죽한 후 소를 넣고 만두처럼 빚어 쪄, 참기름을 발라 만든 특유의 떡이다.

백령도 김치떡은 우리가 흔히 먹는 만두와 비슷하게 만들지만, 소로 사용되는 신선한 굴과 새콤한 맛의 김치가 어우러져 만두와는 또 다른 특별한 맛이 나며, 주재료의 찹쌀가루 외에 거무스름한 메밀가루를 넣어 소박하면서도 구수한 느낌과 맛을 자랑, 이 지방 사람들의 생활환경을 그대로 반영하고 있는 떡이라고 할 수 있다.

사면이 바다로 둘러싸여 있는 지리적 환경 때문에 모든 먹거리를 자급자족해야 하고, 또한 풍족치 못하였기 때문에, 바다에서 쉽게 얻을 수 있는 굴과 일상식으로 먹는 김치의 재활용법이 맛과 영양이 겸비된 김치떡을 만들게 된 것으로 보인다.

김치떡에 사용되는 재료들을 보더라도 백령도에서 많이 산출되어지는 작물이자 특산물인 굴과 메밀, 들깨인 점을 감안하면 백령도 김치떡은 매우 당연하면서 자연발생적인 것이라 할 수 있다.

백령도 김치떡의 주재료 중 하나인 메밀은 제분 직후의 것이 향기가 짙어 좋고, 메밀다운 풍미도 검은 쪽이 더 좋다.

이러한 메밀은 맛도 좋을 뿐 아니라 소화흡수가 잘 되어 예로부터 주식 대용으로 널리 이용해 왔다.

메밀은 아미노산이 많아 영양가가 비교적 높은 편이며 특히 메밀 중의 비타민 P 인 루틴성분은 혈관의 저항력을 높여 주어 고혈압 예방과 치료에 효과가 인정되고 있다. 또한 들깨는 각종 불포화지방산을 다량 함유하고 있어, 고혈압과 피부미용에 효과가 뛰어난 것으로 알려지고 있다.

또한 굴은 '바다의 우유'라고 알려질 만큼, 영양이 풍부한 단백질 식품이다. 굴은 고대 로마시대부터 빈혈과 간장병 치료 후 체력 회복에 좋은 강장식품으로 사랑을 받아왔으며, 한방에서는 땀을 흘리지 않게 하고 신경쇠약과 뇌일혈, 불면증에 그 약리효과를 인정하고 있다.

백령도 김치떡은 이러한 메밀과 굴, 그리고 김치를 이용하여 만들었기 때문에 다른 떡에서는 맛볼 수 없는 고유의 풍미와 함께, 소박한 섬사람들의 정취를 엿볼 수 있게 해준다.

[재료 및 분량]

찹쌀 .... 1 컵(가루 2 컵)
메밀 .... 1 컵(가루 2 컵)
밀가루 3컵
소금 .... ⅔ 큰술

소

생굴 .... 300 g
배추김치 .... 900 g
들기름 .... 2 큰술
참기름 .... 3 큰술

만드는 방법

1. 찹쌀가루와 메밀가루를 고루 섞어 물을 충분히 뿌려가며 버물버물 반죽하고, 젖은 면보자기를 깐 찜통에 약 10~15분 정도 쪄 낸 다음, 밀가루와 소금을 넣고 물을 조금씩 넣어 말랑말랑하게 반죽한다.
2. 굴은 엷은 소금물에 조심스럽게 씻어 물기를 빼 놓는다. 김치는 속을 털어 버리고 송송 다져서 물기를 꼭 짠 후, 굴과 들기름을 넣어 살살 섞는다.
3. 위에 준비된 반죽은 밀가루를 뿌려가며 두께 0.3cm, 직경 6cm 정도로 둥그랗게 만두피를 밀어 소를 넣고 만두 모양으로 빚는다.
4. 찜통에 젖은 면보자기를 깔고 김 오른 찜통에서 약 10~15분 정도 쪄 낸 후, 한 김 나가면 참기름을 발라 낸다.

삼 고

- 메밀가루는 쌀가루에 비해 수분이 적으므로, 찌는 도중에 물을 뿌려가며 쪄 내고, 뜨거울 때 밀가루를 넣고 오래 치대야 반죽이 매끄럽고 쫀득하다.
- 소에 들어가는 배추김치는 익은 김치가 맛이 있으며, 잘게 썰어 물기를 꼭 짜내야 떡이 터지지 않는다.

부 편

부편은 찹쌀가루를 익반죽한 뒤 노란 콩가루와 꿀, 계피가루를 소로 넣고 타원형으로 둥글게 빚어 그 위에 대추를 얹어 쪄낸 떡이다.

모양과 맛, 시각적 효과에서도 돋보이는 부편은, 떡을 쪄내어 꿀을 바르고 거피팥고물을 입혀 만든 떡으로, 밀양지방에서 즐겨 먹으며 각색편의 웃기로도 쓰여진다.

1984 년《한국민속종합조사보고서》〈향토음식편〉에 보면 "떡을 여러 켜로 높이 고일 때 주악, 화전, 부꾸미 등을 위에 올려 고이는데, 이것을 경상도에서 부편이라고 한다."고 기록되어 있다.

따라서 부편은 송편과는 재료나 만드는 법에서 더 고급스럽고 복잡한 과정을 거치는 떡임을 알 수 있으며, 그 크기에서도 길이가 4 cm 정도로 작고 대추를 박아 쪄낸 떡에 꿀을 바르고, 그 위에 다시 팥고물을 입힌 만큼, 각각의 사용되는 재료마다의 고유한 맛이 어우러져 복합적인 맛을 느끼게 해준다.

부편의 속재료로 들어가는 콩은 밭에서 나는 고기라고 말할 정도로 단백질과 지방이 풍부한 식품이다. 콩에 들어있는 단백질의 양은 농작물 중에서 최고이며, 구성 아미노산의 종류도 육류에 비해 뒤지지 않는다.

실제로 조선 후기의 실학자인 이익(李瀷, 1681~1763)은 1763 년 그의 저서《성호사설(星湖僿說)》에서 콩의 유익성에 대해, "콩은 오곡의 하나인데 사람들이 귀하게 여기지 않는다. 그러나 곡식이란 것이 사람을 살리는 것이라면, 콩의 힘이 가장 큰 것이다. 후세 백성들은 잘 사는 이는 적고 가난한 자가 많으므로, 좋은 곡식으로 만든 맛있는 음식은 다 귀한 신분의 사람에게 돌아가 버리고, 가난한 백성이 얻어먹고 목숨을 잇는 것은 오로지 이 콩 뿐이었다."고 설명하고 있다.

또한, 부재료인 대추는 '심장을 안심시키며 오장육부를 보하고, 구규(九竅:아홉 구멍, 입·눈·코·귀·항문·자궁)를 통하여 원활히 해주고, 대추나무잎을 달여 먹으면 눈이 밝아지고 백내장을 더디게 한다.'고 하는 대추의 약리적 효능이 알려져 있다.

부편에 바르는 꿀은, 인류가 가장 오래 전부터 이용해 온 감미료로서, 특히 위장이 약한 사람과 피로회복, 조혈제, 변비치료에 뛰어난 효능을 발휘하는 등 강장식품으로 알려져, 부편의 맛과 영양의 조화를 충분히 알 수 있게 한다.

[재료 및 분량]

- 찹쌀 ········ 7 컵(가루 14 컵)
- 소금 ········ 1½큰술

고물

- 거피팥 ········ 4컵
- 소금 ········ 1 큰술

소

- 거피팥고물 ········ 5컵
- 꿀 ········ 2 큰술
- 설탕 ········ ⅓컵
- 계피가루 ········ 1 작은술

고명

- 대추 ········ 4개

만드는 방법

1. 찹쌀은 3~4회 깨끗이 씻은 후 8~12시간 정도 물에 담갔다가, 소쿠리에 건져서 물기를 뺀 후 분량의 소금을 넣고 가루로 빻아 체에 내린다.
2. 거피팥은 하룻밤 충분히 불려 깨끗이 씻어 김 오른 찜통에 40분 정도 쪄낸 후, 한 김 나가면 소금을 넣어 절구에 찧고, 체에 내려 고물을 만든다.
3. 거피팥고물에 꿀, 설탕, 계피가루를 섞어 대추알 크기만하게 뭉쳐 소를 준비한다. 대추는 돌려깎기하여 폭이 0.5cm, 길이 1.5~2cm 정도로 썰어 놓는다.
4. 찹쌀가루는 끓는물로 익반죽한 후 소를 넣어 폭 3cm, 길이 5cm 정도의 타원형으로 빚어서 그 위에 채 썰어 놓은 대추를 2개씩 박아 찜통에 김 오른 후 5~6분 쪄낸 다음, 꿀을 바르고 준비한 거피팥고물을 묻힌다.

참 고

- 부편을 쌀 때는 서로 달라 붙지 않도록 떡과 떡 사이에 간격을 둔다.
- 부편은 찹쌀가루에 쑥을 넣어 만들기도 한다.
- 떡 속에 들어가는 소는 노란 콩가루를 넣기도 한다.

상화병

상외떡은 밀가루를 반죽하여 발효시킨 뒤 팥소를 넣고 둥글게 빚어 쪄 낸 떡이다.

이 떡은 고려시대 때 원나라로부터 전래된 상화병(霜花餠)에서 유래한 것으로 추측하고 있는데, 제주도와 남부 지방에서 즐겨 먹었다.

제주도에서는 삭망(朔望 : 음력 초하룻날과 보름날)이나 종가나, 큰집에서 모시는 기제사 때 친척들이 이 떡을 대바구니에 담아 가지고 가서 선사하는 풍속이 있다.

상외떡은 상화병 외에 상애떡이라고도 하며, 서리 상(霜)자에 꽃화(花)자를 쓴 것은 뽀얗게 부풀어진 상태를 이름으로 지은 것이 아닌가 생각된다.

1815 년 《규합총서》에는 "밀가루를 체에 쳐서 밀기울 죽에 누룩을 버무려 삭임으로 반죽하여 더운 곳에 두껍게 덮어서 반일(半日)을 두면 벌집같이 부풀며 꿀팥소를 만들어 그 속에 넣고 더운 방에 잠시 둔 후, 다시 부풀면 만들어 놓은 상화를 냉수에 담가 뜨는 것을 차례로 안쳐서 찐다."고 하였다. 또 1984 년 《한국민속종합보고서》〈향토음식편〉을 보면, '밀가루 반죽을 술로 발효시켜 만든 떡'으로 소개하고, 지금의 찐빵과 비슷하다고 기록되어 있다.

밀가루에 술을 넣고 부풀린 다음 팥소를 넣어 폭신하게 찐 밀가루떡도 옛날에는 귀한 음식이었다.

고려시대에는 상화병을 만들어 팔고 있었던 것으로 여겨지는데, 이것은 고려시대 가요인 《고려가요(高麗歌謠)》 '상화점'에서 젊은 아가씨가 회교인을 사이에 두고 광대와 농을 주고받는 대목이 보이기 때문이다. 또한 조선시대에는 궁중의 빈객을 담당하던 사도사(司導寺)에서 사신을 영접하는 자리에 상화를 만들어 내었다고 한다.

이러한 떡이 제주도의 향토음식이자 의례음식으로 자리잡게 된 것으로 미루어 볼 때, 쌀이나 잡곡으로 만든 떡만을 알던 터에 밀가루로 만든 상화가 원나라로부터 유입되자, 이 새로운 음식이 급속하게 일반 서민들에게도 확산되었음을 짐작할 수 있다.

상외떡은 옛날에는 주로 누룩을 이용하였으나, 요즘은 막걸리로 사용하고 있으며, 이스트를 첨가하여 발효시키기도 한다.

상외떡은 증편과 함께 발효시켜 만든 떡으로 막걸리 냄새와 특유의 새콤한 향기가 입맛을 돋구거니와, 소로 쓰이는 꿀팥소의 풍미가 어우러져 친숙함을 느끼게 해준다.

[재료 및 분량]

밀가루	7컵
막걸리	3컵
소금	⅔ 큰술

소

붉은팥	2컵
소금	½ 큰술
설탕	1컵

❶

❷

❸

❹

만드는 방법

1. 소금을 넣고 2~3회 체에 내려 막걸리로 반죽한 후, 35~40℃의 따뜻한 곳에 두어 부풀어 오르게 한 다음, 치대어 기포를 빼주고 다시 한 번 더 부풀어 오르게 한다.
2. 솥에 물을 붓고 팥을 깨끗이 씻어 넣은 다음 한 번 우루루 끓으면 물을 따라내고, 새 물을 부어 푹 삶아서 뜸을 들인 후 소금과 설탕을 넣고 절구에 대강 찧어 팥소를 만든다.
3. 부풀어 오른 반죽을 다시 한 번 치대고 적당한 크기로 떼어 팥소를 넣고, 직경 6cm 크기로 동그랗게 빚는다.
4. 김 오른 찜통에 약한 불에서 10분 정도 찌다가 센 불에서 5~10분 정도 더 쪄 낸다.

참 고

- 상외떡을 잘 부풀게 하려면 막걸리에 이스트를 조금 넣어 주면 좋다.
- 발효를 여러 번 시킬수록 떡의 질감이 부드럽고 폭신하다.

약 식

정월대보름의 절식인 약식(藥食=藥飯)은 약밥이라고도 하는데, 잔칫상에 빠지지 않고 오르던 음식으로, 밥(주식)에 속하지 않고 떡류에 속한다.

《삼국유사(三國遺事)》에 나오는 고사를 보면, 신라 21 대 소지왕이 왕위에 오르고, 10 년 되는 해의 정월 대보름날(上元日)에 재앙을 미리 알려줘, 목숨을 살려 준 까마귀에 대한 보은으로 이 날을 까마귀 제삿날로 삼아 찰밥을 지어 까마귀에게 먹이도록 하니, 이 풍습이 지금까지 내려와 지금도 우리나라 어느 곳에서나 만들어 먹는 정월 대보름의 절식이다.

우리나라 말에 꿀을 '藥'이라 하기 때문에 꿀술을 약주(藥酒), 꿀밥을 약밥(藥食)이라 하였으며, 꿀을 넣은 과자를 약과(藥果)라 하였다. 따라서 약식의 '약(藥)'자는 병을 고쳐주는 동시에, 이로운 음식이라는 개념을 함께 지니고 있다.

이 색의 《목은집》에 찰밥(粘飯)이란 시(詩)를 보면 "찰밥에 기름과 꿀을 섞고 다시 잣, 밤, 대추를 넣어서 섞는다. 천문만호(天門萬戶) 여러 집에 서로 보내면 새벽별이 창량(蒼凉)하여 갈까마귀가 혹하게 일어난다."고 하였다.

이 시를 통하여 찰밥의 모습은 찰쌀만 쓰는 것이 아니고, 여러가지 과일과 꿀, 기름을 쓰고 있음을 알 수 있다. 그러다가 1611 년 《도문대작(屠門大爵)》에서는 대보름날의 음식으로서 약밥(藥飯,藥食)을 들 수 있으니, 이 무렵에는 옛 찰밥을 약밥이라고 부르게 되었음을 알 수 있다. 또 이 책에는 "우리의 약밥을 중국 사람들이 매우 즐기고, 이것을 나름대로 모방하여 만들어 '고려밥'이라 하면서 먹고 있다."고 하였다.

1815 년의 《규합총서(閨閤叢書)》에 "좋은 찹쌀 두 되를 백세(百洗)하여 하루 불려 시루에 쪄서 식힌 후에 황률(黃栗)을 많이 넣고 백청 한 탕기, 참기름 한 보시기, 진장(眞醬) 반 종지, 대추 한 탕기를 모두 버무려 시루에 도로 담고 찐다."고 하였다.

《열양세시기》에 의하면 "찹쌀을 쪄서 밥을 만들고 여기에 참기름, 꿀, 진간장과 섞고 대추씨를 발라내고 밤도 까서 잘게 썰어 놓는다. 이것을 다시 푹 찐 것을 약밥이라 한다."고 기록되어 있다.

이렇게 갖가지 재료가 들어가 있는 약밥은 정월 보름의 시식(時食)일 뿐만 아니라, 제물로도 쓰여 왔으며, 이웃과 나누는 정표로도 나누어 먹는다.

[재료 및 분량]

재료	분량
찹쌀	5컵
소금	1/2작은술
밤	10개
대추	10개
잣	2큰술
흰설탕	1/3컵
황설탕	1컵
계피가루	1 작은술
진간장	3큰술
대추씨거른물	2큰술
캐러멜소스	4큰술
설탕	4큰술
더운물	4큰술
식용유	1큰술
녹말	2/3큰술
꿀	1/3컵
참기름	2큰술

만드는 방법

1. 찹쌀을 깨끗이 씻어 일어서 3시간 이상 불린 후 건져 물기를 빼고, 찜통에 젖은 면보자기를 깔고 약 1시간 정도 찌는데, 된 김이 나기 시작하면 도중에 소금을 넣은 찬물을 훌훌 끼얹은 후 나무주걱으로 위아래를 한두 번 고루 뒤적여 골고루 익힌다.
2. 밤은 속껍질을 벗기고 작은 것은 2등분, 큰 것은 3등분 길이로 자른다. 대추는 꼭지를 따고 깨끗이 씻은 후 씨를 발라내어 2~3등분 길이로 자르고, 대추씨는 물을 조금 붓고 끓여 걸러 놓고, 잣은 고깔을 떼어 낸다.
3. 2를 얹고 김 오른 찜통에 약한 불에서 10분 정도 찌다가 센 불에서 5~10분 정도 더 쪄 낸다.
4. 찐 찹쌀이 뜨거울 때 큰 그릇에 쏟아 펼쳐 설탕과 계피가루, 진간장, 대추씨 거른 물, 캐러멜소스, 꿀, 참기름을 넣어 고루 섞는다.
5. 참기름과 밤, 대추, 잣을 넣어 버무린 다음 볼에 넣고 처음에는 센 불에서, 나중에는 중불에서 중탕으로 은근히 8시간 정도 쪄 낸다.

참 고

- 약식이 맛있으려면 찹쌀이 좋아야 하며 밥알을 푹 무르면서도 질지 않고 고슬고슬하게 쪄 내야 한다.
- 약식을 만들 때는 간장과 양념이 한쪽에 치우쳐서 얼룩지지 않게 고루 버무려야 한다.
- 약식은 칼로 썰어 담지 않고 합에 모양 내어 담아 내며, 손님 접대할 때는 1인분의 양만큼 둥글게 떠서 대추, 실백을 잊어 낸다.
- 약식은 중탕을 하지 않고 찜통에 쪄도 좋은데, 찜통에 찔 때에는 1시간 정도 충분히 찐다.

♠ 캐러멜소스 만드는 법

설탕 4큰술을 준비하여 냄비에 담고, 식용유 1큰술을 둘레에 두르고 불에 올려 젓지 말고 가장자리부터 타기 시작하면 불을 약하게 하고, 나무주걱으로 고루 저어 전체가 진한 갈색이 되면, 바로 더운물 4큰술에 녹말 2/3큰술을 물에 풀어 넣어 섞어서 만든다.

❶

❹

❹'

❺

증 편

증편은 복중(伏中)의 떡으로 쌀가루를 술로 반죽하여 부풀게 한 다음 둥근 증편틀에 담고 대추, 밤, 실백, 석이버섯 등으로 고명을 얹어 찐 떡이다. 기주떡, 기증병(起蒸餠), 기지떡, 술떡, 벙거지떡 등 지방마다 이름이 다르며, 술을 사용하므로 빨리 쉬지 않아서 여름에 만들어 먹기 좋은 떡이다.

1670 년 숙종 초기 《음식지미방》에서 쌀가루, 누룩, 술을 재료로 하여 "좋은 잇다니 올벼쌀이나 낭경자쌀이 축축한 쌀로 가루를 내어 고운 체로 치고 다시 집에 친다. 증편 기주는 증편을 1 말 하려면 좋은 쌀 1 되를 씻어서 밥을 무르게 지어 식힌 후, 깨끗한 누룩을 깎아 물에 담갔다가 물으면 물을 따라 버리고, 주물러 걸러서 흰 물이 한 사발쯤 되거든 밥에 섞고, 좋은 술 한 술만 더 넣는다. 술이 괴면 쌀 3 홉을 무르게 밥을 지어 차게 식혀서 그 술에 섞어 재차 괴기를 기다린다. 이튿날 거품이 나거든 주대에 물을 눅게 해서 받쳐 둔다. 가루를 풀 때 건 콩국같이 풀어 반 동이쯤 잡아 두었다가, 동이에 7 부쯤 일거든 시루에 앉혀서 찌되 상화 찌듯하라." 고 설명하고 있다. 약간의 술냄새와 좋은 방향(芳香)과 새콤한 맛, 부드러운 감촉이 증편의 매력이다.

1815 년 《규합총서》, 《간편 조선요리제법》에서 비교적 상세히 기록하고 있음을 볼 수 있는데, 《음식지미방》에서만 '증편법'이라 일컫고 있을 뿐, 《규합총서》나 《간편조선요리제법》등에는 '증편'으로 각각 소개하고 있다. 또 《음식지미방》에서는 "좋은 쌀에 술을 넣어 부풀어 오르면 시루에 앉쳐 상화 찌듯 한다."고 했으며, 1600 년대 말엽 《주방문(酒方文)》에서는 "켜켜로 고명을 벌려 놓는다."고 했다.

1680 년 《요록》·《18 세기 궁중연회음식고》에서는 증편의 고명으로 밤, 대추, 잣이 쓰였고, 《규합총서》, 《부인필지》, 《시의전서》에서는 견과류와 함께 승검초가루, 석이, 계피, 건강말, 후추가 쓰였다.

한편 《규합총서》·《시의전서》에는 팥, 깨 등으로 소를 넣었고, 《시의전서》의 증편별법에서는 술 대신 감주를 사용했으며, 《동국세시기》의 증편은 찹쌀을 쓰고 있어, 다른 문헌과 차이가 있었다.

《동국세시기》에 "최이(催怡)가 시작했다고 하는, 음력 4 월 8 일 연등회에 아이들은 석남잎을 넣어서 남는 증편과 볶은 검은 콩, 삶은 미나리나물을 차려 놓았다."라고 하였으며, "석가탄신일에 간소한 음식으로 손님을 맞이하여 즐긴다는 뜻이다."고 하였다.

만드는 방법

1. 멥쌀은 깨끗이 씻어 일어서 8~12시간 정도 담갔다가 건진 다음, 소금을 넣고 빻아 체에 3~4회 내려서 고운가루를 만든다.
2. 대추는 젖은 수건으로 먼지를 닦고 돌려깎기하여 돌돌 말아 가늘게 채 썰고, 석이버섯은 물에 불려 비벼 씻어서 물기를 닦고 돌돌 말아 가늘게 채 썬다. 잣도 고깔을 떼어 준비한다.
3. 멥쌀가루에 막걸리, 소금, 설탕, 물을 넣어 나무주걱으로 골고루 저은 다음, 큰 그릇에 담아 랩으로 덮고 위에 두툼한 보를 덮어 35~40℃의 온도가 유지되도록 하여 약 5~6시간 정도 1차 발효를 시킨다.
4. 5~6시간이 지나 반죽이 3배 정도 부풀어오르면 골고루 저어 공기를 뺀 후, 다시 덮어 2시간 정도 2차 발효를 시킨다.
5. 반죽이 다시 3배 정도 부풀면 충분히 저어 공기를 뺀 후 찜통에 젖은 면보자기를 깔고 발효된 반죽을 2~3cm 두께로 부은 다음, 대추·석이채를 얹고, 잣으로 장식하여 3차 발효를 시킨다. 약한 불에서 15분을 찌다가 강한 불에서 20분 정도 더 찐 후, 10분쯤 뜸을 들인다.

[재료 및 분량]

재료	분량
멥쌀	10컵(가루 20컵)
소금	2큰술
막걸리	3컵
소금	⅔큰술
설탕	2컵
물(35℃의 미지근한물)	3컵

고명

재료	분량
대추	10개
석이버섯	8장
잣	1큰술

참 고

- 막걸리를 넣고 만들어서 술맛이 향긋하며, 다른 떡에 비해 쉽게 쉬지 않으므로 여름철에 많이 만들어 먹는다.
- 막걸리 대신 엿기름물, 이스트, 콩물 등 여러 가지를 이용할 수 있고, 웃고명으로는 맨드라미꽃·민들레꽃·적색 들깨잎·밤·잣·물들인 국수 등 여러 가지가 사용된다.
- 콩물을 사용할 경우, 콩 1 김을 씻어 물에 껍질을 벗긴 뒤, 물 3컵을 넣어 곱게 갈아서 체에 걸러, 위에 뜬 노란 기름을 걷어 내고 하얀 국물만 사용한다.
- 증편에 쓰이는 떡가루는 고울수록 좋으며, 반죽의 정도는 된죽 정도가 좋다.
- 부풀어오르는 정도가 지나치면 맛이 시어진다.

강릉방울증편

방울증편은 멥쌀가루에 막걸리를 부어 발효시킨 다음, 틀에 붓고 찌되 보통 증편과 달리, 두텁떡처럼 거피팥고물을 반죽하여 둥글게 빚어 위에 얹은 뒤, 덮어 찜통에 찐 떡이다.

송편이 가을 떡이라면 증편은 여름떡이라고 할 수 있다. 멥쌀가루에 막걸리를 넣어 부풀려 찐 떡으로, 혀 끝에 감겨오는 새큼한 술맛은 코끝을 간지럽히며, 달짝지근한 맛이 증편의 특징이다.

여름에는 시루떡이나 인절미가 상하기 쉽고 맛도 텁텁하므로, 복중(伏中)에 술을 이용한 증편을 만들어 먹었던 것은, 지혜로운 일이 아닐 수 없다.

증편은 증병, 기증병 등으로 기록되어 있으며, 1670 년의 《음식지미방(飮食知味方)》에서는 "좋은 쌀에 술을 넣어 부풀어 오르면 시루에 안쳐 상화찌듯 한다."고 기록된 것을 비롯, 《주방문(酒方文)》, 《18 세기궁중연회음식고》, 《규합총서(閨閤叢書)》, 《부인필지(夫人必知)》, 《시의전서(是議全書)》 등 여러 문헌에 만드는 법과 재료를 다양하게 소개하고 있다.

강릉지방의 방울증편은 1943 년 《조선무쌍신식요리제법》에 처음으로 기록되어 있는데, "증편을 안칠 제 별로이 소를 팟가루에 꿀과 계피가루와 호초가루를 섞고 볶가서 상수리처럼 둥글러 증편 위에다가 버려 노코 다시 숫가락으로 그릇에 집어 소 위에다가 떠부면 소가 잡안에 들 것이니 그런 후에 대초와 생률과 건시와 석이를 썰어 봉오리 위나 바닥에다 문의지게 버려노코 실백도박과 고이 드러느코 써내였쓰나니라."라고 상세히 적고 있다.

강릉지방의 향토식인 방울증편은 특수한 방법으로 빚어지고 있으며, 일반 증편과는 달리 재료에서 건시·밤·팥·후춧가루를 더 첨가하고, 또 두텁떡 모양으로 계피팥고물을 사이에 끼워 찌는 것이 특징이다. 이때 증편 위에 기자잎이나 맨드라미꽃·오이꽃·호박꽃·대추채·잣·밤채·흑임자·석이채 등의 고명으로 표면을 장식하여 색깔과 모양을 아름답게 만들기도 한다. 특히 맨드라미 꽃 중 안래홍(雁來紅)이라는 잎사귀 맨드라미를 쓰는데, 일년초로 홍색·황색의 무늬와 빛깔이 아름다워 즐겨 써 왔다.

강릉방울증편은 시루떡류·절편류와는 매우 다르며, 서구식의 빵과 대등한 원리에서 출발한 고유의 발효떡으로서 질감이 부드럽고, 다양한 고명으로 영양도 풍부하며, 다른 떡보다 저장성이 높은만큼, 앞으로 활용 가치가 높은 떡이다.

[재료 및 분량]

멥쌀	10컵(가루 20컵)
소금	2큰술
설탕	2컵
막걸리	3컵
소금	⅔큰술
물(35℃의 미지근한 물)	3컵

소

거피팥	1컵(거피팥고물 300 g)
소금	½작은술
꿀	5큰술
계피가루	2작은술
후춧가루	1작은술
대추	10개

참 고

- 증편을 잘 부풀리려면 막걸리에 이스트를 조금 넣어 사용하기도 한다.
- 증편을 반죽할 때, 쪄낸 단호박이나 말차가루를 각각 넣어 섞어, 직경 5 cm, 높이 4 cm의 동그란 작은 증편틀에 붓고 찌면, 색이 아름다울 뿐 아니라 색깔마다 맛이 다르고 먹기가 간편하고 좋다.

만드는 방법

1. 멥쌀은 3~4회 깨끗이 씻은 후 물에 8~12시간 물에 담갔다가 소쿠리에 건져서 분량의 소금을 넣고 가루로 빻아 체에 내린다.
2. 멥쌀가루에 설탕, 막걸리, 소금, 물을 넣어 나무주걱으로 골고루 저은 다음, 큰 그릇에 담아 랩으로 덮고 위에 두툼한 보를 덮어 35~40℃의 온도가 유지되도록 하여 약 5~6시간 정도 1차 발효를 시킨다.
3. 거피팥은 깨끗이 씻어 충분히 불려 김 오른 찜통에 쪄낸 후 뜨거울 때 소금을 넣고 절구에 찧어 꿀과 계피가루, 후춧가루를 넣어 은행알만큼 뭉쳐 소를 준비해 놓는다.
4. 5~6시간이 지나 반죽이 3배 정도 부풀어오르면 골고루 저어 공기를 뺀 후, 다시 덮어 2시간 정도 2차 발효를 시킨다. 이 때 부푸는 시간이 지나치게 길면 맛이 시어진다.
5. 반죽이 다시 3배 정도 부풀면 충분히 저어 공기를 뺀 다음 젖은 보를 깔고 원형 증편틀에 두께 1cm 정도를 부은 후 3차 발효시킨다.
6. 반죽 위에 준비한 거피팥소를 2~3cm 간격으로 놓고, 그 위에 반죽을 1큰술 정도씩 올려 소를 덮는다. 볼록하게 올라온 윗부분에 대추를 꽃처럼 오려 놓는다.
7. 김 오른 찜통에 반죽을 넣은 틀을 올리고, 약한 불에서 15분을 찌다가 강한 불에서 20분 정도 더 찐 후 10분 정도 뜸을 들인다.
8. 쪄낸 증편에 식용유를 바르고 30분 정도 식혀서 보를 떼어낸 후 고명이 위로 향하도록 모양있게 담아 낸다.

❷

❹

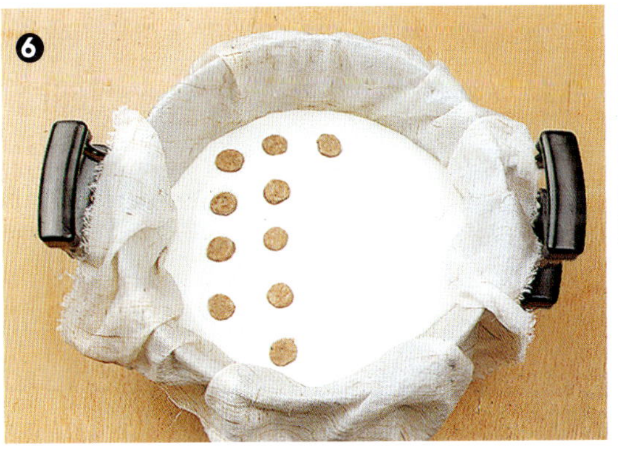
❻

❻'

인절미

인절미는 충분히 불린 찹쌀을 밥처럼 쪄서 안반이나 절구에 담고 떡메로 쳐서 모양을 만든 뒤 고물을 묻힌 떡이다.

인절미는 이두(吏讀)로 印切餠, 引切餠, 引截米 등으로 불려지는데, 차진 떡이라 잡아 당겨 끊는 떡이라는 의미에서 생긴 이름이다. 절구에 찧는 것 보다는 떡메로 쳐서 만든 것이 더 쫄깃쫄깃하고 맛이 좋다.

1670 년 《음식지미방(飮食知味方)》의 인절미 굽는 법을 보면, "엿을 떡 속에 꽂아 구워 아침으로 먹는다."고 한 것으로 보아, 주식 대용으로 먹지 않았나 생각된다.

1766 년 《증보 산림경제》에 인절병 제법이 처음으로 자세히 나오는데, "찹쌀을 뜨거운 물에 담가 4~5일 후 시루에 찐 다음, 목판에서 쳐 한 자 정도로 썰어 콩가루 입혀 굳으면 칼로 썰어서 꿀을 발라 먹었다."고 했다.

1815 년 《규합총서》의 인절미 제법은 《증보 산림경제》와 흡사하나, "쌀 씻기를 옥같이 씻고, 대추를 가늘게 두드려 떡에 넣어 볶은 팥 묻혀 굳으면 좋다."고 했으니, 콩가루를 사용하는 대신 볶은 팥을 묻히고, 떡 칠 때도 대추를 넣는 것이 특이하며, 연안(延安)의 것이 나라 안에서 제일이라고 하였다.

《증보 산림경제》·《임원십육지》에서는 콩고물을 묻힌 인절미가 기록되어 있으며, 《성호사설(星湖僿說)》에서는 "떡을 먼저 익힌 다음에 이것을 잘치고, 여기에 볶아서 가루로 만든 것을 묻힌다."고 하여 지금의 인절미라 생각된다. 《주례(周禮)》란 책에는 인절미를, "떡 중에서 제일 오래인 것"이라 하였다.

1958 년 《우리나라 음식만드는 법》에서는 인절미, 팥인절미, 콩가루인절미, 깨인절미, 쑥인절미, 대추인절미 등으로 다양하게 나타내고 있다.

인절미의 이름에 관한 속설로는 조선조 인조(仁祖) 때 이 괄이 난을 일으켜 한양이 반란군에게 점령당하자, 인조 임금은 공주의 공산성으로 피란(避亂)을 갔다. 그곳에서 피란 중인 어느 날, 임씨라는 농부가 찰떡을 해 가지고 임금님께 바쳤는데 그 떡 맛이 좋고 처음 먹어보는 떡이라 신하들에게 그 이름을 물었으나, 아는 사람이 없었다 한다.

이에 친히 떡이름을 지어 내렸는데, 임서방이 절미한 떡이라 하여 '임절미'라 한 것이 오늘날 인절미로 바뀌었다고 한다.

치는떡

[재료 및 분량]

- 찹쌀 ················ 10 컵(가루 20 컵)
- 소금 ································ 2 큰술
- 물 ··································· ½ 컵

고물

- 노란콩가루 ·························· 1 컵
- 소금 ···························· ⅛ 작은술
- 설탕 ································ 1 큰술
- 파란콩가루 ·························· 1 컵
- 소금 ···························· ⅛ 작은술
- 설탕 ································ 1 큰술
- 흑임자가루 ·························· 1 컵
- 소금 ···························· ⅛ 작은술
- 설탕 ································ 1 큰술

만드는 방법

1. 찹쌀을 깨끗이 씻어 일어서 물에 12시간 이상 담갔다가 건진 다음, 찜통에 안쳐서 거의 익을 무렵 물에 소금을 풀어 찰밥에 뿌려 다시 푹 찐다.
2. 노란 콩가루와 파란 콩가루, 흑임자가루를 준비하여 소금과 설탕을 넣어 간을 맞춘다.
3. 절구에 찐밥을 넣고 으깨어지도록 치는데, 절굿공이에 소금물을 잘 적셔가며 골고루 친다.
4. 안반에 고물가루를 깔고 쏟아 적당한 두께로 밀어 가로 3cm, 세로 5cm의 크기로 썬다.
5. 썰어 놓은 떡이 뜨거울 때 각색 고물을 묻혀 낸다.

참 고

- 절구에 찐 떡쌀을 넣고 칠 때 소금물을 발라주면서 꽈리가 일도록 친다. 안반에 칠 때는 떡메로 내려치고 앞으로 밀면 잘 쳐진다. 특히 인절미는 소금간이 맞아야 고소하고 맛이 있다.
- 떡을 넓직하게 펴 손으로 소금물을 고르게 묻혀 잠시 두었다가 썰어 고물을 묻힌다.
- 인절미를 만들 때 쑥이나 대추, 수리취를 넣으면 색과 맛의 변화를 즐길 수 있다. 고물이 쉬기 쉬운 여름철에는 깨고물이나 콩고물이 좋으며, 팥고물은 봄, 가을, 겨울에 많이 사용한다.
- 인절미에 고물을 묻히지 않고 썰어 두었다가 불에 구워 꿀을 발라 먹으면 겨울철 별미이다.

연안인절미

연안인절미는 별칭 '혼인인절미'라고 하는데, 이는 그만큼 혼인때 많이 만들어 먹는다는 데서 유래한 이름의 떡이다.

특히 연안(延安) 백천지방에서 생산되는 기름지고 찰진 찹쌀로 만든 인절미로 독특한 풍미가 있다.

떡 중의 별미는 단연 인절미라, 찰지면서 쫀득한 맛을 으뜸으로 여긴다.

연안인절미는 충분히 불린 찹쌀을 밥처럼 쪄서 안반이나 절구에 담고, 떡메로 쳐서 큼직하게 모양을 만든 뒤 고물을 묻힌 떡이다.

1763 년의 문헌인《성호사설(星湖僿說)》에 "혹은 먼저 익힌 다음에 이것을 잘 치고, 여기에 콩을 볶아서 가루로 만든 것을 묻힌다. 지금 풍속의 인절미다. 후세에는 사치스러워져서 이것을 제향(祭享)에 쓰지 않는다."고 하면서, "그 중에 연안의 인절미가 제일 좋다. 이곳 소산의 찹쌀은 어느 곳 보다 좋아 멥쌀이 하나도 섞이지 않았으며, 더운 물에 담가 날마다 물을 갈으면서 4~5 일이 지나면 건져 무르녹게 쪄서 치는데 '안상추수백하다'."고 했다.

연안인절미는 떡을 치는 것은 일반 인절미와 같으나 사돈댁으로 보내는 떡은 '안반만 하다'고 할 정도로 큼직하게 잘라 큰 고리짝에 담아 푸짐하게 이바지했다고 한다. 또 혼인상에는 놋동이에 가득히 담아낸다고 한다. 이러한 인절미를 더러는 찰떡, 또는 콩떡이라고 한다.

한편, 함경도 지방에서는 고물과 떡을 따로 장만하여 먹을 때 묻혀 먹는다. 그리고 전라도 지방에서는 감인절미라고 하여, 감고지를 가루내어 떡과 같이 넣어 절구에 찧은 것인데, 감색이 일품이다.

우리 풍속에 혼례때 인절미를 상에 놓는 것이나, 사돈댁에 인절미를 이바지로 보내는 풍습은, 찰기가 강한 찹쌀을 사용함으로써 끈적거리고 잘 들러붙는 성질을 이용, 남녀관계에서의 동질화 의식을 반영한 민속관행이라 할 수 있다. 또 더러는 시집간 딸이 친정에 왔다가 돌아갈 때마다 '입마개떡'이라 하여 크게 만든 인절미를 들려보내기도 한다.

이는 시집에서 입을 봉하고 살라는 교훈용 입마개떡으로, 더러는 시집 식구에게 비록 내 딸이 잘못한 것이 있더라도 이 떡을 먹고 너그럽게 봐달라는 뇌물성 떡이며, 신랑과의 사이나 시집 식구와의 사이를 결착시키는 상징적 접착제 구실로 여기기도 하였다.

치는떡

[재료 및 분량]

찹쌀 .... 10 컵(가루 20 컵)
소금 .... 2 큰술
물 .... ½ 컵

고물

노란콩가루 .... 3 컵
소금 .... ½ 작은술
설탕 .... 3 큰술

파란콩가루 .... 3 컵
소금 .... ½ 작은술
설탕 .... 3 큰술

만드는 방법

1. 찹쌀은 3~4회 깨끗이 씻은 후 물에 8~12시간 정도 담갔다가, 소쿠리에 건진 다음 찜통에 안쳐서 찌는데, 거의 익을 무렵 물에 소규을 풀어서 밥에 뿌려 다시 푹 찐다.
2. 노란 콩가루와 푸른 콩가루에 분량의 소금과 설탕을 각각 넣어 간을 맞춘다.
3. 절구에 찐 찰밥을 넣고 으깨어지도록 치는데, 절굿공이에 소금물을 잘 적셔가며 골고루 친다.
4. 넓은 안반에 콩가루를 두껍게 깔아 놓고, 그 위에 소금물 묻힌 손으로 떡을 편편하게 늘여 놓는다. 늘여 놓은 떡 위에 콩가루를 뿌려, 알맞은 크기로 썰고 다시 콩가루를 뿌려 서로 들러붙지 않게 하여 그릇에 담아 낸다.

참 고

- 인절미는 떡메 치기를 오래도록 많이 쳐야 떡이 찰지고 떡의 몸이 고우며 졸깃한 맛이 더하다.
- 콩고물 만들 때는 콩을 볶아서 껍질을 벗겨낸 후, 가루를 내어 찜질 째 가루로 빻은 것보다 더 고소하다.

개피떡

개피떡은 콩고물이나 팥고물로 소를 넣고 반달 모양으로 만든 떡을 말한다. 개피떡은 그냥 흰 절편만으로 만들기도 하나, 쑥을 삶아 한데 섞어 절구에 짓찧어 비취색이 나게도 하고, 송기(소나무 껍질을 삶아 찧어 솜처럼 피운 것으로 분홍빛이 난다. 오늘날에 송기를 구하기가 어려우므로 식용 색소를 대신해서 쓴다)를 넣고 절구에 쳐서 분홍 빛깔을 내기도 한다.

1611년 《도문대작》에서 餅을 '개피떡'이라고 했으며, 1800년대 말엽 《시의전서》에는 "흰 떡을 쳐서 거피한 팥고물로 소를 넣어 만들고, 쑥개피떡은 쑥으로 소를 넣어 작은 접시로 떼서 만든다."고 하였다. 《이조궁중음식연회고》에는 '갑피병'이라 했다.

1940년 《조선요리》에는 '가피떡'이라고도 칭하면서, "설기를 쪄서 절구에 찧어서 만든 떡을 얇게 밀어 녹두소나 팥소를 둥글게 빚어 넣고, 속에 공기가 가득 차도록 하여 자락으로 덮고 반달 모양으로 만든다. 일명 '바람떡'이라고도 한다."고 했다.

연대 미상의 《음식방문》에 개피떡은 "흰 떡 치고 푸른 것은 쑥 넣어 절편 쳐서 만들되, 팥거피 고물하여 소 넣어, 탕기 뚜껑 같은 것으로 떠 내고, 둘 붓치려면 흰 것 하나 푸른 것 하나 똑같이 소 넣어 접시로 떠내어 하나 흰으로 대고, 하나는 등으로 대서 붙이고 셋붙이는 청백홍황을 쓰니, 홍은 흰 떡에 분홍 드리고, 황은 치자 진히 물을 들이고, 청은 쑥으로 하여 소 넣어 작은 접시에 떠서 혀와 등을 맞추어 붙이라."고 하여, 오늘날의 개피떡과 흡사하다.

개피떡은 보기에 통통한 것이 팥소와 함께 바람이 꽉 차 있어 예쁜 모양새를 낸다. 쑥이 나는 이른 봄에 잘 해 먹는 떡이다.

쑥은 떡에 있어서 은은한 비취색을 내는데 꼭 필요한 식품일 뿐만 아니라, 그 영양적 효과도 뛰어나 여러 가지 떡에 이용되고 있다. 쑥은 손쉬운 구황식이기도 했으나, 그 향긋한 향기 때문에 즐겨 찾는 시식(時食)이기도 했다. 삼월 삼짇날(음력 3월 3일)과 오월 단오날의 쑥은 별나게 맛있고 또 약기운이 높아서 이 날 시식으로 쑥국을 끓여 먹었으며, 쑥떡을 시식으로 빚어 먹었다.

쑥은 또 쑥밥, 쑥범벅, 쑥떡, 쑥국, 쑥술 등 약식으로 널리 이용되었으며, 쑥 인형(人形)을 만들어 문전에 걸어두면 액귀(厄鬼)나 병귀(病鬼)를 물리친다고도 하여 쑥이 액을 막는 데도 널리 애용되었다.

[재료 및 분량]

멥쌀	5 컵(가루 10 컵)	
소금	1 큰술	
물	1½ 컵	
쑥 데친것	300g(쑥가루 3큰술)	
오미자	½ 컵	
소금	¼ 작은술	

소

거피팥	2 컵
소금	½ 큰술
꿀(설탕)	⅓ 컵(½ 컵)
계피가루	1 작은술
참기름	적당량

만드는 방법

1. 멥쌀을 3~4회 깨끗이 씻어 일어서 물에 12시간 정도 담갔다가 건진 다음, 소금을 넣고 빻아 체에 내려서 고운 가루를 만든다(수분이 부족하면 물을 뿌려 손으로 고루 비빈 후 체에 한번 더 내린다).
2. 쌀가루에 물을 뿌려 버물버물 섞어서 시루나 찜통에 찐 다음, 절구에 넣고 꽈리가 일도록 쳐서 떡덩어리를 빚어 3등분해 놓는다.
3. 쑥개피떡은 쑥을 손질하여 끓는 소금물에 살짝 데쳐 헹군 후, 물기를 빼고 다져서 절구에 넣고, 쪄 낸 멥쌀가루와 함께 겉은 초록색이 나도록 찧는다. 분홍색 개피떡은 오미자 우린 물을 들이고, 흰색 개피떡은 그대로 사용한다.
4. 거피팥은 물에 불려 껍질을 벗기고 돌을 일어 찜통에 쪄낸 후 뜨거울 때 소금을 넣어 주걱으로 으깨어 체에 내린다. 소금, 꿀, 계피가루를 섞어 밤톨 크기로 뭉쳐 팥소를 만든다.
5. 떡덩어리를 떼어 안반에 놓고 충분히 치대어 밀대로 밀고, 팥소를 중앙에 하나씩 놓아 떡자락으로 덮고 작은 보시기나 종지로 눌러 반달 모양으로 찍은 후, 참기름을 고루 발라 담아 낸다. 이것은 두 개 맞붙이면 쌍개피떡, 세 개씩 맞붙이면 셋붙이가 된다.

참 고

- 개피떡을 만들 때 되도록 소를 많이 넣고 공기가 많이 들어가도록 만든다.
- 개피떡은 쑥을 삶아 넣는데, 겨울이나 쑥을 구하기 어려울 때는 삶은 쑥 대신에 쑥가루를 넣어도 좋다.
- 떡반죽이 너무 되면 끝이 잘 붙지 않고 쉽게 벌어지므로, 수분 농도를 잘 맞추어야 한다.

❶

❷

❸

❺

여주산병

여주산병(驪州散餠)은 흰떡을 할 때와 같이 쌀가루를 쪄서 안반에 친 후, 밀대로 얇게 밀어서 팥소를 넣고 덮어 큰 보시기와 작은 보시기로 개피떡처럼 각각 찍어 낸 다음, 큰 떡 안에 작은 떡을 붙여 넣고, 네 끝을 모두 붙인 특이한 떡이다.

경기도 여주 지방은 권력과 재력이 있는 여흥 민씨들이 집성촌을 이루고 살던 곳으로, 예로부터 비옥한 옥토와 좋은 기후, 맑은 물 덕분으로 넓은 곡창지대에서 품질 좋은 쌀이 생산되었다. 여주산병은 여주 지방의 특미를 이용, 화려하고 맛있는 여러가지 떡들을 만들어 즐겨 왔는데, 큰 잔치 때면 반드시 이 산병을 만들어 편의 웃기로 올렸다고 한다.

산병은 본래 조선시대 성균관에서 개피떡보다 작은 황·청·홍의 삼색떡을 만들어 셋씩 붙여 떡 위에 웃기로 많이 만들어 왔던 것으로, 1763 년의 문헌인 《성호사설(星湖僿說)》에서는 "송편 모양인데 솔잎에 찌지 않고, 무늬가 있고 얇게 만들어 익힌다." 고 했으며, 《18 세기 궁중연회음식고》에서는 "멥쌀, 감태(甘苔), 연지, 치자, 송고, 진유(眞油)로 만들어졌다." 하였고, 1849 년의 《동국세시기》에서는 "3 월 절식음식으로 멥쌀, 콩으로 만들며 지금의 개피떡과 같다."고 했다. 또 《이조궁중음식연회고》에서는 "멥쌀, 팥, 연지, 치자, 청애, 꿀로 만들었다."고 기록되어 있고, 1984 년 《한국민속종합조사보고서》에서는 "흰떡을 얇게 밀어 거피팥고물을 소로 넣고 껍질을 맞 덮어 큰 보시기와 작은 보시기로 각각 찍어 크게 접을 떡은 구부리고 그 안에다 작게 접은 떡을 구부려 넣고 네 끝을 한데 모아 붙이고, 떡 위에 식용물감으로 예쁘게 그림을 그려 돌잔치 때 편의 웃기로 쓴다."고 하였다.

한편, 1896 년의 《규곤요람(閨壼要覽)》에는 산병을 '곱장떡'이라 하여, 멥쌀·콩·참깨·꿀로 만들었음을 볼 수 있으며, 1800 년대 말엽 《시의전서(是議全書)》에서도 "흰 떡을 새끼 손가락만큼씩 떼어서 셋씩 붙여서 반만 꼬부린다."고 하여, 《성호사설》, 《18 세기 궁중연회음식고》, 《동국세시기》, 《한국민속종합조사보고서》의 산병과는 재료와 만드는 법에서 다소 차이를 나타내고 있다.

아무튼 여주산병은 맛에서 개피떡과 비교하여 별다른 차이가 없으나 모양이 아주 특별하고 아름다우며, 손이 많이 가서 정성이 깃들여진 까닭에 화려한 잔치떡으로 잘 어울린다고 하겠다.

치는떡

[재료 및 분량]

멥쌀 ……………… 10컵(가루 20컵)
소금 ……………… 2큰술
물 ……………… 3컵

소

거피팥 ……… 2컵(찐 거피팥 640 g)
소금 ……………… ½큰술
설탕 ……………… ½컵
계피가루 ……………… 1작은술

장식 물들이기

치자 10 g · 물 5큰술
오미자 15 g · 물 5큰술
쑥가루 5 g · 물 1큰술
참기름 ……………… 적당량

❶

❷

❸

❹

만드는 방법

1. 멥쌀은 3~4회 깨끗이 씻은 후 물에 8~12시간 물에 담갔다가, 소쿠리에 건져서 분량의 소금을 넣고 가루로 빻아 체에 내린다. 분량의 물을 뿌려가며 버물버물 반죽하여 젖은 면보자기를 깔고 김이 오른 찜통에 쪄 낸다.
2. 거피팥은 깨끗이 씻어 하룻밤 충분히 불려 김 오른 찜통에 쪄 낸 후, 뜨거울 때 소금을 넣고 절구에 찧어 설탕, 계피가루를 넣고 뭉쳐서 대추알만 하게 소를 빚어 놓는다.
3. 쪄낸 떡을 절구나 안반에 친 후, 밀대로 얇게 밀어서 준비한 팥소를 가운데 놓고 떡자락으로 덮은 다음, 큰 보시기와 작은 보시기로 반달 모양으로 찍어 낸다.
4. 큰 것으로 작은 것을 싸 안듯이 구부려 네 끝을 한데 모이 붙인다.
5. 자연색소 3가지를 예쁘게 물들인 후, 쪄 낸 떡을 떼이네이 꽃모양을 만들어 여주산병 위에 장식한다.

참 고

- 떡위에 자연색소를 물에 우려 그림을 그리거나 글씨를 써도 좋다.
- 여주산병은 편을 고이고 그 위에 얹는 웃기로도 사용된다.
- 떡을 반달모양으로 찍어낼 때 보시기, 종지, 모양틀을 사용해도 좋다.

고치떡

고치떡은 전라남도 지방의 향토음식 가운데 하나로, 그 생긴 모양이 누에고치와 같이 만들어졌다 하여 붙인 이름의 떡이다.

고치떡은 절편을 만들 때와 같은 방법으로 쌀을 불려서 시루에 찐 후, 절구에 넣고 매우 쳐서 흰색·분홍색·노랑색·파랑색 또는 쑥색 등 색색의 물을 들여서 누에고치 모양으로 빚은 떡이다.

이 떡은 이름에서도 알 수 있듯이 전라도 지방의 농가에서는 누에를 쳐서 마지막 잠을 재워 '잠박'이라고 하는, 누에를 칠 때 사용하는 싸리나 대오리 등을 엮어서 만든 누에 채반에 올려놓고, 누에가 고치짓기를 기다리면서 이 떡을 만들었다고 한다.

양잠의 좋은 성과를 기원하고, 그동안의 고생을 서로 위로하며 만들어 먹는 떡이라는 의미가 담겨 있다.

이로써 우리 조상들의 삶에 얽힌 희로애락과 삶의 면면을 엿볼 수가 있다.

고치떡은 오미자·치자·쑥 등의 자연에서 얻은 열매와 잎을 이용하여 물을 들임으로써, 시중의 식용 색소를 사용해서 만든 다른 종류의 떡이나, 음식에서 보는 색깔과는 현저한 차이를 나타낸다.

그 빛깔은 참으로 은은하면서도 향기가 있고 아무리 오래도록 두고 보아도 싫증이 나지 않으며, 냄새 또한 자연적이다.

또한 자연 열매나 잎을 이용한 색소라는 점에서 일체 인체에 유해한 성분이 없으며, 오히려 오미자에 대해서는 진정, 진해, 해열 등 중추신경 억제작용과 간보호 및 혈압강하, 알코올에 의한 주독 제거, 항산화 효과를 나타낸다.

재료 중 치자에서는 그 찬 성질을 이용, 이뇨작용과 눈병·황달 따위의 해열제 작용을 얻고, 쑥에서는 식욕촉진은 물론이고, 해열과 진통·해독과 구충·혈압강하와 소염작용·복통·토사·출혈에 대한 치료 효과를 도모하였다는 것을 알 수 있다.

이렇듯 고치떡은 농가에서 누에를 치면서 만들어 즐겼던 만큼, 양잠업의 쇠퇴와 함께 지금도 거의 잊혀진 떡이 되었는데, 그 아름다운 빛깔이 너무 예뻐서 차라리 앙증맞다고 할만하다.

고치떡은 다른 떡과 같이 소가 들어가지 않아 오히려 깊은 맛을 느낄 수 있는데, 자극적인 맛에 길들여진 현대인들이 옛사람들이 즐겼던 고치떡 특유의 담백한 맛을 어떻게 느낄지 궁금해진다.

치는떡

[재료 및 분량]

멥쌀 ················ 10 컵(가루 20 컵)
소금 ································ 2 큰술

떡 반죽 물들이기

치자 3 개 ·················· 물 10 큰술
오미자 50 g ············· 물 10 큰술
쑥가루 1 큰술 ··········· 물 1 큰술
참기름 ································ 적당량

❶

❷

❸

❹

만드는 방법

1. 멥쌀은 3~4회 깨끗이 씻은 후 물에 8~12시간 담갔다가, 소쿠리에 건져서 물기를 뺀 후 분량의 소금을 넣고 가루로 빻아 체에 내린다.
2. 쌀가루에 설탕을 넣고 다시 체에 내려 3등분을 하여 치자, 오미자, 쑥물을 각각 들인다.
3. 찜통에 젖은 면보를 깔고 가가의 쌀가루를 넣어 20분 정도 찐 다음, 절구에 넣고 절굿공이에 소금물을 적셔가며 꽈리가 일도록 친다.
4. 친 떡을 뜨거울 때 적당한 크기로 떼어 누에고치 모양으로 예쁘게 빚는다.

참 고

- 고치떡의 색은 너무 진하면 보기에 좋지 않으므로, 품위가 있고 은은한 색이 나도록 색깔을 조절한다.

달 떡

달떡은 제주도 지방의 토속성이 함뿍 담긴 향토음식 가운데 하나이다.

멥쌀가루를 뜨거운 물로 반죽하여 둥글게 빚고 끓는물에 삶아내어 뜨거울 때 물을 묻혀 가면서 다시 반죽하여, 둥근 절편을 만들어서 떡살로 눌러 찍어낸 떡이다.

이 떡은 보름달처럼 밝게 널리 비추고 둥글게 채우며 잘 살도록 하는 기원이 담겨 있다.

전통사회에 있어서 우리나라 사람들은 하늘을 우러러 달에 자신들의 소망을 빌며 살아 왔으며, 달을 생각하면서 땅을 일구어 왔다. 즉, 농경생활을 영위해 왔던 우리 사회에서 달은 생활력의 원점이자 생명의 기복이며, 동시에 문화적인 삶의 리듬이었던 것이다.

그러기에 달을 보면서 사람들은 그 밝음과 원만함을 이야기하고, 달빛의 은은함과 부드러움이 우리의 각박하고 어려운 삶을 포용하고 감싸주는 것으로 인식해 왔던 것이다. 제주도 지방의 달떡은 이러한 배경 하에서 만들어진 것이 아닌가 생각된다.

1984 년《한국민속종합보고서》〈향토음식편〉에 "멥쌀가루를 쩌서 절구나 떡판 위에 쳐서 달 모양으로 둥글게 빚어 줄무늬의 떡살을 찍어 참기름을 칠한 친 떡"으로 소개하고, "함경도 지방을 비롯한 평안도 지방에서는 혼례시 놋동이에 여러 켜 담고 그 위에 꽃을 꽂는다."고 기록되어 있다.

이것으로 보아 제주도 지방의 달떡과 만드는 법에서는 동일하나, 함경도와 평안도 지방에서는 혼례음식으로, 제주도 지방에서는 제사음식으로도 사용하고 있음을 알 수 있다.

제주도는 쌀이 귀해 평소에는 메밀로 만든 떡이 많으며, 쌀로 만드는 떡은 명절, 제사 때만 써 왔다.

달떡은 우리나라의 떡류 중 절편에 속하는데, 절편은 지방마다 크기나 모양, 종류가 다르다.

절편류로는 달떡을 비롯, 용떡, 색떡, 고치떡 등이 있다. 여기에 치자, 오미자, 쑥 등 여러가지 천연색소나 재료를 첨가하여 예쁘게 물들여서 모양과 색을 달리하기도 한다.

대개 달떡은 혼인이나 회갑잔치 때의 큰상에 괴는 떡으로 많이 쓰이고, 꽃절편의 경우는 절편의 웃기떡으로 쓰는데, 그 빛깔이 달처럼 희고 밝을 뿐만 아니라 둥글고 소박한 것이 특징이어서, 보는 이로 하여금 평안함과 부드러움을 느낄 수 있게 해준다.

치는떡

[재료 및 분량]

- 멥쌀 ………………… 6 컵(가루 12 컵)
- 소금 ………………… 1 큰술
- 물 ………………… 1 컵 반
- 참기름 ………………… 적당량

장 식

치자 · 오미자 · 쑥가루로 물들인 절편 ………………… 적당량

❷

❷'

❸

❸'

만드는 방법

1. 멥쌀은 3~4회 깨끗이 씻은 후 물에 8~12시간 담갔다가, 소쿠리에 건져서 분량의 소금을 넣고 가루로 빻아 체에 내린다.
2. 멥쌀가루를 익반죽하여 둥글게 빚어 끓는물에 삶아 내어 뜨거울 때 손에 물을 묻혀가며 다시 치대어 절편을 만든다.
3. 이것을 0.8cm 두께로 동글납작하게 밀어, 직경 7~8cm 정도의 둥근틀로 찍는다.
4. 절편을 조금씩 떼어 삼색으로 물을 들여 달떡 위에 보기 좋게 장식한 다음 참기름을 바른다.

참 고

- 달떡을 찍어 내는 떡본은 현재 제주대학교 박물관에 소장되어 있다.

쑥굴레

쑥굴레는 경상도 향토음식으로 찹쌀가루에 삶은 쑥을 넣고 쳐서 밤 톨 크기로 빚어 녹두고물을 무친 것으로 쫄깃쫄깃해 누구나 좋아하는 떡이다.

1829년 《역잡록(曆雜錄)》에서 쑥굴리라 하여 "찹쌀가루를 석되 장만한다. 쑥은 깨끗이 씻어 젖은 채로 쌀가루 두 되에 버무려 함께 매우 찧은 후 작편한다. 이를 몹시 끓는 물에 삶아 내어 한 되 남은 가루로 덜옷 덜여 첨떡 만들어 밤소에 꿀을 넣고 또 끓는 물에 삶아 순꿀을 바르고 백자가루나 깨소금이나 숙률가루 등을 묻힌다."라고 소개하였다.

1943년 《조선무쌍신식요리제법》에서도 쑥굴리라 하여 "찹쌀가루 두 되와 좋은 연한 쑥 한 되 가량을 물에 씻어 물기있는 채로 버무려 절구에 흠뻑 찧어서 반대기를 만들어 끓는 물에 삶아내어 또 찹쌀가루 한 되를 섞어 안반에서 쳐서 경단처럼 만들 때, 삶은 밤과 꿀과 계핏가루를 섞어 소를 넣고 끓는 물에 삶아 건져내어 물 뺀 후에 꿀을 묻히고 삶은 밤을 얼멍이에 거른 것이나 잣가루나 실한 깨소금이나 거피팥이나 녹두를 삶아 거른 것이나 아무 것이든지 묻혀서 봄철에 먹으면 봄소식도 반가우려니와 향기로운 맛이 극히 담하니라."라고 소개하였다.

녹두는 로이신, 라이신, 발린 등 필수 아미노산이 풍부하고, 지방은 적으나 리놀레산, 리놀렌산 등과 같은 불포화지방산이 주성분이라 영양상 우수한 식품이다.

녹두는 소변이 잘 나오게 하며, 종기를 없애고 위장을 튼튼하게 한다. 또 피로회복이나 입술이 마르고 입안이 헐었을 때 좋다. 녹두죽은 열이 많은 환자에게 좋고, 해열, 고혈압, 숙취에 좋지만 저혈압이나 냉증이 있는 사람에게는 좋지 않다.

우리 조상들은 예로부터 녹두를 이용, 여러 가지 음식을 만들어 즐겨 먹었다. 녹두를 이용한 빈대떡・숙주나물・녹두죽・떡고물・녹두전병・녹두편・창면 등이 있는데 모두 맛과 영양이 훌륭한 영양식이다.

약리효과가 우수한 쑥과 녹두를 동시에 섭취할 수 있는 쑥굴레는 훌륭한 건강식이라 할 수 있다.

치는떡

[재료 및 분량]

- **찹쌀** ·············· **5컵**(찹쌀가루 10컵)
- **소금** ································ **1큰술**
- **삶은 쑥** ···········**300 g**(쑥가루 3큰술)

고물

- **거피팥** ································ **2 컵**
- **소금** ······························ **½큰술**
- **꿀**(물엿) ··························· **½컵**
- **설탕** ······························ **5 큰술**
- **계피가루** ························· **적당량**

만드는 방법

1. 찹쌀은 3~4회 깨끗이 씻은 후 물에 8~12시간 담갔다가 소쿠리에 건져서 물기를 뺀 후 분량의 소금을 넣고 가루로 빻아 체에 내린다.
2. 쑥은 깨끗이 씻어 팔팔 끓는 물에 소금을 넣어 데치고, 쑥이 없으면 쑥가루를 사용한다.
3. 방아에 한 번 내린 쌀가루에 삶아 놓은 쑥을 넣고 다시 한 번 내린다.
4. 쑥과 함께 내린 찹쌀가루에 물을 주어서 김오른 찜통에 찐 다음 안반에 놓고 쳐낸다.
5. 거피팥은 깨끗이 씻어 하룻밤 충분히 불려 거피하고 깨끗이 씻어 김오른 찜통에 젖은 면보를 깔고 쪄 낸 후 뜨거울 때 소금을 넣고 절구에 찧어 체에 내려 고물을 만든 다음 설탕, 꿀, 계피가루를 넣어서 고물을 촉촉하게 한다.
6. 떡을 조금 떼어 거피팥소를 넣거나 둥글게 빚어서 선세적으로 촉촉한 고물을 묻혀준다.

참 고

- 쑥굴레는 거피팥 고물을 쩌낸 떡 등에 붙였다 하여 등대떡이라고도 부른다.

좁쌀떡

좁쌀떡은 차좁쌀로 밥을 지어 절구로 찧은 다음, 조금씩 떼어 한가운데에 팥소를 넣고 둥글게 빚어서 콩가루를 고물로 입힌 떡으로, 황해도 지방에서 즐겨 먹는 떡 중에 하나이다.

황해도 등 이북지방에서 생산된 차좁쌀은 질이 우수하여 밥에도 즐겨 넣어 먹을 뿐만 아니라, 집안의 행사와 명절의 시절식으로 곧잘 떡을 해 먹는다.

좁쌀떡에 관한 자료는 1943년《조선무쌍신식요리제법(朝鮮無雙新式料理製法)》에 소개되어 있는 차조인절미와 같은 떡류이기는 하나 만드는 방법과 재료의 사용에서 차이를 보인다.

《조선무쌍신식요제법》에 소개되어 있는 차조인절미는, 차좁쌀을 가루 내어 인절미를 작게 만들어 거피한 팥고물이나 콩가루를 묻힌 떡이다. 이에 반해, 좁쌀떡은 차좁쌀로 지은 밥을 찧어 인절미를 만든 다음, 거기에 팥소를 넣고 만든 떡이기 때문이다.

전해오는 속담(俗談)으로 '비지 배에 부른 배가 연약과가 싫다.'는 말이 있다. 이 속담과 비슷한 이야기로 옛날 부잣집에서 잔칫날이 되어 흰 떡이나 절편(인절미)을 치면, 떡치는 소리에 어른 아이 할 것 없이 동네사람들이 다 모여들었으므로 이때 집주인은 좁쌀을 씻어 큰 시루에 쪄서 좁쌀떡을 만들어 두었다가, 동네 사람들의 입에 한 불퉁이씩 넣어주어 배를 채워주었다고 한다.

그러면 이에 배가 잔뜩 불러 완성된 흰 떡과 인절미를 주어도 잘 먹지를 않았다고 한다.

요즘이야 좁쌀만을 가지고 만든 좁쌀떡을 해 먹는 사람도 없고, 또 맛이 없어 즐겨 먹지도 않았지만, 배가 고팠던 옛날에는 좁쌀떡도 못해 먹는 처지의 가정이 많았던 것 같다.

좁쌀떡의 재료로 사용되는 차조는, 토양이 척박하고 가물어 다른 작물의 재배가 불가능한 고지대와 추운 지방에서도 잘 자라는 특성이 있어, 주로 이북지방에서는 중요한 곡물로 주식이 되기도 하였다.

차조 뿐만이 아니라 모든 잡곡은 북쪽에서 생산되는 것이 굵고, 차지며 구수해서 남쪽 것 보다 맛이 있다.

이 차조를 이용한 황해도 지방의 차좁쌀떡은 친떡이라서, 다른 종류의 떡보다는 찰기가 있고 팥소를 넣어 먹기 좋으며, 단맛이 있어 뜨거울 때 먹으면 별미이다.

치는떡

[재료 및 분량]

- 차좁쌀 ……………… 5 컵(가루 10 컵)
- 소금 ……………… 1 큰술

소

- 붉은팥 ……………… 2 컵
- 소금 ……………… ½ 큰술
- 설탕 ……………… 1 컵

고물

- 콩가루 ……………… 1½ 컵
- 소금 ……………… ½ 작은술
- 설탕 ……………… 4 큰술

만드는 방법

1. 차좁쌀은 깨끗이 씻어 일어서 2~3시간 불렸다가, 물에 소금을 넣고 밥을 지어 절구에 찧어 떡반죽을 해 놓는다.
2. 붉은팥은 깨끗이 씻어 일어서 한번 끓으면 물을 버리고 다시 새물을 넣고 푹 삶아 뜸을 들여 소금, 설탕으로 간한 뒤, 한 김 나가면 절구에 찧어 팥소를 은행알 크기로 빚는다.
3. 차좁쌀 반죽을 밤알 크기로 떼어 팥소를 넣고 둥글게 오므려 모양을 빚은 다음, 콩가루를 묻힌다.

참 고

- 좁쌀떡에 고물을 묻힐 때는 콩가루를 큰 쟁반에 펴서 담고 떡을 굴려가면서 묻혀야 고루 잘 묻혀진다.
- 차조는 돌이 너무 많으므로 잘 씻어 일어야 된다.
- 만들어서 곧바로 뜨거울 때 먹어야 별미이다.

❶

❶'

❸

❸'

꽃산병

꽃산병은 멥쌀가루를 물을 내린 후 시루에 쪄서 절구에 넣고 오래 친 반죽을 조금씩 떼어서 팥소를 넣어 둥글 납작하게 빚은 다음, 그 위에 치자, 오미자 등 천연색소로 물을 들인 작은 떡조각을 얹고, 떡살로 눌러 문양을 넣은 독특한 형태의 떡이다.

이 떡은 '꽃산병'이란 이름 그대로 떡 위에 꽃을 얹어 만든 예쁜 떡이다.

본래 산병(散餠)은 송편이나 개피떡과 같이 만든 떡을 세 개 또는 다섯 개씩 붙인 떡을 일컫는 것으로 편(片)의 웃기로 많이 쓴다.

산병에 대한 기록으로 1763 년경 《성호사설(星湖僿說)》에서는 "송편 모양인데 솔잎에 찌지 않고 무늬 있고 얇게 만들어 익힌다."고 기록되어 있다.

《18 세기 궁중연회음식고》에는 멥쌀·감태(甘苔)·연지·치자(梔子)·송고(松膏)·진유(眞油)로 만들었음을 알 수 있으며, 1849 년의 《동국세시기(東國歲時記)》에서는 "3 월 절식음식으로 멥쌀, 콩으로 만들며 지금의 개피떡과 같다."고 기록되어 있다.

한편 《이조궁중음식연회고》에서는 "멥쌀·팥·연지·치자·청애·꿀로 만들었다."고 기록되어 있다.

이러한 것들로 미루어 《18 세기 궁중연회음식고》와 《동국세시기》, 《이조궁중음식연회고》의 산병 만드는 방법과 재료가 각기 다름을 알 수 있는데, 그 까닭은 정확히 알 수 없으나, 《성호사설》의 산병은 궁중에서 즐겼던 산병이 아니라, 일반 사대부와 민간에서 만들어 먹었던 것으로 추측된다.

《18 세기 궁중연회음식고》와 《이조궁중음식연회고》에서 보듯, 같은 궁중음식이면서도 재료가 '멥쌀·감태·연지·치자·송고·진유'와 '멥쌀·팥·연지·치자·청애·꿀'로 각각 다른 것은, 웃기로 얹는 떡조각을 물들이는 색소 원료의 채취 또는 시각적 효과를 감안하여 재료의 선택을 달리했거나 상차림의 격(格)을 달리하였던 데에 그 까닭이 있지 않을까 사료된다.

꽃산병은 충청도 지방의 향토음식으로, 여기에 사용되는 재료나 만드는 과정, 그리고 특히 아름다운 모양으로 미루어, 일반에서보다 사대부와 토반 부호들 사이에서 별식으로, 의례나 잔치때 쓰는 떡의 웃기로 장식했을 것으로 미루어 짐작된다.

치는떡

[재료 및 분량]

- 멥쌀 .... 5컵(가루 10컵)
- 소금 1큰술
- 물 1½컵

소

- 붉은팥 2컵
- 소금 .... ½큰술
- 설탕 .... ½컵

참기름 .... 적당량

장　식

치자 · 오미자 · 쑥가루로 물들인 절편 .... 적당량

만드는 방법

1. 멥쌀은 3~4회 깨끗이 씻은 후 물에 8~12시간 담갔다가, 소쿠리에 건져서 물기를 뺀 후 분량의 소금을 넣고 가루로 빻아 체에 내린다.
2. 쌀가루에 물을 훌훌 뿌려서 버물버물하여 찜통이나 시루에 쪄 낸 다음, 절구나 안반에 놓고 떡메에 소금물을 적셔가며 꽈리가 일도록 친다.
3. 하룻밤 불린 팥은 깨끗이 씻어 물에 넣고 한 번 우루루 끓으면 물을 버리고, 다시 새 물을 넣고 푹 삶아서 뜸을 들인 후 소금과 설탕을 넣고 절구에 곱게 빻는다. 체에 내려 밤알 크기로 동글납작하게 뭉쳐 소를 만든다.
4. 경단 크기로 반죽을 떼어 준비한 팥소를 넣고 동글납작하게 만들어, 떡살로 눌러 문양을 낸다.
5. 떡 위에 장식으로 없을 넥은 삭삭 3색의 불들 들여 조금씩 떼어 동그랗게 만들어 떡 위에 올린 다음 꿀이나 참기름을 바른다.

참　고

- 꽃산병은 둥근 떡살로 누를 때 문양이 잘 찍히도록 적당한 힘을 가해야 한다.
- 꽃산병에 참기름 대신 꿀을 바르기도 한다.

감자찰떡

감자찰떡은 질 좋은 감자를 깨끗이 씻어 껍질을 벗긴 뒤, 쪄서 찰떡을 치듯 절구에서 오랫동안 쳐서 붉은 팥고물과 땅콩고물을 묻힌 함경도 지방의 고유한 떡이다.

감자찰떡을 만들 때는 반드시 소금을 약간 넣고 치대야 떡이 빨리 식지 않고 찰기가 나며, 떡에 묻히는 고물도 다른 떡에 비해 약간 간간하게 만든 것이 깊은 맛을 낸다.

감자는 마령서(馬鈴薯)라고 하는데, 조선조 순조 24, 5년경(1824~1825)에 청국(淸國)에서 북관(北關)으로 이식되었다 하며, 북쪽에서 들여왔다 하여 '북감자'라고도 부른다.

이후 헌종 13년(1847)에는 경기도를 비롯 충청, 강원도 지방에까지 확대 보급되어, 일본으로부터 들어 온 고구마를 능가하는 전래식품이 되었다.

추운 지방에서도 잘 자라므로 우리의 토양과 기후에 감자의 재배가 적합하여 보급이 빨랐으며, 특히 강원도 지방은 국내의 감자 주산지로 부상하게 되었다. 오래지 않은, 30년 전만 하더라도 강원도 등의 산간지방에서는 구황식으로, 또 부식으로 중요한 작물의 위치를 차지하였으며, 요즘도 감자를 이용한 다양한 음식들이 향토음식으로 자리잡고 있다.

서양에서는 감자를 '땅속의 사과'로 비유할 만큼 철분, 칼륨 및 마그네슘과 같은 중요한 무기질 성분과 비타민 C를 비롯 비타민 B 복합체를 다량으로 함유하고 있는 건강식품이다.

우리나라 떡 가운데 땅콩을 떡고물로 사용하는 경우는 극히 드문데, 감자와 같이 땅 속에서 자라는 콩이라는 인식 때문에 떡의 고물로 사용하였을 것으로 추측된다.

땅콩은 낙화생(落花生)이라고 하여 콩류 가운데에서 당질이 가장 적은 반면, 글로블린 형태의 단백질이 60% 가량이나 들어 있고, 필수아미노산인 라이신과 지방성분인 불포화지방산을 다량으로 함유하고 있다. 땅콩 속의 불포화지방산 중 리놀산과 아라키돈산 같은 필수지방산은 혈청 콜레스테롤을 조정 또는 제거해 주며, 무기질인 인산이 특히 많아 정신병을 예방해 주는 것으로 알려지고 있다.

따라서 이처럼 고단백, 고지방 식품이면서 비타민 B군과 E가 풍부한 스테미너식품임을 감안할 때, 감자와 땅콩, 팥을 이용한 감자찰떡은 지혜로운 조리법이라 하지 않을 수 없다.

치는떡

[재료 및 분량]

- 감자 ····· 2 kg (껍질 벗긴 것 1.6 kg)
- 소금 ····· ½ 큰술
- 설탕 ····· 1 컵

고물

- 붉은 팥 ····· 1 컵
- 소금 ····· 1 작은술
- 설탕 ····· 4 큰술
- 땅콩 ····· 1 컵

만드는 방법

1. 감자는 껍질을 벗겨 씻어서 표면이 보슬보슬하도록 푹 찐다.
2. 찐 감자를 뜨거울 때 절구에 넣고 분량의 소금과 설탕을 넣어 찰떡 치듯이 오래 쳐서 끈기가 생기도록 한다.
3. 붉은팥은 깨끗이 씻어 일어 한 번 끓으면 물을 버린 다음, 다시 새 물을 넣고 푹 삶아 뜸을 들여 소금·설탕으로 간한 뒤, 절구에 곱게 찧어서 팥고물을 만들고, 땅콩은 굵게 다진다.
4. 찐 감자를 방망이로 충분히 쳐서 찰떡처럼 끈기가 생기면 두께 2cm, 직경 5cm 정도로 빚어 꿀을 바른 후 미리 준비한 팥고물과 땅콩고물을 각각 묻혀 낸다.

참 고

- 감자찰떡에 들어가는 감자는 수분이 많은 것보다 수분이 적은 것이 쪄서 쳤을 때, 더 차지고 맛이 좋으며, 만들기도 수월하다.

골무떡과 꽃절편

우리나라는 일 년 열두 달 떡을 해 먹지 않는 달이 없을 정도였다.

우리나라 풍속에 섣달 그믐에는 시루떡과 정화수를 떠 놓고 고사를 지낸다. 또 흰떡을 가지고 색색으로 물을 들여 골무같이 빚어서 나누어 먹는다.

절편은 물편에 속하는 떡으로, '흰 떡을 쳐서 잘라 낸 떡'이라는 뜻이다.

1945 년 《시의방》에 의하면 흰 떡의 일종인 **골무편**이 나오는데, "흰떡을 쳐서 갸름하게 자르되 손가락 두께처럼 하여 한치 닷푼 길이로 잘라 살을 박고 기름을 발라 쓴다."고 하였다. 그러나 1940 년 《조선요리》골모편은 "흰 떡을 만들어 손가락보다 약간 굵게 비벼 3 cm 크기로 자른다. 흰 떡과 쑥 넣은 청색 떡, 송피 넣은 적갈색 떡을 함께 조화있게 담는다."고 하여 방법에서 변화를 나타내고 있다.

골무떡은 납향(臘享)의 절식으로 전래되고 있다.

1943 년 《조선무쌍신식요리제법》에 나오는 흰떡(골무병, 백병)은 "몬저 상등 멥쌀로 떡가루를 곱게 쳐서 끓는물을 쳐가며 축축하게 섞은 후, 시루에 안치고 잘 쪄서 인절미 하듯 안반에 오래 쳐서 떡가래를 만드나니, 쌀은 극상등이라야 하나니라."고 표기하고 있다.

1986 년의 《한국떡편》에서도 골무떡이 나오는데, 그 이전 것, 즉 《시의방》이나 《조선요리》, 《조선무쌍신식요리제법》의 것이 유사한 것으로 보아 골무떡이 도병(擣餠)의 원조라 할 수 있겠다.

절편은 여러가지 색으로 물을 들이거나 섞는 재료에 따라 달리 부른다. 색을 들여 둥그렇게 만든 달떡, 용의 모양으로 본 따서 빚은 용떡, 새의 모양, 꽃모양을 빚은 색떡, 쑥이나 송기를 넣고 떡살로 문양을 찍어 만든 쑥절편, 송기절편, 또 단오날 차(車)의 바퀴모양을 새긴 수리취절편 등 여러 이름으로 불리나 근본은 다 절편에서 나온 것이다.

1680 년 《요록(要錄)》에 송기절편은 "솔나무 생순 껍질 벗겨 겉껍질을 글거 버리고 물을 많이 붓고 푹 삶아 건져 물에 빨아 담가 여러 날 우려 건져 탈짜 나른하게 찧여 떡된가 오르거든 얻여 푹 쪄서 절편 만들고 팥소 넣어 개피떡하여 기름 발라쓰라. 질기고 맛이 각별하니라."고 하였다.

절편은 혼인 때 큰상 고임에 많이 쓰이며, 꽃떡은 절편을 둥글게 하여 위에 꽃처럼 색을 놓아 떡의 웃기로 한다.

치는떡

[재료 및 분량]

- 멥쌀 .... 10 컵(가루 20 컵)
- 소금 .... 2 큰술
- 물 .... 3 컵
- 쑥 데친것(쑥가루 30 g) .. 300 g
- 오미자 · 치자 .... 적당량
- 참기름 .... 적당량

만드는 방법

1. 멥쌀은 깨끗이 씻어 일어서 12시간 정도 담갔다가, 건져서 소금을 넣고 빻아 체에 내려서 고운 가루를 만든다.
2. 쌀가루가 뭉쳐질 정도로 물을 훌훌 뿌려 버물버물하여 찜통이나 시루에서 김이 오르고 20분 정도 찐다. 흰색으로 사용할 ½ 분량은 절구공이에 소금물을 잘 적셔가며 꽈리가 일도록 친다.
3. 쑥절편은 쑥을 손질하여 끓는 소금물에 살짝 데쳐 헹군 후 물기를 빼고 다져서 절구에 넣어 찧어, ½분량의 쪄 낸 멥쌀가루와 섞어 꽈리가 일도록 친다.
4. 찧어진 떡반죽을 안반에 놓고 손에 참기름을 발라가며 양손으로 가래떡처럼 밀고, 손을 세워 아래위로 움직이면서 4~5cm 정도 길이로 꼬리가 달리게 끊어 골무떡을 만든다.
5. 꽃절편은 골무떡 위에 쑥색 · 오미자색 · 치자색의 작은 고명떡을 얹고, 떡살로 눌러 무늬를 낸 다음 참기름을 바른다.

참 고

- 골무떡은 가래로 빚어 팥소를 넣어 골무 모양으로 만들기도 한다. 또 흰 떡의 가래를 짧게 비벼 잘라 눌러 색떡의 밑받침으로 쓰이기도 한다.
- 쑥을 파랗게 데치려면 중조를 조금 넣고 데쳐서 찬물에 여러 번 헹구어 쓴다.
- 일반 절편은 골무떡으로 자르지 않고 가래떡처럼 둥글게 빚어, 떡살로 눌러 찍어내어 참기름을 바른다.
- 참기름과 식용유, 약간의 소금을 넣어 절편에 바르면 색이 깨끗하다.
- 절편에 여러가지 색을 들여 예쁘게 떡을 만들며, 쑥 넣은 쑥절편, 송기를 넣어 분홍빛의 송기절편을 만든다.

단자(밤 · 쑥 · 석이)

단자(團子)는 인절미와는 달리 크기가 작으며, 찹쌀가루를 쪄서 만드는데, 원래 단독으로 쓰는 떡이 아니고, 각색편의 웃기로 쓰였다. 경단보다 부재료를 여러가지 쓰면서 고물도 매우 호화롭다.

단자는 또 겉에 묻히는 고물이 꼭 있어야 하는데, 들어가는 재료를 보면 아무거나 쓰는 것이 아니라, 쑥에는 팥고물, 밤에는 밤고물, 석이에는 잣고물, 대추에는 밤 · 대추채 등 쌀가루에 섞는 재료와 고물의 맛이 서로 어울리는 것을 쓴다. 가루에 섞는 재료에 따라 대추단자 · 은행단자 · 석이단자 · 감단자 · 율무단자 · 쑥구리단자 · 유자단자 등으로 불리운다.

밤단자는 1700~1800 년대 《술 만드는 법》에 처음으로 나타나는데, 여기서는 찹쌀가루로 반죽을 해서 겉에 밤가루를 묻혔고, 1938 년 《조선요리법(朝鮮料理法)》의 경우, "밤을 삶아 건져 까서 방망이로 뭉개 계피가루를 조금 섞어 놓고, 찹쌀가루는 반죽해서 넓적하게 조각을 만들어 끓는물에 삶아 건져서 방망이로 친 후 손에다 꿀칠을 하고 나붓하게 늘여서 밤을 조금씩 뭉쳐 속을 박아 둥글게 잘라서 밤가루를 묻힌다"고 하였다.

쑥구리단자는 《증보 산림경제》에 '향애단자'라고 기록되어 있는데, "찹쌀가루 3 되, 향쑥 고운 것을 골라서 물에 씻어 물기 있는 채로 찹쌀 2 되와 절구통에서 찧어 조각을 만든다. 다시 끓는물에 삶아 꺼내어 찹쌀 1되 속에 넣고 쳐서 떡을 만든다. 꿀과 밤으로 속을 만들고 또 끓는물에 넣어 삶아 내어 순꿀과 익힌 밤가루를 발라 고물을 입힌다. 잣가루나 깨소금도 좋다. 이른 봄에 먹는다."고 하였다. 1849 년 《동국세시기(東國歲時記)》에서는 애단자(艾團子)로, 그 후 1938 년 《조선요리법》에서는 쑥구리라 했고, 계피가루가 첨가되어 있다.

석이단자는 1800 년대 중엽 《군학회등(群學會騰)》에 처음 나타나고, 《음식방문(飮食方文)》을 비롯하여 여러 문헌에도 나오는데, 《조선요리법(朝鮮料理法)》에 "석이를 끓는물에 튀겨서 곱게 다져 쌀가루와 섞어서 쪄 꿀이나 설탕을 섞어 주물러 가지고 정한 도마에 펴 놓고 두께를 너무 두껍지 않게 펴 가지고 사방 닷푼 쯤 되게 썰어서 잣가루를 묻힌다."고 하였다.

《우리나라 음식만드는 법》에는 재료에 녹말과 계피가루가 들어있고, 만드는 방법도 찹쌀가루대신 녹말에 석이를 섞어 단자를 만든 것이 특징이다.

만드는 방법

밤단자

1. 찹쌀가루에 물을 넣고 버물버물 섞어서 찜통에 젖은 면보자기를 깔고 쪄서 충분히 익힌 다음 양푼에 쏟아 꽈리가 일도록 찧는다.
2. 밤은 삶아서 껍질을 벗긴 뒤 찧어 체에 내린 것에 ⅕정도는 유자청건지를 곱게 다져 넣고 소금, 설탕, 꿀, 계피가루를 섞어 소를 만든다.
3. 손에 꿀을 묻히고 준비한 찰떡을 밤톨만큼씩 떼어 준비한 소를 넣고 둥글게 빚어서 꿀을 바른 후, 나머지 밤고물을 묻혀서 그릇에 담아낸다.

쑥단자

1. 찹쌀가루에 물을 주고 버물버물 섞어서 찜통에 찌다가 삶은 쑥 다진 것을 넣고 5분 정도 더 찐다.
2. 유자청건지는 곱게 다지고, 대추도 돌려깎기로 씨를 발라 곱게 다져서 꿀과 함께 섞어 소를 만들어 놓는다.
3. 손에 꿀을 묻히고 떡을 조금 떼어 **2.**의 소를 넣고, 오므려 둥글게 빚어서 겉에 꿀을 바르고 거피팥고물을 묻힌다.

석이단자

1. 석이버섯은 뜨거운 물에 담가 손바닥으로 비벼 깨끗이 씻은 다음, 배꼽을 떼고 물기를 제거해서 햇볕에 널어 말렸다가 절구에 찧어 가루로 만든다.
2. 찹쌀가루와 석이가루를 섞어 체에 내려 물로 버물버물 섞어서 찜통에 베보자기를 깔고 쪄서 충분히 익힌다.
3. 익힌 떡반죽을 양푼에 쏟아 꽈리가 일도록 젓는다.
4. 도마에 꿀을 바르고 떡을 쏟아 1 cm 두께로 넓작하게 반대기를 지은 다음, 잠시 식혀서 길이 3 cm, 폭 2.5 cm로 썰어 꿀을 바르고 잣가루를 묻혀 접시에 담는다.

[재료 및 분량]

밤단자

- 찹쌀 .... 3 컵(가루 6 컵)
- 소금 .... ½ 큰술
- 밤(25 개) .... 800 g

소

- 밤 .... 5 개
- 유자청건지 .... 1 큰술
- 소금 .... ⅛ 작은술
- 설탕 .... 1 큰술
- 꿀 .... 1 큰술
- 계피가루 .... ⅛ 작은술
- 꿀 .... 2 큰술

쑥단자

- 찹쌀 .... 3 컵(가루 6 컵)
- 소금 .... ½ 큰술
- 데친 쑥 200 g (쑥가루 3 큰술)
- 소금 .... ¼ 작은술

소

- 유자청건지 .... 2 큰술
- 대추 .... 10 개
- 꿀 .... 2 큰술
- 거피팥 .. ½ 컵, 소금 .. ½ 작은술
- 꿀 .... 2 큰술

석이단자

- 찹쌀 .... 3 컵(가루 6 컵)
- 소금 .... ½ 큰술
- 석이가루 .... 3 큰술
- 잣 .... ½ 컵
- 꿀 .... 2 큰술

단자(색단자 · 은행 · 대추)

단자(團子)는 찹쌀가루로 만들며, 시절식(時節食) 떡으로 널리 이용되어 왔다.

궁중에서는 '단자'라고 하였고, 민가에서는 주로 '경단'이라고 일컬었으며, 가루에 섞는 재료에 따라 이름을 달리했다.

1766년(영조 4년)에 간행된《증보 산림경제(增補山林經濟)》에 처음으로 '향애단자'와 '송편'이라는 떡 이름이 나오는 것으로 보아, 이 때부터 송편과 단자를 구별하여 만들어 먹었다는 것을 알 수 있다.

우리나라의 여러 옛조리서에 보면, 단자의 조리법이 상세히 나와 있다. 찹쌀가루에 섞는 재료에 따라 쑥구리단자, 은행단자, 석이단자, 밤단자, 대추단자, 승검초단자, 유자단자, 생강단자, 팥단자, 토란단자, 건시단자, 마단자, 국엽단자, 복숭아단자, 율무단자, 귤병단자, 꿀단자, 유자단자 등이 있다.

계절에 따라 만드는 것이 달랐다. 봄에는 쑥구리단자, 가을에는 밤단자 · 유자단자, 겨울에는 대추단자 · 석이단자 · 은행단자 등이 있으며, 사철 만들 수 있는 것은 대추단자 · 석이단자 · 쑥구리단자 등이다.

색단자는 대추 · 밤 · 석이버섯을 채 썰어 떡에 입힘으로써 화려하고 색스럽게 만든 떡이다.

은행단자는 주로 궁중에서 먹은 음식으로, 1940년《조선요리(朝鮮料理)》에서 처음으로 은행단자라는 것이 나오는데, 재료로 찹쌀가루, 은행, 꿀, 실백, 소금을 사용하여 만들었다.

이후 1957년《이조궁정요리통고》에는 대추와 밤이 첨가되었으며, 만드는 법도 "찹쌀가루와 은행을 절구에서 함께 찧어 반죽을 하여 끓는물에 삶아서 사용했다."고 기록되어 있다. 그러다가 1970년대 이후 현재에 이르러서는 반죽한 것을 시루에 쪄 꽈리가 일도록 쳐서 단자를 만든다.

대추단자는 1854년《음식법(飮食法)》에 '대조편'으로 처음 나오며, 1938년《조선요리법(朝鮮料理法)》에서 재료로 대추 · 찹쌀가루 · 실백 · 꿀을 이용, "대추를 곱게 다져서 찹쌀가루와 섞어서 쪄가지고 설탕이나 꿀을 달게 섞어서 정한 도마에 펴 놓고 과히 얇지 않게 펴 가지고 사방 닷분 가량으로 썰어서 잣가루를 묻혀 놓는다."라고 하였다.

따라서 단자는 재료와 만드는 방법이 약간씩 다르기는 하지만, 시속음식으로 특히 아이들의 생일에 꼭 있어야 되는 떡이자, 거의 1년 내내 즐겨 만들어 먹었던 우리 고유의 떡이었음을 알 수 있다.

치는떡

[재료 및 분량]

색단자

- 찹쌀 5컵
- 소금 .... ½ 큰술

소

- 대추 .... 100 g(큰술)
- 유자청건지 .... ⅓ 컵
- 계피가루 .... ¼ 작은술

고물

- 밤 7개
- 대추 10개
- 석이버섯 .... 10 g
- 꿀 2큰술

은행단자

- 찹쌀가루 5컵
- 소금 .... ½ 큰술
- 은행(갈은것) 1컵

고물

- 잣가루 1컵
- 꿀 2큰술

대추단자

- 찹쌀가루 5컵
- 소금 .... ½ 큰술
- 대추 10개

고물

- 밤 7개
- 대추 10개
- 석이버섯 .... 10 g
- 꿀 2큰술

만드는 방법

1. 찹쌀을 깨끗이 씻어 일어서 물에 8~12시간 정도 담갔다가 건진 다음, 소금을 넣고 가루로 빻아 체에 내려서 고운가루를 만들어 3등분한다.
2. 찹쌀가루를 셋으로 나누어 각각 은행 갈은 것, 대추 다진 것을 섞어주고, 나머지 하나는 아무것도 섞지 않은 것을 구분해서 나누어 놓는다.
3. 색단자는 대추를 돌려깎기하여 곱게 채 썰고, 밤·석이도 손질하여 곱게 채 썬 후 찜통에 잠깐 쪄서 3가지를 섞어 고물을 만들어 놓는다.
4. 소는 분량의 대추 다진 것, 유자청 건지, 계피가루를 섞어 은행알 만하게 빚어 놓는다.
5. 찜통에 젖은 보를 깔고 3가지를 각각 찐 후, 꺼내 각각 양푼에 쏟아 꽈리가 일도록 짓는다.
6. 은행단자는 도마 위에 꿀을 바르고 떡반죽을 올려 쏟아 1 cm 두께로 반대기를 지은 다음, 잠시 식혀서 길이 3 cm, 폭 2.5 cm로 썰어 꿀을 바르고 잣가루를 묻혀 낸다.
7. 색단자는 위에 준비한 소를 넣어 은행단자와 같은 크기로 만든 다음, 꿀을 바르고 고물과 잣가루를 묻힌다.
8. 대추단자는 은행단자 만드는 방법과 동일하게 만들어 대추, 밤, 석이 등의 고물을 묻힌다.

참 고

- 은행은 겉껍질을 까서 끓는물에 잠시 넣었다가 건져 속껍질을 벗겨 분마기에 갈아 쌀가루와 함께 섞는다.
- 대추를 다져 쓰는 대신 깨끗이 씻어 물을 붓고, 푹 고아서 체에 걸러 반죽을 하면 맛이 더 좋고 빛깔도 곱나.
- 밤은 겉껍질과 속껍질을 벗겨 곱게 채썰어 색이 변하기 전에 찜통에 베보자기를 깔고 뜨거운 김이 날 때, 숨죽을 정도로만 살짝 쪄서 넓은 그릇에 펴 놓는다.

❶

❷

❺

❽

호박삼색단자

호박삼색단자는 찹쌀가루에 늙은 호박을 쪄서 섞어 반죽하여 반대기를 지은 후, 다시 쪄서, 꽈리가 일도록 치고, 소를 넣어 동그랗게 빚어 여러 가지 고물을 묻힌 떡이다.

주재료가 되는 호박은 임진왜란 이후 선조 때 중국에서 우리나라에 들어왔으며, 승려가 먹는 떡이라 하여 '승소(僧蔬)'라고도 불리다가 세상에 널리 퍼지게 되었다고 한다.

호박삼색단자는 주재료로 쓰이는 호박의 영양과 독특한 맛을 즐기기 위해 만든 떡으로, 구수하고 단맛을 주는 호박은 비타민 A 의 전구체인 카로틴이 풍부한 것이 특징이다. 부종을 치료해 주고 이뇨효과가 있어, 예로부터 임산부와 신장 질환자들이 많이 이용해 왔으며, "동지에 호박을 먹으면 중풍에 걸리지 않는다."는 말이 있듯, 호박은 건강식품으로, 또 밥상 위의 채소 요리로, 최근에는 당뇨병환자와 비만증 환자의 치료식으로도 이용되고 있다.

이는 호박의 당분이 소화흡수가 잘 되기 때문이며, 위장이 약하고 마른 사람에게는 부식으로서만이 아니라 간식으로 먹어도 좋고, 회복기의 환자에게도 아주 좋은 식품으로 널리 알려지고 있다.

늙은 호박은 저장성이 좋기 때문에 겨우내 두고 두고 먹었으며, 이를 음식에 이용함으로써 겨울철에 부족 되기 쉬운 비타민 A 의 섭취가 가능했던 것이다. 또한 겨울철에 감기, 기침과 같은 호흡기 질환에 시달리는 사람이 호박을 많이 먹으면 호흡기가 튼튼해져 호흡기 질환에 저항력이 생기는데 호박 속에 비타민 A 가 많기 때문이다.

이외에 고명으로 쓰이는 석이는 주로 바위나 돌 등에 이끼처럼 붙어서 자라는 버섯으로, 성분이 차고 맛이 달며, 독이 없어 청심(淸心)하고, 지혈(止血) 효과가 있으며, 연년(延年)하며 얼굴색을 아름답게 하고, 먹으면 배가 고프지 않고, 또 명산의 절벽 위에서 나기 때문에 '영지(靈芝)'라고 불려져 왔다.

따라서 호박삼색단자는 호박을 비롯 석이 등의 영양과 약리적 효과는 물론이고, 밤채·대추채·잣 등의 겉고물이 무척 화려하여 보기에도 좋을 뿐 아니라, 호박의 단맛에 이들 부재료의 맛과 더해져서 달콤하고 구수하여 다른 단자와는 색다른 맛을 느낄 수 있다. 특히 고물 사이로 비쳐 나오는 호박의 노란색은 여러가지 고명의 자연스런 색과 어우러져 아름답기 그지없다.

치는떡

[재료 및 분량]

재료	분량
찹쌀	7 컵(가루 14 컵)
소금	1½ 큰술
단호박	400 g
설탕	½ 컵

소

재료	분량
대추	30 개
유자청건지	200 g
계피가루	2 작은술

고물

재료	분량
밤	30 개
대추	40 개
석이버섯	20 장
잣	1 컵
꿀	½ 컵

만드는 방법

1. 찹쌀은 3~4회 깨끗이 씻은 후 물에 8~12시간 담갔다가, 소쿠리에 건져서 분량의 소금을 넣고 가루로 빻아 체에 내린다.
2. 단호박은 껍질째 4등분하여 찜통에 쪄낸 후 과육을 수저로 긁어 내어 체에 한번 내린다.
3. 찹쌀가루에 체에 내린 호박과 설탕을 넣고 섞어서 찜통에 쪄서 절구에 넣고 꽈리가 일도록 친다.
4. 대추는 돌려깎기하여 씨를 발라낸 후 다지고, 유자청건지와 계피가루를 넣고 대추알만 하게 뭉쳐 소를 만든다.
5. 밤·대추·석이버섯을 곱게 채 썰어 찜통에 젖은 면보를 깔고 한 김을 올려 부드러워지면, 펼쳐 식혀 고물을 준비한다.
6. 순비한 반죽을 뜨거울 때 소금씩 떼어 소를 넣고 직경 4cm 정도로 동그랗게 빚은 다음, 꿀을 발라 삼색 고물을 각각 묻히고, 다시 잣가루를 묻혀 그릇에 담아 낸다.

참 고

- 밤·석이버섯·대추채는 아주 곱게 채를 쳐야 떡 모양이 얌전하다.
- 고조리서에는 늙은호박을 사용했으나, 여기서는 단맛과 색이 좋은 단호박을 재료로 사용하였다.

감단자

감단자는 감을 삶아 어레미로 거른 후, 약한 불에서 푹 곤 홍시와 생강즙을 찹쌀가루에 넣고 계피가루, 설탕 등을 섞어 찐 뒤 꽈리가 일도록 치대어 동부고물을 묻힌 독특한 떡이다.

감은 경상남도 사천·진영 일대에서 많이 생산되는데, 감이 완전히 익기도 전에 비바람에 떨어지는 것이 많아서, 이 감단자를 만들게 되었다고 한다.

한편 1984 년《한국민속종합조사보고서》〈향토음식편〉에 보면, "찹쌀가루와 홍시 거른 것을 섞어 반죽하여 손바닥만큼씩 반대기를 만들어 끓는물에 삶아 건져서 방망이로 꽈리가 일도록 치대어 새알만큼씩 떼어 잣가루, 밤고물, 팥고물 등을 각각 묻히는 전라도 지방의 단자"라고 기록되어 있다.

재료로 쓰이는 감은 홍시를 이용하는데, 감은 장기간 보관이 어려우므로 떫은 감은 푹 고아 체로 걸러내어 소독한 병에 담아 떫은 맛을 없앤 뒤, 저장했다가 사용해도 좋다.

일반적으로 떡은 쉽게 노화되는데 비해 감을 넣은 감단자는, 오랫동안 호화상태가 유지되어 부드럽고 소화도 잘되는 까닭에, 옛부터 사천지방에서는 영양식으로 즐겨 만들어 먹었다고 한다.

궁중에서는 '단자'라고 하였고, 민가에서는 주로 '경단'이라고 일컬어 왔는데, 찹쌀가루에 섞는 부재료에 따라 무슨 단자, 무슨 경단이라 이름을 달리하여 부르는 것이 일반적이다.

기록으로 1766 년(영조 4 년)에 간행된《증보 산림경제(增補 山林經濟)》에 처음으로 '향애단자'와 '송편'이라고 하는 떡류의 이름이 소개되어 있는 것으로 미루어, 이때부터 송편과 단자를 구별하여 만들어 먹었음을 알 수 있다.

단자는 대개 손가락마디 한 개 정도의 크기로 작게 만들며, 밤단자나 쑥꾸리단자 등은 소를 넣어서 빚기도 한다. 감단자를 대추크기 만하게 빚어 잣가루·대추채·석이채·깨 등 각종 고물을 묻혀 화려하게 만들기도 하는데, 이렇게 만든 감단자는 잔치음식으로 널리 사용해 왔다.

감단자에 사용되는 부재료인 생강은 매운 맛과 독특한 향이 오장과 육부를 열어주고 사지와 관절을 통하게 하여 몸을 따뜻하게 해준다.

따라서 감단자는 비타민 A 등이 풍부하고, 포도당과 과당이 많이 들어있어 단맛이 강하며, 생강과 어울려 매우 이상적이라 하지 않을 수 없다.

치는떡

[재료 및 분량]

찹쌀	8컵(가루 16컵)
소금	1½ 큰술
홍시(大)	15개
생강	1쪽
물	1컵
설탕	1컵
계피가루	1큰술

고물

거피팥	4컵
소금	1큰술
곶감	4개
대추	5개
밤	3개

만드는 방법

1. 찹쌀은 3~4회 깨끗이 씻은 후 물에 8~12시간 담갔다가, 소쿠리에 건져서 분량의 소금을 넣고 가루로 빻아 체에 내린다.
2. 홍시는 체에 내려서 은근한 불에 고아 농축해 놓고, 생강은 껍질을 벗겨서 저며 썬 후, 물 1컵을 붓고 절반으로 될 때까지 조린다.
3. 하룻밤 충분히 불려 놓은 거피팥을 거피하여 깨끗이 씻어 일어서 찜통에 찌고 소금을 넣어 빻아 어레미에 내려 거피팥고물을 만든다.
4. 찹쌀가루에 농축시킨 홍시와 생강물, 그리고 분량의 설탕, 계피가루를 넣고 고루 섞어 찜통에 찐다.
5. 쪄낸 떡을 절구에 쏟아 꽈리가 일도록 쳐서 한김 나간 후, 지름 4cm의 동글납작한 경단을 만들어 거피팥고물과 곶감채·대추채·밤채를 묻힌다.

참 고

- 고물로는 주로 거피팥고물을 사용하는데, 맛과 모양을 좋게 하기 위해서 곶감이나 대추, 밤을 채 썰어 묻히기도 한다.
- 생강의 양은 기호에 따라 가감할 수도 있다.

해장떡

해장떡은 충북 중원군의 강변 마을에서 뱃사람들이 아침에 일 나가기 전에 뜨끈뜨끈한 해장국과 함께 먹었다고 하여, 해장떡으로 불려지게 된 것이 그 유래라고 전해진다.

해장떡은 찹쌀가루를 찜통에 찐 다음 인절미를 만들 듯이 방망이로 오래 쳐서, 식기 전에 손바닥만하게 썰어 두툼한 모양을 내어 팥고물을 입혀 만든 떡이다.

따라서 해장떡은 찹쌀가루로 만든 치는 떡인 인절미의 한가지라고 할 수 있으며, 콩고물 대신 팥고물을 입힌다는 점에서 이채로운 떡이다.

그러나 이 떡은 전날 먹은 술기운을 풀기 위하여 아침 식사 전에 술을 조금 마신다거나, 해장으로 먹는 국을 일컬을 때의 '해장(解腸)'과는 거리가 있는 향토떡이라고 하겠다.

충청북도 중원군의 강변 마을은 아마도 지금의 가금면 창동리 일대가 아닐까 생각된다. 아무튼 이곳 뱃사람들이 새벽 일 나가기 전에 아침 식사할 시간도 너무 이르거니와, 밥맛도 없을 때 아침 식사 대용으로, 크고 두툼한 해장떡 한 조각과 해장국 한 그릇을 먹고 나면 배가 불룩 불러져서 만복감을 느꼈을 것이다.

실제로 아침에 이 떡을 먹으면 속이 든든할 뿐 아니라, 뼈를 고아서 만든 사골국물의 해장국과 함께 먹으면 영양이 충분해서 하루 종일 뱃일이 힘든 줄 몰랐으리라 생각된다. 떡 이름의 유래야 어떻든 해장떡은 보통의 인절미와는 맛이 다를 뿐 아니라, 손바닥만하게 크게 썰어 붉은 팥고물을 두둑하게 묻혀 먹음직스럽게 만든 떡이니 보기만 해도 푸짐하다.

농촌에서 모심기나 벼베기할 때 논두렁에 걸터앉아 새참으로 막걸리 한 대접을 마시고 나면, 힘이 나듯이 똑같은 원리일 것이다.

치는떡

[재료 및 분량]

찹쌀	10 컵(가루 20 컵)
소금	2 큰술
물	2~2½ 컵

고물

붉은팥	5 컵
소금	1½ 큰술

만드는 방법

1. 찹쌀은 3~4회 깨끗이 씻은 후 물에 8~12시간 물에 담갔다가, 소쿠리에 건져서 분량의 소금을 넣고 가루로 빻아 체에 내린 다음, 분량의 물을 뿌려가며 버물버물 반죽하여 놓는다.
2. 팥은 깨끗이 씻어 일어 한 번 끓으면 물을 버리고, 다시 새 물을 넣고 푹 삶아서 뜸을 들인 후 소금을 넣고 절구에 대강 찧어 팥고물을 만든다.
3. 찜통에 젖은 면보자기를 깔고 준비한 찹쌀반죽을 넣어 찐 다음, 절구에 넣고 떡메로 꽈리가 일도록 친다.
4. 친 떡을 뜨거울 때 손바닥만 하게 썰어 모양을 다듬어서 팥고물을 두둑하게 묻혀 낸다.

참 고

- 팥을 삶을 때 먼저 팥 속의 사포닌을 제거하기 위하여 한소끔 끓으면 그 물을 버리고 찬물을 넣어 다시 팥이 익도록 삶는다.
- 팥고물용 팥을 삶을 때에는 팥이 너무 무르지 않도록 하여야 하며, 뜸을 들일 때는 밑이 나지 않도록 주의한다.

오쟁이떡

오쟁이떡은 찹쌀가루를 쪄서 잘 찧은 다음, 팥소를 넣고 네모지게 오쟁이 모양으로 큼직하게 빚어 콩가루를 묻혀 만든 떡이다.

이 떡은 경기도 지방의 배피떡과 비슷한데, 떡이름에서 알 수 있듯 오쟁이처럼 생겼다 해서 오쟁이떡이라 부르게 되었다.

오쟁이는 씨앗망태와 한가지로 새끼로 네모지게 엮어 만든 작은 섬을 가리키는 것으로, 농가에서는 여기에 씨앗 등을 담아 담벽에 걸어 놓는데, 씨앗을 담아 놓는다는 데서 '씨오쟁이'라고 부르기도 한다.

가정에서도 딸이 많은 집에 오직 아들 하나만 있을 때 씨앗과 같이 귀하다 하여 오쟁이라 이름을 붙였던 것을 종종 볼 수 있다.

오쟁이떡은 황해도를 중심으로 이북 지방에서 즐겨 먹는 떡으로, 큼직해서 한 개만 먹어도 배가 불룩하게 나올만큼 푸짐하여 풍요로움을 상징한다.

1984 년 《한국민속종합조사보고서》 〈향토음식편〉에 보면, 만드는 법을 비교적 자세하게 적고 있는데 "찹쌀을 불렸다가 시루에 쪄서 절구에 찧어 인절미를 만든 뒤, 달걀 크기만큼씩 떼어 속에 팥고물을 넣고 빚어 콩가루를 고물로 묻혀 만든 친 떡이다." 하여, 예나 이제나 만드는 법에서 크게 달라지지 않았음을 알 수 있다.

오쟁이떡에 사용되는 재료들 가운데 팥과 콩은 다 같이 떡 속에 넣는 소나 떡 겉에 무치는 고물로 쓰는 것으로, 이 떡은 찹쌀 인절미의 쫀득한 맛에 팥과 콩의 구수하면서 단맛을 함께 즐길 수 있다.

또한 소로 넣는 팥을 통해서는 백미 중심의 식습관에서는 부족되기 쉬운 아미노산 보충효과와 함께, 단백질의 질향상과 변비해소, 신장염, 각기병, 숙취해소 등의 효과를 얻을 수 있으며, 고물로 쓰는 콩은 양질의 단백질과 함께 풍부한 지방과 아미노산을 많이 함유하고 있는 훌륭한 영양 공급원이다.

특히 콩에 들어있는 지방은 불포화지방산이라고 하여 체내의 콜레스테롤을 제거해 주는 역할을 하여 비만증과 고혈압같은 각종 성인병예방과 치료에 크게 기여한다.

따라서, 우리 조상들이 찹쌀가루에 콩과 팥을 혼합하여 오쟁이떡을 만들어 먹었다는 사실은, 매우 이상적인 단백질을 섭취할 수 있는 방법으로, 옛 사람들의 합리적이고 지혜로운 조리법과 생활의 슬기를 함께 엿볼 수 있다.

치는떡

[재료 및 분량]

찹쌀	10 컵(가루 20 컵)
소금	2 큰술

소

붉은팥	2 컵
소금	½ 큰술
설탕	1 컵
노란 콩가루	3 컵

만드는 방법

1. 찹쌀가루는 3~4 회 깨끗이 씻어 일어 물에 8~12 시간 담가 두었다가 소쿠리에 건져 분량의 소금을 넣고 가루로 빻아 체에 내린다.
2. 팥은 깨끗이 씻어 일어 한 번 끓으면 물을 버리고, 다시 새 물을 넣고 푹 삶아 뜸을 들여 소금, 설탕으로 간하 뒤 절구에 찧어서 팥소를 둥글게 빚는다.
3. 찹쌀가루는 분량의 물로 버물버물 섞어 젖은 베보자기를 깔고 찜통에 쪄서 절구에 넣고, 꽈리가 일도록 친다.
4. 찹쌀떡 반죽을 달걀 크기만큼 떼어 안에 팥소를 넣고 오므린 후, 두께 3 cm, 가로 7 cm, 세로 4.5 cm 정도의 모양으로 만든 다음, 노란 콩가루를 듬뿍 묻힌다.

참 고

- 팥을 완전히 삶아 물기를 뺀 후 뜸을 들여 질어 지는 것을 방지한다.
- 떡에 고물을 묻힐 때 큰 쟁반에 콩가루를 펴고 떡을 놓고 굴려 낸다.

감 떡

감떡은 찹쌀가루에 곶감을 얇게 저며서 말렸다가 곱게 빻은 곶감가루와, 씨를 빼고 잘게 채 썰어서 바짝 말린 뒤 곱게 빻은 대추가루를 함께 섞어서 시루에 찐 후, 다시 경단처럼 빚어서 미리 준비한 잣가루와 호두가루를 고물로 묻힌 떡이다.

이와 같은 방법으로 만드는 감떡은 평안도 지방에서 많이 해 먹는 떡으로, 남부 지방의 감떡과도 만드는 방법이 다르다.

남부지방의 감떡 중 감단자가 있는데, 찹쌀가루에 껍질 벗긴 홍시를 졸여 걸러 함께 섞고 반죽하여 손바닥만큼씩 반대기를 지어 끓는물에 삶아, 익으면 건져서 방망이로 꽈리가 일도록 치대어 새알만큼씩 떼어 단자를 만들고, 잣가루나 밤고물·팥고물 등을 입힌 것이다.

이러한 감떡은 무엇보다도 감가루를 잘 만들어야 제맛이 난다. 감가루를 잘 만들려면 반드시 한로(寒露)가 지나서 수확한 감을 껍질을 벗겨야 한다. 그래야 껍질이 잘 벗겨지고 또 잘 마른다. 껍질을 깎은 감은 적당한 온도와 습기, 바람을 맞혀야 서서히 마르면서 곶감 특유의 단맛이 들고, 건조과정에서 감 표면에 하얀 가루, 즉 시설(柿雪)이 잘 핀다.

곶감의 시설은 감 속의 당분류가 배어 나와 만들어지는 것으로, 옛날 궁중에서는 이 하얀 가루를 따로 거두어 두었다가 감미료(甘味料)로 사용하였다고 한다.

우리가 쓰는 말 가운데 '감쪽 같다'고 하는데, 이는 위와 같이 잘 건조된 곶감 곧 '꼬챙이에 꽂은 감'이 달고 맛이 있기 때문에 누가 볼 사이도 없이 빨리 먹어치워 흔적이 없다는 데서 생겨난 말로, 무슨 일을 빨리 해치우거나 무엇을 빨리 먹는 것을 두고 '감쪽같다'고 한다.

1236년경의 《향약구급방(鄕藥救急方)》에서는 곶감에 대해 기록하고 있는데, 이 곶감은 이미 고려시대부터 만들어 먹었음을 알 수 있다.

그러고 보면 북부 지방에서는 말린 감가루를 떡에 넣어 사용하였고, 남부 지방에서는 감고지를 비롯 홍시나 단감을 즐겨 사용했던 것으로 여겨진다.

이렇게 감의 단맛과 몸을 따뜻하게 해주는 대추의 효능을 떡에 끌어들임으로써, 건강도 도모하고 떡의 맛도 배가(倍加)시켰던 조상들의 지혜로움과, 이렇듯 음식 만드는 일에 쏟아 부은 정성이 얼마나 지극했는지를 알 수 있다.

치는떡

[재료 및 분량]

- 찹쌀 ················ 10 컵(가루 20 컵)
- 소금 ································ 2 큰술

설탕물

- 설탕 ································ ⅔ 컵
- 물 ···································· 2 컵

곶감 ···································· 20 개

대추 ···································· 15 개

고물

- 호두(껍질 깐 것) ················ 15 개
- 잣 ···································· 1 컵

만드는 방법

1. 찹쌀은 3~4 회 깨끗이 씻은 후 물에 8~12 시간 정도 담가 두었다가, 소쿠리에 건져 물기를 뺀 후 분량의 소금을 넣고 가루로 빻아 체에 내린다. 끓여 식힌 설탕물을 넣고 고루 비벼 다시 체에 내린다.
2. 곶감과 대추는 채썰어 말려서 가루로 만들어 고운 체에 쳐 놓고, 껍질 벗긴 호두와 잣은 각각 칼로 다져서 가루를 만든다.
3. 떡가루에 곶감가루, 대추가루를 섞어 시루에 쪄낸 후 다시 치대어 반죽하여 경단처럼 빚는다.
4. 빚은 떡을 호두가루와 잣가루에 묻혀서 보기 좋게 담아 낸다.

참 고

- 곶감과 대추는 채 썰어 채반에 널어 말린 다음 건조기에 한 번 더 넣어 바싹 말려서 가루로 만든다.
- 오븐을 사용하면 더 잘 말려지며, 시간이 단축된다.

진달래화전

화전(花煎)은 꽃지짐으로 계절감을 가장 잘 나타낼 수 있는 독특한 떡이다.

봄에는 진달래꽃, 여름에는 황장미꽃, 맨드라미꽃, 가을에는 황국, 감국잎을 사용하여 예쁘게 만든다.

화전은 1611년 《도문대작(屠門大爵)》에서 '전화법', '유전병'으로 처음 기록되었으며, 1670년 《음식지미방(飮食知味方)》에도 '전화법(煎花法)'이라 기록되어 있다.

《음식지미방》, 《주방문(酒方文)》에서는 찹쌀가루에 메밀을 섞었으나, 1766년 《증보 산림경제(增補山林經濟)》 이후의 문헌에서는 찹쌀가루로만 만든 것으로 기록되어 있다. 또 《동국세시기》에서는 녹두가루를 사용했으며, 두견화 · 장미화 · 출단화 · 국화 등의 꽃과 꿀, 기름 등을 썼고, 1766년 《증보 산림경제》, 《18세기 궁중연회음식고》에도 기록되어 있다.

1700년대 말엽 《경도잡지(京都雜誌)》, 1849년 《동국세시기》에 "화전은 삼짇날의 시 · 절음식이라, 만드는 방법은 두견화를 찹쌀가루에 같이 넣어 주물러 반죽하였다 하였으나, 현재는 꽃잎 한 두 장을 찹쌀반죽의 위에 놓아 꽃의 향기가 그만 못하다."라고 하였다.

《음식지미방》에는 "찹쌀가루에 거피한 메밀가루를 조금 넣고, 두견화 · 장미화 · 출단화의 꽃을 많이 넣고, 눅게 말아 끓는 기름에 뚝뚝 떠 넣어 바삭바삭하게 지져서 한김 날 때 꿀을 얹어 쓴다."고 하였다. 풍속과 관련된 음식을 살펴보면, 우리 조상들은 음식의 맛을 자연의 아름다움에 한층 더하여 멋으로 받아들였음을 알 수 있다.

그 대표적인 예는 꽃놀이와 꽃전 등에서 엿볼 수 있다. 음력으로 3월 3일, 강남 갔던 제비도 돌아온다는 삼짇날에 진달래꽃이 만발한 산 언덕이나 개울가에 나가, 남정네는 편을 나누어 활쏘기 대회를 하고, 여인들은 한아름 진달래꽃잎을 따서 찹쌀가루에 반죽하여 둥근 떡을 만든다.

이 꽃떡은 참기름에 지져 먹는데, 《동국세시기》에 따르면, "필운대(弼雲臺)의 살구꽃, 북둔(北屯)의 복사꽃, 흥인문(興仁門) 밖의 버들이 아름다워 이곳에 모여 꽃놀이도 하고 꽃전도 부쳐먹으며 하루를 즐겼다."고 기록되어 있다.

옛날 궁에서는 삼월 삼짇날 임금이 비원에 행차하면 그 자리에서 두견화를 따서 꽃지짐을 하는 '화전놀이'라는 행사가 있었다고 한다.

지지는떡

[재료 및 분량]

찹쌀	5컵(가루 10컵)
소금	1큰술
진달래꽃	20송이
대추	10개
쑥(쑥갓)	30 g
꿀(또는 설탕시럽)	½컵
지지는 기름	1컵

만드는 방법

1. 찹쌀을 깨끗이 씻어 일어서 물에 12시간 정도 담갔다가, 건져서 소금을 넣고 빻아 체에 내린다.
2. 찹쌀가루를 끓는물로 익반죽한 후, 직경 5cm정도로 동글납작하게 빚어 놓는다.
3. 진달래꽃은 꽃술을 떼고 물에 씻어 물기를 닦아 놓고, 대추는 돌려깎아 채 썰거나 꽃모양을 내고 쑥은 잎만 떼어 놓는다.
4. 번철에 기름을 두르고 반죽을 놓고 누르면서 지진다. 뒤집어서 익은 면에 진달래꽃과 쑥잎, 채 썬 대추로 무늬를 놓고 지지면서 꽃을 붙인 다음에는 뒤집지 않는다.
5. 완성된 진달래 화전에 꿀을 묻혀 낸다. 진달래꽃이나 쑥이 없을 때에는 맨드라미 · 장미꽃 · 국화 · 대추와 쑥갓잎 등 여러 가지 꽃과 향긋한 채소잎을 얹어 모양을 내기도 한다.

참 고

- 화전의 반죽은 많이 주물러야 떡의 몸이 곱다.
- 떡을 지질 때에 꽃잎을 얹는 경우도 있으나, 반죽에 미리 꽃잎을 붙여서 모양을 오려내면 자연스럽다. 쑥잎 대신에 쑥갓잎을 사용해도 좋다.
- 봄에는 진달래꽃을, 여름에는 장미꽃 · 가련화를, 가을에는 국화 등을 사용한다.
- 화전을 전화(煎花) 또는 꽃전이라고도 했으며 음력 3월 3일 삼짇날에는 화전놀이를 했다.

장미화전

화전(花煎) 가운데서도 노란 장미화전은 어느 화전보다 화려하고 모양도 예쁘다. 이는 꽃 자체의 그윽한 향기와 아름다운 꽃이라는 상징적 이미지 때문이기도 하지만, 노란 장미꽃이 주는 밝은 색상이 음식의 색감과 거의 일치를 이루기 때문으로 생각된다.

《부인필지》와 《규합총서》에서는 "냉수에 반죽하면 빛이 누르고 기름이 많이 드니 소금물을 끓여 더운 김에 반죽하여 가루를 쥐어 보아 헤어지지 않을 만치만 반죽한다."고 하였다.

1800년대 말 《시의전서》, 《이조궁중음식연회고》에는 밤·대추·잣을 썼으나, 1934년의 《간편 조선요리제법》, 《조선요리》에 나오는 화전은 국화, 진달래꽃, 맨드라미꽃 등을 사용했으며, 《조선무쌍신식요리제법》에는 두견전병, 꽃전, 화전으로 불렸으며, 석류·국화전도 기록되어 있다.

찹쌀가루 반죽은 지방마다 같으나, 위에 놓는 꽃에 따라 이름이 다르다. 찹쌀가루를 물로 개어서 동글납작하게 모양을 만들어 번철에 기름을 두르고 뜨겁게 한 다음 여기에 지진다. 계절에 따라서 진달래·장미·배꽃·복숭아·맨드라미·국화꽃을 위에 얹어서 두견화전, 장미화전, 국화전을 만들며, 두견화(진달래)꽃잎을 쓸 때에는 찹쌀가루에 섞어서 반죽하여 지지기도 한다.

계절에 상관없이 대추, 밤, 실백, 석이버섯 채를 얹어서 지진다. 이렇게 만든 화전은 꿀을 발라 서로 붙지 않게 한다. 대개 화전은 단독으로 쓰이지 않고 떡의 웃기로 많이 쓰였다.

장미화전과 같은 유전병(油煎餠)류는 기름에 지지는 떡으로 화전, 주악, 부꾸미가 있다. 찹쌀가루를 끓는물로 익반죽하여 모양을 각양으로 만들어 꽃과 같이 기름에 지져서 만든 것을 화전(花煎)이라 하고, 방법은 같으나 소를 넣은 것을 '부꾸미'라 하며, 끓는 기름에 튀겨낸 것을 '주악'이라 한다.

따라서 쌀가루를 반죽하여 기름에 지진 떡으로는 두견화전, 장미화전, 국화전, 진감전, 토지병, 산삼병, 태병, 조각병 등이 있다. 《증보 산림경제》에 기록된 태병법(太餠法)은 "메밀가루를 꿀물에 섞어 죽을 쑤어 장작불 속에다 이 죽을 떨어뜨려 자연히 훈건(熏乾)되게 한 후에 재를 털어 꿀에 섞어 먹는다."고 하였고, 또, "이것은 시골 사람의 떡이다."라 하여 향리와 농가에서 많이 먹었음을 알 수 있다.

지지는떡

❶

❷

❹

❺

[재료 및 분량]

찹쌀	5 컵(가루 10 컵)
소금	1 큰술
노란장미	20 송이
대추	10 개
쑥(쑥갓)	30 g
꿀(또는 설탕시럽)	½ 컵
지지는 기름	1 컵

만드는 방법

1. 찹쌀을 깨끗이 씻어 일어서 물에 12시간 정도 담갔다가, 건져서 소금을 넣고 빻아 체에 내린다.
2. 고운 가루를 만들어 끓는물에 익반죽한 후, 직경 5cm 정도로 동글납작하게 빚어 놓는다.
3. 장미꽃을 한 장씩 떼어 물에 씻어 물기를 닦아 놓고, 대추는 돌려깎아 채 썰거나 꽃 모양을 내고, 쑥갓은 잎만 떼어 놓는다.
4. 번철에 기름을 두르고 반죽을 놓고 지진다. 뒤집어서 익은 면에 장미꽃과 쑥잎, 채 썬 대추로 무늬를 놓고 꽃을 붙인 다음에는 뒤집지 않는다.
5. 완성된 장미화전에 꿀을 묻혀 낸다. 장미꽃이 없을 때에는 대추와 쑥잎(쑥갓)을 얹어 모양을 내기도 한다.

참 고

- 화전을 지질 때는 익은 면에 꽃을 얹고 다시 뒤집지 않아야 깨끗하고 볼품이 있다
- 반죽은 많이 주물러야 반죽의 몸이 곱다.
- 봄에는 진달래꽃을, 5 월에는 장미꽃을, 여름에는 가련화, 가을에는 국화 등을 사용한다.
- 장미는 노란색의 꽃송이가 작은 식용 장미를 사용한다.

맨드라미화전

화전은 찹쌀가루반죽을 기름에 지지면서 위에 꽃이나 잎으로 예쁜 무늬를 놓고 버석버석하고 누릇누릇하게 지져 뜨거울 때 꿀물에 재웠다 꺼내 먹는 지지는 떡의 한가지이다.

1815 년 《규합총서(閨閤叢書)》에 보면, "냉수에 반죽하면 빛이 누르고 기름이 많이 드니 소금물을 끓여 더운 김에 반죽하여 가루를 쥐어 보아 헤어지지 않을 만치만 반죽한다."고 기록되어 있다.

찹쌀가루반죽은 지방마다 같으나 위에 놓는 것이 다르다. 꽃으로 할 때는 진달래꽃, 장미꽃, 배꽃, 봉숭아꽃, 맨드라미꽃, 국화꽃 등 계절에 맞게 얹고, 꽃이 없을 때는 대추채, 쑥잎, 미나리잎, 쑥갓잎 등을 붙여 만든다. 대개 화전 단독으로 쓰이지 않고 떡의 웃기로 쓰인다.

1827 년 《임원십육지》 〈정조지〉에 "찹쌀가루에 꽃을 같이 지져서 화전이라 하며, 말가루로 둥글게 지진 것을 전병(煎餠)이라고도 한다. 또는 찹쌀가루, 수수가루, 율무가루로 둥글게 빚어 팥소를 넣고 접어 지지기도 한다."고 하였으며, 《음식지미방(飮食知味方)》에는 "찹쌀가루에 거피한 메밀가루를 조금 넣고 두견화, 장미화, 출단화 꽃을 많이 넣고 눅게 말아 끓는 기름에 뚝뚝 떠 넣어 바삭바삭하게 지져서 한김날 때 꿀을 얹어 쓴다. 이러한 화전법은 그대로 이어지고 있으나, 지금은 꽃 한잎만을 위에 올려 지지니 꽃의 향기가 전만 못하다."고 하여 여러 종류의 화전이 만들어져 왔음을 알 수 있다.

맨드라미꽃전은 그 모양이 화려해서 한층 맛을 돋구어 주는데, 맨드라미는 비름과의 1 년초로, 7~8 월경에 꽃이 피고 홍색, 자색, 흰색이 주종을 이룬다. 꽃 모양이 마치 수탉의 벼슬처럼 생겼다.

거의 대부분의 화전이 제철 음식인 점으로 미루어 볼 때, 맨드라미꽃전 역시 자연스런 일로 생각된다. 그러나 언제부터 맨드라미꽃전을 해먹게 되었는지, 그 시기를 자세히 알 수 없는 게 유감이다. 하지만, 맨드라미꽃이 지사제(止瀉劑)로 쓰인다는 사실을 감안한다면, 맨드라미 꽃전이 여름철 음식인 것은 우연의 일치만은 아니라고 하겠다.

화전 중에서는 소를 넣어 반 접어 부치는 것도 있는데, 소는 대개 녹두고물이나 거피팥고물을 넣어 지지다가 소를 한편에 놓고 반 접은 후에 무늬를 놓는다.

분홍, 노랑, 파랑의 색을 들여 부치기도 한다.

지지는떡

[재료 및 분량]

찹쌀	5 컵(가루 10 컵)
소금	1 큰술
맨드라미꽃	20 송이
대추	10 개
쑥(쑥갓)	30 g
꿀(또는 설탕시럽)	½ 컵
지지는 기름	1 컵

만드는 방법

1. 찹쌀을 깨끗이 씻어 일어서 물에 12시간 정도 담갔다가 건진 다음, 소금을 넣고 빻아 체에 내린다.
2. 고운 가루를 만들어 끓는물에 익반죽한 후, 직경 5cm 정도로 동글납작하게 빚어 놓는다.
3. 맨드라미꽃은 물에 담가 씻어 물기를 닦아 놓고, 대추는 돌려 깎아 채 썰거나 꽃 모양을 내고 쑥은 잎만 떼어놓는다.
4. 번철에 기름을 두르고 반죽을 놓고 지진다. 뒤집어서 익은 면 위에 맨드라미꽃과 쑥잎으로 무늬를 놓고, 꽃을 붙인 다음은 뒤집지 않는다.
5. 완성된 맨드라미화전 위에 꿀이나 설탕시럽을 묻혀 낸다. 맨드라미꽃이 없을 때에는 대추와 쑥잎을 얹어 모양을 내기도 한다.

참 고

- 화전의 반죽은 많이 주물러야 맛이 곱다.
- 화전의 반죽이 질면 늘어져서 모양이 좋지 않다.
- 꽃을 얹을 때는 너무 많이 장식하면 시서분하므로 깨끗하게 한다.
- 맨드라미 색깔이 변하지 않게 하며, 기름을 너무 많이 사용해 떡에 물이 들지 않도록 주의해가며 지진다.
- 맨드라미꽃이 없을 때에는 계절에 따라 진달래꽃 · 장미꽃 · 배꽃 · 복숭아꽃 · 국화 등 제철에 나오는 꽃을 떡 위에 얹어 만들기도 한다.

국화전

농가월령가 중 〈동동〉, 〈9 월령〉을 보면, "누런 국화로 찹쌀떡을 만들어 먹는다."고 한 것을 알 수 있는데, 국화전을 지칭한 것으로, 오래 전부터 국화전을 즐겼음을 알 수 있다.

중양절은 9 월 9 일로 중양(重陽) 또는 중광(重光)이라고 한다. 우리나라 풍습에 이날은 단풍 구경을 하러 산에 올라가는데, 먹는 음식으로 빛이 누런 국화를 따다가 국화전과 국화주를 만들어 즐긴다.

1913 년 《조선요리제법》에 "국화전(菊花煎)은 가을에 감국잎을 따서 맑게 씻어 찹쌀가루를 묻혀 끓는 기름에 띄워 지져서 계피가루를 치고 놓는다."고 하였다.

관상식물로서는 동양에서 가장 오래된 꽃에 속하는 국화는, 늦가을 서리를 맞고도 화려한 꽃을 피우는 까닭에, 특히 선비들이 사군자(四君子)의 하나로 귀히 여겼다. 중국이 원산지로 전하며, 기록에 의한 재배 시기도 당(唐)나라 이전이라고 한 것으로 보아, 옛부터 일반에서도 재배했음을 미루어 알 수 있다.

국화는 장수와 영초(靈草)로서 옛날부터 애용되었으며, 약용과 양조용으로서도 이용되어 왔다. 은군자(隱君子) 또는 중양화(重陽花)라고도 불리운다.

시인 소동파(蘇東坡)는 국화를 식품으로 다루고 있는데, "봄에는 싹을 먹고, 여름에는 잎을, 가을에는 꽃을, 겨울에는 뿌리를 먹는다."고 했다. 하나도 버리는 것이 없으며 사시사철 이용한다는 것이다.

1590 년 《본초강목》에 국화의 효능에 대하여, "오랫동안 복용하면 혈기가 좋고 몸을 가볍게 하며, 쉬 늙지 않는다. 위장을 평안케 하고 오장을 도우며 사지를 고르게 한다. 그 밖에 감기, 두통, 현기증에 유효하다."고 기록되어 있다. 우리나라의 산과 들에 자생하는 야생국화로는 산국·감국·뇌향국·산구절초·갯국화가 있으며, 10 월과 11 월에 꽃이 핀다.

1849 년 《동국세시기》에 "9 월 9 일에는 국화를 관상하는 날이요, 또 국화로 만든 떡과 술 등을 만들어 먹는 풍습이 있다."고 하였고, 《열양세시기》에도 "선비와 여인들은 단풍과 국화꽃을 관상하며, 이는 마치 봄에 핀 꽃과 버들강아지를 구경하는 양 싶은 것이다. 사대부와 옛일을 좋아하는 자는, 거의가 9 월 중양절을 맞으면 높은 산에 올라가서 시(詩)를 지어서 이 날을 즐긴다."고 하였다.

국화전은 그 모양도 곱고 화려하거니와 늦가을의 별식으로는 단연 으뜸이라 하겠다.

지지는떡

[재료 및 분량]

- 찹쌀 .... 5 컵(가루 10 컵)
- 소금 .... 1 큰술
- 국화(小菊) .... 20 송이
- 대추 .... 10 개
- 밤 .... 10 개
- 석이버섯 .... 8 장
- 꿀(또는 설탕시럽) .... ½ 컵
- 지지는 기름 .... 1 컵

만드는 방법

1. 찹쌀은 깨끗이 씻어 일어서 12시간 정도 담갔다가 건져, 소금을 넣고 빻아 체에 내려서 고운 가루를 만든다. 여기에 끓는 물을 넣고, 말랑하게 반죽하여 직경 5cm 정도로 동글납작하게 빚는다.
2. 국화꽃은 꽃만 따서 찬물에 띄워 둔 다음, 건져서 물기를 닦아 놓고, 대추는 돌려깎아 채 썰거나 꽃 모양을 내고 밤과 석이버섯은 손질한다.
3. 팬에 기름을 두르고 반죽을 놓고 누르면서 지진다. 뒤집어서 익은 면 위에 국화·대추·밤·석이 고명을 얹어 무늬를 놓는다.
4. 완성된 국화전 위에 꿀이나 설탕시럽을 발라 낸다. 국화가 없을 때에는 진달래꽃·노란 장미꽃·대추·쑥갓잎을 사용하기도 한다.

참 고

- 국화꽃잎은 통째로 납작하게 눌러 붙이거나, 하나하나 떼어 붙이기도 한다.
- 국화꽃이 많으면 맛이 쓰므로 적당히 넣는다.
- 국화송이를 푸른 꼭지 없이해서 찹쌀가루에 한데 섞어 버무려 지져도 좋다.

익산섭전

익산섭전은 화전(花煎)의 한가지로 전라북도 익산지방에서 많이 만들어 먹는, 향토성이 매우 짙은 떡이다.

섭전은 찹쌀가루에 국화꽃잎을 얹어 지진 떡으로, 익산 지방에서는 물을 탄 소주를 부어 반죽을 하여 기름을 두른 번철에 떠놓고 그 위에 국화꽃잎과 밤채·대추채·석이채 등을 얹어 지져낸, 유전병(油煎餠)이라고 할 수 있다.

섭전에 대한 기록은 1700 년대 말엽의 《경도잡지(京都雜誌)》와 1819 년의 《열양세시기(洌陽歲時記)》를 비롯 1849 년의 《동국세시기(東國歲時記)》, 1943 년의 《조선무쌍신식요리제법》, 1827 년의 《임원십육지(林園十六志)》〈정조지〉, 1984 년의 《한국민속종합조사보고서》〈전라도편〉에서 찾아볼 수 있는데, 각기 '화전(花煎)', '전병(煎餠)', '섭전' 등 여러가지 이름으로 소개하고 있다.

《임원십육지》〈정조지〉에 유전병은 "찹쌀가루에 꽃을 같이 넣고 지져서 화전(花煎)이라." 하였으며, 밀가루로 둥글게 빚어서 전병(煎餠)이라 하였으며, 찹쌀가루·수수가루·율무가루를 둥글게 만들어 팥소를 넣고 접어서 지지기도 한다."고 기록되어 있다.

또, 《동국세시기》, 《경도잡지》에는 "두견화를 찹쌀가루에 이겨 반죽하여 지진다."고 하면서, "그러나 지금은 지진 떡 위에 꽃잎을 붙여 만드니 향기가 그만하지 못하여 이것(油煎餠)을 한구(寒具)라고 한다." 하였다.

'한구'라 하는 것은 이익의 《성호사설》에 "한식(寒食) 때 먹기 때문"이라는 글에서 그 유래를 찾고 있다.

한편 《청장관전서(靑莊館全書)》에는 "꽃뿐이 아니라 잎도 붙였다."고 하는 기록도 보인다.

이에 더하여 1943 년 《조선무쌍신식요리제법(朝鮮無雙新式料理製法)》에는 "가을에 감국꽃을 따서 말갛게 씻어서 찹쌀가루를 묻혀서 끓는 기름에 띄워 지져서 계피가루치고 웃개어 놓느니라."고 하여 국화전(菊花煎)을 소개하고 있다.

현재 익산지방에서 즐겨 먹고 있는 섭전은 《한국민속종합조사보고서》와 방법과 재료면에서 거의 일치하고 있음을 볼 수 있다.

섭전은 찹쌀가루를 말랑하게 익반죽 한 다음 꽃잎으로 예쁘게 장식하여 모양을 내었으므로, 맛뿐이 아니라 시각적으로도 아름다움이 뛰어난 떡이다.

지지는떡

[재료 및 분량]

찹쌀	5 컵(가루 10 컵)
소금	1 큰술
물	⅔ 컵
소주	⅓ 컵

고명

황국(黃菊)	20 송이
쑥(쑥갓)	30 g
꿀(또는 설탕시럽)	½ 컵
지지는 기름	½ 컵

만드는 방법

1. 찹쌀가루는 3~4 회 깨끗이 씻은 후 물에 8~12 시간 담갔다가, 소쿠리에 건져 분량의 소금을 넣고 가루로 빻아 체에 내려 나중에 황국 묻힐 것 ½ 컵을 남겨두고, 물에 소주를 섞어 잠시 끓여 넣고 익반죽하여 두께 0.5 cm, 직경 5 cm 로 빚는다.
2. 황국은 깨끗이 씻어 물기를 뺀 뒤, 남겼던 마른 찹쌀가루를 묻혀 놓고, 쑥잎은 떼어 둔다.
3. 번철에 기름을 두르고 빚어 놓은 반죽을 넣고 한면이 익으면 뒤집어 떡이 익은 면에 황국과 쑥잎으로 고명을 얹는다.
4. 지져낸 떡에 꿀 또는 시럽을 발라 낸다.

참 고

- 가을에 뜰 앞에 노랗게 핀 감국을 감상하고, 그것으로 고명을 얹어 떡을 아름답게 만들어 먹으니 과히 낭만적인 떡이라 하겠다.

구절떡

구절떡은 찹쌀가루를 익반죽하여 색색으로 곱게 물을 들인 후, 얇게 부쳐 쑥잎, 대추채, 석이채 등을 붙여 예쁘게 지진 떡이다.

이 구절떡은 함경도지방의 토속음식으로 알려지고 있는데, 《전국 각지방 음식결작선》이라는 책에 수록되어 있음을 볼 수 있다.

이 책의 〈구절떡 만드는 법〉은, "찹쌀가루를 송편보다 묽게 반죽하여 분홍, 녹색, 흰색 등 3가지로 나누어 번철에 얄팍하게 부치는데, 위에 대추채, 석이채 등을 놓아서 지진다."라고 소개하였다.

구절떡의 유래는 정확하지 않으나, 우리나라 사람들이 기수(奇數) 곧 홀수를 선호한다는 사실과 함께, 떡을 만드는 과정이 아홉 번에 걸쳐 이루어진 데에서 구절떡이라고 부른 것이 아닌가 생각된다.

즉, 찹쌀을 물에 불렸다가 가루로 빻고, 익반죽을 하고, 3등분하여 색색의 물을 들이고, 둥글 납작하게 빚고, 대추·석이·쑥잎을 채 썰거나 씻어놓고, 반죽을 기름에 지지고, 대추채·석이채·쑥잎을 얹고, 다시 약한 불에 지져내고, 설탕을 뿌려 색 맞추어 그릇에 담아내기까지 아홉 번의 과정을 거치고 있기 때문이다.

이와 같은 예는 우리 고유의 전통음식 가운데 하나인 구절판(九節坂)이나 칠절판(七節坂), 오절판(五節坂)이 있고, 찬합이라고 하는 식기에 있어서도 삼합, 오합, 구합 등 기수로 그릇의 단위를 정해놓고 있는 예를 찾아 볼 수 있다.

구절판은 아홉으로 나누어진 목기에 채소, 고기류 등 여덟 가지 음식을 둘레에 담고 한가운데에 담은 밀전병에 싸 먹는다고 해서 구절판인 반면, 구절초는 구일초(九日草)라고도 하는 바, 그 이름은 아홉 번 꺾어지는 풀, 또는 음력 9월 9일에 꺾는 풀이라는 데서 유래하였다고 한다.

따라서 구절떡은 우리 조상들의 음식이나 자연물에 대한 관념을 엿볼 수 있으며, 떡 이름 하나에도 분명한 생각을 담고자 하였음을 알 수 있다.

구절떡은 만들어 놓은 모양이 너무 곱고 아름다울 뿐만 아니라, 특히 단오절에 절식으로 즐겨 먹는데 대추, 석이, 쑥잎 등의 재료가 한데 어울려 화려함을 줄 뿐 아니라, 떡 위에 얹는 고명의 문양이 매우 아름다워 떡을 더욱 돋보이게 한다.

지지는떡

[재료 및 분량]

찹쌀	5 컵(가루 10 컵)
소금	1 큰술

반죽 물들이기

치자 1 개 · 물 6 큰술
⇒ 치자물 4 큰술과 끓는물 2 큰술

오미자 15 g · 물 6 큰술
⇒ 오미자물 5 큰술과 끓는물 2 큰술

쑥가루 5 g (1 큰술) · 물 2 큰술
⇒ 쑥물 2 큰술과 끓는물 4 큰술

고명

대추	8 개
석이버섯	2 장
쑥(쑥갓)	적당량
설탕(또는 설탕시럽)	½ 컵
지지는 기름	½ 컵

만드는 방법

1. 찹쌀은 3~4 회 깨끗이 씻은 후 물에 8~12 시간 정도 담갔다가, 소쿠리에 건져 물기를 빼고 분량의 소금을 넣고 가루로 빻아 체에 내린다.
2. 찹쌀가루를 3 등분하여 분량의 치자 우린 물과 오미자 우린 물, 쑥가루물을 넣고 끓는물로 각각 익반죽하여 두께 0. 5 cm, 직경 5 cm 로 동글납작하게 빚어 놓는다.
3. 대추는 돌려깎기하여 씨를 빼고, 석이버섯은 미지근한 물에 불려 비벼 씻어 곱게 채 썰어 놓고, 쑥은 깨끗이 씻어 잎을 뜯어 놓는다.
4. 번철에 기름을 두른 다음 빚어 놓은 찹쌀 반죽을 놓고 지지는데, 한쪽 면이 익으면 뒤집어서 익은 면 위에 대추채 · 석이채 · 쑥잎 등을 얹고 약한 불에 지져낸다.
5. 지져 낸 떡에 설탕을 뿌린 다음, 색을 맞추어 담아 낸다.

참 고

- 고명은 작게 붙이고, 무늬는 각각 다르게 붙인다.
- 물들일 때는 색이 너무 진하지 않게 은은하게 들인다.

곤 떡

찹쌀전병류 가운데 하나인 곤떡은 충청도 지방의 특색 있는 향토음식으로, 떡의 색과 모양이 특히 곱다 하여 처음에는 '고운 떡'으로 불리우다가 차차로 '곤떡'으로 불리워지게 되었다.

곤떡을 만드는 법이 기록되어 있는 문헌으로는 1984 년의《한국민속종합조사보고서》〈향토음식편〉이다. 이 기록에 "찹쌀을 물에 불려 곱게 가루를 만든 후, 끓는물로 익반죽하여 밤톨만한 크기로 떼어 지름이 4~5 cm 크기로 둥글 납작하게 빚는다. 이어 기름에 지치뿌리를 넣고 끓이면 빨간색이 우러나면서 기름의 빛깔이 감자주색으로 되는데, 이 기름에 익반죽하여 빚어두었던 떡을 올려놓고 중불에서 지지면 붉고 고운빛이 나는 곤떡이 된다."고 기록되어 있다.

곤떡의 착색제로 사용되는 지치뿌리는 한약재의 하나로 식용과 염료로 이용된다. 산야에 자생하는 지치과의 다년생풀로, 잎과 줄기는 자지(紫芝), 자초(紫草), 지초(芝草)라는 여러 이름으로 불리우며, 그 뿌리를 자근(紫根)이라고 한다. 자근에는 자색색소가 외피 주위에 형성되어 강한 자색을 띤다. 자근으로 물들인 옷은 피부에 닿으면 창독(瘡毒)이 제거되고, 종물(腫物)이 생기지 않는다고 하여, 옛부터 왕복(王服)이나 높은 신분의 사람이 입는 등 권위를 상징하는 색이었다고 한다.

자근의 색소는 약식을 비롯 떡에도 이용되었는데, 약용할 경우 내건성(耐乾性)과 내충성(耐蟲性)이 있어서 건위·해독·화상·동상에 유효하며, 습진을 비롯 온갖 피부병을 치료하는 효과가 있고, 특히 뼈를 굳게 하고 연골 손상을 회복시켜주며 근육조직을 결합시켜주는 작용이 뛰어나다.

곤떡은 오미자, 치자처럼 색소를 우려낸 물에 떡을 반죽하는 것과는 달리, 지치뿌리를 끓는 기름에 넣어 지치 기름을 만들어 지지는 떡이므로 떡의 색이 자연스럽고 아름다운 것이 특징이다.

주로 큰 잔치 때 빚었으며, 편(片)의 웃기로 많이 쓰였다. 지치뿌리와 같은 천연색소를 떡에 이용, 빛깔이 고운 떡을 만들 줄 알았던 우리 조상들의 지혜와 솜씨 등 뛰어난 미적 감각을 엿볼 수 있다.

지지는떡

[재료 및 분량]

재료	분량
찹쌀	5컵(가루 10컵)
소금	1큰술

설탕물

재료	분량
설탕	1컵
물	1½컵

지치기름

재료	분량
지치(지초)	1컵
식용유	3컵

시럽

재료	분량
설탕	1컵
물	1컵

❷

❸

❹

❺

만드는 방법

1. 찹쌀은 3~4회 깨끗이 씻은 후 물에 8~12시간 담갔다가, 소쿠리에 건져서 분량의 소금을 넣고 가루로 빻아 체에 내린다.
2. 찹쌀가루에 끓인 설탕물로 익반죽하여 두께 0.7cm, 직경 5cm 정도로 동글납작하게 빚는다.
3. 지치(芝草)는 마른 수건으로 먼지를 닦아내고, 끓는 기름에 넣어 감자주빛의 지치기름을 만든다.
4. 팬에 지치기름을 두르고 빚어놓은 찹쌀 반죽을 놓고 약한 불에서 기름을 끼얹어가면서 붉은색이 고르게 나도록 곱게 지져 낸다.
5. 떡이 뜨거울 때 시럽을 뿌려 접시에 담아 낸다.

참 고

- 팬에 찹쌀반죽을 지질 때 서로 달라붙으므로, 조금씩 적당한 간격을 두고 지진다.
- 시럽은 설탕과 물이 동량이 되도록해서 은근한 불에서 반이 될 때까지 젓지 않고 끓인다.

찰·수수부꾸미

부꾸미는 전병의 한 가지로 찹쌀가루·차수수가루·밀가루·녹두가루 등의 재료로 둥글납작하게 빚어 기름에 지진 떡에, 여러가지의 소를 각각 넣어 반달모양으로 접어 지진 떡이다.

부꾸미의 크기와 모양은 여러가지가 있으며, 떡에 넣는 소로는 대개 견과류나 팥고물을 사용한다. 찰부꾸미는 찹쌀가루를 익반죽하여 번철에 기름을 두르고 부치다가, 녹두소를 넣고 반달 모양으로 접어 그 위에 석이채, 밤채, 대추채를 고명으로 붙인 고, 설탕시럽이나 꿀을 발라낸다.

이 찰부꾸미는 화전이나 주악처럼 기름에 지지는 떡의 일종이나, 소를 넣고 반 접어 다시 지지는 것이 다르며, 떡의 재료로는 찹쌀·차수수 등 찰진 곡물로 만들고 소를 넣고 반으로 접었을 때, 끝이 착 달라붙고 떨이지지 않도록 꼭꼭 눌러 지진다.

찰부꾸미에 대한 문헌이나 기록은 보이지 않으나, 1943년의 《조선무쌍신식요리제법》에 '북쇠미'라 하여 부꾸미를 소개하고 있으므로, 이를 참고하면 부꾸미가 차전병을 만드는 과정과 같으며, 안에 소를 넣고 개피떡처럼 반달로 떠서 꿀을 찍어 먹는다고 한 것으로 미루어, 부꾸미와 전병을 만드는 법이 유사함을 알 수 있다.

다시 말하면 《조선무쌍신식요리제법》에서의 부꾸미는, 고명 없이 만들어 꿀을 찍어 먹는 떡인데 비해, 평안도 지방의 찰부꾸미는 같은 방법으로 빚어 만들되, 밤채·대추채·석이채 등의 고명을 얹고 꿀물에 잰 떡이라는 것이 다르다.

또한 1958년 《우리나라 음식만드는 법》에 나오는 부꾸미는 주재료가 찹쌀가루, 찰수수가루, 밀가루, 녹두가루 등이다. 밤·계피가루·팥소·설탕·꿀을 소로 사용하였으며, 그 밖에 고기나 나물류를 볶아서 사용하기도 하였다.

현대의 부꾸미에는 고기만두처럼 고기나 나물류는 넣지 않으며, 꽃 모양의 장식을 한 꽃부꾸미와 수수부꾸미가 모양을 자랑한다.

찰부꾸미를 상에 낼 때에는 달라붙지 않도록 꿀이나 설탕시럽으로 집청하여, 청자나 백자로 된 접시에 얌전하게 돌려 담아내는 것이 품위가 있어 한결 돋보인다.

지지는떡

❶

❶'

❹

❺

[재료 및 분량]

- 찹쌀 ··· 2½컵(가루 5 컵)
- 소금 ··· ½컵
- 찹쌀 ··· 2½컵(가루 5 컵)
- 소금 ··· ½컵

소

- 녹두 ··· 2컵
- 소금 ··· ½큰술
- 설탕 ··· ½컵
- 팥앙금 ··· 100g

고명

- 대추 ··· 10개
- 석이버섯 ··· 3장
- 쑥갓 ··· 30g
- 꿀 ··· 1컵
- 지지는 기름 ··· 1컵

만드는 방법

1. 찹쌀은 3~4회 깨끗이 씻은 후 물에 8~12시간 정도 담갔다가, 소쿠리에 건져 물기를 뺀다. 여기에 분량의 소금을 넣고 가루로 빻아 체에 내린 다음 끓는물로 익반죽하여 직경이 6~7cm 정도가 되도록 동글납작하게 빚어 놓는다.
2. 수수는 보리쌀 씻듯이 박박 비벼서 문질러 씻어 물에 담갔다가 붉은 물이 우러나면 3~4번 정도 물을 갈아 주면서 8~12시간 담갔다가 소쿠리에 건져 물기를 빼고 적당량의 소금을 넣고 가루로 빻아 체에 내린 다음 익반죽하여 직경이 6~7cm 정도가 되도록 동글납작하게 빚어 놓는다.
3. 녹두는 하룻밤 물에 충분히 불려서 거피한 뒤 깨끗이 씻어 물기를 빼고 찜통에 찐 뒤 적당량의 설탕과 소금을 넣고 으깨어 밤톨만 하게 빚어 소를 만든다. 또 붉은팥은 푹 삶아서 고운 체에 걸러 팥앙금을 낸 다음 설탕과 소금을 넣어서 밤톨만하게 빚어 소를 만든다.
4. 팬에 기름을 두른 다음 수수 익반죽한 것을 넣고, 한 면이 익으면 뒤집어 가운데에 녹두소 또는 팥앙금소를 넣고 반을 접어 지진다.
5. 지져낸 떡 위에 준비한 밤채 · 대추채 · 석이채 · 쑥잎으로 장식하고 꿀을 발라 낸다.

참 고

- 밤 · 대추 · 석이채는 곱게 썰어야 모양이 예쁘게 난다.
- 수수부꾸미도 찹쌀부꾸미와 같은 방법으로 만든다.

결명자찹쌀부꾸미

결명자찹쌀부꾸미는 찹쌀가루에 결명자가루를 섞어 익반죽한 다음, 동글납작하게 기름에 지져 잣을 얹은, 특이한 맛의 부꾸미이다.

부꾸미는 일명 '전병(煎餠)'이라고도 하며, 그 재료는 찹쌀가루·차수수가루·밀가루·녹두가루 등이 쓰인다. 대개 곡물가루를 물로 익반죽하여 둥글게 지진 떡에 소를 넣고 반달 모양으로 지지는 떡에 속한다. 소는 견과류, 팥고물 등이 쓰인다.

이러한 부꾸미는 모양이 크고 작은 형태와 재료에 따라 각기 다르게 불리운다.

결명자찹쌀부꾸미 역시 결명자와 찹쌀을 주재료로 사용한다고 해서 붙여진 이름이다.

부꾸미에 대한 문헌으로는 1943 년의 《조선무쌍신식요리제법(朝鮮無雙新式料理製法)》이 처음인데, '북꾀미'라고 하였으며, 그 제법은 "차전병을 법대로 만들어 거피팥에 꿀과 계피가루를 쳐서 볶아 개피떡처럼 소를 넣고, 보시기로 반달처럼 떠서 꿀을 찍어 먹는다."고 기록되어 있다.

이 떡에 들어가는 재료인 결명자(決明子)는 눈이 밝아진다고 하여 붙인 이름의 약재로, 인체에서 가장 중요한 기관인 간장과 신장에 강장효과가 있다고 해서 옛날부터 끓여 먹는 음료(茶)로 애용되었다.

1590 년 《본초강목(本草綱目)》에 결명자에 대하여 소개하기를, "결명자는 간장과 신장의 기능을 돕는다.", "오랜 눈병에는 결명자 두 되를 가루내어 죽에 섞어 먹으면 좋다.", "입술의 혈색을 좋게 한다.", "숙취에 좋다.", "사독(蛇毒)에 잘 듣는다."고 했고, "결명엽을 나물로 해서 먹으면 오장을 진(津)하고 눈을 밝게 한다."면서, 결명자를 '환동자(還瞳子)'라고 까지 표기하는 등 결명자의 뛰어난 효능을 강조하고 있다.

실제로 결명자는 비타민 A 가 풍부하여, 차(茶)로 상용할 경우에는 눈을 밝게 하고 만병의 근원이라고 하는 변비증, 위약(胃弱)과 위궤양, 신장병, 고혈압과 간장병에 효과가 뛰어난 식품으로 알려져 있다.

찹쌀 또한 소화가 잘되며, 위장장애가 있는 사람의 건강식으로 적합한 식품이다.

따라서 결명자찹쌀부꾸미는 특히 결명자와 찹쌀의 효능이 잘 어우러져서 위장장애가 있는 사람에게는 더 없이 좋은 떡이라 할 수 있으며, 결명자의 독특한 풍미도 즐기고 여러가지 병이 치료될 수 있다는 점에서 일석삼조가 아닐 수 없다.

지지는떡

[재료 및 분량]

재료	분량
찹쌀	5컵(가루 10컵)
결명자가루	4큰술
소금	1큰술
시럽(또는 꿀)	½컵
잣	1큰술
지지는 기름	½컵

만드는 방법

1. 찹쌀은 3~4회 깨끗이 씻은 후 물에 8~12시간 담갔다가, 소쿠리에 건져서 물기를 뺀다. 여기에 분량의 소금을 넣고 고운가루로 빻아 체에 내린다. 결명자는 깨끗이 씻어 말려 볶아, 분쇄기에 갈아서 고운가루를 낸다.
2. 찹쌀가루에 결명자가루와 소금을 넣고 체에 내린 후 끓는물로 익반죽하여 두께 0.5cm, 직경 5~6cm 정도의 크기로 동글납작하게 빚는다.
3. 번철에 기름을 두른 뒤 반죽을 지지다가, 한쪽 면이 익으면 뒤집는다. 찹쌀이 거의 익어 말갛게 되면 반을 접는다.
4. 그 위에 비늘잣을 붙이고 지져낸 뒤, 시럽이나 꿀을 묻혀 낸다.

참 고

- 잣은 길이로 ½ 등분하여 비늘잣으로 장식을 해야 떨어지지 않는다.
- 색은 일정해야 보기 좋으므로 너무 눋지 않게 한다.

섭산삼병

섭산삼병은 껍질을 벗긴 더덕을 넓게 펴서 쓴맛을 뺀 후, 소금을 뿌리고 찹쌀가루를 묻혀 기름에 튀긴 후식류이다.

1670년 조선조 숙종 초기에 경상북도 영양군 이시영의 처 장지영이 한글로 쓴 《음식지미방》에 섭산삼법이 처음 나온다.

재료는 더덕, 찹쌀가루, 청밀을 사용하였는데, "더덕을 생으로 껍질을 벗겨 두드려 물에 담가 쓴 맛이 우러나거든 안반에 놓고 가만가만 낟없이 두드린 후, 수건에 싸서 물을 짜 버린다. 여기다 찹쌀가루를 묻혀서 한데 엉기면 기름을 끓여 그 속에 넣고 지져, 청밀에 재워두고 써라."라는 기록이 있다.

이후 지금은 술안주로 이용하고 있다.

더덕전병은 섭산삼병의 요즈음말로 옛 문헌에는 삼병, 섭산삼병, 사삼병, 각색 산삼, 산삼병, 감태산삼, 연산삼, 산삼 등으로 기록되었다.

1670년《음식지미방》, 1740년《수문사설》, 1827년《임원십육지》에서는 "더덕에 찹쌀가루를 묻혀서 기름에 지져 꿀에 재워두라." 하였고,《18세기 궁중연회음식고》,《이조궁중음식연회고》에는 찹쌀, 감태엿, 연지, 치자, 더덕, 꿀, 기름을 사용해서 만들었다.

《임원십육지》의 기록에는 연산삼과 감태산삼의 두 가지가 나오는데, 연산삼은 껍질을 벗긴 더덕을 넓게 펴서 쓴맛을 뺀 후, 소금을 뿌리고 찹쌀가루를 묻혀 기름에 튀긴 후식류이다.

산삼은 더덕의 별칭으로, 생김새가 인삼과 비슷하여 사삼(沙蔘)이라고도 하였다.

더덕 뿌리에는 사포닌이 들어 있는 것이 특징이다. 따라서 음식을 만들 때는 물에 담가 미끈미끈한 사포닌을 우려내고 사용한다.

더덕은 건위제일 뿐만 아니라, 강장식품으로도 유명하여 폐와 비장, 신장을 튼튼하게 해주는 식품으로 전해진다.

단군 때부터 고려에 이르기까지의 역사를 기록한《해동역사(海東繹史)》에 고려시대에 더덕을 나물로 만들어 먹었다는 기록이 있듯이, 고려 이전부터 먹어 내려오던 식품이었다.

가을이 제철이며 좋은 더덕은 뿌리가 희고 굵다. 곧게 뻗은 것일수록 영양이 풍부하고 약효가 있다고 한다. 더덕은 흔히 고추장을 넣어 구이나 생채류를 만드는 반찬으로 쓰이나, 맛과 향이 좋아서 술과 떡 등 여러 용도로 쓰이고 있다.

지지는떡

[재료 및 분량]

더덕	1.2 kg
소금	3 작은술
찹쌀가루	2 컵
설탕(또는 꿀)	1 컵
튀김기름	적당량

만드는 방법

1. 더덕은 껍질을 벗겨서 두꺼운 것은 ½ 길이로 잘라 밀대로 밀어 자근자근 펴준다.
2. 찬물에 담가 쓴맛을 우려 물기를 제거한 후, 소금을 약간 뿌려 놓는다.
3. 살짝 절인 더덕에 찹쌀가루를 골고루 묻힌 후 손바닥으로 눌러서 160℃ 정도의 기름에 노릇하게 튀겨낸 후, 설탕을 뿌린다.
   술안주로 낼 때에는 초간장을 곁들인다.

참 고

- 더덕은 뿌리가 굵으며 곧게 뻗은 것일수록 영양이 풍부하고 약효가 있다고 한다. 껍질을 벗겨 끝이 떨어지지 않게 반으로 가른 뒤, 도마 위에 놓고 방망이로 얇게 두드려 펴서 물에 담가 쓴맛을 우려 낸 다음 사용한다.
- 껍질을 벗길 때에는 살짝 구워 동글리면서 칼로 긁으며 손가락에 진이 묻지 않고 껍질이 터지면서 잘 벗겨진다.

❶

❷

❸

❸'

노티떡

노티떡은 찹쌀가루를 익반죽한 뒤 엿기름을 넣고 삭혀서 번철에 지져낸 떡이다.

이 노티떡은 평안도지방의 유명한 향토떡으로, 그 지방에서 많이 생산되는 찰기장을 주재료로 하여 만드는데, 찰기장을 3~4 시간 물에 불렸다가 가루내어 엿기름가루와 섞어 찐다. 쪄낸 떡에 다시 엿기름을 솔솔 뿌리면서 손으로 주물러 식힌 다음, 기름 두른 번철에 조금씩 떠 놓고 약한 불로 지져낸다.

별법으로 찹쌀이나 차조를 가루내어 엿기름가루를 섞어 뜨거운 방에서 3~4 시간 삭힌 뒤, 5 cm 정도 크기로 둥글 납작하게 떡을 빚어 기름을 두른 번철에 놓고 노릇노릇하게 지져서 완전히 식혔다가, 사기항아리에 설탕이나 꿀을 뿌려 차곡차곡 담는다.

이 떡에서 중요한 것은 엿기름가루인데, 1800 년대 말엽 《시의전서(是議全書)》의 엿기름 기르는 법은, "밀엿기름도 좋다."고 하였고, 1942 년 《조선요리제법》에서는 "보리싹은 제 몸의 길이만큼 자란 것이 적당하다."고 기록되어 있다.

노티떡은 1968 년의 《요리전서(料理全書)》와 1973~1979 년의 《전통향토음식조사연구보고서 Ⅰ, Ⅱ》에 떡 이름과 만드는 법을 소개하고 있으며, 평양 지방에서는 이 노티떡을 만들어 가까이 지내는 사람들에게 선물로 보내기도 하고, 유학간 자녀들에게 한 상자씩 만들어 보낼 정도로 귀한 떡으로 여기며, 맛이 좋아 자주 만들어 먹었다고 한다.

우리나라 전통떡을 살펴보건대 각 고장의 풍토에 맞게, 그 지역에서 많이 생산되는 산물을 이용하는 한편, 집집마다 고장마다 고유한 맛과 솜씨를 자랑해 왔음을 볼 수 있다.

한 예로, 추운 고장에서는 '노티떡'과 같은 열량이 높은 떡은 쉬이 굳지 않도록 하기 위하여 엿기름으로 당화시키고, 이것을 다시 조청이나 꿀에 재워 저장성을 향상시켰다는 점이다. 즉, 노티떡은 엿기름의 전분분해효소에 의한 가수분해작용을 이용한 것이다. 따라서 열량이 높고 맛은 달며, 찰기장과 차수수의 차진 성질 때문에 끈기가 있고 쫄깃쫄깃한 맛이 있다. 특히 노화가 일어나지 않아 소화성이 우수하며, 그 제조법이 매우 독특하다고 하겠다.

노티떡은 저장성이 좋아서 몇 달이 지나도 상하거나 굳지 않아, 평양 지방에서는 추석 때쯤 만들어 두었다가 한식 성묘에도 쓰고, 때때로 아이들의 간식으로 이용한다고 한다.

지지는떡

[재료 및 분량]

찹쌀가루 ························· 4컵
차수수가루 ························· 3컵
찰기장가루 ························· 3컵
소금 ························· 1큰술
물 ····· ⅔컵(½컵 먼저 넣고 반죽이 되면 남은 물 넣기)
엿기름 체친가루 ··· 1컵(중간체 먼저 내리고 고운체로 다시 친 것)

만드는 방법

1. 찹쌀은 3~4회 깨끗이 씻은 후 물에 8~12시간 담갔다가, 소쿠리에 건져서 물기를 빼고 분량의 소금을 넣고 가루로 빻아 체에 내린다.
2. 찹쌀가루·기장찰가루·차수수가루에 소금을 넣고 체에 내린 후, 체에 친 고운 엿기름가루 ⅔를 섞어 분량의 물을 넣고 반죽하여, 40~50℃의 보온밥통에 담아 3시간 정도 삭힌다.
3. 3시간 후에 나머지 ⅓의 엿기름 가루를 솔솔 뿌리면서 골고루 반죽하여, 다시 보온밥통에 담아 2시간 정도 더 삭힌다.
4. 두꺼운 번철에 기름을 두르고 잘 삭혀진 반죽을 5~6 cm 직경으로 둥글납작하게 빚어, 앞뒤로 노릇노릇하게 지져 완전히 식으면 설탕 또는 꿀을 뿌리면서 그릇에 차곡차곡 담는다.

참 고

- 센 불에서 지지면 색깔이 검어지고 타기 쉬우므로 약한 불에서 서서히 익힌다.
- 오래 두고 먹어도 노화가 잘 되지 않는 떡이므로, 간식용으로 적당하다.

잡곡부치개

잡곡부치개는 이북에서 많이 생산되는 흰콩, 녹두, 수수, 쌀 등을 이용하여 기름에 지진 떡의 일종으로, 황해도 지방의 향토음식이다.

이 잡곡부치개는 멥쌀가루에 흰콩을 갈아서 섞거나, 찰수수가루에 녹두즙을 섞어서 배추김치와 돼지고기를 잘게 썰어 넣고, 번철이나 솥뚜껑을 뒤집어 불에 올리고 기름을 두른 다음, 두툼하게 지져내는 것으로 부치개에 속한다.

이와는 다른 방법으로 녹두지지미처럼 고기와 김치를 올려가며 둥글게 지지기도 한다.

따라서 쌀 외에 흰콩, 녹두, 수수 등 여러가지 잡곡류를 이용하므로, 잡곡부치개란 이름을 붙이게 되었다. 또한 떡 위에 갖은 고명을 얹어 모양새를 갖춘 뒤, 노릇노릇하게 부치므로 시각적으로도 구미를 자극할 뿐만 아니라, 쌀 외에 돼지고기 등 다양한 재료가 들어가 영양학적으로도 매우 훌륭하다.

잡곡부치개는 아무 때나 만들어 먹을 수 있고, 어떤 재료든 사용할 수 있으므로 남녀노소를 가리지 않고 간식으로 권장할만한 별미이다.

잡곡부치개와 같이 채소가 아닌 김치와 돼지고기 등 육류를 넣는 떡류는, 이북 지방에서 많이 볼 수 있는 것으로, 가자미식해를 비롯 명태식해, 그리고 김치에 생선이나 육류를 넣어 조리하는 예 또한 이북 음식의 특색이라고 하겠다. 이는 북쪽의 추운 기후를 이겨내려는 식생활과 무관하지 않은 듯하다.

이 잡곡부치개에 들어가는 돼지고기는 최근 납 등 중금속을 체외로 배출시키는 효능이 있는 것으로 밝혀지고 있어, 각종 공해와 더불어 살아가는 오늘의 현대인들에게는 특히 권장할만한 하다.

황해도 사람들이 이와 같은 떡을 만들어 먹게 된 배경에는, 지리적 여건상 농토가 비옥하지 못하고 넓지도 않기 때문이다. 재료로 사용되는 수수는 위장보호 및 구토와 설사를 멎게 해주는 효능이 있고, 콩에 다량으로 들어 있는 양질의 단백질과 지방, 아미노산 등은 콜레스테롤을 억제하고, 비만증·고혈압 등 각종 성인병 예방과 치료에 효과가 크다. 또 녹두는 찬 성질이 있으므로, 모든 열을 내려주는 효과를 얻을 수 있으니 우리의 떡이 얼마나 합리적이고 과학적인지 새삼 깨닫게 된다. 이 잡곡부치개는 여느 떡과는 달리, 돼지고기와 김치를 넣어 맛이 잘 어울리고, 아삭아삭 씹히는 김치맛은 우리의 입맛에 잘 맞는 떡이다.

지지는떡

[재료 및 분량]

멥쌀	2 컵(가루 4 컵)
소금	½ 작은술
배추김치	300 g
숙주	200 g
돼지고기	300 g
녹두(불린 것)	2 컵
흰콩(불린 것)	2 컵

양념

참기름	3 작은술
소금	적당량
다진파 · 마늘	각 1 큰술
다홍고추	3 개
풋고추	5 개
지지는 기름	적당량

❷

❸

❹

❺

만드는 방법

1. 멥쌀은 3~4회 깨끗이 씻은 후 물에 8~12시간 담갔다가, 소쿠리에 건져 물기를 뺀다. 여기에 분량의 소금을 넣고 가루로 빻아 체에 내린다.
2. 배추김치는 속을 털어 버리고 꼭 짠 후 송송 썰고, 숙주는 데쳐서 2cm 길이로 썰어 놓는다.
3. 돼지고기도 살코기로 다져 밑양념하고, 녹두와 흰콩은 씻어 불려서 믹서에 갈아 놓는다.
4. 멥쌀가루에 김치, 숙주, 돼지고기, 녹두, 흰콩 갈아둔 것을 넣고 양념하여 고루 섞는다.
5. 달구어진 번철에 기름을 두르고 반죽을 한 국자씩 떠서 넣고, 어슷썬 고추를 고명으로 얹어 두툼하게 부쳐 낸다.

참 고

- 잡곡 부치기는 두꺼운 팬에 기름을 넉넉히 두르고, 겉의 고명이 타지 않게 은근한 불에서 두툼하게 부쳐 낸다.
- 지지는 기름으로 돼지기름을 사용하면 더 구수한 맛을 준다.

토란병

토란병(土卵餠)은 찹쌀가루에 삶아 으깨어 체에 내린 토란을 넣고, 잘 치대서 화전 빚듯이 도톰하게 빚어 지져낸 떡이다.

토란은 한명으로 우자(芋子)·토련(土蓮)·토지(土芝)라고 하는데, 토란에 가장 많은 당질은 녹말이고 덱스트린과 설탕도 들어 있다. 또 알칼리성 식품으로 소화를 돕고 위와 장의 운동을 원활하게 해주며 변비를 치료·예방해 준다.

1740년 《수문사설》에 토란을 이용한 우병은, "토란을 새로 캐어 연하고 맛있는 것을 골라 급히 깨끗하게 씻어 아주 잘 익도록 삶는다. 시장에서 껍질을 벗겨 파는 것은 잘 익지 않으므로, 밭에서 흙이 묻은 것이 좋다. 삶을 때에 뚜껑을 열어 보지 말고 푹 무르도록 익힌 다음에 여러 사람이 함께 빠른 시간에 껍질을 벗기고, 즉시 꿀 속에 집어넣어 대나무 꼬챙이로 마주 찔러서 꿀이 스며들게 한 뒤에 익은 밤가루나 잣가루를 고물로 묻혀서 따뜻할 때 먹으면 좋다."고 기록되어 있는데 변형된 토란병인 것 같다.

1815년 《규합총서(閨閤叢書)》의 토란병은 "토란을 익게 삶아 껍질을 벗기고 찰가루를 섞어 무르녹게 찧어서 떡을 만들어 참기름에 지진다."고 하여 토란과 찹쌀가루, 참기름을 주재료로 하였음을 알 수 있다.

1800년대 중엽의 《역주방문》에 '토란전'으로 소개되어 있는데, "토란을 깨끗이 씻어서 푹 무르게 쪄 체에 받쳐 놓는다. 이것을 물과 섞어 반죽하여 절편과 같이 자른다. 각종의 고명을 바르고 지져서 먹는다. 색깔이 깨끗하고 맛이 좋다."고 하였다.

《조선요리제법(朝鮮料理製法)》에는 "토란을 껍질을 벗기고 얇게 저며서 볕에 바싹 말려서 가루를 만들어 체에 곱게 쳐 가지고 송편을 만들기도 하고, 과일을 섞어서 과일편처럼 쪄서 먹기도 한다."고 기록되어 있고, 《간편 조선요리제법(簡便 朝鮮料理製法)》에 수록된 토란병은, "토란을 익게 삶아 거피하여 찹쌀가루를 섞어 잘 반죽을 하여 반데기를 만들어 참기름에 지진다."고 그 제조법을 소개하고 있다.

《우리나라 음식만드는 법》에는 "토란껍질을 벗겨 둘로 쪼개 물에 우려 낸 다음 으깨놓고 찹쌀가루를 섞어 반죽한 후, 둥글납작하게 빚어 기름에 지져 설탕을 뿌린다. 토란을 작말해 놓은 쌀가루와 섞어 위의 법과 동일한 방법으로 해도 좋다. 토란가루를 만들어 송편이나 잡과병을 만들어도 좋다."고 하였다.

지지는떡

[재료 및 분량]

찹쌀	5 컵(가루 10 컵)
소금	1 큰술
토란	1 kg (토란 쪄낸 것 600 g)
지지는 기름	적당량

장식

대추 · 쑥 · 감국꽃잎	적당량

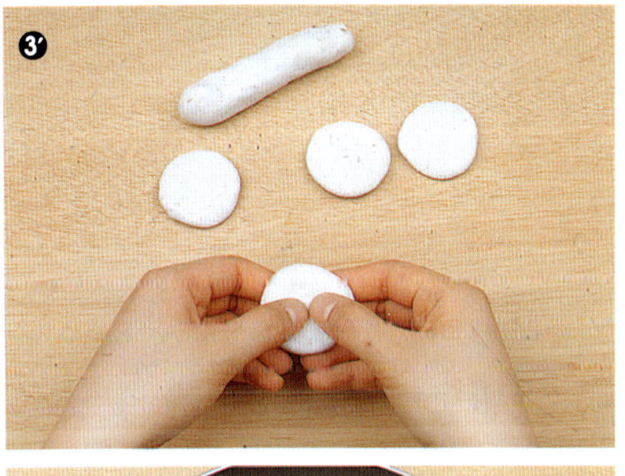

만드는 방법

1. 찹쌀은 5~6회 깨끗이 씻은 후 물에 8~12시간 담갔다가, 소쿠리에 건져서 물기를 빼고 분량의 소금을 넣고 가루로 빻아 체에 내린다.
2. 토란을 깨끗이 씻어 끓는 물에 살짝 삶아 건져 껍질을 벗겨 찐 다음 방망이로 으깬다.
3. 찹쌀가루에 준비한 토란을 넣고 잘 치대어 반죽해서 두께 0.5cm, 직경 5cm 정도 크기로 빚어 놓는다.
4. 두꺼운 팬에 기름을 두르고 앞뒤로 노릇하게 지져 낸다.
5. 토란병 위에 대추 · 쑥 · 감국 꽃잎을 얹어 예쁘게 모양 낸다.

참 고

- 토란 껍질을 벗기고 얇게 저며서 볕에 바싹 말린 후, 가루로 만들어 체에 곱게 쳐 내려서 송편을 만들기도 하고, 과일을 섞어서 과일편처럼 쪄서 먹기도 한다

주 악

주악은 기름에 지지는 떡의 한 가지다. 궁중에서는 '조악(造岳)'이라고도 불렀고, 일반 반가와 민가에서 '주악'이라 했다. 순 찹쌀가루 반죽에 대추, 깨, 유자 다진 것을 넣고, 작은 송편 모양으로 빚어 기름에 튀겨낸다. 꺼낸 것은 꿀에 집청해서 잣가루, 계피가루를 뿌려두고 편의 웃기로 사용한다.

1740 년의 《수문사설》에 처음 나오는 주악은 '조약전(造堊煎)'이라고 표기되어 있으며, 1815 년의 《규합총서》에도 '밤조악'과 '대추조악'이 수록되어 있는데, "밤조악은 황률가루를 꿀로 반죽해 잣가루, 계피, 건강가루를 섞어 꿀 버무린 것을 소 넣어 만두과처럼 가를 틀어 살살 잡아 꿀 발라 잣가루 묻힌다. 주악은 날반죽하여야 연하고 좋으며, 조금씩 넣고 튀기며 떠오르면 얼른 꺼낸다."고 한 것으로 보아, 지금의 조악과는 조금 다르다고 볼 수 있다.

옛문헌에는 조악전, 조각병이라 기록되었고, 《수문사설》에서 "造堊煎은 백미가루를 설탕물로 반죽하여 설탕 소를 넣어 기름에 지진 것"이며, 《임원십육지》의 造角餠은 "지금 사람은 가장 귀히 여기며 손님대접과 제사의 음식에 반드시 이것은 餠品의 상에 둔다."고 하여, 찹쌀가루에 거피팥 소를 넣은 주악을 상품 떡류로 쳤던 것을 알 수 있다.

《18세기 궁중음식연회고》, 《이조궁중음식연회고》의 각색 주악은 찹쌀, 팥, 콩, 흑두, 감태, 깨, 밤, 잣, 은행, 쑥, 송고, 계피, 치자, 꿀, 진유 등으로 만들었다.

한편, 《아언각비(雅言覺非)》의 기록으로 보아, 우리나라의 조악이 중국의 초나라에서 비롯되어 각첨(角添)과도 인연이 있었던 것 같다.

《아언각비》에 "조악은 각첨의 가짜라 하여 조각(造角)이라 한다." 하였으며, "角의 音이 岳이 되어 造岳이 되었고, 지금의 주악이 되었다."고 하였다.

주악은 혼인이나 회갑 등 잔치 때 쓸 때는 모양이 둥글고 크다. 후식으로 써도 좋으며, 색에 따라 청주악, 황주악 등으로 부른다.

개성주악은 찹쌀가루와 멥쌀가루를 섞어 막걸리로 되직하게 반죽한 다음, 둥글넓적하게 빚어서 기름에 지진 떡으로 크게 만드는 것이 특색이고, 담을 때는 가운데에 대추쪽이나 통잣을 하나씩 박는다. 개성에서는 이 주악을 약과·모약과·우메기 등과 함께 폐백 음식이나 이바지음식으로 쓰인다. 한편, 서울에서는 작은 만두 모양으로 만드는데, 기름에 튀기면 반달형이 된다.

지지는떡

[재료 및 분량]

재료	분량
찹쌀	4컵(가루 8컵)
소금	⅔큰술
끓는물	적당량
치자	2쪽
쑥	50g
오미자	½컵

소

재료	분량
볶은 깨	⅓컵
꿀	1큰술
소금	½작은술
계피가루	⅛ 작은술
대추	8개
꿀	1큰술
계피가루	⅛ 작은술

십정

재료	분량
꿀	½컵
계피가루	1 작은술
잣가루	약간
지지는 기름	1컵

만드는 방법

1. 찹쌀가루에 소금을 넣고 골고루 섞어 체에 내린다.
2. 찹쌀가루를 4등분으로 나눈 후, 흰색 · 치자 우린 물 · 쑥물 · 오미자 우린 물 등 네 가지 색으로 익반죽을 해 놓는다.
3. 소를 만드는데 깨소는 깨를 볶아 꿀과 소금, 계피가루로 섞어 만들고, 대추소는 대추를 돌려깎기하여 다진 후 꿀과 계피가루를 넣어 만든다.
4. 반죽은 새알 크기로 조금씩 떼어 둥글게 빚어 가운데에 준비한 소를 넣고 끝을 오므려 송편 모양으로 빚는데, 크기는 조약돌 정도가 좋다.
5. 곱게 빚은 주악을 100~130℃의 기름에 지져낸 후, 계피가루를 넣은 꿀에 재어 두었다가 잣가루를 뿌려 담아 낸다.

참 고

- 주악의 색은 익으면 더욱 진해지므로 반죽할 때 색을 엷게 반죽한다.
- 튀길 때 여러 개를 함께 지지면 서로 붙으므로 몇 개씩만 넣어 깨끗하게 튀기고, 깨끗한 흰색은 먼저 지지는 것이 좋다. 너무 여러 번 뒤적이지 않는다
- 주악은 소상, 대상, 기제 또는 큰 잔치 때 반드시 만들어 편의 웃기로 한다.
- 익반죽하는데 넣는 재료에 따라 대추주악, 밤주악, 승검초주악, 은행주악, 석이주악, 치자주악을 만들 수 있다.

대추주악

대추주악은 다진 대추에 찹쌀가루를 넣고 반죽하여 작은 송편처럼 빚되, 그 안에 소를 넣어 기름에 지진 떡을 말한다.

주악은 기름에 지지는 떡이자 웃기로 쓰이는 떡의 한 가지로, 궁중에서는 '조악(造岳)', 일반 반가(班家)와 민가에서는 '주악'이라고 불렀다.

하지만 주악은 만드는 과정에서 볼 때 엄밀히 말하면 지지는 떡이 아닌, 기름에 튀기는 떡이라고 할 수 있으며, 쌀가루에 어떤 부재료를 넣느냐에 따라 이름이 달라진다. 가령, 밤을 넣으면 밤주악, 대추를 넣으면 대추주악이라고 부른다.

1815년의 《규합총서(閨閤叢書)》에 "밤주악은 황률가루를 꿀로 반죽해 잣가루·계피가루·건강가루를 섞어 꿀 버무린 것을 소 넣어 만두과처럼 가를 틀어 살살 잡아 꿀 발라 잣가루 묻힌다. 주악은 날반죽하여야 연하고 좋으며 익반죽하면 질기고 맛이 엷다. 서로 붙지 않도록 조금씩 넣고 튀기며, 떠오르면 얼른 꺼낸다."고 하였다.

이러한 주악은 1740년의 문헌인 《수문사설》에 '조악전'이라고 하여 처음 소개되고 있으며, 《임원십육지(林園十六志)》 〈정조지〉에는 '조각병(造角餠)'이라 하고, 당시 사람들이 가장 귀하게 여긴 떡으로, 또 손님대접과 제사의 음식에는 반드시 이 주악을 떡류 중 웃자리에 두었다고 한 기록을 볼 수 있다.

그런데 이 주악은 중국(초나라)의 병과류 가운데 하나인 '각첨(角添)'의 일종이라는 설이 있다.

《아언각비》라는 문헌을 보면, 조악이 '각첨의 가차', 곧 조각(造角)이라 하였으며, 각(角)의 음(音)이 악(岳)이 되어 조악(造岳)이 되었다는 것이다.

한편, 이 떡에 들어가는 재료로 대추는 쇠약한 내장을 회복시키며, 이뇨효과도 있다. 또한 건조하게 되어 목이 마르기 쉽고 감기에 걸리고 기침이 날 때 달인 대추즙을 마시면 목을 잘 적셔주고 천식, 빈혈, 입술 트는 것 등에도 효과가 알려져 있다.

우리 고유의 풍습에 딸이 출가할 때 시가에 이바지 떡인 인절미와 절편을 보내는데, 이때는 반드시 조그맣고 예쁘게 만든 주악을 웃기로 얹어 보냈으며, 이러한 풍습은 지금까지도 이어지고 있다.

대추주악은 앙증스럽다 할만큼 예쁘고 아름다운 떡으로, 특히 옛부터 '백약의 독을 누그러뜨린다.'고 하는 대추의 강장효과까지를 얻을 수 있으니, 귀한 떡이라 하지 않을 수 없다.

지지는떡

[재료 및 분량]

재료	분량
찹쌀	5 컵(가루 10컵)
소금	1 큰술
대추	25 개
대추씨 끓인물	1½컵

소

재료	분량
통깨	1컵
꿀	2 큰술

집청꿀

재료	분량
꿀(시럽)	1컵
계피가루	작은술
지지는 기름	½컵

웃기

재료	분량
찹쌀가루	1컵
소금	약간
치자 우린물	2 큰술

(치자 1개 · 물 5큰술)

만드는 방법

1. 찹쌀은 3~4회 깨끗이 씻은 후 물에 8~12시간 담갔다가, 소쿠리에 건져 물기를 뺀다. 여기에 분량의 소금을 넣고 가루로 빻아 체에 내린다.
2. 대추는 씨를 돌려 빼어 곱게 다지고, 대추씨는 끓여 식혀둔다.
3. 찹쌀가루에 대추 다진 것을 고루 섞고, 대추씨 끓인 물로 익반죽을 한다.
4. 깨에 꿀을 섞어 소를 만들고 반죽을 대추알만 하게 떼내어 한가운데에 깨소를 넣고, 주악 모양으로 빚어 넉넉한 기름에서 골고루 지져 낸 후, 꿀에 집청한다.
5. 웃기(구명)떡은 찹쌀 1개의 노란 치자물로 반죽하여 깨소를 넣고 모양은 길게 하여 지저낸 후 색스럽게 돌려 딤는다.

참 고

- 대추는 씨를 빼고 3등분 성노도 썰어 대추씨 끓인 물을 조금 넣고 분쇄기에 갈면 곱게 갈아진다.
- 너무 센 불에서 지지면 표면이 거칠고 색이 진하게 나므로, 기름의 온도를 잘 조절하여 익힌다.

빙 떡

빙떡은 고운 메밀가루를 묽게 반죽한 뒤에 기름을 두른 번철에 얇게 펴놓고, 가운데에 채썬 무를 소로 넣고 말아서 지져낸 떡으로, '망석떡'이라고도 한다.

이 떡은 제주도 지방의 별미로, 옛부터 관혼상제에는 빠놓지 않고 올렸으며, 햇메밀가루가 나오기 시작하는 11월부터 맛볼 수 있는데, 무채를 살짝 데쳐서 소금과 참기름, 깨소금으로 양념하여 넣고, 양념장에 찍어서 먹는 특이한 형태의 떡인데, 형태나 겉모양은 강원도 지방의 총떡과도 비슷하다.

떡을 만들 때는 메밀가루를 아주 묽게 반죽하는 것이 전병을 부쳤을 때 곱고 부드러운데, 메밀이 한창인 겨울철에는 찬물로 반죽하지만, 철이 지나면 끈기가 떨어지는 것이 단점이므로, 따뜻한 물로 거품이 일도록 휘저어 주는 것이 요령이다.

예전에는 번철 대신 솥뚜껑을 뒤집어 돼지기름을 조금 두르고 되도록 얇게 부쳐 낸 다음, 무 소를 넣고 돌돌 말아서 만들었다. 돼지기름을 사용하면 한결 구수한 맛을 느낄 수 있어 좋기 때문이다.

떡을 만드는 과정에서 알 수 있듯이 돌돌 말아서 만든다고 해서 '빙떡', 또는 멍석처럼 말아 감는다고 해서 '망석떡'이라고 하는데, 이밖에도 전기떡 · 쟁기떡 · 연빙 등 여러 다른 이름이 있다.

이러한 빙떡은 주로 간단히 치르는 삭망(朔望)이나 상여꾼을 위한 접대용으로 많이 쓰였다.

1984년 《한국민속종합조사보고서》〈향토음식편〉에 빙떡, 또는 망석떡 만드는 방법을 소개하고 있는데, 정확히 언제부터 만들어졌는지는 알 수 없지만, 김상현의 《남사록》에 "중산마을에서 메밀농사를 지었다."는 기록이 있는 것으로 미루어, 이때부터 메밀로 만든 떡을 제사상에 올리고, 오늘날까지 이웃과 나누어 먹는 미풍양속으로 발전한 것으로 추측된다.

메밀은 제분 직후의 것이 향기가 짙어 제일 좋고, 풍미로는 검은 빛깔을 띤 것이 더 좋은데, 기온이 차고 높은 지대에서 수확한 것이 더 맛이 좋아, 예로부터 제주도 지방을 비롯한 강원도 평창 일대, 경상도와 황해도 등 산간 지역에서 많이 재배해 왔다.

메밀은 그 성질이 달고(甘) 차며(冷), 오장의 기능을 단련시켜주고, 익기작용(益氣作用)과 혈압조절작용을 한다. 특히 속껍질에는 혈관의 저항력을 높여주는 루틴이 많이 들어 있어, 최근에는 건강식으로 인기를 끌고 있다.

지지는떡

[재료 및 분량]

메밀가루	6 컵
소금	1 작은술
물	6 컵

소

무	2 kg
다진 파	2 큰술
다진 마늘	1 큰술
깨소금	2 작은술
참기름	1 큰술
소금	2 작은술
지지는 기름	적당량

❶

❶'

❷

❸

만드는 방법

1. 메밀가루는 소금을 넣고 분량의 물을 부어 너무 되지 않은 농도로 반죽한 후, 팬에 기름을 두르고 15cm 직경으로 얇게 부친다.
2. 무는 깨끗이 씻어서 굵게 채 썬 후 끓는 물에 소금을 넣고 살짝 데쳐 물기를 빼고 다진 파, 다진 마늘, 깨소금, 참기름, 소금으로 간하여 무쳐서 소를 만든다.
3. 메밀전병 위에 준비한 무소를 길이로 길게 놓고, 4cm 정도의 두께가 되도록 돌돌 말아 형태를 만들어 낸다.

참 고

- 빙떡을 부칠 때 시판되고 있는 메밀 부침가루보다는, 통째 빻은 순수한 메밀가루가 맛도 좋고 잘 부쳐진다.
- 빙떡을 부칠 때는 기름을 적게 두르고 얇게 지져내야, 소가 하늘하늘 비치고 맛이 있다.
- 햇메밀은 메밀가루만으로도 부쳐지나 묵은 메밀은 밀가루를 섞어야 잘 부쳐진다.

개성우메기

개성우메기는 찹쌀가루에 멥쌀가루를 조금 섞고 탁주와 설탕으로 말랑말랑하게 반죽하여 직경은 5cm 정도, 두께는 0.8cm 정도로 동그랗게 빚은 후 기름을 넉넉히 붓고 밝은 갈색이 나오도록 지지거나 튀긴 후 집청꿀에 재운 뒤 대추를 박아 모양을 예쁘게 내게 하는 떡으로 웃기떡의 일종이다.

우메기는 노티와는 달리 발효 팽창제로 엿기름을 사용하지 않고 탁주나 소주로 반죽하며 찹쌀가루나 멥쌀가루로 배합하여 기름에 지져내어 조청이나 꿀에 담갔다 먹는 떡이다.

우메기는 경기도 개성지방의 향토음식(鄕土飮食)으로 개성주악이라고 불리어지기도 한다. 개성 사람들은 "우메기 빠진 잔치는 없다."하여 잔칫상에 많이 올렸다.

우메기는 막걸리로 발효시켜 2~3일간은 쉬굳지 않고, 맛이 뛰어나서 아이들의 간식이나 후식으로도 좋다.

1979년 《전통향토음식조사연구보고서》에, "찹쌀가루에 멥쌀가루를 섞고 탁주와 설탕으로 말랑하게 반죽하여 직경 5cm로 둥글 납작하게 빚어 기름에 노릇하게 지져 집청꿀에 재운다."고 개성우메기를 소개하였다.

1994년 《조선료리전집》에서는 "찹쌀가루와 흰쌀가루를 섞고 끓는 물에 익반죽한 다음 소주를 넣고 떡 반죽을 만들어 참깨소를 넣고 둥글게 빚어 젓가락으로 꽃모양을 만든 다음 잣을 꽂고 기름에 튀겨 조청에 담갔다가 건진다."고 하여 탁주 대신 소주를 이용한 것을 볼 수 있다.

1997년 《개성식 손맛》에서는 "찹쌀가루에 밀가루를 섞고 설탕과 막걸리로 반죽하여 동그랗게 빚어 가운데 손가락으로 살짝 눌러 튀겨 집청한다."고 하여 멥쌀가루 대신 밀가루를 첨가한 것을 알 수 있었다.

한편 최근 논문 실험에서는 "개성우메기를 만들 때 찹쌀가루에 대해 밀가루 50%를 넣고 소주보다는 탁주로 반죽한 것이 관능적으로 우수하였다. 또한 소주보다는 탁주로 반죽한 것이 노화가 느렸다."라고 보고하였다.

지지는떡

[재료 및 분량]

찹쌀 ············ 1 ½컵(찹쌀가루 3컵)
멥쌀 ············ 1 ½컵(멥쌀가루 1컵)

막걸리 ································ ½컵
설탕 ································ 1 큰술
소금 ······························ ½작은술

집청꿀

시럽(설탕 1컵 : 물 1컵) ········ 1컵
꿀 ······································ ½컵

만드는 방법

1. 찹쌀가루와 멥쌀가루에 소금을 넣고 체에 내린 후 탁주와 설탕을 넣고 반죽한다.
2. 반죽을 직경 5cm 정도의 크기로 동글 납작하게 빚어 가운데를 눌러 지국을 낸 다음 대추 썬 것을 가운데 박아서 장식한다.
3. 기름을 두른 번철에 반죽을 지지거나 100℃의 기름에 한 번 튀기고 150℃에서 잠시 더 튀겨 낸다.
4. 설탕 1컵과 물 1컵을 넣고 끓이다가 꿀을 섞어 집청꿀을 만든다.
5. 집청꿀에 우메기를 집청한 후 접시에 담아 낸다.

참 고

- 개성우메기는 개싱주악이라고 불리기도 한다.
- 멥쌀가루를 넣는 이유는 모양을 유지하기 위해서이다.

서여향병

서여향병(薯蕷香餠)은 마(山藥)를 통째로 쪄낸 다음 썰어서 꿀에 담갔다가, 찹쌀가루를 묻혀서 번철에 올려놓고 기름에 지져내어 잣가루를 입힌 떡이다. 이 떡은 대략 조선시대 후기에 만들어졌던 것으로 추측된다.

빙허각 이씨의 저서인 1815 년《규합총서(閨閤叢書)》에 처음으로 '서여향병'이란 떡 이름과 그 제법을 소개하고 있는데, "생마(生麻)와 굴, 잣, 찰가루를 섞어 만든 떡의 일종으로, 생마를 익게 쪄 썰어 꿀에 잠가 잣 가늘게 썰어 묻히라."고 하였으며, "찰가루를 묻혀 지져도 좋다."고 기록되어 있다.

그런데《규합총서》보다 늦게 간행된 1800 년대 중엽의《주방문(酒方文)》,《역주방문(曆酒方文)》의 서여향병은, '산약병(山藥餠)'이라 하여 "좋은 날마(生麻)를 구하여 가루로 만들어서 찹쌀가루와 섞어 생청으로 반죽을 하여 토란같이 만들어 삶아내서 꿀에 적셔 먹는다."고 그 제법을 소개하고 있어, 앞서의 문헌들과는 다른 방법으로 만든 떡임을 알 수 있다.

《규합총서》에서의 서여향병은 기름에 지지 전병(煎餠)인 반면에,《주방문》과《역주방문(曆酒方文)》의 산약병은 삶은 떡으로 기록되어 있기 때문이다.

한편 1849 년의《동국세시기(東國歲時記)》에 마를 사용한 떡으로 '서여증식(薯蕷蒸食)'을 소개하고 있는데, "마를 캐어다 쪄서 먹는데, 혹 조각으로 하여 꿀을 조화해서 쪄서 먹기도 한다."하였고,《역주방문(曆酒方文)》에는 '서여다식(薯蕷茶食)' 이라 하여 "연한 마를 쪄서 햇볕에 말려 가루를 만든다. 이것을 비단채로 쳐서 생청을 섞어 반죽을 해서 다식판에 찍어내어 여기에 잣을 박아 놓는다."고 하였다.

최근에는 마를 강판에 갈아서 달걀노른자와 간장, 김을 넣어 생으로 먹거나 전을 부쳐먹기도 한다.

마는 옛부터 허하고 지친 데 좋은 식품으로 알려져, 쪄서 먹든지 아니면 죽을 쑤어 먹어도 좋으며, 한방에서는 비장을 튼튼하게 하고, 장의 기능을 정상화시킨다고 하여 양약으로 이용해 왔다.

실제로 마는 기운을 보(補)하고, 살을 찌게하고 정신을 안정시키며, 기억력을 좋게 하는 알칼리성 식품으로서, 생식해도 소화흡수가 잘되는 건강식품으로 알려지고 있다.

좋은 마를 기름에 지져, 간편하게 떡으로 만들어 뜨거울 때 먹으면, 고소하면서도 바삭바삭한 맛이 일품이다.

지지는떡

[재료 및 분량]

생마	2 개
꿀	1 ½컵
찹쌀가루	1 ½컵
잣가루	300 g
지지는 기름	½컵

장식

당근 · 박오가리 · 쑥 · 설탕 …… 적당량

만드는 방법

1. 마는 직경 5cm 정도의 곧은 것을 준비하여 껍질을 벗겨 0.5cm 두께, 직경 6cm의 타원형이 되도록 비스듬히 썰어 놓는다.
2. 김 오른 찜통에 면보자기를 깔고 마를 5분 정도 쪄 낸 다음 한 김 나간 후에 꿀에 20분간 재어 둔다.
3. 찹쌀가루를 고운체에 내려서 쪄낸 마의 앞뒤로 묻혀낸 후, 기름 두른 팬에 노릇하게 지져 곱게 다진 잣가루에 묻혀 낸다.
4. 당근을 꽃 모양으로 만들어 설탕물에 조리고, 박오가리는 충분히 불려 쑥이나 시금치 같은 물에 넣고 은근히 윤기나게 조려, 꽃모양 · 잎모양 무늬로 찍어내어 예쁜 떡 모양을 낸다.

참 고

- 찜통에 마를 찔 때에는 너무 무르지 않게 쪄 내야 지질 때 부서지지 않는다.

각색경단

각색경단은 찹쌀가루를 익반죽하여 동글게 만들어 끓는 물에 익혀 여러가지 고물을 묻힌 경단이다.

조선시대 문헌에 삶는 떡류로, 찹쌀을 반죽하여 빚거나, 주악이나 약과 모양으로 썰어서, 또는 구멍떡으로 만들어서 끓는 물에 삶아 건져 고물을 묻힌 경단이나 잡과병 등으로 기록되어 있다.

찹쌀경단은 1680년 《요록(要錄)》에 경단병으로 처음 등장하는데, "쌀가루로 떡을 만들어 삶아서 익힌 후에 꿀물에 담갔다가, 꺼내어서 정함(丁含)을 발라 그릇에 담고 다시 꿀을 더한다."고 기록되어 있으며, 1766년 《증보 산림경제(增補 山林經濟)》에 수록된 경단은 "메밀가루, 꿀을 사용한다. 고운 메밀가루를 꿀물에 타서 된죽처럼 하여, 질그릇 항아리에 넣어 입구를 단단히 봉하고, 겨 불 속에 묻는다. 꿀물이 저절로 마르기를 기다린 후에 꺼내면 맛이 매우 감미롭다. 또는 숟가락으로 잘라 내어 송편처럼 만들어 볶은 호마(胡麻 : 깨)가루를 입혀 먹으면 더욱 좋다."고 하였다.

연대 미상의 《음식방문》, 1800년대 말엽 《시의전서》, 1934년 《간편 조선요리제법》에는 경단, 1938년 《조선요리법》에는 찰경단이라 하여 재료는 찰수수, 꿀소, 콩가루를 사용하였고, 1766년 《증보 산림경제》의 경단과는 재료에서도 차이가 있고, 만드는 방법도 다르다.

《조선요리법》에도, "찰경단도 수수경단같이 하는데, 고물은 팥거피나 꿀소와 콩가루 등을 각각 묻힌다."하였다. 이어 1940년 《조선요리》에는 찹쌀경단으로 칭하고, 재료도 계피가루, 흑임자를 첨가하였는데, 만드는 방법은 같다. 1943년 《조선무쌍신식요리제법》에는 "경단이라는 것은 형용을 말한 것이라, 찹쌀가루를 물에 반죽하여 상수리나 밤알 만큼씩 끓는 물에 삶아 건져 낸, 즉 개개히 동글고 희여서 구슬과 같다 하나니, 눌은 콩가루를 묻히고, 익은 꿀을 늘이고, 생강즙을 치고 계피가루를 뿌려 먹는 것을 콩경단이라 하나니라."고 기록되어 있다.

경단의 고물은 콩고물, 팥고물, 깨소금 등을 쓰고, 고물의 종류에 따라 콩가루경단, 밤경단, 계피경단, 실백경단 등으로 구별되며, 돌상에 올리는 떡이다.

차수수와 귀신이 싫어하는 붉은팥을 사용함으로써 아이의 무병장수를 기원하는 성스러운 자리에 악귀가 접근하지 못하도록 하였던 것이다.

[재료 및 분량]

찹쌀	5 컵(가루 10 컵)
소금	1 큰술

고물

노란콩가루	½ 컵
푸른콩가루	½ 컵
흑임자	½ 컵
거피팥	½ 컵
붉은팥	½ 컵
소금	1 큰술
설탕	½ 컵

참 고

- 경단은 끓는물로 익반죽해야 하며 삶을 때에는 눋지 않도록 한번 저어 준다. 익으면 물 위에 뜨는데 찬물에 냉각시켜 물기를 뺀다.
- 고물로 팥고물 · 대추 · 밤 · 녹두고물 · 흑임자 등을 사용하기도 한다.

만드는 방법

1. 찹쌀을 깨끗이 씻어 일어서 물에 12시간 정도 담갔다가, 건져 소금을 넣고 가루로 빻아 체에 내려서 고운 가루를 만든다.
2. 끓는물을 넣고 익반죽하여 직경 2cm 정도로 동그랗게 빚고 끓는물에 넣어 삶는다. 다 익으면 건져서 따뜻한 기가 없어질 때까지 찬물에 헹군 뒤, 물기를 뺀다.
3. 흑임자는 볶아서 절구에 찧어 체에 내려 준비한다. 거피팥은 물에 불려 거피하고 돌을 일어서 찜통에 찐다. 붉은팥은 깨끗이 씻어 일어서 한소끔 끓으면 그 물을 버리고 다시 물을 부어 팥이 푹 무를 때까지 삶는다. 팥이 거의 익으면 물을 따라내고 약한 불에서 뜸을 들인 후, 다 익었으면 소금을 넣고 주걱으로 으깨어 체에 내려 고물로 만든다.
   설탕은 기호에 따라 가루에 섞기도 하는데, 거피팥가루에는 설탕을 넣지 않는다.
4. 삶아 낸 경단을 5등분으로 나누어서 오색 고물을 묻혀 그릇에 담아낸다.

♠ 고물만들기

1. 거피팥은 맷돌에 탄 팥을 물에 담가 푹 불려서 찜통에 보자기를 깔고, 소금을 넣어 20분간 쪄서 으깨어 어레미에 걸러 놓는다.
2. 콩을 골라 깨끗하게 씻어서 볶아 맷돌에 타서 껍질을 벗기고, 가루를 만들어 소금과 설탕을 넣는다.
3. 흑임자는 물에 불려 살짝 비벼 씻어서 껍질을 벗기고, 타지 않게 볶은 뒤, 찧어서 소금, 설탕을 넣는다.

❶

❷

❷'

❹

꿀물경단

꿀물경단은 황해도 지방의 향토음식으로, 떡을 만들 때에 찹쌀만을 이용하면, 찰지고 쫄깃한 맛은 있지만 늘어지는 단점이 있으므로, 멥쌀가루를 섞어서 익반죽하여 빚으면 떡이 늘어지는 것을 보완할 수 있고, 동그란 모양도 잘 살릴 수 있다.

꿀물경단은 찹쌀떡의 단점을 보완하여 만든 경단으로, 찹쌀가루와 멥쌀가루를 익반죽하여 둥글게 빚은 다음, 끓는 물에 삶아 건져 꿀물에 담근 것이다. 따라서 찹쌀경단은 찹쌀만으로 만들어 각종 고물을 묻히는 일반 경단과는 달리, 멥쌀가루를 섞고 대추만하게 빚어 꿀물에 담가먹는 것이 특징이다.

1984 년《한국민속종합조사보고서》〈향토음식편〉에 꿀물경단이 소개되어 있는데, "찹쌀가루와 멥쌀가루를 섞어 각각 쑥즙, 맨드라미꽃물, 치자물 등으로 물을 들여 둥글게 빚어서 끓는 물에 삶아 건진 경단을 꿀물에 담아 꿀물과 함께 먹는 떡이다."고 하였다.

위의 기록에서 알 수 있듯이 꿀물경단은 그 색을 들임에 있어, 오미자·맨드라미꽃·쑥·치자 등의 자연에서 얻은 열매나 꽃, 잎으로부터 얻은 천연색소를 이용하였는데, 천연색소는 떡의 색깔을 곱게하고 맛도 좋을 뿐만 아니라, 각각의 약리적 작용과 효능으로 떡을 먹는 즐거움과 함께 건강을 도모할 수 있어 더욱 좋다.

색소로 쓰이는 오미자에는 항산화 효과가 있어, 암 발생을 예방하는 동시에 진정·해열·진해 등의 중추신경 억제작용과 간보호, 혈압강하, 알코올에 대한 해독작용이 있는 것으로 밝혀졌다.

오미자의 붉은 색소는 떡을 비롯한 다식과 차, 술에도 이용되고 있다. 맨드라미꽃의 붉은 빛깔은 액막이의 뜻도 있지만, 지사제(止瀉劑)성분이 들어있어, 옛부터 떡에 즐겨 사용해 왔다.

쑥은 무기질과 비타민 A 가 많아 세균에 대한 저항력을 키워주며, 치네올이라는 특유의 정유성분은 입맛을 돋궈준다. 또 쑥에는 혈압강하, 소염작용이 있으며, 복통·토사·출혈의 치료에 다양하게 이용해 오고 있다.

치자는 황홍색의 열매로 카로티노이드 색소인 크로신(crocin)이 함유되어 있어, 떡이나 빈대떡이나 전(煎) 등을 물들이는데 사용해왔다. 치자열매에는 해열·이담·지혈·소염 등의 효능이 있어 이 약성을 이용하여 염증성 질환·간염·황달·토혈 등의 증상의 치료약으로 이용해 오고 있다.

삶는떡

[재료 및 분량]

- 찹쌀 ··· 4컵(가루 8컵)
- 멥쌀 ··· 2컵(가루 4컵)
- 소금 ··· 1⅓큰술

잣 ··· ½컵

• 꿀물 { 꿀(시럽) ··· 1컵 / 물 ··· ½컵 }

반죽 물들이기

- 치자 1개 · 물 6큰술
  ⇒ 치자물 4큰술과 끓는물 2큰술
- 오미자 15 g · 물 6큰술
  ⇒ 오미자물 5큰술과 끓는물 2큰술
- 쑥가루 5 g (1큰술), 물 2큰술
  ⇒ 쑥물 2큰술과 끓는물 4큰술

만드는 방법

1. 찹쌀은 3~4회 깨끗이 씻은 후 물에 8~12시간 담갔다가, 수쿠리에 건져 물기를 뺀다. 여기에 분량의 소금을 넣고 가루로 빻아 체에 내린다.
2. 떡가루를 4등분하여 흰색은 그대로 끓는물로 익반죽하고 나머지 3색은 분량의 치자 우린 물과 오미자 우린 물, 쑥가루물을 넣고 각각 끓는물로 익반죽한다.
3. 반죽은 대추 크기만큼씩 동그랗게 빚어 끓는물에 삶아 익어서 동동 떠오르면, 잠시 두었다가 건져서 찬물에 헹군다.
4. 경단 위쪽에 잣을 박아 넣고 꿀(시럽)물에 담가 그릇에 담아 낸다.

참 고

- 꿀물경단은 찹쌀만 사용하여 빚으면 늘어지므로 멥쌀을 섞는다.
- 색은 진하지 않고 은은한 정도가 아름답다.

오메기떡

오메기떡은 차조가루를 반죽하여 둥글게 빚어 도우넛처럼 가운데 구멍을 내고 삶아서 콩가루나 팥고물에 굴린 떡으로 육지의 좁쌀떡과는 그 형태와 만드는 법에서 차이가 있다. 오메기떡에 묻히는 콩가루를 제주도에서는 '콩개역'이라고 하는데, 5~7월 사이에 많이 만들어 먹는다.

차조는 노란색 차조와 검은색 차조가 있으나, 검은색 차조(흐린 좁쌀이라고 함)를 사용한다.

530~550년 《제민요술(齊民要術)》에 기록되어 있기를, "穀은 본대 오곡의 총칭으로서, 조만을 가리키는 것은 아니다. 그러나 요즈음, 사람들이 '조'를 곡이라 하고 있으므로 이에 따른다."고 하였다. 이후부터는 穀은 조의 속칭이 되었다.

1145년 《삼국사기》에 穀이 흔히 소개되고 있는데, "穀이 귀하여 백성들이 굶주리고 흉년이 들면 창고 속의 穀이 濟民을 한 것" 등으로 미루어, 穀이 가장 중요한 곡식이었음에 틀림이 없다.

중요한 곡물로서 麥·稻·菽은 따로 나와 있으므로 남는 것은 기장과 조이다.

이러한 사실로 미루어 보아 《삼국사기》의 穀은 《제민요술》의 경우와 마찬가지로 조를 가리키는 것이 틀림이 없겠다.

1300년대 《계림유사(鷄林類事)》에 의하면, 고구려에는 오곡 가운데에서 특히 조가 가장 많았다고 하여, 역시 북부의 주식은 조였음을 알 수 있다. 이북에서는 잡곡이 많이 생산되는데, 특히 좁쌀은 질이 좋아 밥에도 넣어 먹을 뿐만 아니라 떡으로도 많이 쓰인다.

예로부터 동양에서 중요한 곡물로 재배되어 온 조는 그 입질에 따라 차조와 메조로 구분한다. 조의 주성분은 단백질과 지방인데다 소화 흡수율이 맥류보다 좋다.

비타민 B_1, B_2가 많으며 저장성이 좋아 장기 보존하더라도 맛이 변하지 않고 충해도 적다. 조는 신장을 보해주고, 한방에서는 조길금이라 하여 싹 틔운 조를 말려서 쓴다. 조길금은 소화장애, 체한 데, 입맛이 없는 데에 효과가 있다.

옛날 육지의 부자집에서 흰 떡이나 인절미를 치면 그 소리에 동네 사람이 다 모여들었다. 이때 집주인은 좁쌀떡을 만들어 동네사람들의 입에 한 불퉁이씩 넣어 주어 우선 배를 채워 주었다고 하니 얼마나 인간적인지 알 수 있다.

[재료 및 분량]

- 차조 .... 5컵(가루 10컵)
- 소금 1큰술

고물

- 노란 콩가루 3컵
- 소금 .... ½ 작은술
- 설탕 3큰술

- 붉은팥 1컵
- 소금 1작은술
- 설탕 2큰술

만드는 방법

1. 차조를 깨끗이 씻어 일어 물에 5~6시간 정도 담갔다가, 건져 소금을 넣고 빻아 가루를 준비한다.
2. 콩을 깨끗이 씻어 일어 물기를 빼고 볶아서 맷돌에 갈아 가루를 낸 다음, 체에 내려 설탕과 소금을 넣어 맛을 낸다.
3. 붉은팥은 푹 삶아 소금을 넣고 어레미로 친 뒤, 설탕을 넣고 번철에서 수분을 제거한다.
4. 차조가루는 끓는물에 익반죽하여 직경이 5cm 정도 되는 도우넛 모양으로 빚은 다음, 끓는물에 삶고 냉수에 헹구어 물기가 빠지면 볶은 콩가루와 팥고물에 묻혀 낸다.

참 고

- 도톰하게 반죽하여 가운데를 엄지손가락으로 꾹 눌러 모양을 내기도 한다.
- 익반죽하여 삶아 냉수에 헹궈 물기가 완전히 빠진 후에 고물을 묻혀야, 표면이 보슬보슬하다.
- 뜨거울 때 먹어야 제맛이 난다.

두텁단자

두텁단자는 단자병류(團子餠類)이다. 단자병류는 삶거나 찌는 떡으로 송편, 경단, 그리고 단자가 있다.

송편은 멥쌀로, 경단과 단자는 찹쌀가루로 만들어 끓는 물에 삶아 고물을 묻히는 떡이다.

두텁단자의 주재료는 찹쌀가루가 기본이다. 찹쌀가루를 끓는 물로 익반죽한 뒤, 굵은 알밤 크기로 떼어 반죽 한가운데에 밤·호도·잣·대추·유자청 건지를 소로 넣고, 둥글납작하게 빚어 끓는 물에 삶아, 뜨면 건져서 팥가루 고물을 묻힌다.

두텁단자 반죽은 치대어 몸을 곱게 하여 젖은 보자기로 덮어서 잠시 재우면 떡의 끈기가 더해진다.

두텁단자의 크기는 경단보다는 조금 크게 만들어야 보기에 좋으며, 손에 넣고 오래 굴려야 갈라지지 않고 매끈하게 빚어진다.

둥글게 빚은 두텁단자를 시간 간격을 두고 끓는 물에 넣어 동동 떠오르면 건져 흐르는 찬물에 식힌다. 몸이 식으면 건져서 물기를 뺀 다음 고물 그릇에 하나씩 떨어지게 놓고 그릇째 흔들어 고물을 묻히면 모양이 예쁘게 된다.

두텁단자는 물에 삶아 내었으므로 말랑말랑하게 먹기가 좋으며, 만드는 방법이 간단하므로 찹쌀가루와 속에 넣는 소를 넉넉히 준비하여 냉동실에 보관해 두면, 언제라도 손쉽게 만들어 먹을 수 있다.

특히 소로 들어가는 견과류와 유자향이 고물의 팥가루향과 함께 어울려 그 맛이 가히 일품이다.

[재료 및 분량]

찹쌀	2 컵(찹쌀가루 4 컵)
소금	1 작은술
설탕물	(물 : 설탕=⅔ 컵 : 1 컵)

고물

팥앙금	300 g

소

밤	4개
호도	3개
잣	1 큰술
대추	4개
유자청건지	2큰술

참 고

- 소를 곱게 다지면 씹히는 맛이 없으므로, 잣의 ½정도 크기로 다진다.
- 고물을 묻힐 때에는 쟁반에 팥가루를 펼쳐 놓고 경단을 굴리면서 묻히면 좋다.

만드는 방법

1. 찹쌀을 깨끗이 씻어 일어서 물에 12시간 담갔다가, 소쿠리에 건져 소금을 넣고 가루로 빻아 체에 내려서 고운 가루를 만든 다음 끓는 설탕물로 익반죽한다.
2. 팥앙금을 볶아 가루로 낸다.
3. 밤은 껍질을 벗겨 0.5cm로 썰고, 호두는 뜨거운 물에 담가 껍질을 벗겨 밤과 같은 크기로 썰고, 잣은 고깔을 떼고 깨끗이 닦는다. 대추는 돌려 깎아 씨를 빼고, 유자청 건지와 같이 굵게 다진다.
4. 찹쌀가루 익반죽한 것을 조금씩 떼어서 꼭꼭 뭉친 다음, 엄지손가락으로 가운데를 파고 소를 넣어 공기가 들어가지 않도록 다시 꼭꼭 뭉쳐, 4~5cm 정도의 크기로 동그랗게 빚는다.
5. 빚어놓은 떡반죽을 끓는물에 넣고 삶아 떠오르면, 빨리 찬물에 넣었다가 건져 물기를 뺀 후 팥가루를 묻힌다.

❷

❸

❹

❺

율무단자

율무단자는 율무가루와 찹쌀가루를 섞어서 익반죽 한 뒤, 경단 크기보다 좀 크고, 둥글게 빚어 삶아 고물을 무친 삶는 떡의 한 종류이다.

율무단자는 율무 특유의 찰지고 구수한 맛이 느껴지는데, 아마도 율무의 효능을 얻고자 일부 계층에서 만들어 먹었던 것으로 생각된다.

1938 년의 문헌인 《조선요리법(朝鮮料理法)》에 "율무가루, 꿀소, 밤가루를 재료로 하여 율무가루를 반죽해서 보통 경단 만하게 동글동글하게 만들어서 끓는 물로 삶아 건져서 찬물에 담가 두었다가 꺼내 고물을 묻히는데, 꿀소나 밤가루를 묻혀야 한다."라고 기록되어 있다.

재료로 들어가는 율무는 포아풀과에 속한 한해살이 재배 식물로, 한명으로는 의이(薏苡)라 하며, 율무의 껍질을 벗긴 율무쌀을 의이인(薏苡仁)이라고 하는데, 볶아서 차로도 끓여 마시고 가루로 만들어 죽도 쑤어 먹으며, 밥지을 때 섞어도 별미이다.

율무의 약리적 효과를 설명한 문헌으로, 1590 년 《본초강목(本草綱目)》이 있는데, 거기에 "율무가 위에 좋고 비장을 튼튼히 하며 폐를 보호한다."고 소개하면서, "그 외에도 열(熱)과 풍(風)을 없애주며 습(濕)에 이기게 한다."고 하였으며, 1613 년 《지봉유설(芝峯類說)》에서는 "율무는 점도가 강하여 조선시대 선창(船窓)의 풀로 쓰였다."고 한 것으로 보아, 민간에서 접착제로도 이용하였음을 알 수 있다.

율무는 쌀과 같은 영양가를 가지고 있어, 예로부터 쌀의 대체곡식으로 중요하게 여겨 왔으며, 최근에는 당뇨·암·고혈압 등의 성인병을 예방, 치료하는 치료식으로 널리 이용되고 있다.

정확한 성분은 밝혀지지 않았지만 율무를 먹으면 물사마귀, 티눈 등이 말끔히 없어지고 거친 피부는 놀라우리만큼 부드러워지며, 이뇨작용이 있어 체내 수분을 조절해 주고, 노폐물의 축적을 막아주는 효과가 있는 것으로 알려지고 있는 건강식품이다.

따라서 율무단자는 율무의 이러한 여러가지 약리작용과 효능을 얻을 수 있으며, 재료나 방법이 간단하여 언제라도 손쉽게 만들 수 있다.

찹쌀로만 만드는 단자와는 달리, 율무를 섞어서 단자를 만들면 율무 특유의 맛과 향을 느낄 수가 있어, 한층 맛이 좋은 떡이 된다.

또한 율무의 은은한 색이 고명으로 쓰이는 밤이나 거피팥과도 잘 어울려 조화로움이 뛰어나다.

삶는떡

[재료 및 분량]

율무	3컵(가루 6컵)
찹쌀	4컵(가루 8컵)
소금	1½ 큰술

고물

거피팥	2컵
소금	½ 큰술
밤	30개
소금	1 작은술

만드는 방법

1. 거피팥은 깨끗이 씻어서 하룻밤 충분히 물에 불려 찜통에 쪄낸 다음, 뜨거울 때 절구에 소금과 함께 넣고 찧어 어레미나 체로 내려 쳐서 팥고물을 만든다.
2. 밤은 깨끗이 씻고 껍질을 벗겨 삶은 뒤 절구에 소금과 함께 넣고 찧어서 어레미나 체에 내리 쳐서 고물을 만든다.
3. 율무가루에 찹쌀가루와 소금을 넣고 고루 섞어 체에 내린 다음, 뜨거운 물로 익반죽하여 직경 3.5 cm, 높이 2 cm 정도로 동글납작하게 빚어, 끓는물에 삶아 건져서 찬물에 잠시 식힌 다음, 물기를 빼 놓는다.
4. 익혀 낸 단자를 거피팥고물과 밤고물에 굴려가며 골고루 묻혀 모양 있게 담아낸다.

참 고

- 두 가지 고물을 묻힌 율무단자를 한 접시에 담아내면 색상이 조화를 이루어 아름답다.
- 만들기도 쉽고 영양도 좋아 집에서 손쉽게 해 먹을 수 있는 맛있는 떡이다.

차수수경단

차수수경단은 찰수수를 가루 내어 익반죽해서 삶아 찬물에 헹군 뒤 물기를 뺀 후 콩가루나 팥고물을 묻힌 떡이다.

백일상에 오르는 붉은 팥고물 수수경단은 아기로 하여금 액을 면하게 한다는 의미가 있고, 돌상에 오르는 수수경단은 낙상하지 않고 건강하게 자라게 한다는 의미가 있다. 아직까지도 어른이 넘어지면, "돌 때 수수경단을 못 얻어먹어서 넘어지는가."라고 놀리는 풍습이 남아 있다.

차수수경단은 《조선요리법》, 《조선요리》, 《우리나라 음식 만드는 법》, 《현대 여성백과사전》 〈한국떡편〉 등에 수수경단으로 소개되어 있으며, 재료나 만드는 방법은 조금씩 차이가 있다.

1938년 《조선요리법》에 "수수는 찰수수가 좋으니 찰수수를 정하게 대껴서 까불러 가지고 물을 자주 갈아부어 울궈가지고 떡가루처럼 빻아서 끓는 물에 익반죽하여 밤톨만큼씩 떼어 둥글게 만들어서 펄펄 끓는 물에 삶아 찬 물에 건져서 행구어 가지고 고물을 묻히는데, 콩가루나 팥계피 고물을 묻힙니다." 라고 하였으며, 1940년 《조선요리》에 "수수가루를 소금과 물로 반죽하여 단자로 둥글여 열탕에 삶아서 녹두나 팥의 소를 만들어 겉에 옷로서 무치는 것이다. 옷으로 무치는 것은 콩가루나 계피가루, 흑임자 볶은 것을 사용한다."하여 흑임자를 고물로 이용하였다.

1958년 《우리나라 음식 만드는 법》에는 "찰수수 가루를 끓는 물로 익반죽하여 잘 쳐서 반죽을 충분히 해가지고 도토리만큼씩 떼어 둥글게 빚어서 끓는 물에 넣어 삶아 건져 가지고 콩가루나 팥이나 깨나 뜻대로 묻혀서 놓으라."라고 기록되어 있다.

또 1969년 《현대 여성백과사전》에는 "찰수수를 끓는 물로 익반죽해서 잘 쳐서 반죽을 충분히 해가지고 둥글게 빚어 끓는 물에 넣어 삶아서 건진다. 삶은 것을 콩가루나 팥고물, 깨고물에 묻힌다."라고 기록되어 있다.

수수는 장에 좋은 식품으로 성질이 따뜻하여 속을 따뜻하게 할 수 있고 장기능을 조절하여 설사를 멈추게 한다. 우리나라의 경우, 밥에 섞어 혼식을 하며 떡, 엿, 죽에 이용되고 있다.

삶는떡

[재료 및 분량]

- 차수수가루 5컵
- 소금 .... ½ 큰술

고물

- 붉은 팥 2컵
- 설탕 4큰술
- 소금 .... ½ 큰술

만드는 방법

1. 차수수를, 보리쌀을 씻듯이 박박 비벼서 문질러 씻어 물에 담갔다가 붉은 물이 우러나면 3~4번 정도 물을 갈아 주면서 다시 8시간 정도 담갔다가 소쿠리에 건져서 분량의 소금을 넣고 가루에 빻아 내린다.
2. 붉은팥은 삶아서 소금을 넣고 찧은 다음 체에 내려서 설탕을 넣어 버무린다.
3. 수수가루에 끓는물을 넣고 익반죽하여 조금씩 떼어내서 직경 2cm 정도의 크기로 완자를 빚어 끓는 물에 삶아 냉수에 헹군 다음 체에 받쳐 물기를 빼고 붉은팥가루를 굴린다.

참 고

- 수수는 떫은 맛이 없도록 여러번 헹구어야 한다.
- 차수수경단은 백일상에 오르며 붉은 팥에 붉은색은 부정을 막아주는 주술적 의미가 있다.
- 차수수경단을 부드럽게 만들려면 수수가루와 찹쌀가루의 비율을 4:1로 섞어도 좋다.

잣구리

잣구리는 찹쌀가루를 익반죽해서 누에고치 모양으로 만드는데, 밤고물을 꿀에 개어 소로 넣고 빚은 떡을 끓는 물에 삶아서 잣가루를 묻힌 매우 호화스런 떡이다.

잣구리의 소는 밤 대신 깨를 찧어 꿀에 갠 것을 사용해도 좋으며, 고물로 잣가루 대신 거피하여 볶은 깨고물을 묻히기도 하는데, 이렇게 만든 떡은 '깨구리'라고도 한다. 고물로 쓰이는 잣은 해초나 우유와 같은 칼슘이 많은 식품과 함께 먹어야 좋은 것으로 알려졌는데, 피부를 윤기있게 하고 혈압을 낮추는 데도 기여한다. 한방에서는 잣이 풍기(風氣)를 낫게 하고 기운을 돋우니 수명연장에 기여한다고 하여, 민간에서도 약으로 이용해 왔다.

우리 풍속에 정월 대보름날에 잣불놀이를 즐기는데, 이는 잣에 지방이 많기 때문에 그 기름으로 불을 붙일 수 있기 때문이다.

불포화지방산이 풍부한 잣은 고급식품으로 머리가 검어지고 피부가 윤택해진다는 말이 옛부터 전해지고 있으며, 오늘날 와서는 칼로리가 높은 좋은 에너지원일 뿐 아니라, 비타민 B군이 풍부하고 철분도 다량 함유하고 있어, 빈혈예방에도 효과가 있다.

잣구리의 소로 들어가는 밤은 대추, 배와 함께 가장 오래된 과수로서, 290년경의 《삼국지》〈위지동이전〉에 "동이 한국에 큰 밤(栗)이 있어, 그 크기가 배(梨)와 비슷하다."고 기록되어 있으며, 1611년 허균이 지은 《도문대작(屠門大爵)》에는 "경주, 상주 밤은 알이 작고 껍질이 저절로 벗겨지며, 경남 밀양 밤은 알이 굵고 달며, 지리산의 밤은 굵기가 주먹만하다."고 소개하였다. 이와 같이 지방별로 품종이 다른 점으로 보아 다양한 종류의 밤이 전국에서 널리 재배되었음을 알 수 있다.

1766년 《증보 산림경제(增補 山林經濟)》에 밤의 저장법이 나와 있는데, 밤은 채취와 동시에 저장하는 것이 좋고, 기온이 10~20℃에서 싹이 트므로 이 기온 이하로 저장해야 한다고 기록되어 있다.

밤의 영양성분은 양질의 당질이 많아 위장기능을 강화해 주며 배탈이 나거나 설사할 때와, 이유식으로, 또 몸이 쇠약하거나 밥맛이 없을 때 먹으면 식욕이 나고 원기를 회복시켜 준다. 따라서 잣구리는 밤을 비롯하여 잣 등 제철식품을 이용한 계절식이라 할 수 있으며, 밤, 잣 등을 떡에 넣은 우리 조상들의 지혜로운 생활의 단면을 엿볼 수 있게 해준다.

삶는떡

[재료 및 분량]

찹쌀	5 컵(가루 10 컵)
소금	1 큰술
소	
밤	20 개
꿀	1 큰술
계피가루	½ 작은술
잣	2 컵

만드는 방법

1. 찹쌀은 3~4 회 깨끗이 씻은 후 물에 8~12 시간 담갔다가, 소쿠리에 건져서 분량의 소금을 넣고 가루로 빻아 체에 내려 끓는물로 익반죽한다.
2. 밤은 껍질을 벗겨 푹 삶아 찧어 체에 내린 다음, 꿀과 계피가루를 넣고 대추만하게 뭉쳐서 소를 만든다.
3. 잣은 종이를 깔고 칼로 곱게 다져서 잣고물을 만들어 놓는다.
4. 반죽을 조금씩 떼어 밤소를 넣고 길이 4 cm 정도의 누에고치 모양으로 빚어, 끓는물에 삶아 망에 건진 후 물기를 빼고 잣가루에 굴려 고물을 묻힌다.

참 고

- 잣구리는 삶는 떡이므로 만들기가 간편하여 집에서 손쉽게 만들 수 있다. 잣구리 속에 넣는 소나, 겉에 묻히는 고물은 밤이나 잣가루 외에 깨고물을 사용하기도 한다.
- 수로 쓸 밤은 무겁고 단단하며 껍질에 윤기가 도는 상품(上品)이 좋다.

꼬장떡

꼬장떡은 멥쌀가루나 좁쌀가루를 익반죽하여 동그랗게 빚은 뒤, 끓는 물에 삶아 건져서 콩고물이나 팥고물을 입힌 떡이다.

1943 년의 《조선무쌍신식요리제법(朝鮮無雙新式料理製法)》에서는 꼬장떡에 대해, "흰떡 만들어 넓게 펴고 꿀, 팥소를 넣고 종지로 삼분의 일쯤 되게 떠내여 손으로 우구려서 너덧씩 붓치되 이것도 삼색을 드려 떡 위에 얹나니 산병이나 꼽장떡은 기름을 발라 언지나니라."라고 소개하고 있다.

1984 년에 간행된 《한국민속종합조사보고서》〈향토음식편〉에서도 '꼬장떡'에 대해 소개하고 있음을 볼 수 있는데, 꼬장떡을 함경도 지방의 향토음식으로 소개하면서, 만드는 법을 적고 있다.

여기에서는 "조를 잠깐 물에 불려서 가루를 내서 더운물로 말랑말랑하게 반죽한 뒤 길쭉하게 빚어서 가랑잎에 싼 다음 쪄 낸다."고 하였다.

이 떡이 함경도 지방의 향토음식으로 자리잡게 된 배경은, 함경도 지방의 기후가 한랭하여 일찍부터 벼농사가 보급되지 못하였고, 대신 조가 잘 되는 지역적 특성상 좁쌀로 만든 음식이 발달하게 되었다. 꼬장떡은 오래되어도 굳거나 변하지 않으므로 먼길을 갈때 식사 대용으로 이용하기도 하였다.

한편 이 책의 〈평안도편〉에서는 평안도 지방의 향토음식으로 소개하면서, 만드는 방법이 함경도와는 다름을 보여주고 있다.

즉, 멥쌀가루에 좁쌀가루를 섞어 반죽하여 만든 삶은 떡의 일종으로, 반죽을 둥글게 빚어 끓는 물에 삶아 건진 후, 찬물에 헹구고 참기름을 바른 뒤, 콩가루나 팥고물을 묻힌 떡으로 소개하고 있다.

그러나 요즈음은 옛날처럼 쌀이 귀하지 않고 쉽게 구할 수 있으므로, 만드는 방법은 그대로이나 좁쌀이 아닌 쌀로 가루를 내어 만들어 먹기도 한다.

옛부터 북쪽 사람들은 진취적이고 대륙적인 성품으로 인해 모든 음식이 푸짐하며, 떡의 크기도 큼직큼직하고 음식도 사람들의 기질을 닮은 것 같다.

또한, 타지방 사람들이 격식에 맞추어 의례적인데 비하여, 형식에 얽매이지 않고 실질적인 것이 평안도 등 이북지방 사람들의 장점이다.

따라서 떡 음식 또한 풍성하고 먹음직스럽게 만드는 것이 특색이고, 서울지방이나 남부지방의 떡에 비해 조리법이 비교적 간단하면서 소박한 멋을 느끼게 하는 특징이 있다.

삶는떡

[재료 및 분량]

찹쌀	6 컵(가루 12 컵)
멥쌀	2 컵(가루 4 컵)
소금	1½ 큰술

고물

붉은팥	3 컵
설탕	½~1 컵
소금	⅔ 큰술

만드는 방법

1. 찹쌀은 3~4회 깨끗이 씻은 후 물에 8~12시간 담갔다가, 소쿠리에 건져서 물기를 뺀 뒤 분량의 소금을 넣고 가루로 빻아 체에 내린다.
   분량의 끓는 물을 넣고 익반죽을 하여 두께 1.5 cm, 가로 6cm, 세로 3.5cm의 타원형으로 빚어 놓는다.
2. 끓는물에 빚어 놓은 떡반죽을 넣고 떠오를 때까지 삶아 건져서 찬물에 행궈 체에 받쳐 물기를 빼 놓는다.
3. 팥은 깨끗이 씻어 일어서 한번 끓으면 물을 버리고, 다시 새 물을 넣고 푹 삶아 뜸을 들여 설탕, 소금으로 간한 뒤 절구에 곱게 찧어서 팥고물을 만들어 놓는다.
4. 물기를 뺀 떡에 팥고물을 꼭꼭 묻혀 낸다.

참 고

- 쌀가루 반죽은 많이 치대야만 반죽의 몸이 곱다.
- 꼬장떡의 팥고물은 삶은 통팥을 체에 곱게 내려 고물을 묻혀도 좋다.
- 멥쌀가루 대신에 찹쌀가루를 쓰면 떡이 더 부드럽다.

도행병

도행병(桃杏餠)은 복숭아와 살구로 반죽하여 찹쌀 경단을 만들어 삶아서 찬물에 냉각시킨 후 잣가루를 묻힌 삶은 떡의 한 종류다.

도행병은 《증보 산림경제》, 《규합총서》, 《임원십육지》, 《군학회등》, 《부인필지》 등에 기록되어 있다. 1815년경의 《규합총서(閨閤叢書)》를 보면 "도행병은 복숭아, 살구 무르익은 것을 씨 없이 하고 쪄 체에 거른다. 멥쌀가루, 찹쌀가루를 복숭아, 살구즙에 각각 많이 묻혀 버무려 볕에 말리어 유지(油紙) 주머니에 넣어서 상하지 않게 둔다.

가을이나 겨울에 이것을 다시 가루로 만들어 사탕가루나 꿀에 버무려 대추, 밤, 잣, 후추, 계피 등을 속으로 고명하여 메가루를 시루에 안쳐 찌라. 찹쌀가루로 구멍떡을 만들어 삶아 내어, 개어서 볶은 팥꿀 소를 넣어 꿀팥이나 잣가루를 묻혀 단자를 만들면 복숭아, 살구 향기가 입에 자옥하여 신기롭다."고 기록되어 있다.

1915년경의 《부인필지(夫人必知)》에는 "복숭아와 살구 익은 것을, 씨를 발라 쪄서 체에 거른 후 쌀가루를 그 즙에 묻혀 볕에 말려 좋은 주머니에 넣어 두었다가 추동간(秋冬間)에 다시 작말하여 설탕물에 버무리고 대추, 잣, 호두, 계피 등을 고명하여 찐다.

또 도행(桃杏) 거른 것과 찹쌀가루로 구멍떡을 만들어 삶아 내서 한 데 개어 볶은 팥꿀소를 넣고 잣가루를 묻혀 단자를 하면 도행 향기가 가득하여 신기하다."고 하였다. 도행병은 멥쌀가루로 만들 경우는 찐떡에 속하고 찹쌀가루를 만들 경우는 삶은 떡에 속한다.

복숭아는 중국이 원산지로 알칼리성 식품으로 피부미용에 좋다. 살구도 중국이 원산지이며, 유기산으로 구연산과 사과산이 많이 들어있어 독특한 신맛이 있어서 신진대사를 원활하게 하므로 피로회복에 좋다.

삶는떡

[재료 및 분량]

찹쌀가루	5컵
소금	½ 큰술
살구(中)	10개
복숭아	1개
설탕	2큰술

고물

잣가루	1컵

만드는 방법

1. 찹쌀은 깨끗이 씻어 8~12시간 물에 담갔다가 소쿠리에 건져서 분량의 소금을 넣고 가루로 빻아 체에 내린다.
2. 살구와 복숭아는 껍질을 벗기고 씨를 발라낸 다음 체에 내려서 분량의 설탕을 넣고 걸죽하게 졸인다.
3. 찹쌀가루에 살구와 복숭아 졸인 것을 넣고 익반죽하여 직경이 3~4cm 정도의 크기로 빚어 끓는물에 삶아 냉수에 헹군 다음 물기를 뺀다.
4. 잣은 고깔을 뗀 후 종이를 깔고 밀대로 밀어 기름기를 뺀 다음 곱게 다져 잣가루를 만든 다음 삶아 놓은 경단에 묻힌다.

참 고

- 살구와 복숭아는 잘 익은 것을 사용한다.
- 삶은 도행병을 찬물에 헹굴 때 얼음물을 사용하면 빨리 냉각되고 떡이 쫄깃해서 좋다.

오그랑떡

오그랑떡은 멥쌀가루를 익반죽하여 경단을 빚고, 팥 삶은 물로 삶아 설탕과 소금으로 간을 맞추어 만든 떡이다.

1984 년 《한국민속종합조사보고서》 〈향토음식편〉 에 오그랑떡 만드는 법이 나와 있는데, "멥쌀가루를 익반죽하여 경단처럼 동글동글하게 빚었다가, 팥을 푹 삶아 끓인 팥물에 빚어두었던 경단을 넣고 다 삶아지면 설탕과 소금을 넣고 간을 맞춘 뒤, 건져서 팥과 고루 버무려 만든다."고 소개하고 있다.

오그랑떡은 떡을 삶은 과정에서 그 모양이 동그랗게 오그라든 모양을 띤 데서 오그랑떡이라고 부르게 된 것이다.

오그랑떡은 함경도지방에서 발달해 왔는데, 다른 떡에 비하여 한결 부드럽고 말랑말랑하여 모두가 다 좋아하는 떡이지만, 특히 어린이나 노인들에게 어울리는 떡이다. 만드는 방법이 쉽고 재료도 간단하여 일반에서 널리 빚어 먹었다.

오그랑떡은 밥맛이 없을 때, 잠이 잘 안올 때, 기억력이 떨어지고 신경쇠약 등의 증세가 있을 때 좋으며, 특히 노인층에서 즐겨 먹는다고 한다.

이는 떡의 재료로 사용되는 팥의 효능에 기인한 것 같다.

팥은 우리나라 떡의 재료 가운데 멥쌀이나 찹쌀 다음으로 가장 즐겨 사용하는 식품이다. 또 그 성분을 보면 당질 56%, 단백질 21%, 비타민류로 비타민 B_1 이 특히 많다. 이러한 까닭에 쌀밥 중심의 식생활로 인한 '각기병의 예방에 좋은 약이다.'라는 말이 있을 정도로, 영양이 뛰어나다.

따라서 쌀에 팥을 섞어 밥을 지어먹으면 신진대사가 잘 되어 당질의 연소 찌꺼기가 남지 않아 건강에도 매우 좋다.

팥 중의 특수성분인 사포닌은 거품성분으로, 비누가 없던 시절 팥가루를 물에 넣어 거품을 일게 하여 세제로 이용하기도 하였으니, 요즘의 화학제품과는 달리 약해(藥害)가 없어, 약한 피부나 식품을 씻는데 적격이었다.

오그랑떡은 팥고물을 묻히는 다른 떡류와는 다르게, 팥을 삶는 물에 떡을 함께 삶아 익히는 것이 특징이고, 떡에 팥물이 배어들어서 촉촉하여 쉽게 굳지 않으며 보기에도 좋다.

또한 고물로 입힌 통팥의 씹히는 맛과 구수한 팥 냄새가 함께 어우러져 더욱 맛을 상승시킨다.

삶는떡

[재료 및 분량]

찹쌀	4 컵(가루 8 컵)
멥쌀	1 컵(가루 2 컵)
소금	1 큰술

붉은팥	2 컵
소금	½ 큰술
설탕	½~1 컵

만드는 방법

1. 찹쌀과 멥쌀은 3~4회 깨끗이 씻은 후 물에 8~12시간 담갔다가, 소쿠리에 건져서 물기를 뺀다. 여기에 분량의 소금을 넣고 가루로 빻아 함께 체에 내린다.
2. 체에 내린 쌀가루를 끓는물로 익반죽하여 직경 2.5cm 크기로 경단을 빚듯이 동글동글하게 빚는다.
3. 팥은 깨끗이 씻어 물을 조금 잡아 한 번 끓으면 물을 버리고, 다시 새 물을 넣고 푹 삶아 팥물이 자작해지면 설탕과 소금을 넣어 간을 맞춘 다음, 경단을 넣고 약한 불에서 팥물이 경단에 배도록 은근히 끓인다.
4. 경단이 익으면 주걱으로 고루 저어 팥물이 고루 잘 스며들도록 한다.

참 고

- 팥물이 경단에 잘 스며들도록 약한 불에서 오래 끓여야 부드럽고 맛이 좋다.

닭알떡

떡의 모양이 달걀처럼 생겼다고 하여 닭알떡이라는 이름이 붙여졌다.

닭알떡은 찹쌀과 멥쌀을 반반씩 섞어서 가루를 만든 다음, 끓는 물에 익반죽하여 한가운데에 거피팥소를 넣고 마치 달걀처럼 둥글고 갸름하게 빚는데, 끓는 물에 삶아 건져서 다시 거피팥고물을 입혀 만든다.

이 떡은 황해도 지방의 토속성이 짙게 배여 있는 삶는 떡으로, 이 지방에서는 '닥알떡'이라고도 한다. 황해도 지방은 이북지방에서도 곡창지대를 가지고 있어서, 다른 지방과는 달리 비교적 곡식이 풍부한 편이다. 따라서 잡곡을 이용한 떡은 물론이고, 쌀을 주재료로 한 떡도 다양하게 만들어 먹는데, 그 모양은 결코 사치스럽지 않고 수더분하고 구수한 맛을 주는 것이 특징이라 할 수 있다.

닭알떡은 잔치메시루떡 · 무설기떡 · 오쟁이떡 · 큰송편 · 혼인인절미 · 혼인절편 · 수리취인절미 · 증편 · 꿀물경단 · 우기 · 찹쌀부치기 · 수수무살이 · 좁쌀떡 · 닥알범벅과 함께 대표적인 황해도 지방의 향토떡이라고 하겠다.

이 닭알떡은 집안에 잔치가 있을 때나 명절에 시식으로 만들어 먹는 떡은 아니다.

우리 민족은 예로부터 농경생활을 영위해 왔던 만큼, 추수가 끝난 겨울의 농한기나 여름철 우기(雨期) 때, 특별한 일거리가 없을 때에 한가한 겨를을 이용하여 입이 궁금하거나, 군것질거리가 생각날 때 만들어 먹는 간식이라 할 수 있다.

특히 며칠 지나 딱딱해진 찹쌀떡은 석쇠에 올려 불에 구워 먹는 것이 별미이다.

예전에는 화롯가에 둘러앉아 오손도손 이야기꽃을 피워가며, 뜨거운 떡을 후후 불어 먹기도 했다.

떡은 먹는 사람과 만드는 사람의 기호에 따라서는 표면에 묻히는 고물을 거피팥고물 대신, 거피한 녹두고물이나 밤고물을 입혀 만들기도 하며, 이들 떡은 고물로 사용하는 재료에 따라 각각 다른 독특한 풍미를 느낄 수가 있다.

닭알떡는 거피팥을 소와 고물로 하여 만들기 때문에 맛이 담백하고, 팥 향이 좋으며, 마치 달걀을 먹는 것과 같은 기분을 주는 풍요로운 떡이다.

이 닭알떡은 사치하지 않고 수더분한 이북지방 사람들의 성품을 그대로 느낄 수 있으며 구수한 풍미가 있다.

삶는떡

[재료 및 분량]

찹쌀	4 컵(가루 8 컵)
멥쌀	3 컵(가루 6 컵)
소금	1½ 큰술

설탕물

물	2½ 컵
설탕	1 컵

고물

거피팥	4 컵
소금	1 큰술
설탕	½ 컵

소

거피팥고물	5 컵
꿀	5 큰술
설탕	½ 컵

만드는 방법

1. 찹쌀과 멥쌀은 3~4회 깨끗이 씻은 후 물에 8~12시간 담갔다가, 소쿠리에 건져서 물기를 뺀다. 이어 분량의 소금을 넣고 가루로 빻아 함께 체에 내린 다음, 끓는물로 익반죽한다.
2. 거피팥은 깨끗이 씻어 하룻밤 충분히 불려서 김 오른 찜통에서 쪄 낸 다음, 뜨거울 때 절구에 분량의 소금을 함께 찧어 체에 내려 고물을 만든다. 분량의 거피팥은 설탕을 넣고 섞어서 팥소를 만든다.
3. 준비한 반죽을 조금씩 떼어 거피팥소를 넣고 오므려서 6cm 길이의 달걀 모양으로 빚는다.
4. 빚은 떡을 끓는물에 삶아 건져서 물기를 뺀 후, 거피팥고물을 묻힌다.

참 고

- 붉은색 고물은 붉은팥으로, 노란색 고물은 거피녹두로 사용하면 삼색이 어울려 아름답다.

잡과편

잡과편(雜果片)은 '잡과고(雜果糕)'라고도 부르며, 찹쌀가루를 익반죽하여 구멍떡으로 만들어 삶아서 치댄 뒤, 황률소를 넣고 다시 빚어 밤채, 대추채, 곶감채 등의 고물을 입힌 떡이다.

햇대추 등의 과실과 햅쌀이 나올 무렵에 만들어 먹는 음식이다.

1670 년의 《음식지미방(飮食知味方)》, 1700 년대의 《음식보(飮食譜)》, 1800 년대 중엽의 《역주방문(曆酒方文)》, 1766 년의 《증보 산림경제(增補 山林經濟)》, 1815 년의 《규합총서(閨閤叢書)》, 1800 년대 중엽의 《군학회등(群學會騰)》, 연대 미상의 《음식방문(飮食方文)》, 1800 년 말엽의 《시의전서(是議全書)》, 1938 년의 《조선요리법(朝鮮料理法)》, 1940 년의 《조선요리(朝鮮料理)》, 1943 년의 《조선무쌍신식요리제법(朝鮮無雙新式料理製法)》, 1958 년의 《우리나라 음식만드는 법》 등 여러 문헌에 기록되어 있다.

1670 년 《음식지미방》에 수록된 잡과편법은 "찹쌀가루를 반죽하여 지지는 주악같이 썰어서 익게 삶아 꿀을 바르고, 곶감 · 삶은 밤 · 대추와 백자를 짓두르린 것을 묻혀서 써라."고 하여 시루떡은 아니다.

《증보 산림경제》의 잡과고법은, "햅쌀을 물에 담갔다가, 가루를 만들고 햇밤찐 것, 햇붉은 대추 씨뺀 것, 홍시껍질을 벗겨 썰어서 조각을 만들어 쌀가루에 고루 섞는다.

녹두나 팥, 청태콩 등으로 켜를 놓고 찐다."하여 메떡임을 알 수 있다.

1815 년 《규합총서》에 "대추, 곶감 속 내어 얇게 얇게 저며 살짝 말려 머리칼 같이 썬다. 생률도 그렇게 채 쳐서 한데 섞는다.

찰가루로 구멍떡 삶아 꿀물 쳐 개어서, 황률 삶아 걸러 꿀 버무려 계피, 후추 섞은 소를 귀나게 만들어 얇게 싸고 위에 꿀 발라 실과 채 친 것을 묻혀 잣가루 묻혀 쓰라."고 하였다.

또, 1855 년 《부인필지(夫人必知)》와 《음식방문》의 잡과편은 "대초, 건시 얇게 저며 말려 머리털같이 썰어 생률 채쳐 한데 섞고 찰가루를 고물떡 삶아 내어 꿀 치고 황률 삶아 걸러 계피, 호도 섞은 소를 싸고 실과채와 잣가루를 부치나니라."고 똑같이 기록하고 있다.

이와 같이 잡과편은 시대에 따라 각각 재료와 만드는 법을 조금씩 달리 하고 있으나, 햇실과와 여러가지 다양한 재료를 사용하여 왔음을 알 수 있다.

[재료 및 분량]

찹쌀	10 컵(가루 20 컵)
소금	2 큰술

소

밤	20 개
꿀	2 큰술
계피가루	½ 작은술
후춧가루	⅓ 작은술

고물

대추	20 개
곶감	10 개
밤	15 개
꿀	½ 컵
잣가루	½ 컵

만드는 방법

1. 잡쌀과 멥쌀은 3~4회 깨끗이 씻은 후 물에 8~12시간 담갔다가, 소쿠리에 건져서 물기를 뺀다. 여기에 분량의 소금을 넣고 가루로 빻아 함께 체에 내린다.
2. 찹쌀가루를 익반죽하여 끓는물에 삶아 낸 뒤 차지게 치댄다.
3. 밤은 껍질을 벗기고 삶아 으깨어 체에 내려 꿀, 계피가루, 후춧가루를 섞어 소를 만든다.
4. 대추는 돌려깎기 하고, 밤은 껍질을 벗겨 곱게 채 썬다. 곶감은 씨를 빼서 곱게 채 썬다. 찜통에 젖은 면보를 깔고 살짝 쪄서 식힌다.
5. 뜨거울 때 떡을 조금씩 떼어 준비한 밤소를 넣고 오므려서 동그랗게 빚은 다음, 꿀을 발라 삼색고물과 잣가루를 묻힌다.

참 고

- 대추는 돌려깎기한 뒤 밀대로 얇게 밀어 채 썰면 곱다.
- 밤은 껍질 벗겨 곱게 채 썰어 색이 변하기 전에 숨이 죽을 정도로만 살짝 쪄서 넓은 그릇에 펴 놓는다.

제2부
한 과

2. 한과의 역사와 유래

우리나라에서는 전통적으로 내려오는 과자를 한과류(韓果類)라고 한다.

본래는 생과(生果)와 비교해서 가공하여 만든 과일의 대용품이라는 뜻에서 '조과류(造果類)' 또는 '과정류(果飣類)'라고 하고, 우리나라 말로는 '과줄'이라고 한다. 그러다가 외래과자(洋果)와 구별하기 위해 '한과(韓果)'로 부르게 되었다. 그러나 초기에는 중국 한대(漢代)에서 들어왔다 하여 한과(漢果)라고도 불리웠다.

한과의 명칭과 관련하여 1996년《한국전래 造果(과줄)제조사연구(上)》에서 "조과류(造果類)란 한자 표기에 대응하는 순 우리나라 낱말을 '과줄', '과즐', '과줄'이라고 하여 왔다."고 하여 한과류를 우리말인 과줄이라고 하였음을 알 수 있다.

'果'란 말은《삼국유사(三國遺事)》의 가락국기(駕洛國記) 수로왕조(首露王條)에 처음 나오는데, 수로왕묘 제수에 과(果)가 쓰였다고 기록되어 있다.

제수(祭需)로 쓰는 果는 본래 자연의 과일인데, 과일이 없는 계절에는 곡분으로 과일의 형태로 만들고, 여기에 과수(果樹)의 가지를 꽂아서 제수로 삼았다고 한다.

우리나라에서 제일 먼저 만들어진 한과류는 '엿' 같은 것으로 추정되며, 고려시대에 이르러서는 뚜렷한 기록에 의해서 귀족 중에서 애용되어 온 과자로 유밀과가 있었음을 알 수 있다.

이러한 사실을 뒷받침하는 것으로, 1763년경《성호사설(星湖僿說)》에 조과가 제수로 쓰이고 있음을 기록하고 있다.

한과류는 농경문화의 진전에 따른 곡물의 산출 증가와 숭불사조에서 오는 육식의 기피사조를 배경으로, **신라·고려시대**에 특히 고도로 발달되어 제례(祭禮)·혼례(婚禮)·연회(宴會) 등에 필수적으로 오르는 음식이 되었다.

특히 신라 진흥왕 33년(572)에 팔관회가 처음 시작되어 계속적으로 국가적인 팔관회(八關會)·연등회(燃燈會)의 행사에 상용되었다.

삼국시대부터 조미료로 기름과 꿀을 사용했으나, 이 재료들을 응용하여 조과류가 만들어진 것은, 삼국통일시대 이후로 보인다.

한과류가 차에 곁들이는 음식으로 만들어지고 음다(飮茶)풍속이 성행된 것은, 통일신라시대에 불교가 융성했기 때문이다.

숭불사조가 고조되었던 통일신라에서 음다(飮茶) 풍속과 육식절제 풍습이 존중됨에 따라, 채소 음식과 곡류를 재료로 한 한과류가 발달했으리라는 것은 쉽게 추측할 수 있는 일이다.

이 시대의 후기에는 다과상(茶果床)·진다례(進茶禮)·다정(茶亭)모임 등의 의식이 형성되는데, 이에 따라 한과류도 급진적으로 발달했을 것으로 보인다.

또 신문왕 3년(683)이 왕비를 맞이할 때 납폐품목으로 쌀·술·장·꿀·기름·시(豉) 등이 있었는데, 한과류에 필요한 재료가 있었으므로 한과류를 만들었다고 추정할 수 있으나, 문헌의 기록은 **고려시대부터**이다.

그 예로 "충렬왕 8년에는 왕이 충청도에 행차했을 때 도중 유밀과(油蜜果)의 봉정을 금했다."는 사실로 미루어, 왕 행차 때에는 각 고을이나 사원 등에서 유밀과를 진상했음을 짐작할 수 있다. 또 유밀과는 납폐음식의 하나였다.

《고려사(高麗史)》형법금령에 의하면 유밀과(油蜜果) 성행이 지나쳐서 곡물·꿀·기름 등을 허실함으로써, 물가가 오르고 민생이 말이 아니어서, 명종 9년(1179)과 명종 22년(1192)의 두 차례에 걸쳐서 유밀과의 사용을 금지하고, 유밀과 대신에 나무열매를 쓰라고 하였으며, 공민왕 2년(1353)에는 유밀과의 사용금지령까지 내렸다고 한다.

또한 고려는 불교를 호국신앙으로 삼아 살생을 금했던 만큼, 육식이 절제됨에 따라 차를 마시는 풍속과 함께 한과류가 한층 더 성행하게 되었다.

한과류 중에서 특히 유밀과(油蜜果)가 발달되어, 불교행사인 연등회·팔관회 등 크고 작은 행사에 반드시 고임상으로 쌓아 올려졌다.

유밀과는 국외에까지 전파되었다.《고려사》에 충렬왕때 세자의 결혼식에 참석하러 원나라에 가서 베푼 연회에 유밀과를 차렸더니, 그 맛이 입속에서 슬슬 녹는듯하여 평판이 대단하였다는 기록이 보인다. 이런 까닭으로 몽고에서는 유밀과를 '고려병'이라고 했으며, '고려병'을 약과(藥果)라고 하였다.

다식(茶食)도 고려에서 숭상되어 국가연회에 쓰였으나, 유밀과처럼 일반화 되지는 않고 국가적 규모의 대연회에서나 쓰였던 것 같다.

조선시대에 이르면 한과류는 임금이 받는 어상(御床)을 비롯하여, 한 개인의 통과의례를 위한 상차림에 대표하는 음식으로 등장하게 된다.

한과류의 금지도 계속되어 《대전회통(大典會通)》에도 헌수·혼인·제향 이외에 조과를 사용하는 사람은 곤장을 맞도록 규정하고 있으나, 한과류는 의례상의 진설품으로서 뿐만 아니라, 평상시의 기호품으로 각광을 받았는데, 특히 왕실을 중심으로 한 귀족과 반가에서 성행하였다.

한편, 강정류(羌飣類)는 민가에서도 유행하여 주로 정월 초하룻날 많이 해 먹었는데, 민가에서는 강정을 튀길 때 떡이 부풀어오르는 높이에 따라 서로 승부를 가리는 놀이까지 있었다고 한다.

이러한 한과류는 조선시대에는 일부에서 상품화하기도 하였으나, 대체로 각 가정에서 직접 만들었고 이에 필요한 재료도 상비하고 있었다.

또한 한과류 중 약과·다식 등의 유밀과와 강정류는 경사스러운 날의 잔칫상 차림에 높이 괴어 올리는 것이 관례여서 반가를 중심으로 한과의 전문기술을 가진 사람과 고임새가 빼어난 사람들이 초빙되어 그 일을 담당하기도 하였다.

한과류는 만드는 법이나 쓰는 재료에 따라 크게 유밀과류·강정류·산자류·다식류·정과류·숙실과류·과편류·엿강정류·엿류 등으로 나눌 수 있다.

유밀과류(油蜜果類)는 밀가루를 주재료로 하여 기름과 꿀을 부재료로 섞고 반죽해서, 여러 가지 모양으로 빚어 기름에 지진 과자를 가리킨다.

이러한 유밀과는 흔히 약과(藥果)로 불려져 오늘날까지 이어지고 있다.

약과의 종류는 모양과 크기에 따라 대약과·소약과·모약과·다식과·만두과·연약과·매작과·차수과 등이 있다. 특히 유밀과 중에서 널리 알려져 고려 때부터 최고의 과자로 여겨 중요한 제사음식의 하나가 되었다.

고려시대에는 유밀과를 새·붕어·과실 등의 모양으로 만들었는데, 조선시대에는 모나게 썰거나 판에 찍어 국화와 같은 모양으로 만들었다.

이러한 변화는 높이 괴어 상에 올리기 편하게 하기 위한 것으로 생각된다.

흔히 고배상(高排床)에는 대약과를 놓고, 반과상(飯果床)이나 다과상(茶果床)에는 다식과와 약과·매작과를 쓰며, 웃기로는 만두과를 얹는다.

유밀과 중의 박계류(朴桂類)는 밀가루에 소금간을 하여 높은 온도에서 지진 것으로 대박계·중박계 등이 있는데, 잔치보다 제향음식으로 널리 쓰였다.

유밀과와 함께 유과(油果)·다식(茶食)·전과(煎果)도 조선시대에 이르러 성행하였다.

강정류(羌飣類)는 찹쌀가루에 술을 쳐서 반죽하여 찐 것을 공기가 섞이게 쳐서 크고 작게 잘라 햇볕에 말렸다가, 기름에 지져 여러가지 고물을 입힌 것으로 '강정' 또는 '건정' 등으로 불리어지고 있다.

강정류는 점식으로는 물론이거니와 제사·연회·차례상에 없어서는 안될 필수음식으로 쓰여져 왔다.

강정에 얽힌 재미있는 놀이로, 정월 세배상에 쓸 강정 바탕을 만들 때에 종이에 관작 품위를 써 넣어서 나중에 강정 속에서 누가 높은 품계의 종이가 나오는가를 보는 놀이가 있었다고 한다.

강정류은 모양이나 고물에 따라 이름이 달라진다. 그 종류로는 크게 강정류와 산자류가 있다.

강정은 바탕을 갸름하게 썰어 말렸다가 기름에 튀기면 고치 같이 부풀어오르고 속은 비어 있다. 이것에 흰 깨·검은 깨·흰콩가루·검은 콩가루를 꿀이나 조청으로 붙인다. 고물에 따라 깨강정·계피강정·잣강정·송화강정·흑임자강정 등이 있다.

산자류(糤子類)는 강정 바탕을 네모나게 썰어 튀긴 것으로 과줄이라고도 하며, 밥풀산자·세반산자·매화산자·연사과·빈사과·감사과 등이 있다.

연사과(軟紗果)는 강정 바탕과 똑같이 하여 밀 때 아주 얇게 하여 네모지고 조금 길쭉하게 썬다. 이것을 기름에 지져 꿀을 묻히고 고물을 묻힌다.

고물에 따라 홍매화연사·백매화연사·백자(柏子)연사 등 세 가지가 있다. 나라님 잔칫상에도 이 삼색연사는 빠지지 않았다고 한다.

빙사과(氷似果)는 강정 바탕을 팥알만큼씩 썰어 알맞게 말리거나, 강정을 만들고 남은 바탕이나 부서진 것을 모아서 튀기고, 엿물로 뭉쳐서 모가 나게 만든 것이다.

다식류(茶食類)는 볶은 곡식의 가루나 송화가루를 꿀로 반죽하여 나무로 된 다식판에 넣어 찍어낸 유밀과이다.

다식은 원재료의 고유한 맛과 결착제로 쓰는 꿀의 단맛이 잘 조화된 것이 특징이며, 혼례상이나 회갑상·제사상 등 의례상에는 반드시 등장하는 유밀과이다.

다식의 종류로는 쌀가루로 만든 쌀다식, 밀가루를 누릇하게 볶아서 만든 진말다식, 황률가루를 곱게 하여 만든 황률다식, 흰콩가루나 청태로 하여 쑥빛이 나는 콩다식, 검은깨를 볶아서 찧어 고운 채로 쳐서 만든 흑임자다식, 송화가루로 만든 송화다식, 녹두 녹말가루를 오미자 국물에 꿀을 섞어 반죽하여 만든 녹말다식, 여러가지 곡물가루를 섞어 만든 잡과다식이 있다. 그리고 해조류나 어류·한약재를 이용한 파래다식, 북어다식, 용안육다식 등 다양하다.

정과류(煎果類)는 비교적 수분이 적은 식물의 뿌리나 줄기, 열매를 살짝 데쳐 설탕물이나 꿀, 또는 조청에 조린 것이다. 연근정과·생강정과·행인정과·동아정과·수삼정과·모과정과·무정과·천문동정과·귤정과 등이 있다.

이러한 정과는 잔치나 명절, 손님 접대에 꼭 만들어 먹는 과자로, 보통 한가지만 만들지 않고, 여러가지 재료로 각각 꿀이나 조청, 설탕시럽으로 조려서 식힌 후에 꾸덕꾸덕해지면 한 접시에 옆옆이 올려 담아 낸다.

숙실과류(熟實果類)도 유밀과의 한가지로 과실이나 열매를 찌거나 삶아 꿀에 조린 것으로, 초(炒)와 란(卵)으로 다시 나뉜다.

초(炒)는 과실이나 열매를 통째로 익혀 그 형태가 그대로 유지되게 설탕물에 조린 것으로 밤초와 대추초가 유명하다.

란(卵)은 과수의 열매를 삶은 뒤 으깨어 설탕이나 꿀에 조린 다음, 다시 과실 본래의 형태와 비슷하게 빚은 것으로 생란·율란·조란 등이 있다.

과편류(果片類)는 과실이나 열매를 삶아 거른 즙에 녹말가루를 섞거나, 단독으로 설탕이나 꿀을 넣어 조려 엉기게 한 다음 썬 것이다.

재료별로 앵두편·복분자편·모과편·산사편·살구편·오미자편 등이 있다.

문헌상의 과편 중 가장 많이 소개되어 있는 과편은 앵두편으로, 편의 웃기나 생실과의 웃기로 사용된다.

엿강정류는 여러가지 곡식이나 견과류를 조청 또는 엿물에 버무려 서로 엉기게 한 뒤, 반대기를 지어서 약간 굳었을 때 썬 한과(韓果)이다.

주로 콩 종류, 흑임자·들깨·참깨 등의 깨종류와, 땅콩, 잣 등을 재료로 쓰고 웃고명으로 잣·호두·대추 등을 얹어 모양과 맛을 낸다.

엿은 쌀·보리·옥수수·수수·고구마 등의 농작물을 가루내어 얻은 녹말에 보리를 싹틔워 만든 엿기름을 넣어 당화시켜 조청(造淸)이 된 것을 더 고아서 만든 당과(糖果)이다. 이 당과에 엿이 굳기 전에 흰깨를 비롯하여 볶은 콩·볶은 땅콩·실백 등을 섞어 버무리면 깨엿·콩엿·땅콩엿·잣엿 등 들어가는 재료에 따라 여러 종류로 나뉜다. 그리고 이것을 반대기로 지어 자르면 깨엿강정·콩엿강정·잣박산 등이 된다.

엿은 우리나라의 한과류 중 제일 먼저 만들어졌던 것으로 알려지고 있는데, 엿의 단맛 때문에 음식의 맛을 내는 조미료로서의 이용가치뿐만 아니라, 오래 두어도 변하지 않는 저장 특성 때문이었다.

또 특산물을 이용한 저장식이었다는 점에서, 지방에 따라 여러가지 엿이 만들어져 특색을 띠었다.

강원도에서는 옥수수로 만든 황골엿, 곡창지대인 전라도의 백당엿, 고구마가 많이 나는 무안지방에서는 고구마엿이 특히 유명하였다.

또한 제주도지방에서는 엿에 닭고기와 꿩고기를 넣어 만든 태식이 널리 알려졌었다.

조선시대 문헌에 기록된 한과류는 유밀과류 37종, 유과류 68종, 다식류 28종, 전과류 51종, 과편류 11종, 엿강정류 6종, 당류 53종 등 모두 254종류로 다양했음을 알 수 있다.

특히 조선왕조 500년 역사에서 왕실을 중심으로 한 음식차림은, 당시의 음식문화의 한 집약체라고 할 수 있다.

궁중연회상에는 한과류로 대약과·다식과·만두과·율말·흑임자다식·송화·녹말다식·청태·계강다식·홍·백매화연사과·백자연사과·계백강정·홍세건반강정·백세건반강정·홍백세반강정·5색강정 · 5색엿강정 · 홍백입모빙사과 · 청황입모빙사과 · 백자강정 · 홍백매화강정 · 백세건반연사과 · 홍세건반연사과 · 4색감사과 · 5색중세건반연사과 · 백세건반요화 · 홍세건반요화 · 3색한과 등 24가지의 한과류를 모두 1자 8치의 높이로 고였음을 볼 때, 조선시대 한과류의 화려함을 엿볼 수 있다.

한과는 여러 종류가 있었지만, 지금은 강정 · 약과 등의 비교적 간편하고 쉽게 만들 수 있는 몇 가지만 전해 내려오고 있을 뿐이어서 안타깝기 그지없다.

이상과 같이 우리 나라의 과자는 한과류라 하여 강정 · 산자 · 약과 · 다식 · 숙실과 등의 유밀과와 정과 · 엿 등 70여 종이 있다.

이로써 한과(韓果)는 실과(實果)와 반대되는 개념의 조과(造果)이며 만드는 방법과 재료에 따라 그 종류가 나뉜다는 것을 알 수 있다.

그러나 서양의 양과(洋果)는 우리나라의 과자와는 그 개념이 다르다.

양과는 저장성, 반죽의 형태로 나뉘고 부풀리는 방법에 따라 나눈다.

저장성에 따라 생과자 · 건과자로 나누기도 하고, 반죽의 형태에 따라 반죽형 · 거품형 · 혼합형으로 나눈다. 또한 부풀리는 방법에 따라 화학적으로 부풀린 제품, 효모로 부풀린 제품, 특수한 형태의 냉동과자가 있다.

따라서 우리나라의 과자는 서양의 양과에 비해 만드는 방법이 훨씬 다양하고 저장성도 높으며, 팽창제 · 보존제 등의 화학첨가물을 일체 사용하지 않는 순수 자연식이자 건강식이라 할 수 있다.

일제 36년의 강점기를 벗어나자마자 민족상잔의 비극을 겪으면서 급격하게 도입된 외래문화와 함께, 양과자가 우리사회에 빠른 속도로 뿌리를 내리면서 대중화되어, 한과는 그 터전과 기반을 빼앗겨 거의 맥이 끊어지게 되었었다.

그러나 다행스럽게도 1980년에 접어들면서 윤택해진 국민경제와 함께 서구식에 입맛이 길들여지면서 설탕, 지방 등 고열량 식품의 과다섭취로 말미암아 성인병, 비만증의 위험이 커지면서 사회문제화되자, 상대적으로 자연식을 선호하는 경향으로 나타나기 시작했다.

식생활에 있어서도 전통식 식생활의 중요성을 깨닫게 되었으며, 우리 것을 되찾자는 의식이 국민운동으로 확산되면서, 맛이 담백하고 품위가 있는 한과에 대한 소비가 늘기 시작, 한과전문 생산업체가 늘어나기 시작했다.

한과업계는 그 동안의 기술 축적을 이용하여 한과류를 현대화하기 위한 노력을 다각적으로 기울이고 있다. 그 결과 지역마다 특산물을 이용한 새로운 형태의 다양한 한과가 생산되어, 고유한 맛과 멋을 되찾아가고 있어 반가운 일이 아닐 수 없다.

약과 · 다식과

약과(藥果)는 밀가루에 꿀을 섞어 반죽한 것을 기름에 튀긴 유밀과(油蜜果)의 하나로, 우리나라 역사상 가장 사치스러운 고급의 과자이다.

이러한 약과는 정월에 많이 만들어 먹는데, 통과의례나 명절, 잔치, 제향(祭享) 때의 필수음식이었다.

약과는 이미 고려시대 때 널리 유행하여 왕족과 귀족, 그리고 사원과 민가에서 널리 즐겨 먹었는데, 특히 "왕족과 반가, 사원에서 유밀과를 만드느라 곡물과 꿀, 기름 등을 많이 허실함으로써 물가가 올라 민생을 어렵게 한다."고 하여, 고려 명종 22 년(1192)과 공민왕 2 년(1353)에는 유밀과의 제조금지령을 내렸다. 이후 조선시대에는 약과가 대표적인 기호식품의 자리를 차지하였다.

약과는 본디 '약(藥)이 되는 과자(果子)'라는 뜻인데, 《오주연문장전산고》와 1613 년 《지봉유설(芝峯類說)》에 "그 재료인 밀(小麥)은 춘하추동을 거쳐서 익기 때문에 사시(四時)의 기운을 받아 널리 정(精)이 되고, 꿀은 백약(百藥)의 으뜸이며, 기름은 살충(殺蟲)하고 해독(解毒)하기 때문이다."고 약과 재료의 특징을 잘 설명하고 있다.

1948 년의 《조선상식(朝鮮常識)》에는 "조선에서 만드는 과자 가운데 가장 상품이며, 또 온 정성을 들여 만드는 점에서 세계에 그 짝이 없을 만큼 특색있는 과자다."고 하면서, "속칭 과줄이라 하고 한자로 조과(造果), 혹은 **약과(藥果)**라고 쓴다."고 하였다.

약과의 모양은 처음에 대추 · 밤 · 배 · 감 · 물고기 · 짐승의 모양이었다가 점차 변하여 조선시대에는 원형이 되었고, 제사 때 사용하는 약과의 경우 제사상에 쌓아 올리기 불편하여 다시 방형(方形)이 되었던 것으로 추측된다. 그 예로 《성호사설》에서 "약과는 여러가지 과실 모양이나 새의 모양으로 만들었던 것이나, 후일에 높이 고이는 풍습이 생겨나면서 넓적하게 자르게 되었다."는 기록을 볼 수 있다.

약과는 기름에 지질 때 기름이 속까지 배어들도록 천천히 지져 집청에 넣게 되므로, 단면이 여러 켜를 이룬 듯 하고, 그 사이에 기름과 꿀이 속속들이 배어 있어 고소한 맛과 단맛이 뛰어난 음식이다.

다식과(茶食果)는 약과를 만들 때와 같이 밀가루에 참기름 · 생강즙 · 꿀 · 청주 등을 섞어 만든 반죽을 다식판에 박아 낸 뒤, 기름에 지져 꿀에 재웠다가 잣가루를 뿌린 유밀과 중의 한 가지이다.

[재료 및 분량]

재료	분량
밀가루(박력분)	2컵(180 g)
참기름	3큰술
꿀	3큰술
청주	2큰술
소금	¼작은술
생강즙	1큰술
흰후춧가루	¼작은술
계피가루	¼작은술

집청

재료	분량
꿀	1컵
계피	5g
유자	½개
잣	2큰술
튀김가루	2컵

❶

❸

❹

❺

만드는 방법

1. 밀가루를 체에 내린 다음, 참기름을 소금씩 넣으면서 손으로 고루 비벼 다시 한 번 체에 내린다.
2. 꿀과 청주, 소금, 생강즙, 흰후춧가루, 계피가루를 한데 혼합하여 고루 섞은 후 준비한 밀가루를 넣고 뭉치듯이 가볍게 반죽한다.
3. 약과판에 참기름을 바르고 반죽을 20g씩 떼어 엄지손가락으로 꼭꼭 눌러 박아서 기름이 잘 스며들도록 대꼬지로 뒷면에 6~7군데 구멍을 낸다.
4. 130℃ 정도의 기름에 속이 익도록 천천히 튀기는데, 한 면을 5분간 튀기고 뒤집어 4분간 더 튀긴다.
5. 갈색이 나면 건져서 1분간 기름을 빼고 식혀 둔 집청에 잴다가 건져 잣가루를 뿌려 낸다.

참 고

- 반죽할 때 너무 치대지 말고 가볍게 반죽하여야 끈기가 생기지 않는다. 오래 주무르거나 치대면 글루텐이 생겨 딱딱하고 기름에 지져도 겉만 까맣게 익고 속이 잘 익지를 않으며 균열이 생기지도 않는다.
- 약과를 기름에 튀길 때 온도가 너무 높으면 속이 익기도 전에 겉만 까맣게 타버리고 온도가 너무 낮으면 약과가 다 풀어져 맛과 모양이 나빠진다.
- 집청할 때는 약과를 지져서 기름을 제거한 후, 미지근할 때 꿀에 10~12시간 재우면 꿀이 약과 속 깊이 촉촉히 스며들어 약과 특유의 진미가 난다.

모약과

모약과는 약과와 만드는 방법이나 재료에서 다를 것이 없다.

약과라는 명칭은 밀가루 반죽에 꿀이 들어가기 때문에 부르게 된 것이다. 옛날에 꿀이 귀하고 값이 비쌌을 뿐 아니라 약으로도 이용했다. 꿀은 단맛 외에도 독특한 풍미와 더불어 화밀(花蜜) 중의 전화당이 74%나 되며, 이 전화당이 유산균의 발육을 왕성하게 하고 소화를 돕는 작용을 한다. 때문에 민간에서는 예로부터 꿀을 약으로 써 왔던 것이다.

또한 우리 습속에 찹쌀로 지은 고두밥에 꿀이나 설탕·대추·진간장·참기름·밤·곶감·잣 등을 섞어서 찐 밥을 약식(藥食), 고두밥에 누룩을 섞어 만든 술을 약주(藥酒)라고 하는 것과 같은 맥락이다.

약과는 알맞은 재료와 분량으로 반죽을 잘 했어도 기름에 지질 때의 요령에 따라, 맛이 좋아지거나 나빠지는 특성이 있다. 약과를 기름에 지질 때는 비교적 낮은 온도에서 약과의 속까지 기름이 고루 배어들게 해서 익힌 것을, 뜨거울 때 꿀이나 조청에 담가 재워두면 꿀물이나 조청이 약과의 속까지 스며들어 속이 노릇노릇하고, 마치 여러 겹으로 포개어 놓은 것 같은 결이 만들어져 모양이 한결 돋보인다.

모약과는 일반적인 크기의 약과에 비해 훨씬 크게 만들고 모가 나게 만든 재래의 과자류 중 한 가지로서, 대약과와는 또 다르다. 대약과는 일반적인 크기에 비해 나무판에 새긴 각(刻)의 지름이 훨씬 큰 약과판에 반죽을 눌러 박아서 만든 것이고, 모약과는 넓은 쟁반형 그릇에 반죽을 담고 밀대로 밀어서 모가 나도록 크게 칼로 잘라서 만든 약과이다.

1763년경 이익의 《성호사설(星湖僿說)》에 "약과는 여러가지 과실 모양이나 새의 모양으로 만들었던 것이나, 후일에 높이 고이는 풍습이 생겨나면서 넓적하게 자르게 되었다."고 하는 기록에서 모약과와 대약과의 형태를 추측할 수 있다.

실제로 제례용 약과만을 만들 때 사용하는 약과판은 일반적인 약과판 크기의 나무에 5×7, 5×10 cm 정도 되는 직사각형의 밋밋한 홈이 여러 개 패어져 있어, 반과상용의 약과와는 달리 모가나면서 넓고 납작한 모양의 약과를 만들었다는 것을 엿볼 수 있다.

따라서 모약과는 반과상(飯果床)이나 다과상에 올리지 않는 대신, 제상에는 꼭 올리는 재래 유밀과 중의 한 종류이다.

한과

[재료 및 분량]

밀가루 ··· 2컵(180 g)
참기름 ··· 3큰술
꿀 ··· 3큰술
청주 ··· 2큰술
소금 ··· ¼작은술
생강즙 ··· 1큰술
흰후춧가루 ··· ¼작은술
계피가루 ··· ¼작은술

집청
꿀 ··· 1컵
계피 ··· 5g
유자 ··· ½개

잣가루 ··· 2큰술
튀김가루 ··· 3컵

만드는 방법

1. 밀가루를 체에 내린 다음, 참기름을 조금씩 넣으면서 손으로 고루 비벼 다시 한 번 체에 내린다.
2. 꿀과 청주, 소금, 생강즙, 흰후춧가루를 한데 혼합하여 고루 섞은 후 밀가루를 넣고 뭉치듯이 가볍게 반죽하여 2.5cm 두께로 밀고 가로, 세로 10cm 정도로 크게 썬다. 작은 모약과를 만들 때는 두께 2cm, 가로, 세로 4cm, 크기로 썬다.
3. 썰어 놓은 모약과를 기름에 하나씩 넣고 갈색이 나도록 120℃~130℃ 정도의 중불 이하에서 서서히 튀긴다.
4. 튀겨 낸 모약과는 기름을 빼고 집청한 뒤 건져 잣가루를 뿌려 낸다.

참 고

- 모약과는 주로 제사상에 올리던 유밀과이나.
- 집청할 때 유자즙을 짜서 넣으면 향취가 있어 더욱 좋다.

만두과

만두과(饅頭果)는 관혼상제 등의 고임상에 약과를 높이 쌓은 위에 웃기로 널리 쓰이는 유밀과의 한가지이다.

만두과는 만드는 법에서 약과와 비슷하나, 약과 반죽보다 조금 말랑하게 반죽하여, 대추씨를 빼고 곱게 다져서 꿀과 계피가루를 섞어 만든 소를 넣어 가장자리를 붙여 단단히 꼬아 마르기 전에 기름에 지져 꿀에 집청한 것이다. 이 때 소를 조금씩 넣고 만두살은 두껍게 하여 튀긴 후에도 입이 벌어지지 않게 마르기 전에 단단히 아무려야 한다.

한편, 궁중의 만두과는 약과 반죽에 황률가루와 다진 대추를 꿀로 버무린 소를 넣고 송편처럼 빚어서 만든 것으로 보여진다.

1957년《이조궁정요리통고(李朝宮廷料理通攷)》를 보면, "약과와 똑같이 반죽하여 빚는 방법과 모양만 달리하는데, 만드는 방법으로는 밀가루에 참기름을 넣고 골고루 비벼서 채 친 다음, 생강즙, 꿀, 청주를 넣고 반죽한다. 반죽은 약과 반죽보다는 조금 질게 하고, 소로 쓰는 대추는 찜통에 쪄서 씨를 빼고 다져 계피가루와 꿀을 섞어 밤톨만큼씩 떼어 골무모양으로 빚는다. 여기에 준비된 대추 소를 콩알 크기로 떼어 넣고 터지지 않게 가장자리를 꼭꼭 눌러 송편모양으로 만든다. 기름에 토색이 나도록 지져 계피가루를 넣은 꿀에 담가 꿀이 배어들면 그릇에 담고 잣가루를 뿌린다."고 하였다.

만두과에 대한 기록으로는 1800년대 말엽《시의전서(是議全書)》·《윤씨음식법》를 비롯, 1943년《조선무쌍신식요리제법》등에 상세히 소개되어 있다.

1913년《조선요리제법》을 보면, "반죽하는 것은 약과와 똑같이 하는 것이니, 이렇게 반죽을 해가지고 조청에 계피가루를 넉넉히 섞어서 소를 넣고 만두처럼 빚나니, 밤톨만큼씩 빚어 과줄처럼 끓는 기름에 띄워 찌나니라.

또 약과 반죽과 꼭 같은 재료로 반죽을 할 때 물을 조금 더 치고 좀 질게 반죽을 해서 판대기에 놓고 방망이로 밀어가지고 두치 길이 닷푼 넓이로 두푼을 두고 썰어서 양 끝을 붓잡고 가운데를 비벼 서너번 틀어서 기름에 지지나니라."고 하였다.

이러한 만두과는 대약과를 고배한 위에 얹기도 하였으나 평상시에 먹는 과자류로, 꿀에 집청해 두었다가 긴 겨울밤 밤참으로 즐기면 더할 나위가 없는 간식이 되었다.

[재료 및 분량]

밀가루(박력분)	2컵(180 g)
참기름	3 큰술
꿀	3 큰술
청주	2 큰술
소금	¼ 작은술
생강즙	1½ 큰술
흰후춧가루	¼ 작은술
계피가루	¼ 작은술
소	
대추	1컵
계피가루	¼ 작은술
유자	½개
잣가루	3 큰술
튀김가루	2컵

만드는 방법

1. 밀가루를 체에 내린 후 참기름을 조금씩 넣으면서 손으로 고루 비벼 다시 한 번 체에 내린 다음 꿀과 청주, 소금, 생강즙, 흰후춧가루를 합하여 고루 섞은 후 준비한 밀가루에 넣고 뭉치듯이 가볍게 반죽한다.
2. 대추는 씨를 빼고 찜통에 쪄 체에 걸러서 계피가루와 꿀을 넣어 은행알만큼씩 뭉쳐 속을 만들어 놓는다.
3. 위에 준비한 밀가루 반죽을 밤알만큼씩 떼어서 대추소를 넣고 송편모양으로 빚어, 120℃~130℃ 정도의 기름에 속이 익도록 천천히 튀긴다.
4. 갈색이 나면 건져서 기름을 빼고 집청에 재웠다가 꺼내서 잣가루를 뿌린다.

참 고

- 만두과를 빚을 때의 모양은 송편 모양이나 좀 납작하게 만들어 튀겨야 속까지 잘 익는다.
- 만두과는 크게 만들기도 하며 큰상에 고임을 할 때는, 먼저 모약과를 쌓고 그 위에 만두과를 올린다.

중박계

중박계(中朴桂)는 밀가루에 참기름과 꿀을 넣고 반죽하여 직사각형으로 큼직하게 썰어 기름에 지지는 유밀과의 일종이다.

중박계는 우리 전래의 과자로 여러 고조리서에 자주 등장하는데 '중배끼'라고도 부른다. 그러나《주방문》·《도문대작》·《음식지미방》에 '중배끼'로 1815 년《규합총서)》, 1945 년《시의방》에 '중계법'과 '중계'로 각각 기록되어 있다.

1957 년《이조궁정요리통고》의 중배끼 만드는 법은 "밀가루에 기름, 꿀(또는 설탕과 엿 녹인 것)을 넣고 잘 섞어 가지고 물을 좀 넣어서 약과 반죽보다 좀 노글하게 반죽을 해서 도마에 놓고 밀어, 조그마한 구형으로 썰어서 기름에 지진다. 속이 반쯤 익었을 때에 꺼낸다. 중배기는 기름에서 꺼내어 조청에 담그지 않으며, 제상(祭床)에만 쓰는 것이다." 하였고,《우리음식》에서는 "밀가루에 기름과 꿀을 넣어 질게 반죽하여 밀어서 적당한 크기의 사각형으로 썰어서 기름에 지져 낸 것"이라고 소개하고 있으며, 만드는 법은 "약과보다 꿀이나 기름을 조금 넣고 색깔도 엷게 지지며, 볶은 밀가루를 꿀로 반죽하여 썰어서 지지기도 한다."고 기록되어 있다.

따라서 중박계는 약과와 비교해서 반죽은 같은 방법으로 하되, 좀 더 무르게 하고 겉면의 색깔도 약과보다 덜 진하게 살짝 익혀 노르스름하게 지지는 것이다. 또한 조청을 바르지 않는 것이 특징이며, 반쯤만 익혀 놓았다가 필요할 때 완전히 익혀 먹는 과줄이라는 것을 알 수 있다.

이러한 중박계는 평소에는 만들어 쓰지 않고, 통과의례와 같이 고배상을 괼 때 이용하는 음식이다.

한편, 중박계보다 작은 크기의 박계(朴桂)는 밀가루에 소금과 꿀을 섞어 되직하게 반죽한 다음, 높은 온도의 기름에서 지져 낸 것이다.

따라서 중박계와는 달리 반죽에 참기름을 섞지도 않고, 지질 때에도 높은 온도에서 지지는 까닭에 기름이 적게 들어간다. 그리고 청주는 아예 쓰지도 않고 완전히 익혀내므로, 완성이 된 후에도 약과처럼 단면이 여러 층으로 되어 있지 않고, 속에 기름이 배어 있지 않은 것이 특징이라 할 수 있다.

박계는 통과의례에 따른 상차림이나 다과상에 대한 기록에는 그 이름이 보이지 않는 것으로 미루어, 잔치나 다과상에는 거의 쓰지 않는 대신 제향에 사용했던 음식이었음을 알 수 있다.

[재료 및 분량]

밀가루(박력분)	2 컵(180 g)
참기름	3 큰술
꿀	3 큰술
청주	2 큰술
소금	1/4 작은술
생강즙	2 큰술
흰후춧가루	1/4 작은술
계피가루	1/4 작은술
집청	
꿀	1 컵
계피	5g
유자	1/2 개
잣가루	3 큰술
튀김가루	2 컵

❶

❸

❹

❹'

만드는 방법

1. 밀가루를 체에 내린 후 참기름을 조금씩 넣으면서 손으로 고루 비벼 다시 한 번 체에 내린다.
2. 꿀과 청주, 소금, 생강즙, 물, 흰후춧가루를 한데 혼합하여 고루 섞은 후 밀가루를 넣고 뭉치듯이 가볍게 반죽한다.
3. 반죽한 것을 도마 위에 놓고 밀어 두께 0.8cm, 가로 5cm, 세로 8cm의 직사각형(장방형 : 長方形)으로 썬다.
4. 썬 것을 100℃~110℃ 정도의 기름에 반 정도 익혀서 꺼낸 다음 제사상에나 고임상에 쓰고 먹을 때 다시 지져 먹는다.

참 고

- 중박계는 중배끼라고도 부르며 일반 제사에는 쓰지 않고 소상(小祥), 대상(大祥) 등 상례(喪禮)에만 쓴다.
- 1957년 《이조궁정요리통고》와 1943년 《조선무쌍신식요리제법》에서 보듯 중박계는 반만 익혀서 집청하지 아니하고 고임상에 높이 올렸다가, 먹을 때 다시 지져 먹었던 음식임을 알 수 있다.

매작과

매작과(梅雀果)는 밀가루에 소금, 생강즙을 넣고 반죽한 다음, 얇게 밀어 썰어서 칼집을 넣고 칼집사이로 양 끝을 넣고 뒤집어서 끓는 기름에 튀겨낸 후, 꿀이나 설탕시럽을 묻히고 잣가루와 계피가루를 뿌려 만든 전통 과자이다.

매작과는 그 모양이 '마치 매화나무에 참새가 앉은 모습과 같다'하여 한자로 '매화 매(梅)', '참새 작(雀)' 자(字)를 써서 매작과(梅雀果)라고 하는데, 매잣과·매잡과(梅雜果)·매엽과(梅葉果)·타래과 등 여러 이름으로 불리운다.

이러한 매작과는 약과, 강정 등과 같이 상(床)에 소담스럽게 고이는데 쓰이는 조과(造果)가 아니며, 모양을 곱고 예쁘게 만들어 다과상에 단독으로 담아 올리는 음식, 곧 후식(後食)이다.

흔히 높이 고이는 고배상에는 대약과를 놓고, 반과상이나 다과상에는 다식과와 약과, 매작과를 쓴다.

이 매작과를 예쁘고 색이 곱게 만들기 위해서는 종이장처럼 얇게 밀고, 길이 5 cm·나비 3 cm 정도의 크기로 자른 다음, 칼끝으로 양끝이 떨어지지 않게 양쪽은 짧게 가운데는 길게 세 줄로 칼집을 넣고, 한쪽 끝을 오므려서 베어놓은 가운데 금에 집어넣어 뒤로 잡아 뺀 다음, 바로 잡으면 가운데가 꼬여서 모양이 좋게 된다. 그리고 반죽을 기름에 튀길 때 기름의 온도가 높으면 타기 쉬우므로 화력(火力)을 적당히 조절하여 노릇노릇하게 튀겨내도록 하며, 집청을 할 때 꿀을 너무 많이 묻히지 않도록 한다.

또 꿀을 쓰지 않고 설탕시럽으로 할 경우, 집청할 시럽은 설탕과 물의 비율을 동량으로 하고, 졸여서 한 컵의 시럽이 나오도록 하며, 끓이는 도중에 저으면 설탕으로 되돌아가므로 젓지 않도록 한다.

이렇게 만든 시럽은 식은 후에 계피가루를 넣어 섞고 먹기 직전에 집청하여 그릇에 담아 낸다.

매작과는 기름에 튀긴 후에 집청을 하게 되므로 고소한 맛과 단맛, 그리고 생강향과 계피향이 서로 어우러져 독특한 방향(芳香)을 띠며, 바삭바삭 씹히는 맛이 특별하다.

매작과는 만들기가 비교적 쉬울 뿐만 아니라, 여러가지 재료에서 우러나오는 독특한 풍미와 함께 잣가루를 뿌려 품위가 있는 한과류로서, 어른들의 술안주나 손님접대용 다과상, 어린 자녀들의 간식용으로도 잘 어울리는 과자이다. 후식류로 차(茶)와 함께 내면 어울린다.

[재료 및 분량]

밀가루(박력분)	1컵
소금	1/5 작은술
생강즙	2 큰술
물	2 큰술

집청

꿀	1컵
계피가루	1/2 작은술
잣가루	1 큰술
튀김기름	2컵

❶

❶'

❷

3

만드는 방법

1. 밀가루에 소금을 넣고 고운체로 내린 다음, 생강즙과 물을 넣어 말랑하게 반죽하여 랩에 싸서 10분 정도 둔다.
2. 밀가루를 0.3cm 두께로 얇게 밀어 길이 4cm, 폭 2.5cm 정도 자른 뒤, '내천(川)'자 모양으로 칼집을 3개 넣고, 가운데 칼집 사이로 한쪽 끝을 집어 넣어 뒤집어서 타래모양을 만든다.
3. 식용유를 중불에 10분 정도 올려 90℃가 되면 잘라 놓은 반죽을 넣어 떠오르면 센 불로 불을 올려 130℃에서 더 튀긴 후 건져 기름을 뺀다.
4. 설탕에 물을 넣고 중불에서 끓여 시럽을 만들어 식으면 튀긴 매작과를 집청하여 그릇에 담은 후 잣가루를 뿌린다.

참 고

- 밀가루 반죽은 될 수 있는 대로 종이처럼 얇게 밀어야 튀겼을 때 모양이 좋으며, 튀기는 기름은 사용하지 않았던 깨끗한 기름을 쓰고, 바삭하게 튀겨야 한다.
- 집청할 시럽은 설탕 1컵과 물 1컵을 졸여 1컵의 시럽이 나오도록 하며, 시럽이 식은 후에 계피가루를 넣고 섞어서 먹기 직전에 10분 정도 집청하여 낸다. 설탕 시럽을 끓이는 도중에 저으면 설탕으로 되돌아가므로 조심한다.

채소과

채소과(菜蔬果)는 채수과라고도 하며, 약과와 만드는 방법이나 재료의 사용면에서 비슷하다.

만드는 방법은 밀가루에 참기름·꿀을 섞은 다음, 반죽하여 국수처럼 가늘게 늘여 사려 놓은 뒤, 이것을 끓는 기름에 지져 낸 유밀과의 일종이다.

채소과에 대한 기록은 1957 년 《이조궁정요리통고(李朝宮廷料理通攷)》에서 찾아볼 수 있는데, 비교적 상세하게 소개하고 있다. 기록을 보면, "밀가루에 기름과 꿀(또는 설탕과 엿 녹인 것)을 넣고 잘 섞어서 물을 좀 넣고, 약과 반죽보다 좀 노글하게 반죽을 해 도마에 놓고 밀어서 자그마한 구형으로 썰어 양쪽 끝을 붓잡고 서너 번 비틀어 기름에 지진다. 기름에서 꺼내어 식기 전에 설탕을 뿌린다. 이 채소과는 소·대상(小·大祥)에 놓는 것이다."라고 소개하고 있다.

따라서 1957 년 《이조궁정요리통고》에서는 채소과를 제사음식으로 소개하고 있는 것을 알 수 있는데, 이러한 사실로 미루어 채소과는 일반에서 만들어 먹었던 유밀과가 아니라, 반가의 음식이었을 것으로 생각된다. 채소과가 반가의 음식으로 추정되는 것은, 매작과나 박계 등과 같은 유밀과이면서도 만듬새와 그 모양새가 특수하기 때문이다.

왜냐하면 길례(吉禮)나 경사스러운 날의 잔칫상에는 채소과와 같이 특수한 모양새의 음식은 별로 올리지 않기 때문이고, 또한 채소과는 그 모양새나 만듬새로 미루어 일반에서 만들어 먹었던 음식이라고 보기는 어렵다. 따라서 채소과는 반가(班家)의 습속(習俗)으로 미루어 주로 제사상에 쓰였을 것으로 귀결되기 때문이다.

그러나 채소과와 같이 그 형태가 매우 특이한 한과는 《진찬의궤(進饌儀軌)》와 《진연의궤(進宴儀軌)》의 기록에서 볼 수 있듯이 일반이나 사대부가 아닌, 궁중의 행사식으로 진연상(進宴床)에 오르는 음식에도 속해 있음을 볼 수 있다.

이러한 채소과는 밀가루에 분량의 물을 넣고 국수 반죽 정도로 반죽하여, 타래실처럼 감아서 허리를 묶어 튀겨서 뜨거울 때 설탕과 계피가루를 뿌려 만들므로 맛이 고소하고 바삭한 것이 특징이다.

예전에는 제사상에만 올렸다고 하나 모양도 곡선으로 아름답고, 맛이 좋은 한과이기 때문에, 오늘날에는 아이들 간식으로 만들어주면 좋고, 후식에 차와 함께 올리면 잘 어울릴 것으로 생각된다.

[재료 및 분량]

밀가루(중력분) 4컵
소금 .... 1½ 작은술
꿀 .... 2큰술, 물 .... ½컵
{ 설탕 2큰술
  계피가루 1큰술
튀김기름 3컵

만드는 방법

1. 밀가루에 소금을 넣어 체에 내린다.
2. 밀가루에 준비한 분량의 물 ½을 넣고, 꿀을 넣어 손으로 잘 비벼서 체에 한 번 더 내린 후, 나머지 분량의 물을 넣고 국수 반죽 정도로 약간 말랑하게 반죽한다.
3. 준비한 반죽을 도마 위에 놓고 밀어서 국수 썰듯이 가늘게 13cm 길이로 썬다. 썰어 놓은 국수발을 굵은 타래실 감듯이 폭 3cm, 길이 6cm가 되도록 감아 1cm 폭으로 허리를 묶어서 120℃~130℃의 기름에 2~3분 정도 튀긴다.
4. 다 익으면 꺼내어 뜨거울 때 설탕과 계피가루를 뿌려 낸다.

참 고

- 위의 방법은 1943년 《조선무쌍신식요리제법》의 방법을 참고하였으며, 또 다른 방법으로 1957년 《이조궁정요리통고》에는 채소과를 矩形(직사각형)으로 썰어 양쪽 끝을 붙잡고 서너 번 비틀어 기름에 지져서 사용하기도 하였다.
- 채소과는 색을 4색이나 6색을 들여 화려하게 만들기도 한다.

❶

❸

❸′

❹

요화과

요화과(蓼花果)는 요화대라고도 하는 유과(油果)의 한가지로, 메밀가루에 설탕을 섞어 반죽한 다음, 조금씩 떼어 요화(여뀌꽃)처럼 만들어 기름에 지져서 꿀을 바르고, 그 위에 튀긴 밥풀을 입힌 전통 과자이다.

따라서 요화과란 여뀌를 재료로 하여 만든 과자가 아닌, 과자의 모양을 여뀌꽃 모양으로 만들었다고 하여 부르게 된 이름임을 알 수 있다.

요화과의 종류에는 백세건반요화과(白細乾飯蓼花果)·홍세건반요화과(紅細乾飯蓼花果)·홍백세건반요화과(紅白細乾飯蓼花果)·삼색요화과(三色蓼花果) 등이 있으며, 주로 잔칫상에 올리기 위해 만든다.

《조선왕조궁중연회음식의 분석적 연구》에 의하면, 백세건반요화과는 1887년, 1901년 5월과 7월, 1902년 4월과 11월의 궁중연회 상차림에 올랐고, 홍세건반요화과는 1901년 5월, 1902년 4월과 11월의 잔치 때 만들어져 상에 올랐고, 삼색요화과는 1827년~1829년의 연회 때 차림음식으로 쓰였다.

이 상의 상차림에 쓰였던 요화과 만드는 법을 보면, "소금을 넣은 밀가루를 체로 쳐서 설탕을 섞은 다음, 끓는 물에 반죽하여 여뀌꽃 모양으로 만들고, 이것을, 기름에 튀겨내어 꿀을 발라 강반을 골고루 입힌다.

이 때 백세건반요화과를 만들려면 강반을 그대로 묻히고, 홍색으로 하려면 지초(芝草)를 기름에 넣고 끓여 붉은 색의 기름이 만들어지면, 여기에 강반을 튀겨내어 붉은색의 강반을 만들어 입히면 된다."고 하였다.

'강반'은 찹쌀로 지은 지에밥을 튀긴 밥풀을 가리키는데, 위와 같이 강반을 홍·백색으로 만드는 까닭은, 홍·백색이 양색(陽色)으로 경사의 뜻을 담고 있기 때문이다.

한편 요화대는 1913년 《조선요리제법(朝鮮料理製法)》에 "속 낙개, 즉 메밀가루를 체에 친 속껍질에 설탕을 섞어 끓는 물에 반죽하여 강정처럼 기름에 지져서 조청을 바르고, 찹쌀을 불려 쪄서 말린 뒤, 기름에 볶은 것을 고물로 입힌 것"이라고 하여 요화과와 요화대는 한가지 음식임을 알 수 있다.

음식을 만듦에 있어서도 여름에 희고 잔꽃이 이삭모양으로 핀 청초한 모습의 여뀌꽃을 닮았다 하여 '요화과'라는 이름을 붙여준 우리 조상들의 슬기와 예술성을 엿볼 수 있다.

[재료 및 분량]

재료	분량
메밀가루	1컵
찹쌀가루	2컵
설탕	½컵
물	¾컵
소금	½ 작은술
꿀	1컵
튀긴 밥풀	4컵
튀김기름	2컵

❷

❸

❹

❹′

만드는 방법

1. 메밀가루와 찹쌀가루를 섞어 체에 내리고, 준비한 분량의 물에 설탕과 소금을 넣고 끓여 식힌 다음 반죽한다.
2. 반죽을 조금씩 떼어 폭 1.5cm, 길이 6cm 정도의 요화(여뀌꽃)처럼 만든다.
3. 120℃~130℃ 정도의 온도에서 속이 익도록 튀겨낸다.
4. 튀겨 낸 다음 꿀을 바르고, 대강 부수어 굵은 체에 내린 튀긴 밥풀(강반)을 묻힌다.

참 고

- 요화과는 여뀌꽃 모양으로 만드는 밀과이므로 경사스런 날 화려하게 잔치상에 올렸는데, 백색의 강반을 입힌 백세건반요화과와 지초에 기름을 넣고 끓여 붉은색의 물이 든 기름에 튀겨 낸 강반을 입힌 홍세건반요화과를 만들어 사용하였다.

계강과

계강과(桂薑果)는 다진 생강에 계피가루, 메밀가루를 섞은 뒤 쪄서, 잣가루에 꿀을 섞어 만든 소를 넣어 세 뿔이 나게 빚은 다음, 기름에 지져 집청에 담갔다가, 먹는 고유의 과자이다. 다른 방법으로 생강을 곱게 다져 물에 헹구어 생강의 매운 맛을 빼고 여기에 메밀가루와 계피가루, 꿀(설탕)을 넣고 반죽하여 떡처럼 쪄낸 다음, 이것을 생강모양으로 뿔이 나게 빚어서 꿀을 바르고 잣가루를 고물로 묻혀 만든다. 이러한 방법 외에 소를 넣지 않고 큰 삼각형 모양으로 빚고 기름에 지져낸 뒤, 꿀을 바르고 잣가루에 굴려서 만들기도 한다.

계강과는 조선시대 음식 관련 문헌인 1815 년 《규합총서(閨閤叢書)》를 비롯, 1945 년 《시의방(是議方)》 등에 수록되어 있는 것으로 미루어, 조선시대에 널리 이용되었던 조과류 중 하나였음을 추측할 수 있다.

1815 년 《규합총서(閨閤叢書)》에 "생강 곱게 두드려 헤워 즙 죄 짜고, 계피가루를 많이 섞어 모밀가루, 찰가루 각각 한 자밥씩 넣어 섞어 체에 담아 쪄 내어 잣가루에 꿀 섞은 소를 넣어 세 뿔(三角) 나게 곱게 빚어 전유어 지지듯 지져 즙청(汁淸) 묻혀 잣가루 뿌려 쓰라."고 하였다.

여기서 '세 뿔이 나게' 만든다고 하는 것은, 생강 뿌리의 '최아(催芽)'를 가리키는 것이다.

생강은 4 월 중순에서 5 월 상순 사이에 파종을 하는데, 이때 파종할 생강종자를 따뜻한 곳에 쌓아 흙을 덮고 관수(灌水)한 뒤, 가마니 등을 덮어두면 한 달 후에 싹이 나온다. 이 싹의 모양은 화살촉처럼 뾰족하여 뿔이 난 것 같아 그 뿔난 모양을 '최아'라고 한다.

따라서 계강과는 최아(催芽)시킨 생강뿌리의 모양을 따 온 과자로서, 유밀과의 한가지이면서도 판에 박아 만든 약과와는 또 다른 방법으로 만들어진다. 그리고 재료로 쓰이는 메밀의 풍부한 단백질과 독특한 맛은 물론이고 생강의 향긋한 냄새와 매운 맛, 그리고 계피가루의 독특한 방향성이 어우러져, 여느 유밀과에서는 맛 볼 수 없는 특별한 지미(知味)가 있다.

[재료 및 분량]

재료	분량
찹쌀가루	1컵
메밀가루	1컵
생강즙	1큰술
계피가루	1작은술
설탕	2큰술
소금	½큰술

소

재료	분량
꿀	3큰술
잣가루	4큰술
꿀	4큰술
잣가루	5큰술
지지는 기름	½컵

만드는 방법

1. 생강은 껍질을 벗겨 곱게 다져 즙을 만들어 놓고, 잣은 고깔을 떼고 곱게 다져서 꿀을 넣고 섞어 잣소를 만들어 놓는다.
2. 찹쌀가루와 메밀가루를 체에 내린 다음, 생강즙과 계피가루, 설탕, 소금을 넣고 가볍게 고루 섞어 끓는물로 말랑하게 익반죽한 뒤, 조금씩 떼어 잣소를 넣고 생강 모양으로 세 뿔을 만든다.
3. 찜통에 젖은 면보자기를 깔고 빚어 놓은 반죽을 얹고 쪄 내어 잠시 식힌다.
4. 한 김이 나가면 팬에 기름을 넉넉히 두르고, 지진 후 꿀을 바르고 잣가루를 묻힌다.

참 고

- 지질 때는 기름을 넉넉히 두르고 지져야 전체적으로 색이 고루 나며, 지져서 기름을 완전히 뺀 후 잣가루를 묻혀야 질척하지 않고 보슬보슬하여 좋다.

차수과

차수과(叉手果)는 밀가루에 꿀과 계피가루를 넣고 소금으로 간을 맞춘 뒤 여러가지 물을 들인 반죽을 얇게 밀어 손을 폈을 때의 모양으로 만들어 기름에 지져 낸 우리 고유의 과자이다.

차수과는 일반에서 만들어 먹었던 음식이라기보다는 궁중의 행사식으로 쓰였던 것으로 보인다. 궁중에서 나라에 경사가 있을 때 궁중에서 베풀었던 잔칫상, 곧 진연상(進宴床)에 올렸던 음식으로, 진연상에 올릴 때에는 밀가루에 적(赤)·청(靑)·황(黃) 등 색색으로 연하게 물을 들인 뒤, 얇게 밀어 6~7 cm 정도의 길이와 2 cm 정도의 나비로 얇게 썰고, 반을 접어서 끝을 남기고 칼집을 대여섯 번 넣어서 기름에 지져낸다.

차수과에 관련된 문헌기록으로는 《진찬의궤(進饌儀軌)》와 《진연의궤(進宴儀軌)》를 들 수 있는데, 이들 기록에 의하면 조선시대 궁중에서 만든 차수과의 재료로 밀가루 4말, 참기름 1말, 꿀 1말, 지초(芝草) 1근, 홍취유 2되, 설면자 3돈 등 재료명과 분량은 기록되어 있으나, 정작 차수과를 만드는 법은 소개되어 있지 않아, 어떤 모양의 음식인지 정확하게 알 수는 없다.

한편, 1971년에 간행된 《여성동아》, 12월호 〈별책부록〉에 소개되어 있는 차수과는, 밀가루를 반죽하여 얇게 밀어서 국수모양으로 가늘게 썰어 약 6 cm 길이로 손가락 네 개에 실을 감듯 감아 빼서 가운데를 약간 매는 것처럼 묶어 기름에 튀겨낸다고 하였다.

그런데 《한국요리》에는 이렇게 만든 음식을 '매잣과'로 부르며, 재료와 조리법은 타래과와 같고 모양만 다르다고 기록되어 있어, 궁중의 차수과가 후대에 이르러 만드는 방법과 재료, 이름까지도 바뀌었을 것으로 추측된다. 또, 《한국요리백과사전》을 보면, 밀가루에 소금과 계피가루를 넣고 반죽해서 실타래같이 꼬아 기름에 지져 낸 것이라고 하고, 진연상에 낼 때에는 색스럽게 식용물감을 섞어 반죽해서 쓴다고 소개하고 있는 것을 볼 수 있다.

조과(造果)는 대개 자연식품을 본 떠서 만든 것으로 이해되고 있으나, 특히 차수과는 사람의 손 모양을 본떠서 만든 과자라는 데서 그 특징을 찾을 수 있다.

[재료 및 분량]

밀가루(중력분) .... 4 컵
소금 .... 1½ 작은술
물 .... 1⅓ 컵

집청

꿀 .... 1 컵
계피가루 .... ½ 작은술
유자 .... ½ 개

잣가루 .... 3 큰술
튀김기름 .... 3 컵

만드는 방법

1. 밀가루에 소금을 넣어 체에 내린다.
2. 밀가루에 준비된 분량의 물을 넣고 고루 섞어 주물러 반죽을 한다.
3. 반죽은 얇게 미는데 한가지 모양은 두께 0.2 cm, 가로 2.5 cm, 세로 10 cm 로 가늘게 썰어 양쪽 끝을 맞붙이거나, 또는 같은 모양으로 밀어 5 cm 길이로 썰어서 끝을 1 cm 정도 남기고 가늘게 썰어 모양을 낸다.
4. 120~130℃ 정도의 기름에 속이 익도록 튀긴다.
5. 갈색이 나면 건져서 기름을 빼고 집청에 재웠다가 건져 잣가루를 올려 낸다.

참 고

- 집청을 하지 않고 설탕과 계피가루를 섞어 뿌리기도 한다.
- 예전에는 진연(進宴)상에 올렸다고 하며, 모양을 아름답게 하기 위해 3색이나 4색을 낼 수도 있다.

강정(흑임자 · 송화 · 세반 · 깨)

강정을 옛 기록에서 찾아보면, 1670 년《음식지미방(飮食知味方)》의 기본법이 오늘날까지 그대로 이어져 온다. 즉, "찹쌀가루를 술과 콩물로 반죽하여 쪄서, 꽈리가 일도록 치대어 밀고 말려서 기름에 지져 부풀게 한 다음, 꿀을 바르고 흰깨와 물들인 쌀 튀김, 승검초 가루를 묻히는 것이다."고 하였다.

강정과 산자류의 종류는 여러가지나, 만드는 방법은 모두 같으며, 모양과 고물에 따라 이름이 다르다. 1763 년경《성호사설(星湖僿說)》에 '강정(剛飣)'이라고 하였고, 1815 년《규합총서(閨閤叢書)》에는 매화산자 만드는 법이 자세히 소개되어 있으며, 그 밖에도《아언각비》·《동국세시기(東國歲時記)》·《열양세시기 (列陽歲時記)》·《음식지미방》·《금화독경기》·《오주연문장전산고》에도 강정에 대한 기록이 나와있다.

강정의 유래는 한나라 때의 '한구(寒具)'에서 찾을 수 있는데, 당시 한나라에서는 아침밥을 먹기 전에 입맛을 돋우기 위하여 '한구'라는 음식을 먹는 습속이 있었다고 한다. 이후 진나라 때는 '환병(環餠)'이라 불렀고, 당나라 때에 이르러서는 그 모양이 누에고치 같다 하여 '면견(麵繭)'이라고 불렀다.

고려시대에 널리 확산된 것으로 추측하며, 그 이전의 강정은 건정 · 면견이라고도 하고, 통일신라시대에는 면견에서 전래된 것이라 하여 '견병'이라 부르기도 했다.

강정은 겉에 묻히는 고물에 따라 깨강정 · 잣강정 · 콩강정 · 송화강정 · 승검초강정 · 계피강정 · 세반강정 등으로 불리우나, 산자는 고물에 착색한 색깔에 따라 백산자 · 홍산자 · 매화산자 등으로 불린다.

민간에서는 강정을 기름에 지질 때, 바탕이 부풀어오르는 높이에 따라 서로 내기하여 승부를 가리기도 하여 바탕을 만들 때에 종이에 관계(冠階)를 써넣고, 나중에 강정 속에서 나오는 종이의 품계에 따라 누가 더 높은가를 보는 놀이를 즐겼다고 한다.

1819 년《열양세시기》에서는, "인가(人家)에서는 선조께 제사를 드리는데 있어 강정을 으뜸으로 삼았다."라고 하였으며, 1849 년《동국세시기》에는 "오색강정이 있는데, 이것은 설날과 봄철에 인가의 제물로 '실과행례'에 들며, 세찬으로 손님을 접대할 때는 없어서는 안될 음식이다."라고 하였다.

이 강정은 입에 넣으면 바삭하게 부서지면서 사르르 녹는 것이 매력이다.

[재료 및 분량]

찹쌀 .... 5 컵
소주 .... 3 큰술
설탕 .... 3 큰술

콩물

불린 흰콩 .... ½ 컵
물 .... ½ 컵

튀김기름 .... 적당량

집청

설탕 .... ½ 컵
물엿 .... 1 컵
꿀 .... 1 큰술

고물

참깨 · 흑임자 · 송화가루
.... 각각 ½ 컵씩
세반(흰 / 분홍색)
.... 각각 1 컵씩

만드는 방법

1. 찹쌀을 깨끗이 씻어 1~2 주일 정도 담가두고 골마지가 끼면 여러번 씻고 말끔히 헹구어 빻아 체에 내린다.
2. 체에 내린 찹쌀가루에 소주, 설탕, 콩물을 타서 조금씩 넣고 주걱으로 고루 섞듯이 반죽한다. 덩어리로 뭉쳐지는 정도면 알맞다.
3. 찜통에 젖은 보를 깔고 반죽을 덩어리로 안쳐 푹 쪄내어 큰 그릇에 쏟아 방망이로 꽈리가 일도록 힘껏 치댄다. 가끔 떡을 높이 끌어 올려 그 사이에 공기가 들어가도록 한다.
4. 안반에 마른 쌀가루나 녹말가루를 뿌리고, 반죽을 펴 놓아 방망이로 얇고 판판하게 밀어 두께 0.5 cm로 편다. 약간 굳은 다음, 길이 3 cm, 폭 0.6 cm 정도로 썬다.
5. 강정바탕은 채반 위에 한지를 깔고 수분함량이 약 20% 정도가 되도록 갈라지지 않을 때까지 말린 다음, 미지근한 튀김기름에 5~10분 정도 담가 불려 놓는다. 새 기름을 두꺼운 기름팬에 올려 약 130~150℃의 온도가 되면, 불려 놓은 강정 바탕을 뜨거운 기름에 넣고, 반 정도 일어나면 뒤집어서 강정이 완전히 부풀도록 만들어 건져서 기름을 완전히 빼 놓는다.
6. 참깨, 흑임자, 송화, 세반을 준비하여 튀겨낸 강정에, 끓여 식힌 집청을 바르고 고물을 묻혀 낸다.

참 고

- 미리 만들어 말려서 냉동고에 보관했다가 필요할 때마다 꺼내서 튀겨 쓰면 간편하다. 기름에 튀길 때 모양을 반듯하게 잡아주어야 뒤틀리지 않는다.
- 세반은 찹쌀을 씻어 불려 건져 찜통에 쪄서 알알이 떼서 말린 것을 절구에 넣고 곱게 빻은 다음, 사(絲)주머니에 싸서 끓는 기름에 튀겨 쓰는데, 거친 경우에는 도마에 놓고 다져 쓴다.
- 강정고물을 묻힐 때에는 쟁반에 고물을 놓고 손을 대지 말고 흔들어야 고루 잘 묻혀진다.

❷

❸

❸'

❹

❺
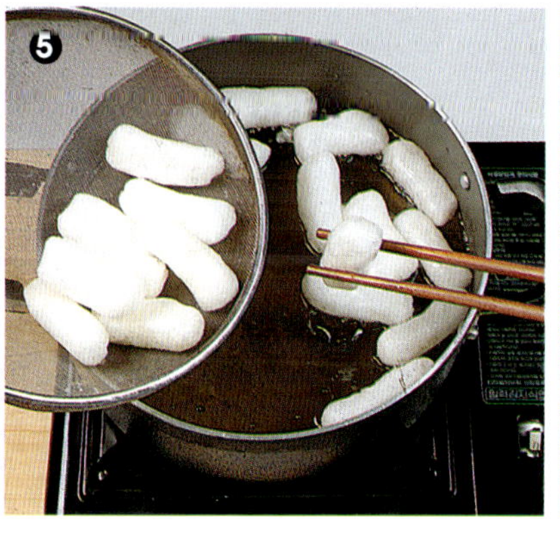
❻

각색산자(세반·승검초가루·송화·계피·깨)

산자는 찹쌀가루를 약주나 탁주로 축이듯이 반죽한 뒤에 시루에 쪄 내고, 공기가 반죽에 고루 섞이도록 방망이로 치대어서 얇게 민 다음, 가로·세로 길이가 2×3 cm 정도 되게 썰어 겉면이 갈라지지 않도록 바람이 들지 않는 그늘이나 더운 방바닥에서 말린다. 이것을 산자 바탕이라 하는데, 이가 들어가지 않을 정도로 마른 것을 기름에 두 번 지져서 바삭바삭하게 만들고, 그 겉면에 흰 엿, 꿀을 섞어 조린 것을 발라 여러가지 고물을 입혀 만든다.

이러한 산자는 유과(油果)류의 하나인데, 1763 년경《성호사설(星湖僿說)》에 "쌀알을 튀기면 마치 꽃처럼 부풀어 벌어지므로 이렇게 만든 고물을 이용한 유전병류를 산자라 한다."하였으며, 만드는 방법에 대한 기록은 1815 년《규합총서(閨閤叢書)》와 1913 년《조선요리제법(朝鮮料理製法)》에 나와 있다.

또 기록에 따르면, "산자는 그 모양으로 구별하는데 편산, 여귀꽃, 산자깨박산, 연사가 있다."고 하였는데, 편산은 넓적한 바탕의 떡을 만들어 기름에 지져서 엿을 고르게 바르고 산을 입힌 것을 말하며, 여귀꽃산자는 바탕을 넓적하게 썰지 않고 끝이 두 가랭이로 갈라지게 썰어서 튀긴 다음, 엿을 고르게 바르고 산을 입힌 것이다.

잣박산·깨박산은 바탕에 떡을 따로 만들지 않고 순전히 산에 엿을 섞어 뭉쳐서 네모지게 단단히 만든 것을 말하며, 같은 종류로 연사(軟絲)는 몸에 꿀을 담뿍 바르고 잣가루를 많이 묻힌 것이다.

산자의 기록은《성호사설》에서 "…이 산자는 별도로 떡을 네모나게 엷게 만들어 기름에 볶고 엿을 발라서 튀밥을 붙인다. 이를 산자라고 하는 것은 의의(意義)가 쌀에 있는 것이지, 떡에 있는 것이 아니다."고 한 것처럼, 바탕의 겉면에 묻히는 고물이 중요하며, 그 고물에 따라 이름이 달라진다.

널리 알려져 있는 매화산자·밥풀산자·묘화산자·메밀산자·연사과·빈사과·감사과·잣박산·깨박산 등이 그 예이며, 이 외에도 세반산자·잣산자·흑임자산자·콩산자·승검초산자·송화산자·계피산자·깨산자 등을 만들 수 있다.

산자는 강정과 같이 의례상이나 잔치음식으로 널리 쓰였고, 혼례 때의 신행에 따른 이바지음식으로도 큰 몫을 차지하고 있는데, 분홍색의 물을 들인 고물을 묻힌 것은 흰색의 산자류와 함께 축하음식으로 쓰이고, 제례음식으로는 흰색만을 사용한다.

[재료 및 분량]

찹쌀 ..... 5 컵
소주 ..... 3 큰술
설탕 ..... 3 큰술

콩물

불린 흰콩 ..... ½ 컵
물 ..... ½ 컵

튀김기름 ..... 적당량

집청

설탕 ..... ½ 컵
물엿 ..... 1 컵
꿀 ..... 1 큰술

고물

승검초가루 · 송화가루 · 깨 · 계피가루 ..... 각각 ½ 컵씩
세반(흰색) ..... 1 컵

만드는 방법

1. 찹쌀을 깨끗이 씻어 1~2 주일 정도 담가두고, 골마지가 끼면 여러 번 씻고 말끔히 헹구어 빻아 체에 내린다.
2. 체에 내린 찹쌀가루에 소주, 설탕, 콩물을 타서 조금씩 넣고 주걱으로 섞듯이 반죽한다. 덩어리로 뭉쳐지는 정도면 알맞다.
3. 찜통에 젖은 보를 깔고 반죽을 덩어리로 안쳐 푹 쪄내어 큰 그릇에 쏟아 방망이로 꽈리가 일도록 힘껏 치댄다. 가끔 떡을 높이 끌어올려 그 사이에 공기가 들어가도록 한다.
4. 안반에 마른 쌀가루나 녹말가루를 뿌리고, 준비한 반죽을 펴 놓아 방밍이로 얇고 판판하게 밀어 두께 0.4 cm로 펴서 약간 굳은 다음, 폭 2.5 cm, 길이 3 cm 정도의 크기로 썬다.
5. 산자바탕은 채반 위에 한지를 깔고 수분함량이 약 20% 정도가 되도록 갈라지지 않을 때까지 말린 다음, 미지근한 튀김기름에 5~10분 정도 담가 불려 놓는다. 새 기름을 두꺼운 기름팬에 올려 약 130~150℃의 온도가 되면, 불려 놓은 산자 바탕을 뜨거운 기름에 넣고 반 정도 일어나면 뒤집어서 네 귀를 눌러 모양을 반듯하게 만들고 산자가 완전히 부풀어오르면 건져서 기름을 빼 놓는다.
6. 튀겨낸 산자에 끓여 식힌 집청을 바르고 준비한 승검초가루 · 송화 · 깨 · 계피가루 · 세반을 고물로 묻혀 낸다.

참 고

- 세반은 찹쌀을 씻어 불려 건져 찜통에 쪄서 알알이 떼서 말린 것을 절구에 넣고 빻은 다음 사(絲)주머니에 싸서 더운 기름에 튀겨 쓰는데, 거친 경우에는 도마에 놓고 다져 쓴다.
- 여름철에는 꿀이 녹아서 흐르므로, 물엿에 설탕과 꿀을 넣어 한소끔 끓여 식혀 바르면 잘 떨어지지 않는다.
- 강정바탕은 잘 말려서 비닐봉지에 넣어 봉해 두어야, 수분이 증발되어 갈라지는 것을 막을 수 있다.

잣산자 · 매화산자 · 밥풀산자

산자는 반죽의 매개 재료로 무엇으로 쓰느냐에 따라 맛과 풍미, 질감은 물론이고, 기름에 지졌을 때 바탕이 일어나고 고르게 퍼지는 정도가 달라진다.

대개 꿀이나 조청, 참기름, 콩물, 약주, 소주, 막걸리가 단독으로, 또는 2~3 가지씩 쓰이고 더러는 콩가루나 물, 들기름이 쓰이기도 한다.

산자류 가운데 백산자가 있는데, 쌀로 만든 백당(白糖)을 고물로 묻힌 것이다. 눈처럼 희고 소담한 형태를 하고 있어 가히 '아름답다'고 할만하다.

1611 년 허균의《도문대작》에 의하면, 백산자는 특히 전주의 명산물로서 이것을 '박산'이라고도 하였다고 기록되어 있다. **잣산자**는 산자바탕에 물엿과 설탕, 꿀을 넣고 졸인 것을 바른 후 잣을 비늘잣으로 저며 나란히 줄을 놓아 곱게 박은 유과이다.

매화산자(梅花饊子)는 바탕을 강정과 같이 하되, 크고 네모 반듯하게 썰고 위가 편편하고 반듯하게 기름에 지져낸 뒤, 그 위에 엿물이나 조청을 고루 바르고 매화밥을 줄을 놓아 곱게 박아 만든 것이다.

고물로 쓰이는 매화밥은 찰벼를 술에 축여 솥에 넣고 튀겨서 겨를 제거한 튀밥으로, 그 모양이 매화꽃처럼 생겼다 하여 매화밥이라고 부르게 되었다.

1815 년《규합총서》에 "제일 좋은 찰벼를 꽤 말리어 또 밤이면 이슬 맞히길 4~5일 하여 술에 추겨 몸이 젖게 하여 그릇에 담아 밤을 재운다. 이튿날 솥에 불을 한번 싸게 하여 추긴 찰벼를 조금씩 넣고 주걱으로 저으면 튀어날 테니 채반으로 덮어 튀게 하여, 키로 까불어 겨없이 하고 소반 위에 펴고 모양이 반듯하고 가운데 골이 진 것을 그릇에 종이 펴고 담는다. 큼직하게 만든 산자는 고일 때에 밑바탕으로 놓고 강정은 위에 올린다."고 만드는 법과 상에 고이는 법이 기록되어 있으며, 매화고물은 끓는 기름에 지초를 넣어 우려내서 만든 붉은색 기름을 이용하여 붉은색 매화밥을 만들기도 한다.

밥풀산자는 찹쌀가루를 반죽하여 얇고 반듯하게 썰어 만들었다가 기름에 튀겨서 꿀을 바르고, 지에밥을 말려서 튀긴 밥풀을 바탕 위에 붙인 것이다.

이러한 밥풀산자는 흰색 이외에도 지치물을 들인 붉은 색과 밥풀을 붙인 후, 그 위에 송화가루를 입힌 노란색의 밥풀산자가 있으며, 이들 두 가지 색의 산자는 주로 잔칫상과 각종 축하목적의 의례상에 올리는데, 그 위에 강정을 얹어 모양낸다.

[재료 및 분량]

찹쌀 5컵
소주 3큰술
설탕 3큰술

콩물

- 불린 흰콩 .... ½컵
- 물 .... ½컵

튀김기름 .... 적당량

고물

- 찰벼 1컵
- 튀긴밥풀 1컵
- 잣 1컵

집청

- 물엿 .... ½컵
- 설탕 .... ½컵
- 꿀 1큰술

만드는 방법

1. 찹쌀을 깨끗이 씻어 1~2주일 정도 담가두고 골마지가 끼면 여러 번 씻고 말끔히 헹구어 빻아 체에 내린다.
2. 체에 내린 찹쌀가루에 소주, 설탕, 콩물을 타서 조금씩 넣고 주걱으로 고루 섞듯이 반죽한다. 덩어리로 뭉쳐지는 정도면 일맞다.
3. 찜통에 젖은 보를 깔고 반죽을 덩어리로 안쳐 푹 쪄내어 큰 그릇에 쏟아 방망이로 꽈리가 일도록 힘껏 젓는다. 가끔 떡을 높이 끌어 올려 그 사이에 공기가 들어가도록 한다.
4. 안반에 마른 쌀가루나 녹말가루를 뿌리고 반죽을 펴서 방망이로 얇고 판판하게 밀어 두께 0.4cm로 편다. 약간 굳은 다음 폭 2.5cm, 길이 3cm 정도의 크기로 썬다.
5. 산자바탕은 채반 위에 한지를 깔고 수분함량이 약 20% 정도가 되도록 갈라지지 않을 때까지 말린 다음, 미지근한 튀김기름에 5~10분 정도 담가 불려놓는다. 새 기름을 두꺼운 기름팬에 올려 약 130~150℃의 온도가 되면, 불려 놓은 산자 바탕을 뜨거운 기름에 넣고 반 정도 일어나면 뒤집어서 네 귀를 눌러 모양을 반듯하게 만들고, 산자가 완전히 부풀어오르면 건져서 기름을 빼 놓는다.
6. 잣은 제일 좋은 것으로 준비하여 고깔을 떼고 길이로 반을 갈라서 끓여서 식힌 집청을 바른 산자 바탕에 줄을 맞추어 박는다.
7. 매화밥을 만들 때는, 말린 찰벼를 소주에 적셔 하룻밤을 재워둔 다음 두꺼운 솥에 미리 넣고 튀겨서 껍질 없이하고, 매화밥을 바늘로 찍어 끓여 식힌 집청을 바른 산자 바탕에 줄을 맞추어 박는다.
8. 밥풀고물을 만들 때, 붉은색은 밥풀에 지치기름을 두르고, 노란색은 집청을 바른 산자 바탕에 밥풀을 묻힌 후에 송화가루를 뿌려 낸다.

빈사과

빈사과(賓紗果)는 찹쌀가루에 술을 섞어 반죽한 것을 시루에 쪄낸다. 이것을 밀대로 밀어서 잘게 썰어 기름에 지져낸 바탕을 꿀에 버무려 굳힌 다음, 칼로 썰어 만든 것으로, 강정이나 산자를 만들 때와 같은 방법으로 바탕을 만드는데, 만들어진 과자의 모양이 다를 뿐이다. 빈사과는 '빙사과(氷紗果)'라고도 하며, 연사과나 감사과와는 또 다르다.

연사과는 바탕을 기름에 튀긴 다음 홍·황색의 고물을 입힌 것이고, 감사과는 네모 반듯하게 모가 나도록 썬 빙사과와는 달리, 갸름하게 타원형으로 어슷썰고 지질 때에도 화전을 지지는 것과 같이 한다.

사과에 관한 문헌상의 기록으로는 《음식지미방》·《온주법》·《술 만드는 법》·《조선무쌍신식요리제법》·《조선요리제법》·《조선상식》 등을 들 수 있다.

1913 년 《조선요리제법》에서는 "강정 만들고 남은 부스러기 그대로 기름에 지져서 조청을 바르고 네모 반듯한 궤 속에 넣어서 굳히나니, 궤의 운두는 한치쯤 되도록 짜서 그 속에 담고 뚜께를 꼭 덮어 두었다가, 다 굳은 후 사개를 떼고 끄내어 조청을 묻히나니, 조청에 각색 물색을 들여서 묻히면 좋으니라." 고 하였다.

1670 년 인동 장씨의 《음식지미방》에는 "빙사과는 찹쌀을 많이 쓸어 쌀라기가 없이하여 가루로 찧어 깨끗하게 체에 쳐서 좋은 청주에 꿀을 타 절편 반죽만큼 해서 잠깐 두었다가, 밥보에 싸서 새옹 뚜껑에 매달아 쪄서 잘 익거든 꺼내어 쳐 만드는데, 안반에 놓고 두깨(홍두깨, 밀방방이)로 밀어 팥알만큼씩 썰어서 알맞게 말린다. 기름에 지져서 청밀에 엿을 조금 넣고 불에 달여서 골고루 버무려 고루 펴고 잠깐 지질렀다가 굳거든 썬다. 꿀을 덜 끓이면 어우러지지 않는다."고 기록되어 있다. 또 1948 년 최남선의 《조선상식》 〈풍속편〉에는 "빙사과는 강정과 같이 만든 것을 황·홍·청 등의 염료를 섞은 조청으로 붙여서 네모반듯하게 한 것이다."고 기록되어 있다.

그러나 대개는 빙사과를 목적을 두고 만들지 않고, 강정이나 산자를 만들다 남은 것을 썰어 말려서 튀겨내어 조청을 바르고 여섯 모가 지게 뭉쳐 굳힌 다음, 색색의 물을 들인 뒤에 칼로 납작하고 네모반듯하게 썰어 만든다. 빙사과는 여느 유과와는 달리 고물을 묻히지 않으므로 맑고 투명하며, 얼음과 같이 속이 비치는 것이 다른 한과와는 또 다르며, 특히 깨끗한 맛이 특징이다.

[재료 및 분량]

찹쌀	5컵
소주	3큰술
설탕	3큰술

콩물

불린 흰콩	½컵
물	½컵

집청

설탕	⅔컵
물엿	1컵
꿀	1큰술
튀김기름	적당량
쑥물	적당량
오미자물	적당량

만드는 방법

1. 찹쌀을 깨끗이 씻어 1~2주일 정도 담가두고 골마지가 끼면 여러 번 씻고 말끔히 헹구어 빻아 체에 내린다.
2. 체에 내린 찹쌀가루에 소주, 설탕, 콩물을 타서 조금씩 넣고 주걱으로 고루 섞듯이 반죽한다. 덩어리로 뭉쳐지는 정도면 알맞다.
3. 찜통에 젖은 보를 깔고 반죽을 덩어리로 안쳐 푹 쪄내어 큰 그릇에 쏟아 방망이로 꽈리가 일도록 힘껏 젓는다. 가끔 떡을 높이 끌어올려 그 사이에 공기가 들어가도록 한다.
4. 안반에 마른 쌀가루나 녹말가루를 뿌리고 반죽을 펴 놓아 방망이로 얇고 판판하게 밀어서 유과바탕을 준비한 다음, 산자나 강정용으로 사용하고 남은 부분을 말려서 빈사과용으로 잘게 잘라 준비한다.
5. 빈사과 바탕을 150℃~160℃ 온도의 기름에 넣고 휘지으면서 색이 니지 않게 튀겨내어 기름을 완전히 뺀다
6. 집청은 냄비에 물엿과 설탕을 함께 담아 ½량은 오미자 우린물을 넣고, 나머지 ½량은 집청에 쑥 갈은 물을 넣고 중불에서 5분 정도 끓인 후에 꿀을 넣어 고루 섞는다.
7. 튀겨낸 것과 집청의 비율을 3 : 1 정도로 하여 고루 버무린 다음, 네모진 틀에 넣고 윗면을 편편하게 하여 굳힌 다음, 길이 3 cm, 폭과 높이는 2. 5 cm 정도의 네모로 썰어 낸다.

감사과

감사과(甘紗果 · 甘沙果)는 '시사과(柿沙果)'라고도 부르는데, 강정류과 같은 방법으로 만든 유과(油果)의 일종이다.

감사과는 강정과 같은 방법으로 만드는데, 바탕을 보통 크기보다 작게 만들어 꽃전 지지듯이 지져서 각종 고물을 묻혀 만든다.

사과에 대한 문헌상의 기록은 1800 년대 말엽《시의전서(是議全書)》와 1815 년《규합총서(閨閤叢書)》를 들 수 있다. 《시의전서(是議全書)》의 기록에 따른 감사과 만드는 법을 보면, "강정 반죽 같이 하되, 꽈리가 일게 저어서 볕에 말려 꽃전 지지듯 한다."고 하였다.

《규합총서》에 의하면, "감사과는 반죽과 찌기 다 강정과 같으되, 썰기를 끝이 빨게 엇썰어 바로 볕에 말려 꽃전 지지듯 한다."고 하였다.

따라서 재료는 찹쌀가루이고 술에 반죽하여 익힌 후 꽈리가 일도록 쳐서 이슷하게 썰었다가 기름에 지져서 잣가루 · 계피가루 · 콩가루 · 깨 · 송화가루 · 세반 등의 고물을 묻힌다.

우리나라 고유의 과자(果子)는 주로 곡류를 재료로 하여, 이를 가루로 가공하여 만든 것으로 조과(造果)라고 한다.

조과품(造果品)에 관한 음식관련 고서(古書)들로는 1611 년《도문대작(屠門大爵)》·《규합총서》·《음식지미방(飮食知味方)》·《주방문(酒方文)》·《부인필지(夫人必知)》·《음식만드는 법》·《조선무쌍신식요리제법(朝鮮無雙新式料理製法)》·《임원경제지》 등의 다수를 들 수 있다.

이들 기록에 따른 조과의 곡류로는 찹쌀과 멥쌀, 밀가루가 주류를 이루고 있음을 볼 수 있는데, 특히 유과는 찹쌀가루가 가장 널리 쓰이고 있다.

이는 찹쌀의 녹말이 아밀로펙틴(amylopectin)만으로 이루어져 있기 때문이다. 이 성분은 끈적거리는 점착성이 좋아 쉽게 노화되지 않으며, 감사과와 같은 과자를 만들 경우 투명도가 좋다.

감사과와 같이 속이 다 비칠 정도로 밝고 투명하며, 기름에 지졌을 때 부풀림이 커진 것도 재료로 쓰는 찹쌀 중의 아밀로펙틴이라고 하는 특수한 성분 때문이다.

감사과는 다른 유과에 비해 만들기도 쉽고 맛과 모양도 뛰어나, 다과상에 잘 어울리므로 자주 올릴 만한 한과라고 하겠다.

[재료 및 분량]

찹쌀 .... 5 컵
소주 .... 3 큰술
설탕 .... 3 큰술

콩물

- 불린 흰콩 .... ½ 컵
- 물 .... ½ 컵

고물

잣가루, 계피가루, 콩가루 .... 각각 ½ 컵씩
튀김기름 .... 적당량

만드는 방법

1. 찹쌀을 깨끗이 씻어 1~2 주일 정도 담가두고 골마지가 끼면 여러 번 씻고 말끔히 헹구어 빻아 체에 내린다.
2. 체에 내린 찹쌀가루에 소주, 설탕, 콩물을 타서 조금씩 넣고 주걱으로 고루 섞는듯이 반죽한다. 덩어리로 뭉쳐지는 정도면 알맞다.
3. 찜통에 젖은 보를 깔고 반죽을 덩어리로 안쳐 푹 쪄내어 큰 그릇에 쏟아 방망이로 꽈리가 일도록 힘껏 젓는다. 가끔 떡을 높이 끌어 올려 그 사이에 공기가 들어가도록 한다.
4. 안반에 마른 쌀가루나 녹말가루를 뿌리고, 반죽을 떡국 썰 듯이 어슷 썰어서 햇볕에 말린 후, 팬에 기름을 넉넉히 두르고 지져서 여러가지 고물을 묻혀 낸다.

참 고

- 위의 재료 이외에도 깨 · 송화가루 · 세반 · 흑임자 · 승검초가루 등의 여러가지 고물을 묻힐 수 있다.

연사과

연사과(軟絲果)는 '연사'라고도 하며, 강정을 만드는 방법과 같은데 바탕의 모양을 달리하여 칼로 네모 반듯하게 썰어 만든다.

즉, 찹쌀가루에 술을 가미하여 쪄서 절구에 넣고 꽈리가 일도록 친 다음, 넓고 반반하게 밀어서 바탕을 만들고 이 바탕을 네모지게 썰어 기름에 지져낸 것에 황·홍·청색의 물을 들인 옷을 입힌 것이 연사과이다. 반면, 바탕을 손가락처럼 길게 썰어 말려서 기름에 지진 다음, 여러가지 곡식이나 그 가루 또는 송화가루를 입힌 것이 강정이다.

연사과는 산자나 강정류와 구분된다. 산자의 바탕은 두께 0.7 cm, 가로 2 cm, 세로 3 cm 정도로 두껍고 큰 것에 비해, 연사과는 바탕의 두께가 아주 얇고 가로 세로의 크기도 0.5×0.7 cm 정도로 작다.

그리고 산자나 강정은 반죽하여 밀어 썰어서 말려 튀기는데, 연사과는 말리지 않고 바로 튀긴다.

한편, 《규합총서》에 기록되어 있기를, "연사과는 강정과 같이 하여 만든 반죽을 쪄서 얇게 비치게 밀어 모밀산자와 같이 썰어, 노구(솥) 뚜껑에 자그마치 기름 붓고 지져 수저로 눌러가며 모양이 뒤틀리지 않게 하여, 한편에 꿀 잠뿍 바르고 잣가루 많이 묻힌다."고 하여 꿀을 많이 묻혀 부드럽게(軟)하게 만든 것임을 알 수 있다.

연사과는 겉에 묻히는 고물에 따라 홍매화연사(紅梅花軟絲), 백매화연사(白梅花軟絲), 백자연사(柏子軟絲) 등 세 가지가 있다.

궁중법의 연사과는 그 바탕을 주로 찹쌀을 쓰는데, 그 중 매화연사과의 바탕은 찹쌀가루보다 차조가루를 더 많이 넣어서 반죽하여 만든 것으로 여겨진다.

또 연사과의 고물로는 세건반과 매화고물을 묻혔으며, 세간에서 작은 크기의 산자를 연사과라고 하는 것과 구분하기 위해서 크기를 더 작게 한 것을 '소연사과'라고 하였다.

이러한 연사과는 그 모양이 아름답고 화려하며 맛이 부드러운 것이 특징으로, 궁중의 잔칫상에 올랐다. 특히 백·홍·황색의 삼색 연사는 빠지지 않았다고 한다.

연사과의 고물로 묻히는 튀김옷은 4~5 일간 밤이슬을 맞혀서 습기 밴 찹쌀을 술에 담갔다가, 하루 지낸 뒤에 건져 뜨거운 솥에다 볶은 것을 쓰거나, 잣가루를 고물로 묻혀 낸다.

[재료 및 분량]

찹쌀 .... 5 컵
소주 .... 3 큰술
설탕 .... 3 큰술

콩물

불린 흰콩 .... ½ 컵
물 .... ½ 컵

꿀 .... 1 컵
잣가루 .... 1 컵
튀김기름 .... 2 컵

만드는 방법

1. 찹쌀을 깨끗이 씻어 1~2 주일 정도 담가두고, 골마지가 끼면 여러 번 씻고 말끔히 헹구어 빻아 체에 내린다.
2. 체에 내린 찹쌀가루에 소주·설탕·콩물을 타서 조금씩 넣고, 주걱으로 고루 섞는듯이 반죽한다. 덩어리로 뭉쳐지는 정도면 알맞다.
3. 찜통에 젖은 보를 깔고 반죽을 덩어리로 안쳐 푹 쪄내어, 큰 그릇에 쏟아 방망이로 꽈리가 일도록 힘껏 젓는다. 가끔 떡을 높이 끌어 올려 그 사이에 공기가 들어가도록 한다.
4. 안반에 마른 쌀가루나 녹말가루를 뿌리고 위의 반죽을 펴 놓아, 방망이로 얇고 판판하게 밀어 가로 2.5 cm, 세로 3 cm 로 네모 반듯하게 썬다.
5. 150℃~160℃의 온도의 기름에서 나무주걱으로 눌러가며, 모양이 뒤틀리지 않게 하여 튀겨낸다.
6. 한 쪽 면에 꿀을 바르고 잣가루를 묻혀 낸다.

참 고

- 홍·황색의 세반 옷을 입히면 색이 한층 더 화려하다.
- 꿀을 바른 바탕 위에 매화문양으로 장식을 해도 좋다.

메밀산자

메밀산자는 메밀가루와 밀가루를 반반씩 섞어 반죽한 다음, 네모 반듯하게 썰어서 끓는 기름에 튀긴 다음, 집청을 바른다. 집청을 바른 바탕에 거피하여 볶은 검은깨, 거피하여 볶은 참깨, 노랗게 볶은 참깨, 세반 등의 고물을 입힌 유과(油果)의 한가지이다.

유과는 1611년 허균의 《도문대작》에 처음으로 제조방법이 기술되어 있고, 《음식지미방(飮食知味方)》과 《규합총서(閨閤叢書)》·《시의방(是議方)》·《주방문(酒方文)》 등에 강정, 산자 등으로 유과의 종류와 재료별 구분과 함께 만드는 방법이 기록되어 있다.

1815년 《규합총서》에 "모밀가루·밀가루 반반 섞어 밀기 좋게 반죽하여 도마에 홍두깨로 얇게 밀어 네모가 반듯하게 썰어 젖은 김에 지진다. 강정처럼 뭉근한 불로 말고 처음부터(불을) 싸게 하여 지져낸다. 누룽지 지진 것과, 검은깨 실하여 볶으면 푸르고, 그저 볶으면 검고, 참깨 그저 희게 볶고, 노랗게 볶아 이 다섯 가지를, 즙청에 엿 섞어 졸여 강정 묻히듯 까불러 묻히면 보기 소담하고 맛이 몹시 아름답다."고 하였다.

따라서 메밀산자는 이미 1600년대 이전에 고유의 음식으로 자리해 왔음을 알 수 있으며, 조선시대 후기에는 널리 상품화되었던 유밀과 중 하나였다.

메밀산자는 주 재료로 쓰이는 메밀가루는 씨알의 70~80%가 성숙한 것을, 흐린 날이나 아침 이슬이 마르기 전에 베어다 털어서 건조시킨 다음, 가루로 빻아 껍질을 제거하여 사용한다.

메밀은 이미 조선시대 세종 때 펴 낸 《구황벽곡방(救荒辟穀方)》에 구황작물로 기록될 만큼, 예전부터 많이 재배해 온 것으로 미루어, 메밀산자는 최소한 《도문대작》을 저술하기 전후인 1500년대 쯤에 만들어졌을 것으로 추측된다. 또 조선시대에 사례(四禮) 중의 하나인 관례(冠禮)가 끝난 뒤 주인과 빈(賓), 손님들이 간단한 주찬을 들 때 메밀국수를 별식으로 들었던 것이나, 궁중에서 메밀국수를 상(上)으로 쳐서 온면이나 냉면으로 말아 점심식사로 먹었던 점으로 미루어, 메밀의 가공방법이 상당 수준에 이르렀음을 알 수 있기 때문이다.

메밀산자를 만드는데 있어 밀가루를 섞는 것은, 순수한 메밀가루는 점성이 약하고 기름에 튀겼을 때 퍼짐성이 없기 때문으로, 밀가루를 첨가함으로써 부풀림이 큰 산자를 만들 수 있다.

[재료 및 분량]

메밀가루 .... 2½ 컵
밀가루 .... 2½ 컵
소금 .... ½ 큰술
소주 .... 10 큰술
물 .... 1¼ 컵

집청

설탕 .... ½ 컵
물엿 .... 1 컵
꿀 .... 1 큰술

고명

세반 · 흑임자 · 참깨 .... 각각 ½ 컵씩
튀김기름 .... 2 컵

만드는 방법

1. 메밀가루와 밀가루를 반반씩 섞고 소금을 넣어 체에 내린 다음, 소주과 물을 붓고 반죽하여 얇게 밀어, 가로 세로 약 3 cm의 네모꼴로 반듯하게 썬다.
2. 두꺼운 튀김냄비에 처음부터 기름온도를 140℃~150℃로 하여 지져 낸다.
3. 냄비에 설탕과 물엿을 함께 넣어 중불에서 5분 정도 끓인 후에 꿀을 넣고, 고루 섞어 집청을 만들어 놓는다. 집청이 굳으면 중탕으로 데워 쓴다.
4. 튀겨 낸 산자 바탕을 집청에 담갔다가, 망에 건져서 세반 · 흑임자 · 참깨고물을 묻혀 낸다.

참 고

- 메밀산자의 고명은 세반 · 흑임자 · 참깨 외에도 승검초가루 · 송화가루 · 계피가루 · 잣가루 · 콩가루 등을 묻힐 수 있다.
- 산자를 집청할 때는 산자 바탕에 바르는 정도로 얇게 묻혀낸다.

묘화산자

묘화산자(描畵饊子)는 밀가루에 소금물을 섞은 다음 꿀을 섞어, 되게 반죽하여 산가지(算가지 : 수효를 셈할 때 쓰던 물건으로 대(竹)나 뼈 따위로 젓가락처럼 만들었다)처럼 가늘고 길게 썰어 기름에 튀긴 뒤, 고물을 묻힌 것이다.

묘화산자는 1815 년 《규합총서(閨閤叢書)》에 만드는 방법이 수록되어 있는데, "밀가루에 소금물을 짭짤하게 한데다가 꿀을 타서 되게 반죽하여 산가지(算가지)같이 썰어 중계와 같이 지져 각색의(各色衣 ; 고물)는 산자와 같이 올려라."고 소개하고 있다.

따라서 묘화산자는 메밀산자와 같이 바탕이 되는 재료에 따른 산자류의 한 가지로서, 각색 고물도 산자와 같이 묻힌 유과(油果)임을 알수 있다.

묘화산자는 주재료를 찹쌀이 아닌, 밀가루만을 이용하기 때문에 무엇보다 반죽을 잘해야만 한다.

반죽은 어떤 원하는 질감을 얻으려고 물과 그 밖의 다른 재료를 섞어 서로 엉겨붙게 하는 것으로, 꿀과 소금물을 섞는 것도 기름에 튀겼을 때 부풀림을 크게 하고, 쉽게 부서지지 않게 하기 위함이다.

따라서 질기면서 탄력을 요구하는 반죽일수록 끈기가 많은 강력분을 쓰고, 바삭해야 할 과자류나 튀김옷에는 점질이 매우 적은 박력분이 쓰이게 된다.

따라서 묘화산자와 같은 튀김과자용의 밀가루는 중력분이나 박력분이 적합한데, 여기에 소금(소금물)을 넣는 것은 질깃함을 주기 위해서이고, 꿀을 섞는 것은 이스트나 술을 대신하여 반죽의 당화와 발효를 돕기 위한 방법이다.

이렇게 반죽하여 길쭉하게 모양을 내고 튀긴 것을 승검초, 잣가루, 흑임자, 송화가루, 계피가루, 잣가루, 콩가루, 세반 등의 고물을 묻혀 낸다.

묘화산자는 만드는 방법에서 보듯 각색 고물을 묻혔으므로 그 형태가 아름답고 화려하며, 집어먹기도 편하고, 고물마다의 독특한 향과 풍미를 한꺼번에 즐길 수 있는 매력이 있다.

산자는 예로부터 궁중을 비롯하여, 민가에서도 곧잘 만들어 즐겨 먹었는데, 지방마다 특색을 띤 채 축하음식과 손님접대, 제례음식으로도 널리 쓰였으며, 특히 곡창 지대인 전라남도의 '백산자'가 예로부터 유명하였다.

조선시대 후기에는 널리 상품화되기도 하였으며, 오늘날에 와서는 강정과 더불어 가장 대중적인 한과류(韓果類)로 그 뿌리를 내리고 있다.

[재료 및 분량]

밀가루	2컵
소금	⅓ 작은술
물	5½ 큰술
꿀	3 큰술
튀김기름	2컵
집청(꿀 또는 시럽)	적당량

각색 고물

세반, 흑임자, 승검초가루 .... 각각 ½ 컵씩

만드는 방법

1. 밀가루를 체에 내린 다음 소금물과 꿀을 섞어 넣고 되직하게 반죽한다.
2. 준비된 반죽을 굵기 1×1 cm, 길이 7~8 cm 정도의 산가지(算가지 : 나무젓가락 굵기)처럼 썰어 놓는다.
3. 140~150℃의 기름에 튀긴 후 건져내어 종이를 깔고 기름을 완전히 빼 놓는다.
4. 튀긴 산자에 꿀을 바르고 세반, 흑임자, 승검초가루 등의 고물을 묻혀 낸다.

참 고

- 묘화산자는 위의 고물 외에도 송화가루, 계피가루, 잣가루, 콩가루 등을 묻힐 수 있다.

엿강정

엿강정은 호두·잣 등 견과류나, 콩·깨 등 곡식을 볶아 조청 또는 묽게 만든 엿에 버무려 서로 엉키게 한 뒤, 반대기를 지어 약간 굳었을 때 썬 한과(韓果)의 하나이다.

따라서 **엿강정**은 찹쌀가루를 주재료로 하여 만든 유과와는 재료나 만드는 방법에서 전혀 다른 종류의 조과임을 알 수 있다.

우리의 음식관련 문헌으로 《주방문(酒方文)》·《요록(要錄)》·《시의전서(是議全書)》 등에 엿을 고는 방법이나 조청법이 등장하나, 엿강정은 보이지 않는다. 엿강정이 소개되어 있는 문헌으로는 조선시대 말기의 《조선요리제법》·《이조궁정요리통고》 등이 있는데, 오늘날에 와서도 명절이나 잔치때 별식으로 만들어 먹고, 선품(膳品)으로 사용한다.

만드는 법은 재료에 따라 그대로 쓰는 것도 있고, 둘로 쪼개거나 볶거나 튀겨서 이용하기도 한다.

결착제로 쓰는 엿물은 조청이나 묽게 만든 물엿에 설탕을 녹여서 만드는데, 엿강정은 이 엿물에 달려 있다할만큼 엿물을 끓이는 일이 중요하다.

엿물은 설탕에 물을 부어 끓이다가 물엿(조청)을 넣고 약한 불로 은근하게 끓이되, 젓지 말고 양이 반으로 줄 때까지 그대로 끓여 만들고, 찬물에 조금 떨어뜨려 보아 엉기면 잘 된 것이므로 준비된 재료를 섞고 고루 버무려 반대기를 짓는다. 이것을 큰 목판 같은 그릇에 콩가루나 기름을 바르고 쏟아 부은 뒤, 식기 전에 재빨리 알맞은 두께로 고르게 펴서 밀대로 밀어 결착시킨다.

엿강정이 완성되면 **잣·깨·호두·땅콩 엿강정** 등은 마름모꼴이나 골패형으로 썰고, 흰깨나 흑임자엿강정은 바탕과 구별되는 대추, 호박씨 등을 이용 고명으로 얹어 장식을 하면 더욱 좋고, 밥풀엿강정은 정구공 크기로 둥글게 뭉쳐서 만들기도 한다.

쌀엿강정은 고두밥을 지어 말려 튀긴 후, 물엿에 섞고 버무려서 반대기를 지어 굳힌 것이다. 팥물로 밥을 짓거나 오미자·치자 등의 물을 들이면 좋고, 완성한 것에 대추·석이·잣 등으로 고명을 붙이면 좋다. **호두엿강정**은 껍질 벗긴 호두알을 대강 잘게 만들어, 엿물에 넣고 고루 비벼서 밤알크기로 떼어 둥글납작하게 만든 다음, 콩가루를 묻혀서 굳힌다.

대추엿강정은 대추의 씨를 빼고 네 조각으로 썰어 준비된 엿물에 섞고 비벼서 밤톨 크기만큼씩 떼어 호두엿강정과 같이 만든다.

[재료 및 분량]

잣 ······ 1½컵, 시럽 ······ ½컵	
흰깨 ······ 1컵, 시럽 ······ ¼컵	
검정깨 ··· ¾컵, 시럽 ······ 2큰술	
땅콩 ······ 1컵, 시럽 ······ ½컵	
들깨 ······ 1컵, 시럽 ······ ½컵	

• 시럽
- 설탕 ······ 1½컵
- 물 ······ 1½컵
- 물엿 ······ 4½컵

고명

- 대추 ······ 10개
- 잣 ······ 2큰술
- 호두 ······ 10개
- 꿀 ······ 1큰술
- 식용유 ······ 2큰술

만드는 방법

1. 잣은 고깔을 떼어놓고, 땅콩은 껍질을 벗겨, 길이로 반을 가르고 다시 반을 쪼갠다.
2. 흰깨는 문질러 씻어서 겉껍질을 깨끗이 벗긴 후, 살짝 볶아내고, 들깨와 흑임자도 일어 건져 살짝 볶는다.
3. 설탕에 물을 넣고 끓이다가 물엿을 넣고 불을 약하게 하여 반 정도 줄 때까지 끓인 다음, 숟가락으로 떨어뜨려 뚝뚝 떨어질 정도가 되면 준비한 재료에 엿물을 부어 서로 잘 엉기도록 나무주걱으로 재빨리 저어 뭉친다.
4. 편편한 쟁반에 기름을 바르고 엉긴 엿강정을 쏟아 0.5 cm 두께로 재빨리 민다. 강정 윗면에 물엿을 바르고 대추채를 뿌려 밀어서 굳기 전에 네모나 마름모꼴로 자른다. 잣과 호두를 장식하기도 한다.
5. 참깨와 흑임자를 겹쳐서 둥글게 말아 썰면 예쁜 태극무늬가 나온다.

참 고

- 엿강정을 만들 때 엿만 넣으면 물러서 굳어지지 않고, 설탕만 넣으면 금방 굳어 딱딱해져 만들 수가 없으므로, 설탕과 물엿에 물을 섞어 엿물을 잘 만들어 사용해야 한다. 갱엿을 중탕으로 녹여 식용유 1큰술과 설탕 ½컵을 녹여서 써도 좋다. 특히 여름에는 금방 녹아 흐물흐물하고 잘 굳지 않으므로 설탕의 양을 약간 많게 한다.
- 엿강정은 직사각형이나 마름모꼴로 많이 만들며, 흰깨 강정은 잣이나 호두, 대추를 잘게 썰어 꿀을 바르고 붙여 예쁘게 장식한다.

엿강정(쌀·대추·호두)

엿강정은 견과류나 곡식을 볶거나 그대로 조청 또는 엿물에 버무려 잘 섞어서 반대기 지어 굳으면 써는 과자로, 주재료에 따라 콩엿강정·땅콩엿강정·깨엿강정·잣엿강정·호두엿강정 등이 있다. 따라서 엿강정은 영양과 맛 향기가 좋은 곡식이나 견과류에 단맛을 더하여 만든 고유의 과자이다.

엿강정을 만들 때는 결착제로 쓰이는 엿(조청)이 중요하다. 엿을 한 번 만드는 데는 대개 10시간 이상이 소요되는데, 고두밥과 엿기름물을 섞은 다음 뜨거운 물에 넣고 고두밥을 당화시켜 밥알이 잘 삭고 단맛이 나면, 자루에 담고 눌러 짜서 얻은 엿물을 가마솥에서 오랫동안 조려서 만든다. 전통적인 엿은 엿기름 외에 어떠한 첨가물도 사용되지 않으나, 요즘 시중의 엿은 설탕으로 단맛을 내는 경우가 많으므로, 물엿을 사다 쓸 경우에는 섞어 쓸 설탕의 양에 주의해야 한다.

쌀엿강정은 고두밥을 지어 말려 튀긴 뒤, 물엿에 섞어서 반대기를 지어 굳힌 것이다. 쌀엿을 만들 때 팥물로 밥을 짓거나, 물엿에 약간의 천연색소(치자, 오미자 등)를 넣어서 섞으면 좋고, 대추나 석이버섯, 잣으로 색스럽게 고명을 붙이면 좋다. 쌀엿강정은 지방에 따라 일명 '밥풀강정'이라고도 하는데, 잘 찐 고두밥을 바짝 말려 가마솥에 튀겨낸 다음 식혀 두었다가 조청에 설탕을 녹여 만든 엿물에 비벼서 반대기를 지어 정구공 크기 만하게 뭉쳐서 만든다.

엿강정은 《조선요리제법》, 《이조궁정요리통고》 등에 소개되어 있는 것으로 미루어, 조선시대 후기에 만들어진 것으로 생각된다.

호두엿강정은 1913년 《조선요리제법》에서는 "호도를 껍질 벗겨서 대강 잘게 하여 놓고 엿을 녹인 후에 호도를 넣어서 섞어가지고 밤알만큼씩 떼어 동글납작하게 만들어 콩가루를 묻혀서 펴 놓아 굳히나니라."고 하였다.

대추엿강정은 엿을 중탕하여 물렁물렁하게 만든 후, 잘게 채 친 대추를 섞고 콩가루를 엿과 손에 묻히면서 대추 모양으로 빚어서 만드는, 우리나라 전래의 과자류 가운데 하나이다. 대추엿강정은 대추보다 조금 크게 만드는 것이 좋다.

《조선요리제법》에는 "대추를 씨를 빼고 네 쪽에 썰고 엿을 녹이고 대추를 섞어서 밤톨만큼씩 떼어 콩가루에 놓아 동그러고 얇게 만들어서 펴 놓아 굳히나니라."고 하였다.

[재료 및 분량]

쌀엿강정

멥쌀 말린 것	3컵
설탕	1½컵
물	½컵
물엿	4½컵
튀김기름	적당량

호두엿강정

호두	1컵
엿	2컵
콩가루	½컵

대추엿강정

대추	2컵
엿	2컵
콩가루	½컵

만드는 방법

1. 멥쌀을 3~4 회 씻어 30분 정도 불려 6~7배의 물에 삶아, 쌀알이 퍼지기 직전에 꺼내어 찬물에 여러 번 헹군 다음, 소금을 넣고 간을 한 물에 한 번 더 헹구어, 채반에 붙지 않게 펼쳐 널어 수분함량 20% 정도가 되도록 말린다.
2. 말린 쌀알을 튀김망에 넣어 220℃의 기름에 넣고, 활짝 일어나면 튀김망에 건져 한지를 겹쳐 깔고 기름을 완전히 빼 놓는다.
3. 냄비에 물엿과 설탕을 넣고 은근한 불에서 끈기가 나도록 졸인 다음, 튀긴 쌀을 넣고 나무주걱으로 잘 섞어서 버무린다.
4. 네모틀에 기름을 바르고 쌀엿강정을 쏟아붓고 밀대로 밀이 굳힌 다음, 두께 2 cm, 가로 4 cm, 세로 2. 5 cm 정도의 크기로 썰어 낸다.
5. 호두는 껍질을 벗겨서 잣 굵기 정도로 잘게 잘라 놓고 엿을 녹인 후에 호두를 넣고 고루 섞어 밤알만큼씩 떼어 동글납작하게 만들어 콩가루를 묻혀서 굳힌다.
6. 대추는 돌려깎기하여 씨를 빼고, 곱게 다져 놓고, 엿은 녹여서 대추를 섞어 밤톨만큼씩 떼어 콩가루에 굴려 동글납작하게 만들어서 굳힌다.

참 고

- 쌀을 튀겨 낸 후, 종이를 자주 바꾸어 가면서 기름을 완전히 빼면 완성해 놓았을 때 바삭하고 질감이 좋아져 맛도 좋다.
- 엿물과 튀긴 쌀을 버무릴 때는, 쌀에 엿물이 고루 배이도록 섞어야 굳혔을 때 잘 붙고 조직이 치밀하다.
- 쌀엿강정의 물엿과 설탕 비율은 3 : 1 정도가 적당하며, 썰 때는 반 정도 굳은 다음 썰어야 잘 썰어진다.

오색쌀엿강정

오색쌀엿강정은 고두밥을 지어 말려 튀긴 후, 물엿에 섞고 버무려서 반대기를 지어 굳힌 것이다. 쌀엿을 만들 때 팥물로 밥을 짓거나, 물엿에 약간의 천연색소(치자, 오미자 등)를 넣어서 섞으면 좋고, 대추나 석이버섯, 잣으로 색스럽게 고명을 붙이면 좋다. 지방에 따라 일명 '밥풀강정'이라고도 하는데, 잘 찐 고두밥을 바짝 말려 가마솥에 튀겨낸 다음 식혀 두었다가 조청에 설탕을 녹여 만든 엿물에 비벼서 반대기를 지어 뭉쳐서 만든다.

우리의 음식 문헌으로 《주문방》·《요리록》·《시의전서》 등에 엿을 고는 방법이나 조청법이 등장하지만, 엿강정은 보이지 않는다. 엿강정이 소개되어 있는 문헌으로는 조선시대 말기의 《조선요리법》·《이조궁정요리통고》 등이 있는데 오늘날에 와서도 명절이나 잔치 때 별식으로 만들어 먹고 아이들에게 좋은 선물이 될 수 있다.

엿강정을 만들 때는 결착제로 쓰이는 엿이나 조청이 중요하다. 엿을 한 번 만드는 데는 대개 10시간 이상이 소요되는데 고두밥과 엿기름을 섞은 다음 뜨거운 물에 넣고 고두밥을 당화시켜 밥알이 잘 삭고 단맛이 나면 자루에 담고 눌러짜서 얻은 엿물을 가마솥에서 오랫동안 조려서 만든다.

전통적인 엿은 엿기름 외에 어떠한 첨가물도 사용되지 않으나, 요즘 시중의 엿은 설탕으로 단맛을 내는 경우가 많으므로, 물엿을 사다 쓸 경우에는 섞어 쓸 설탕의 양에 주의해야 한다.

쌀엿강정을 만드는 쌀은 당질(탄수화물), 단백질, 지질, 무기질, 비타민 등 많은 영양소가 들어 있는 식품이다. 쌀의 효과로는 혈중 콜레스테롤을 낮추어주고 설사를 치료하고 신장결석을 방지해 준다. 또한 섬유질 성분이 있어 구리, 아연, 철 성분 등과 결합하여 우리 인체에 해로운 중금속이 인체에 흡수되는 것을 막아준다.

오색쌀엿강정을 만들어 가족의 간식이나 선물용 한과로 이용하면 좋을 것 같다.

한과

❶

❷

❸

❹

참 고

- 시럽에 농도는 끓여서 한 국자 들어보아 고드름이 생길 정도가 되면 된다.
- 강정이 굳기 전에 칼을 당겨 썰기하여 썰어야한다.

[재료 및 분량]

멥쌀 ………… 5컵

강정틀(말린 쌀 5컵 기준)

흰색 쌀강정

- 튀긴쌀 ……… 4½컵
- 땅콩(다진 것) … ½컵
- 시럽 …………… ½컵

초록색 강정

- 튀긴쌀 ……… 4½컵
- 호박씨(다진 것)… ½컵
- 시럽 …………… ½컵

노랑색 강정

- 튀긴쌀 ………… 5컵
- 유자청(다진것)…2큰술
- 치자물 ……… ½큰술
- 시럽 …………… ½컵

시럽

- 설탕 ………… 1½컵
- 물………………… ½컵
- 무가당 물엿 …… 4½컵

분홍색 강정

- 튀긴쌀……………5컵
- 백년초가루 … ½작은술
- 대추(다진 것)…… 1큰술
- 대추꽃 · 대추채…적당량
- 시럽……………… ½컵

검정색 강정

- 튀긴쌀 ………… 5컵
- 검정깨 ……… 2큰술
- 시럽……………… ½컵

만드는 방법

쌀 말리기

멥쌀을 3~4회 씻어 30분 정도 불려 6~7배의 물에 저어가면서 끓인다. 쌀알이 퍼지기 직전에 꺼내어(쌀알의 형태는 유지하되 심이 없고 투명해야 한다) 찬물에 2번 헹군 다음 마지막에 소금을 넣고 간을 한 물에 한 번 더 헹구어 물기를 뺀 후 채반에 붙지 않게 펼쳐 널어 수분함량 20% 정도가 되도록 말린다.

쌀 튀기기

말린 쌀알을 200℃의 기름에 2초간 튀긴다. 활짝 일어나면 채반에 건져 신문지를 겹쳐 깔고 기름을 완전히 빼 놓는다.

시럽 끓이기

냄비에 물과 설탕을 넣고 은근한 불에서 졸이다가 설탕이 다 녹은 다음 물엿을 넣고 시럽을 떠 보았을 때에 고드름이 생길 정도로 졸인다.

강정 버무리기

1. 두꺼운 팬에 시럽을 넣고 은근한 불에서 졸인 다음 튀긴 쌀을 넣고 또, 각색에 부재료를 넣고 나무주걱으로 버무린다.
2. 한 덩어리가 된 느낌이 나면 강정틀에 비닐을 깔고 쌀엿강정을 쏟아 붓고 밀대로 밀어 굳힌 다음 두께 1.5cm, 가로 4cm, 세로 1.5~2cm 정도의 크기로 썰어낸다.

다식(송화·흑임자·콩·오미자·녹말)

다식은 볶은 곡식의 가루나 송화가루를 꿀로 반죽하여 뭉쳐서 다식판에 넣고 갖가지 문양이 나오게 박아 낸 유밀과이다.

옛 기록에 "宋의 정공언, 채군모가 묘한 것을 생각해 내어 차(茶)떡을 만들어서 조정에 바쳤는데, 이것이 풍속이 되었다."고 하며, 복건성 건주에서 나는 용단차(龍團茶)를 정채(丁蔡)라고 하기도 한다.

그리하여 차로 만든 떡이라는 데서 다식이라는 명칭이 생겼을 가능성이 높고, 찻가루에 물을 조금 부어서 뭉친 것이 다식의 시초가 아닌가 생각된다.

1763년《성호사설》에 "다식은 宋朝의 대소용단(大小龍團)이 변한 것이며, 국가의 제천에 쓰였는데, 본래에는 제사에 점다(點茶)를 쓰던 것으로부터 시작된 것이다."라고 하였고, 1285년《삼국유사》에 의하면 "삼국시대에 차잎가루로 다식을 만들어 제사상에 올린데서부터 시작되었다."라고 하였다. 1670년《음식지미방》에서는 "밀가루를 볶아서 꿀, 기름, 청주에 반죽하고, 이것을 익힐 때 모래를 깐 기와장에 담아 기와장으로 뚜껑을 해서 익힌다."하였다.

한편《태상지》의〈조과식(造果式)〉에는 '煎茶食'이라 하여 "판에 박아낸 것을 기름에 지진다."하였으며, 정약용이 지은《아언각비》에서는 "다식을 세상에서는 인단(印團)이라고 하였는데, 밤, 참깨, 송화가루를 꿀과 반죽하여 다식판에 넣어 꽃잎, 물고기, 나비모양으로 박아 낸 것이다."고 하였다.

어떻든 다식은 단맛과 원재료의 고유한 맛이 잘 조화된 것이 특징이며 혼례상이나 회갑상, 제사상 등 의례상에는 반드시 등장하는 과자였다.

송화다식은 색이 곱고 향이 좋은 송화가루를 꿀이나 조청으로 반죽하여 다식판에 박아낸 것으로, 밀가루와 볶은 찹쌀가루를 섞어 만들기도 한다.

흑임자다식은 흑임자를 볶아 가루로 찧어서 체로 친 다음 꿀로 반죽하여 절구에 넣고 오래 찧어 기름이 나와 윤기가 나면 다식판에 넣고 박아낸다.

콩다식은 푸른 콩가루나 노란 콩가루를 각각 꿀에 반죽하여 다식판에 박은 것으로, 1913년《조선요리제법》에도 소개되어 있다.

오미자다식과 녹말다식은 짙은색의 오미자물을 만들어 준비해둔 녹말가루와 꿀을 섞어 반죽한 뒤, 다식판에 박아내면 분홍색의 아름다운 다식이 된다. 각각의 다식을 만들어 색을 맞추어 돌려내면 대단히 아름답다.

[재료 및 분량]

송화다식

- 송화가루 1컵
- 꿀 .... 5~5½ 큰술

흑임자다식

- 흑임자가루 1컵
- 꿀 .... 1⅔~2 큰술

콩다식

- 노란콩가루 1컵
- 꿀 .... 4~4½ 큰술
- 파란콩가루 1컵
- 꿀 .... 4~4½ 큰술

녹말다식

- 녹두녹말가루 1컵
- 꿀 .... 3 큰술

오미자다식

- 녹두녹말가루 1컵
- 딸기물 .... 1 작은술
- (오미자물－오미자 ⅓ 컵 · 물 ⅓ 컵)
- 꿀 .... 4 큰술

만드는 방법

1. 송화가루에 분량의 꿀을 넣고 반죽하여 다식판에 꼭꼭 눌러 박아낸다.
2. 흑임자는 살짝 볶아 가루를 내어 체에 내린 후, 찜통에 살짝 쪄서 절구에 넣고 기름이 많이 생길 때까지 곱게 찧어 꿀을 넣고 반죽하여, 다식판에 꼭꼭 눌러 박아 낸다.
3. 노란색과 파란색의 콩가루에 준비된 분량의 꿀을 넣고 반죽하여 다식판에 꼭꼭 눌러 박아낸다.
4. 녹두녹말가루는 반으로 나누어, 한가지는 오미자 우린 물과 꿀을 넣고 반죽하고, 나머지 흰색은 분량의 꿀을 넣고 반죽하여 다식판에 꼭꼭 눌러 박아낸다.

참 고

- 다식을 만들 때 사용되는 꿀은, 흰 색의(아카시아 꽃 등) 꿀을 넣어야 주재료 그대로의 맛과 향기를 살릴 수 있고, 색도 제색을 내므로 깨끗하다.
- 송화다식 만들 때는 특히 다식판을 깨끗하게 하여 노란색이 깨끗하게 되도록 하여야 한다.
- 꿀은 각 재료에 따라 수분을 지닌 정도가 다르므로 가루에 조금씩 넣고, 어우러지는 정도를 보아가며 반죽한다.

다식(용안육・북어・새우・산사・파래・당귀・인삼)

다식(茶食)은 이미 신라・고려시대에 성행하였던 차를 마시는 풍습과 함께 숭상되었던 과정류의 하나로, 제향에는 반드시 쓰였다.

가례(家禮)에 병단상(餠團狀)으로 만들어진 차를 점다(點茶)에 쓰던 풍습에서 비롯된 것으로서, 점다를 가례에 쓰던 풍습이 변하여 그 형식만이 남고, 실물은 바뀌어 다식을 만들어 쓰게 된 것이라 한다.

그러나 특기할 일은 1815 년경의 《규합총서(閨閤叢書)》에 황률다식・용안육다식・흑임자다식・녹말다식 만드는 법이 소개되어 있는데, 이때 응집제(결착제)로서 꿀과 설탕을 사용하였는데, 이후 1958 년에 발간된 《우리나라 음식만드는 법》을 보면, 전치・포육(암치)・광어 등의 동물성 식품을 사용하여 다식을 만들고 있어, 재료가 다양화된 것을 알 수 있으며, 이들의 응집제로 참기름과 물을 사용하고 있고, 후춧가루를 넣는 점도 특이하다.

대개 제례상에는 송화다식・쌀다식・흑임자다식 등이 쓰이며, 혼례의 큰상에는 노란 송화다식・파란 콩다식・누런 쌀다식・까만 흑임자다식・분홍빛 녹말다식을 섞어 괴면 화려하다. 다식의 종류는 참으로 많으나, 궁중의 잔칫상에는 황률다식・송화다식・흑임자다식・녹말다식・강분다식・계강다식・청태다식・신감초말다식 등이 쓰였고, 이외에 여러 고조리서에는 진말다식・용안육다식・잣다식・산사다식・갈분다식・잡과다식・산약다식 등 다양하다.

용안육다식・대구포다식・새우다식・파래다식은 용안육, 대구포, 새우, 파래를 바싹 말려 각각 가루내어 고운 체로 쳐서 꿀로 꼭꼭 반죽해 다식판에 박아낸다. **산사다식・당귀다식・인삼다식**은 산사, 당귀, 인삼을 각각 가루로 곱게 빻아 체에 내려 꿀로 반죽하여 다식판에 박아낸다.

이색의 《목은집(牧隱集)》에 팔관회 연이 끝나고 보내 준 다식을 받고 읊은 싯구를 보면, "좋은 음식은 역시 오늘날에도 옛풍습대로 따른 것이다. 의관은 구습의 것에 중국풍이 겹쳐져 있고나."하면서, 전통을 이은 음식인 다식은 맛이 좋다고 하였으며, "잘 씹어 먹어 보니 그 달고 좋은 맛이 잇몸과 혀에 스민다."고 하여 다식의 훌륭한 맛을 표현하고 있다. 또한 다식판은 모양새가 다양하고 정교하여 그 시기의 예술성을 엿볼 수 있는 하나의 도구로 이용되고 있으며, 박달나무나 피나무에 조각한 것이 단단하고 무늬가 선명하다.

[재료 및 분량]

용안육다식

용안육가루	1컵
꿀	5큰술

파래다식

파래가루	1컵
꿀	4큰술

대구포다식

대구포(보푸라기)	1컵
꿀	4큰술

당귀다식

당귀가루	1컵
꿀	5큰술

새우다식

새우가루	1컵
꿀	4큰술

인삼다식

인삼가루	1컵
꿀	5큰술

산사다식

산사가루	1컵
꿀	5큰술

만드는 방법

1. 용안육은 씨를 빼고 깨끗이 손질하여 말려서 가루로 빻은 후, 준비한 분량의 꿀로 반죽하여 기름을 묻혀 닦아낸 다식판에 넣고 꼭꼭 눌러 박아낸다.
2. 대구포와 새우는 각각 곱게 가루를 내어 고운 체에 내려서 분량의 꿀을 넣고 반죽하여 다식판에 꼭꼭 눌러 박아낸다.
3. 산사가루, 파래가루는 각각 준비한 분량의 꿀을 넣고 반죽하여, 같은 양으로 떼어내어 기름을 묻혀 닦아낸 다식판에 넣어 꼭꼭 눌러서 박아 낸다.
4. 당귀가루, 인삼가루는 각각 준비된 분량의 꿀을 넣고 반죽하여, 같은 양으로 떼어내어 기름을 묻혀 닦아낸 다식판에 넣어 꼭꼭 눌러서 박아 낸다.

참 고

- 대개 다식판에 새기는 글씨나 문양은 '수복강녕(壽福康寧)' 등 인간의 복을 비는 글귀를 비롯해서 꽃, 짐승, 수레바퀴, 완자에 이르기까지 퍽 다양하다.

율란·조란

숙실과(熟實果)는 과수의 열매나 식물의 뿌리를 익혀서 꿀에 졸인 것이나, 조과(造果)로서의 숙실과도 있다. 만드는 법에 따라 초와 란이 있다.

초(炒)는 과수의 열매를 통째로 익혀 모양대로 졸인 것으로 밤초·대추초가 있으며, 란(卵)은 열매를 익힌 뒤 으깨어 설탕이나 꿀에 조려 다시 본 형태와 비슷하게 빚은 것으로 율란·조란·생강란 등이 있다.

과일의 열매에서 씨를 빼고 무르게 삶아서 절구에 찧어 어레미에 거른 후, 으깬 것에 계피가루와 꿀을 넣고 졸여서 물기가 없어지고 꾸득꾸득해지면, 식혀서 밤이나 대추 모양으로 빚어 집청하고 잣가루를 묻혀 내는 것을 율란, 조란이라 한다.

율란은 황률(말린 밤)을 가루내어 꿀로 반죽해서 다시 밤 모양으로 빚은 것이며, 요즈음은 날밤을 삶아 고물처럼 만든 후 계피가루를 섞어 반죽하기도 한다.

1913 년 《조선요리제법》에 "황률이나 흑생률을 삶아서 껍질을 벗기고 절구에 찧어서 어레미에 걸러가지고 계피가루와 꿀을 치고 반죽하여 도토리만큼씩 동글게 만들어서 잣가루를 묻히나니라. 또 삶은 밤을 으깨서 곱게 만든 후에 우유와 버터를 넣고 잘 섞어서 율란같이 만들어도 매우 좋으니라."고 소개되어 있다.

율란은 황해도 안악지방의 향토음식으로, 향긋한 계피향과 잣의 고소한 맛이 밤가루와 어울려 맛이 좋다. 밤을 고를 때는 들어보아 무겁고 껍질에 윤기가 나는 것이 품질이 좋은 것이며, 크고 흠집이 없는 햇밤을 선택하여 껍질을 밤모양으로 예쁘게 깎아서 사용한다.

밤은 물기 없이 삶아야 만들기 쉽고 볼품이 있다. 반죽할 때도 반죽의 정도를 보아가며, 꿀을 조금씩 넣어야 반죽이 너무 질어지지 않는다.

조란은 대추를 살짝 찐 후에 대추살만 곱게 다져 꿀과 계피가루를 섞고 조린 다음, 다시 대추알만하게 뭉쳐서 한 끝에 통잣을 하나씩 꽂아 장식하고 잣가루에 굴린다.

또 위의 책에서는 "좋은 대추를 시루에 쪄가지고 씨를 빼고 어레미에 걸러서 계피가루와 설탕을 치고 섞어서 대추 모양처럼 만들어서 잣가루를 묻히나니라."고 조란 만드는 법을 소개하고 있다.

대추를 고를 때는 굵고 빛깔이 좋은 것을 골라야 실하고 품질이 좋다.

[재료 및 분량]

율란

밤	30개
계피가루	1큰술
꿀	4큰술
잣가루	3큰술

조란

대추	20개
계피가루	½큰술
꿀	1큰술
잣	20개

❶

❶'

❷

❸

만드는 방법

율란

1. 밤은 껍질 채 푹 삶아 속을 파낸 후 으깨어 체에 내리고 계피가루와 꿀을 넣고 섞어 덩어리로 꼭꼭 뭉친다.
2. 밤 반죽을 조금씩 떼어 밤모양으로 빚은 다음, 잣가루를 묻힌다. 황률(마른 밤)로 만들 때는 가루를 내어 사용한다.

조란

1. 대추는 찜통에 20분 이상 푹 쪄내어 씨를 발라내고 살을 곱게 다진다.
2. 다진 대추를 계피가루와 꿀을 넣고 약한 불에서 주걱으로 저으면서 조린 다음, 덩어리지게 뭉쳐 놓는다.
3. 대추 반죽을 조금씩 떼어 대추모양으로 빚고, 양끝 부분에 잣을 박는다.

참 고

- 풋대추는 적당치 않으며 잘 익고 살이 많은 굵은 마른 대추라야 맛이 부드럽다.
- 율란의 겉면에 꿀을 바를 때는 얕은 접시에 꿀을 담고 젓가락으로 율란을 쥐고 살짝 묻혀서 실백 다진 것을 묻히도록 한다.
- 밤은 생것을 껍질을 완전히 벗겨내어 사용하고, 황률은 가루를 내어 사용한다.
- 잣가루를 묻힐 때도 나무젓가락을 사용하면 손에 묻지 않고 좋다.

생 란

생란(生卵)은 생란, 강생란(薑生卵), 생강란(生薑卵), 강란(薑卵) 등으로 불리우며, 우리나라의 조과류(造果類) 중에서 숙실과(熟實果)에 속한다.

생란은 생강을 갈아 체에 받쳐 생강 녹말을 가라앉히고, 생강 건지는 꿀을 넣고 졸인다. 거의 다 졸여서 물기가 조금 남았을 때 받아 놓은 생강 녹말과 꿀을 넣어 엉기게 한 후, 식혀서 생강모양으로 빚어 잣가루를 묻힌 것으로, 생강의 매운맛과 단맛, 잣의 고소한 맛이 잘 어울려서 맛이 매우 훌륭하다. 이렇게 만든 것이 생란이며, 주로 강란이라고 한다.

생산은 율란, 조란과 함께 궁중의 상에 오르던 음식이며, 민가에서는 혼인, 회갑, 회혼례 등의 경사스런 큰 잔치가 있을 때마다 상에 올리는, 빠질 수 없는 음식이었다.

한여름의 생강은 질이 떨어져 빛이 곱지 않으므로, 생란을 만들 때는 햇것을 사용하는 것이 좋다. 생강을 조릴 때는 태우지 않도록 천천히 조리면서 농도를 잘 가늠해야 하며 완전히 식혀서 그 형태를 생강모양으로 만들어야 한다.

생강은 우리나라에 중국을 통하여 들어왔다고 전한다. 생강은 소화액의 분비를 자극하고 위장의 운동을 촉진하는 성분이 있어, 식욕을 좋게 하고 소화흡수를 도울 뿐 아니라, 식중독을 일으키는 균에 대해 살균·항균작용이 있다. 또한 메스껍거나 속이 거북할 때, 뱃속을 편하게 하며, 딸꾹질을 멈추는 작용이 있으며, 몸의 컨디션이 좋지 않을 때는 체내의 수분조절이 잘 되지 않아 얼굴이 붓게 되는데, 이 때 생강은 땀을 내고 소변이 잘 나오게 하여 부기를 빼준다. 이 외에도 생강은 몸을 훈훈하게 하여 냉감증, 불감증, 생리불순 등을 고쳐준다.

이렇듯 생강은 맛과 향기가 독특하고 여러가지 약리작용으로 한방의 중요한 재료가 되어 왔다.

생강의 정유성분 중 향기성분은 진저베린(zingebe-rin), 진저베론(zingeberone)등이며, 생강 매운맛 성분은 진저롤(gingerol)과 쇼가올(shogaol)이다.

생강은 고기·생선의 비린내를 없애는데 없어서는 안될 양념으로, 파·마늘과 함께 김치에도 넣고 생강차로도 마시며, 생강엿을 만들기도 한다. 특히 독특한 향과 맛으로 식욕을 증진시키며, 음식과 약의 흡수를 크게 돕는 것으로 알려져 왔다.

생강 모양으로 예쁘게 만든 생란은 전통차와 함께 다과상에 올리면 아주 잘 어울린다.

[재료 및 분량]

생강 ………………… 200g (건지 130g)
물 ……………………………………… $1\frac{1}{2}$컵
설탕 ………………………………… 3 큰술
물엿 ………………………………… 2 큰술
꿀 …………………………………… 2 큰술
생강녹말 …… 1 작은술, 물 1 작은술
잣 ……………………………………… $\frac{1}{3}$컵

만드는 방법

1. 생강을 물에 담가 진흙을 깨끗이 털어내어 손질한 후, 껍질을 벗기고 얄팍하게 저며 믹서에 곱게 갈아 체에 내려 자배기나 오지그릇에 담아 생강녹말을 가라앉힌다.
2. 체에 거른 생강 건지를 냄비에 쏟고 분량의 물을 붓고 설탕을 넣어 끓인다. 끓이면서 생기는 거품은 걷어내면서 계속 조린다. 반 정도로 조려지면 물엿을 넣고 다시 조린다.
3. 거의 다 조려져 물기가 조금 남았을 때, 꿀과 받아 놓은 생강 녹말을 넣고, 고루 저어 엉기게 한 후 완전히 식힌다.
4. 반죽을 조금씩 떼어 뿔이 세 개 달린 생강 모양으로 빚어 먹기 직전 잣가루를 묻혀 낸다.

참 고

- 생강건지를 끓일 때 생기는 거품은 계속 걷어 내 주어야 생란이 맑고 투명하다.

밤초 · 대추초

과수의 열매를 손질하여 통째로 꿀물에 조려 그 형태가 그대로 유지되도록 만든 것을 '초(炒)'라고 하는데, 숙실과 중의 초(炒)라는 것에는 밤초와 대추초가 가장 유명하다.

밤초는 밤을 꿀물에 조린 것으로서 숙실과(熟實果)에 속한다. 크고 신선한 햇밤을 선택하여 껍질을 밤모양으로 벗기고 예쁘게 깎아서 사용하며, 황률을 삶아서 만들기도 한다.

밤은 낙랑고분에서 옷칠한 상자 안에 군밤이 발견되었을 만큼 오래 전부터 애용된 식품이다. 옛부터 '밤을 세알만 먹으면 보약이 따로 없다.'고 할 정도로 높은 영양가를 지니고 있다.

1610 년《동의보감》에 "과일 중에서 가장 유익한 것이 밤이니, 기운을 돋우고 위장을 튼튼하게 하며, 정력을 보해주며 사람으로 하여금 굶주리지 않게 한다."고 기록되어 있다. 지금도 약재에는 밤을 넣는 것을 권한다.

밤에 대한 역사적인 기록으로는 중국의 역사서인 《한서》·《위지》를 비롯, 1765 년《해동역사》에 우리나라의 밤이 크고 많이 생산된다할 만큼 우리 땅에서 난 밤이 품질이 좋았음을 알 수 있다.

조선시대의 농서인 1766 년《증보 산림경제(增補山林經濟)》에 그 저장법을 소개하고 있는데 "밤은 물에 담가 뜨는 것을 없애고 물기를 닦아 모래 한 켜에 밤 한 켜씩 9 부 가량 담고 대나무 잎으로 덮어 봉하여 두거나 또는 소금물에 1~2 일쯤 담갔다가, 건져 말린 후에 깨에 버무려 두도록 하라. 이때 쓰는 항아리는 반드시 새 것을 쓰라."고 하였다. 밤을 고를 때는 들어보아 무겁고 껍질에 윤기가 나는 것이 품질이 좋다.

대추초 역시 대추를 꿀물에 졸인 숙실과로서, 대추는 빛깔이 좋고 굵은 것을 골라 써야 좋다.

우리의 풍습으로 대추는 '자손번영'의 상징으로 결혼하는 신부의 치마폭에 대추를 던져 주며 주렁주렁 아들을 많이 낳을 것을 기대하는 염원이 깃들여 있다.

우리 속담에 "양반 대추 한 개가 하루 아침 해장"이라고 하는 말이 있는데, 그만큼 대추가 몸에 좋다는 뜻이다.

햇과일이 나왔을 때의 가을철 시식(時食)으로, 밤·대추의 모양을 그대로 살려 만든 밤초와 대추초를 차와 함께 곁들이는 것도 운치가 있다.

[재료 및 분량]

밤초

밤	10개
소금	1 작은술
설탕	3 큰술
물	1컵
물엿	2 큰술
꿀	1 큰술
계피가루	⅛ 작은술
잣가루	적당량

대추초

대추	12개
잣	2 큰술
설탕	2 큰술
물	1컵
물엿	2 큰술
꿀	1 큰술
계피가루	⅛ 작은술
잣가루	적당량

❶

❶'

❷

❸

만드는 방법

밤초

1. 껍질을 벗긴 밤을 깨끗이 모양을 내어 깎아서 끓는 물에 소금을 넣고 살짝 데쳐 낸다.
2. 냄비에 데친 밤에 물과 설탕을 넣고 끓으면 불을 줄이고 서서히 조린다.
3. 졸아지기 시작할 때 물엿을 넣고 마지막으로 꿀을 넣어 식은 후 윤기나게 조린다.
4. 그릇에 보기 좋게 담고 잣가루를 뿌려 낸다.

대추초

1. 대추를 물수건으로 깨끗이 닦은 후, 돌려깎기하여 씨를 빼내고 안쪽에 꿀을 빌라 잣을 세 개 정도 넣고, 꼭꼭 눌러가며 돌돌 말아 오므린다.
2. 냄비에 설탕, 물 대추를 넣고 끓으면 불을 줄이고 약한 불에서 서서히 조린다. 졸아지기 시작할 때 물엿을 넣고, 마지막으로 꿀을 넣어서 윤기나게 졸여낸 후 대추에 양쪽 끝에 잣을 박아 모양을 낸 후 잣가루를 뿌려낸다.

정과(연근 · 도라지 · 생강 · 산수유 · 매실 · 유자)

정과(正果)는 '전과(煎果)'라고도 하였는데, 비교적 수분이 적은 뿌리나 줄기, 또는 열매 등 우리 주변에서 쉽게 구할 수 있는 재료를 설탕시럽과 조청에 오랫동안 졸여 쫄깃쫄깃하고 달콤하게 만든 한과이다. 정과는 잔치 때 꼭 만드는 조과로, 보통 한 가지만 만들지 않고 여러가지 재료를 각각 달게 조려서 완전히 식힌 후, 꾸득꾸득 해지면 한 접시에 옆옆이 돌려 담는다.

정과는 정약용의 《아언각비》에서 "꿀에 졸인다." 하여 흔히 꿀에 졸이는 것으로 알려져 있으며, 1815년 《규합총서(閨閤叢書)》에 꿀에 졸이는 방법과 꿀에 재워서 오래 두었다 쓰는 방법이 나와 있다. 정과를 졸일 때는 대부분 꿀을 사용하였으나, 1854년 《음식법》에는 처음으로 설탕에 졸인 감자(柑子)정과가 소개되어 있다. 조리책에 소개되어 있는 정과의 종류는 34종류이며, 그 중 연근정과가 가장 많이 소개되고 있다.

연근정과는 1958년의 《우리나라 음식만드는 법》에 "연근을 깨끗이 씻어서 그대로 한 푼 두께로 썰어서 물을 많이 붓고 오래 끓여서 연근이 잘 무르거든 물을 따라 버리고, 다시 꿀 세홉을 붓고 설탕을 넣어 숯불에 세 시간 동안 졸이면 알맞게 되나니, 빛이 검붉고 윤택이 나고 졸깃졸깃하게 되면 잘된 것이다."고 하여 자세하게 소개되어 있다.

도라지정과는 만드는 법은 연근정과와 비슷하다. 1715년 《산림경제(山林經濟)》지에 '길경자(桔梗煮)'라 하여 도라지의 껍질을 벗기고 쓴맛을 우려낸 후, 꿀을 넣어 조린 것, 또는 이것을 꿀에 재웠다가 건져서 볕에 말려 다시 쟁여두고 쓴다."라고 소개하고 있다. **생강정과**는 1913년 《조선요리제법(朝鮮料理製法)》에 "생강을 껍질 벗겨서 얇게 저며가지고, 물을 많이 붓고 끓여서 매운 물을 따르고 새 물을 부어서 다시 끓이고 또 따르고, 물 3홉을 붓고 설탕을 넣어 졸여서 물과 생강의 분량이 비등이 될 때 곧 끄내니라."고 만드는 법을 소개하고 있다. **산수유정과**는 산수유를 깨끗이 씻어 씨를 뺀 후 채반에 꾸덕꾸덕하게 말려서 꿀에 재웠다가 사용한다. **매실정과**는 매실을 씻어 물기를 뺀 후, 꿀에 재워 항아리에 담아 두었다가 채반에 널어 말려 쓴다.

유자정과는 유자의 겉껍질을 벗기고 얇게 저며 살짝 삶아 건지면 특유의 방향성이 있다. 잘 만든 유자정과는 은은한 향기와 함께 영양도 풍부하다.

[재료 및 분량]

연근정과

- 연근 .... 200 g
- 식초 .... ½ 작은술
- 설탕 .... 100 g
- 소금 .... ½ 작은술
- 꿀 .... 4 큰술
- 물 .... 1 컵

유자정과

- 유자 .... 3 개
- 설탕 .... 100 g
- 소금 .... ½ 작은술
- 꿀 .... 4 큰술
- 물 .... 1 컵

도라지정과

- 도라지 .... 200 g
- 설탕 .... 100 g
- 소금 .... ½ 작은술
- 꿀 .... 4 큰술
- 물 .... 1 컵

생강정과

- 생강 .... 200 g
- 설탕 .... 100 g
- 소금 .... 1 작은술
- 꿀 .... 4 큰술
- 물 .... 1 컵

매실정과

- 매실 .... 200 g
- 꿀 .... 2 컵

산수유정과

- 산수유 .... 1 컵
- 꿀 .... 1 컵

만드는 방법

1. **연근**은 껍질을 벗기고 두께를 0.5 cm로 둥글게 썰어, 식초를 넣고 소금을 약간 넣어 끓는 물에 하얗게 데쳐 내어 찬물에 담가 헹궈 내고, **유자**는 깨끗이 씻어서 물기를 뺀 후 겉껍질을 벗기고 0.5 cm 정도로 채를 썰어 놓는다.
2. **도라지**는 4 cm 길이로 잘라 굵은 것은 길이로 썰고, **생강**은 생긴모양 그대로 두께를 0.2~0.3 cm 정도로 납작하게 썰어 끓는 소금물에 각각 살짝 데친다.
3. 준비한 연근, 유자, 도라지, 생강에 각각 설탕을 넣고 물을 부어 서서히 졸이면서 거품을 걷어낸다. 거의 졸여지면 꿀을 넣어 윤기가 나도록 잠시 더 졸여 낸다.
4. **매실**은 상처가 없고 단단한 청매를 준비해서 깨끗이 씻어 물기를 뺀 다음 꿀에 재워 항아리에 담아 2~3 개월이 지나면 건져서 채반에 널어 말려준다.
5. **산수유**는 빨갛게 익은 것을 깨끗이 씻어서 씨를 뺀 후 채반에 꾸덕꾸덕하게 말려서 꿀에 재워 둔다.

참 고

- 연근정과 색을 연하게 할 때는 흰 설탕을 넣어 희게 만들고, 갈색이 나도록 하려면 누런 설탕이나 꿀을 넣는데, 졸깃졸깃해질 때까지 조린다.
- 생강정과는 생강 하나에 3~4 조각이 나오도록 생긴 모양대로 얇게 저며 썰어야 모양이 좋으며 생강 그대로의 투명한 색이 나도록 졸인다.
- 산수유정과는 꿀에 재워 두었다가 끓이면 색이 아름답다.

정과(잣·건포도·행인·당근·맥문동·수삼·산사)

정과(正果)는 설탕이나 전화당(轉化糖)을 넣어 저장하는 당장법(糖藏法)의 저장식품으로 오늘날에도 많이 이용되고 있는데, 정과의 제조는 꿀에 조린 방법이므로 밀전과정(蜜煎果飣)이라고 하며, 어떤 재료를 사용하든지 당도가 65% 이상 되게 만들므로 저장성이 좋다. 정과류로, 밀정과(蜜正果)는 모과·유자·앵두와 같이 특유한 향미를 가진 과실이나 근채류를 꿀에 조려 별미롭게 한 것이고, 그 건더기를 꿀물에 띄워 음료로 마시는 것이 수정과(水正果)이다. 또 과일이나 열매를 즙 내어 꿀을 넣고 그대로 조리거나, 녹말가루를 섞어 묵처럼 만들어 식혀서 편상(片狀)으로 만든 과편(果片)과 밤초·대추초 같은 숙실과는 밀전편(蜜煎片)에 속한다.

1943년 《조선무쌍신식요리제법》에 정과를 "무릇 이름난 나무 열매(名果)와 아름다운 풋열매를 꿀에 달여서 볶은 즉, 가히 신 것도 없어지고 오래 두나니, 중국에서는 밀전과라 하고 여기서(우리나라)는 정과라 하여, 집(什)까지 아울러 쓰는 것을 수정과라 하나니라."하여, 여러 종류가 있음을 보여주고 있다.

잣정과는 잣의 고깔을 떼어내고 솔잎에 한 개씩 꿰어 한묶음씩 보기 좋게 매어서 꿀에 무쳐서 낸다.

건포도정과는 솔잎에 건포도를 한 개씩 꽂고 한 묶음씩 꿰어 꿀물에 무쳐 낸다. 또 솔잎 끝에 건포도를 하나씩 꿰어 10개씩 묶음으로 하고, 꿀물에 무쳐 실백솔잎에 꿴 잣솔과 함께 곁들이면 좋다.

행인정과는 껍질벗긴 살구씨(杏仁)를 물에 우려서 떫은 맛을 제거한 후 꿀에 넣어 약한 불로 조려서 만든다. **당근정과**는 당근을 꽃모양으로 썰어 잠깐 익힌 후, 물과 설탕 또는 꿀을 동량으로 섞어 약한 불에서 조려서 만든다. **맥문동정과**는 물을 냄비에 붓고 설탕을 넣어서 끓이되 물엿만큼 엉기면 맥문동을 넣어서 잠깐 두었다가 꺼낸다.

수삼정과는 보통 인삼정과라고 하며, 수삼을 잠깐 데쳐 쓴맛을 제거하여 물과 설탕을 함께 넣고 약한 불로 조리다가, 거의 졸았을 때 꿀을 넣어 재차 조린다. 또 수삼을 껍질을 벗긴 뒤 한소끔 삶아가지고 꿀물에 조려 만들기도 한다.

산사정과는 모양이 좋은 산사를 골라 깨끗이 씻어 아래위를 약간 도려내어 씨를 빼고, 찜통에 쪄서 걸러 설탕이나 꿀을 타서 만든다. 또 산사를 잠깐 데쳐서 신맛이 빠지면 설탕이나 꿀에 조려서 만들기도 한다.

[재료 및 분량]

수삼

수삼(6년근) ······· 200g
설탕 ······ 100g
물 ······ 1컵
꿀 ······ 4큰술
소금 ······ ½작은술

당근

당근 ······ 200g
설탕 ······ 100g
물 ······ 1½컵
꿀 ······ 4큰술
소금 ······ ½작은술

행인

행인 ······ 100g
설탕 ······ 50g
물 ······ 1컵
소금 ······ ½작은술

산사

산사 ······ 200g
설탕 ······ 100g
꿀 ······ 4큰술
물 ······ 1½컵
소금 ······ ½작은술

맥문동

맥문동 ······ 200g
설탕 ······ 100g
물 ······ 1컵
꿀 ······ 4큰술
소금 ······ ½작은술

건포도

건포도 ······ 50g
꿀 ······ 4큰술
솔잎 ······ 적당량

잣

잣 ······ 50g
꿀 ······ ½컵
솔잎 ······ 적당량

만드는 방법

1. **수삼**은 0.3cm로 두께로 나이테가 보이도록 약간 어슷 썰어서 끓는 물에 데쳐 쓴맛을 빼 놓고, **당근**은 두께 0.5cm, 가로 2cm, 세로 4cm로 잘라 끓는 소금물에 살짝 데친다.
2. **행인**은 속껍질 벗긴 다음, 물에 담가 떫은 맛을 없애기 위해 새 물을 여러 번 갈아주어 우려낸 후, 물기를 빼 놓는다.
3. **산사**는 열매를 깨끗이 씻고, 맥문동은 뿌리를 깨끗이 씻어 물기를 빼 놓는다.
4. 준비한 수삼, 당근, 살구씨, 산사, **맥문동**은 각각 설탕을 넣고 물을 부어 서서히 졸이면서 위에 거품을 걷어낸다. 거의 졸여지면 꿀을 넣어 윤기가 나도록 잠시 더 졸여 낸다.
5. **건포도**는 솔잎에 한 개씩 꿰어가지고 한묶음씩 보기 좋게 잡아매어서 건포도를 꿀에 무쳐 담아내고, **잣**은 고깔을 떼어 내고 솔잎에 한 개씩 꿰어가지고 한 묶음씩 보기 좋게 매이서 잣을 꿀에 무쳐 담아낸다.

참 고

- 수삼정과는 길이로 썰어 만드는 것보다 나이테가 보이도록 동그랗게 써는 것이 좋다.
- 산사는 삶아서 꿀을 붓고 봉해 두었다가 필요할 때 수정과로 쓰면 좋다.
- 정과를 만들 때 제색을 내기 위해서는 법랑냄비나 사기냄비에서 조리는 것이 좋다.

오미자편

오미자편(五味子片)은 깨끗이 씻은 오미자를 하룻동안 물에 담가 붉게 우려낸 물과 함께 체에 거른다. 여기에 꿀이나 설탕과 녹말을 넣고 잘 풀어 약한 불에서 나무주걱으로 천천히 저어 엉기게 하여, 네모진 움푹한 그릇에 쏟아서 식혀 굳힌 것으로, 모양 있게 썰어 낸다.

《본초서(本草書)》를 보면 오미자가 "허로와 몸을 보하고 눈을 밝게 하고 신장을 데우며, 음을 강하게 하고 남자의 정력을 증진시키며, 소갈을 그치고 번열을 없앤다. 또 주독을 풀어주고 기침 해소를 다스린다."고 하였다. 오미자에는 정유(精油)성분이 있어, 독특한 방향(芳香)과 신맛이 있으며, 소위 다섯 가지의 맛이 난다고 하여 오미자(五味子)라고 부르게 된 것이라 한다.

오미자에서의 오미(五味)란 맵고, 쓰고, 달고, 시고, 떫은 다섯 가지 맛을 가리키는데 잘 익은 오미자는 단맛이 많고 독특한 향기가 있다. 따라서 이 다섯 가지 맛과 향기를 더한 맛이 아주 좋기 때문에 우리 조상들은 예로부터 여러가지 음식에 부재료로 이용, 그 맛을 즐겨 왔다.

오미자를 이용한 고유의 음식을 보면, 오미자화채를 중심으로 오미자국·오미자주·오미자차·오미자편 등이 있다. 또한 떡이나 한과에 고운 물을 들일 때 없어서는 안될 고유의 천연 염료로 쓰인다. 먹어서 몸에도 좋고, 음식의 색을 아름답고 맛좋게 하는 오미자는, 그래서 예로부터 많이 사용되어 왔다.

《고방요법(古方療法)》에 "오미자를 가루로 만들어서 아침 저녁으로 물에 타서 한 컵씩 마시면, 해열 지한작용과 설사, 이질에도 효과가 있다. 특히 자양강장제·진해거담약으로 좋다."고 한 것을 볼 수 있다. 따라서 오미자국물에 녹두녹말과 설탕을 섞어 젤리처럼 졸여 만든 오미자편은 그 모양과 빛깔이 아름다울 뿐 아니라, 오미자의 따뜻한 성질과 달고 강한 신맛 등 다섯 가지 독특한 맛이 복합적으로 어우러져, 앵두편이나 살구편 등과 같은 과편의 맛과는 또 다른 특별한 맛을 느낄 수 있다. 상에 낼 때 생률과 함께 곁들이면 붉은색과 흰색이 조화를 이루어 맛과 모양이 한결 어울린다.

[재료 및 분량]

재료	분량
오미자	1½ 컵
물	6 컵
녹두녹말	1 컵
물	1 컵
설탕	2 컵
소금	¼ 작은술

만드는 방법

1. 오미자는 씻어 건져서 끓여 식힌 미지근한 물에 하룻동안 담가 두었다가, 체에 받쳐 만든 오미자국물을 준비한다.
2. 녹두녹말은 물에 풀어서 고운 체에 받쳐 놓고, 오미자국물에 설탕과 소금을 넣고 졸이다가, 녹말을 풀은 물을 부어 잘 섞고 저으면서 은근히 끓인다.
3. 계속 저어 가며 졸이다가 뚝뚝 떨어지는 젤리상태의 농도가 되면 불을 낮추어 뜸을 들인다. 다 되면 네모진 그릇에 쏟아 부어 한 김이 나가면 냉장고에 넣어 굳힌다.
4. 묵처럼 굳어지면 모나게 썰어 접시에 담아 낸다.

참 고

- 기호에 따라 오미자의 양을 가감할 수 있다.
- 오미자편을 썰어 담아 낼 때, 그릇 밑바닥에 껍질 벗긴 밤을 얇게 썰어 한자락 깔고, 그 위에 오미자 편을 올려 함께 내면 맛과 모양이 한결 어울린다.

유자편

과편(果片)은 과일 중 대개 신맛이 나는 과일로 만든 과즙(果汁)에, 녹말이나 꿀을 넣고 불에 얹어 조린 음식으로, 묵과 같이 굳혀서 만든다.

과편은 우리나라 여러 음식 관련 문헌에 자주 등장하여 그 제조방법을 쉽게 찾아 볼 수 있는데, 1985 년《조선왕조궁중연회음식의 분석적 연구》에 따르면, "궁중에서는 과편이라 하지 않고 '병(餠)'이라고 하였다."고 하였다.

조선시대 궁중음식 관련 문헌인《진연의궤(進宴儀軌)》·《진찬의궤(進饌儀軌)》등을 보면, 궁중의 연회 상차림에 과편이 자주 보이는 것으로 미루어, 과편은 궁중에서도 즐겨 먹었던 음식이었음을 알 수 있으며, 특히 과편의 색이 아름답기 때문에 잔치음식으로 또 후식으로 애용되었을 것으로 여겨진다.

우리 조상들이 즐겨 만들어 먹었던 과편으로, 앵두편을 중심으로 오미자편·살구편·유자편·생강편·버찌편·산사편·들쭉편 등이 있는데, 특히 유자편은 다른 과실류와는 그 맛이나 특성이 달라 독특한 맛과 향을 자랑한다.

유자편 만드는 방법은, 유자를 푹 삶아서 걸러 과즙을 만들고 설탕과 소금을 넣고 졸인다. 여기에 녹말풀은 물을 부어 잘 섞어 졸이다가, 젤리 상태가 되면 불을 낮추어 뜸을 들인다. 뜨거운 김이 나가면 찬 곳에 보관하여 굳혀 모양 나게 썰어 완성한다.

유자편의 재료로 사용되는 유자에는 짙은 향기를 풍기는 특이한 방향성의 정유성분 및 고미질이 있어, 가늘게 채를 썰어 화채를 만들거나, 꿀에 재었다가 겨울철에 차(茶)로 마시면 감기 예방에 그만이다.

유자를 담가 향을 우려낸 꿀을 유자청(柚子淸)이라고 하는데, 유밀과인 약과와 강정, 산자 등에 넣으면 진하고 독특한 향기를 즐길 수 있으며, 맛 또한 좋아진다.

이러한 유자에는 오심·구토·소화불량·염류·주독해소 등의 효능이 있으며, 특히 비타민 C의 함량이 높아 감기 치료 효과를 인정받아 왔으며, 유자 속의 헤스페레딘이라는 특수한 물질은 비타민 P와 같은 효력이 있어, 모세혈관을 보호하고 강하게 하며, 뇌혈관 장애와 피부미용에 좋다. 또 풍부한 구연산 성분은 피로회복과 위액의 분비를 촉진시킨다.

따라서 이 유자를 이용한 유자편은 후식으로 일반인 누구도 다 좋아하지만, 특히 여성들에게 좋은 건강식이라고 할 수 있다.

[재료 및 분량]

재료	분량
유자	5개
물	7컵
녹두녹말	1컵
물	1컵
설탕	2컵
소금	¼ 작은술

만드는 방법

1. 유자는 깨끗이 씻어 껍질을 벗긴 뒤, 씨를 빼고 푹 삶아서 고운 체에 걸러 6컵의 과즙을 준비해 놓는다.
2. 녹두녹말은 물에 풀어서 고운 체에 받쳐 놓고, 과즙에 설탕과 소금을 넣고 졸이다가, 녹말을 풀은 물을 부어 잘 섞어가며 저으면서 은근히 끓인다.
3. 계속 저어가며 졸이다가 뚝뚝 떨어지는 젤리상태의 농도가 되면 불을 낮추어 뜸을 들인다. 다 되면 네모진 그릇에 쏟아 부어 한 김이 나가면 냉장고에 넣어 굳힌다.
4. 묵처럼 굳어지면 모나게 썰어 접시에 담아 낸다.

참 고

- 녹두녹말을 구하기 어려울 때는 동부녹말을 사용해도 좋다. 또 감자녹말을 사용할 수도 있으나, 색이 탁하고 끈기가 없다.
- 녹차가루를 사용하여 녹차편을 만들 수도 있다.

앵두편

과편은 과일 중 신맛이 나는 과일을 삶아 걸러서 만든 과즙에 설탕과 꿀에 조려 엉기게 한 뒤, 네모지게 썰어 놓은 것이다.

과편류는 어떤 과일로 만드느냐에 따라 다른 이름이 붙여지는데, 앵두편·복분자편·살구편·오미자편·유자편·모과편 등이 있다.

앵두편에 들어가는 앵두는 앵두나무의 열매로, 앵두나무는 장미과의 낙엽관목이며 중국이 원산지인 과수이다. 4월에 잎보다 먼저, 또는 잎과 같이 백색이나 연홍색의 예쁜 꽃이 핀다.

앵두는 핵과(核果)로서 둥글고 지름이 1cm 정도 되는데, 6월에 빨갛게 익는다. 맛은 달고 새콤하다. 새콤한 맛의 성분은 사과산과 구연산 등의 유기산으로, 1.5% 가량 들어있다. 이러한 유기산은 체내에서 신진대사를 도와주며 피로회복의 효능도 있다.

앵두의 씨를 빼고 꿀에 재었다가 꿀물에 넣은 앵두화채는 여름을 이기게 하는 전통음료이다. 앵두에는 정장효과가 있는 팩틴성분이 들어있어, 잼이나 젤리를 만들기도 한다.

앵두편은 잘 익은 앵두를 따서 무르도록 삶아 걸러서 과즙을 받아 설탕과 녹두녹말을 풀어 풀 쑤듯 한 후, 꿀이나 설탕을 섞고 졸여서 굳힌 것이다.

1913년 《조선요리제법》에 수록된 앵두편 만드는 법을 보면, "앵도를 물 한 홉쯤 붓고 끓여서 펄펄 끓거든 체에 걸러놓고 녹말을 물 네 홉에 풀어서 앵도물을 저어가면서 녹말 풀은 것을 함께 부어 섞고 계속 저어가면서 끓여가지고 물 한 홉에 설탕을 풀어가지고 함께 섞어서 한참 끓은 후에 편편한 그릇에 쏟아 굳혀가지고 적당히 썰어서 접시에 놓나니 모양있는 과자형에 담아서 굳혀가지고 그대로 쏟아놓으면 더욱 모양이 좋으니라."고 하여 앵두편 만드는 방법이 아주 구체적으로 기록되어 있다.

문헌에 나타난 과편 중, 가장 빈도수가 높은 것은 앵두편이다. 편의 웃기나 생실과의 웃기로 사용되는데, 앵두는 유기산과 팩틴 성분이 많아서, 예로부터 과편으로 많이 애용되었다.

앵두편에 관한 우리나라 옛조리서로는 1815년경의 《규합총서(閨閤叢書)》가 처음이고, 그 후 1800년대 중엽의 《역주방문》에도 연지를 써서 색을 낸 것을 볼 수 있고, 1800년대 말엽 《술빚는 법》에도 앵두편이 나온다. 1958년 《우리나라 음식만드는 법》에도 기록되어 있다.

[재료 및 분량]

앵두	2컵
물	7컵
녹두녹말	1컵
물	1컵
설탕	2컵
소금	¼ 작은술

❶

❶'

❷

❸

만드는 방법

1. 초여름에 나오는 싱싱한 앵두를 깨끗이 씻어 물을 붓고, 20~30분 정도 푹 삶아 고운 체에 걸러서 6컵의 과즙을 받는다.
2. 녹두녹말에 분량의 물을 부어 풀어서 고운 체에 받쳐 준비하고, 과즙에 설탕과 소금을 넣고 5분 정도 졸이다가, 녹말 푼 물을 부어 잘 섞어가며 저으면서 20분 정도 끓인다. 이 때 생기는 거품은 걷어낸다.
3. 계속 저어가며 졸이다가 뚝뚝 떨어지는 젤리상태의 농도가 되면 불을 낮추어 뜸을 들인다. 다 되면 네모진 그릇에 쏟아 부어 한 김이 나가면 냉장고에 넣어 굳힌다.
4. 묵처럼 굳어지면 모나게 썰어 접시에 담아 낸다.

참 고

- 끓이는 도중에 생기는 거품은 걷어내야 깨끗하게 만들어지며, 뜸이 잘 들어야 끈기가 있고 윤기가 난다.
- 앵두 이외에도 딸기·살구·버찌·유자·모과·생강 등의 신 과일로도 과편을 만들 수 있다.
- 앵두즙을 쌀가루와 섞어 앵두떡을 만들 수도 있다.

버찌편 · 생강편

과편(果片)은 제철의 과일을 이용한 것으로, 잘 익고 빛깔이 고운 과일이나 열매, 구조류 등을 골라 물을 붓고 중탕하여 체에 거른 다음 꿀이나 설탕을 넣고 졸이면 된다.

다 졸여지면 뜨거울 때 네모나고 바닥이 편평한 그릇에 붓고 차게 식힌 다음, 굳은 것을 알맞은 크기로 먹기 좋게 썬다.

버찌편이나 생강편도 과편의 일종이다.

이러한 과편은 색상이 아름다워 잔치 때의 행사식으로, 또 계절의 변화에 따라 그때그때 제철에 산출되는 과실을 이용해 만들어 두었다가, 후식으로 먹으면 계절감각과 함께 재료로 쓰이는 과실의 달콤하고 상큼한 맛을 즐길 수 있다.

버찌편은 벚나무의 열매인 버찌를 삶은 뒤 체에 걸러 씨와 껍질을 제거한 후 냄비에 담고, 꿀과 녹두녹말을 타서 약한 불에 걸죽하게 조려서 틀에 넣고 굳혀서 썬 것이다.

우리나라 재래종의 버찌는 색깔이 검어서 '흑앵(黑櫻)'이라고 하며, 과즙이 적고 빛깔도 아름답지 못해 편보다는 과실주를 만들기에 더 적당하다.

생강편(生薑片)은 생강을 갈아서 물을 여러번 갈아가며 2~3차례 끓여서 매운 맛을 제거한 다음, 주걱이나 수저를 이용 곱게 이긴다. 여기에 꿀이나 설탕물을 넣고 걸쭉하게 끓여서 송화가루와 계피가루를 넣고 저어 고루 섞이면, 네모나고 바닥이 고른 그릇이나 과편틀에 담아 차게 식혀 굳으면 장방형으로 썰어서 만든다. 또 생강 녹말을 사용하면 깨끗하고 투명한 생강편을 만들 수 있다.

1938년 《조선요리법》에는 '생편(生片)'이라 하여, 생강을 얇게 저며 끓여낸 후 곱게 다져 녹말가루, 설탕, 꿀을 넣고 잠시 익혀 생강모양으로 뭉쳐 꿀을 바르고 잣가루를 묻힌 것이라고 소개하고 있다.

생강편은 그 재료에서 보듯, 여느 과편과는 달리 송화가루와 계피가루가 들어가 맵고 달고 강한 향기를 자랑하는 고급스런 음식이다.

과편을 만들 때는 과일의 종류에 따라 잘 엉기지 않는 것인데, 이 때에 녹두녹말을 사용한다. 그러나 생강의 경우는 녹두녹말을 사용하지 않는다.

녹두녹말은 대체로 3월초나 이른봄에 만드는 것이 좋다. 이 시기를 놓치면 녹말이 쉬어서 냄새가 나고 삭아서 잘 가라앉지도 않고, 뜨물같이 되어 버리기 때문에 주의해야 한다.

[재료 및 분량]

생강편		버찌편	
생강녹말	1컵	버찌	4컵
물	5컵	물	6컵
설탕	2컵	녹두녹말	1컵
소금	¼ 작은술	물	1컵
송화가루	1큰술	설탕	2컵
계피가루	¼ 작은술	소금	¼ 작은술

생강편

버찌편

만드는 방법

생강편

1. 생강은 깨끗이 씻어 껍질을 벗긴 다음, 강판에 갈아서 물에 담갔다가, 체에 걸러 건더기는 버리고 앙금은 가라앉힌다. 이것을 말려서 생강녹말을 만들어 놓는다.
2. 냄비에 물과 생강녹말을 넣어 고루 섞은후 설탕과 소금을 넣고 잘 저어가며 불에 약 20분 정도 졸이다가 송화가루와 계피가루를 넣고 젤리상태의 농도가 되면 5분간 뜸 들여, 네모진 그릇에 부어 한김 나가면 냉장고에 넣어 굳힌다.
3. 묵처럼 굳어지면 모로 썰어 접시에 담아 낸다.

버찌편

1. 버찌를 깨끗이 씻어 약 20~30분 정도 삶아 체에 걸러 6컵의 과즙을 내어 끓인다.
2. 과즙에 설탕과 소금을 넣고 5분 정도 졸이다가, 녹말풀은 물을 부어 잘 섞어가며 저으면서 약 20분 정도 은근히 끓인다.
3. 계속 저어 가며 졸이다가 뚝뚝 떨어지는 젤리상태의 농도가 되면 불을 낮추어 3분 정도 뜸을 들인다. 다 되면 네모진 그릇에 쏟아 부어 한김이 나가면 냉장고에 넣어 굳힌다.
4. 묵처럼 굳어지면 모로 썰어 접시에 담아 낸다.

참 고

- 생강편은 생강을 삶아 갈아서 설탕을 넣고 걸쭉하게 끓여 송화가루와 계피가루를 넣고, 직사각형으로 잘라 잣가루를 묻히기도 한다.

살구과편

과편(果片)은 과일 중 신맛이 나는 과일을 푹 삶아 즙을 내어 설탕이나 꿀을 넣고 조린 후 녹말을 넣어 묵처럼 굳혀서 편으로 썰은 것으로 새콤달콤하며 말랑말랑하여 누구나 좋아하는 한과의 한 종류이다.

앵두, 오미자, 유자, 산사 등 신맛이 나는 과일을 주재료로 하여 과편을 만드는데, 일반적으로 과육의 색이 잘 변하는 복숭아, 사과, 배로는 만들지 않는다.

살구편은 살구를 깨끗이 씻어 물에 푹 삶아 체에 걸러 냄비에 담고, 꿀이나 설탕을 넣어 끓이다가 녹두녹말을 풀어 넣고 잘 섞은 다음 약한 불에 걸죽하게 조려서 틀에 붓고 굳혀서 썬 것으로 살구의 노란색과 과편의 말랑말랑하고 부드러운 촉감과 새콤달콤한 맛이 특징이다.

살구편은 《규합총서》, 《음식법》, 《술만드는 법》, 《시의전서》, 《부인필지》 등에 기록되어 있다. 1815년경의 《규합총서(閨閤叢書)》를 보면 "앵도편 법대로 하면 어리니 베면 살구는 모과편 같고 벗편은 전약 같다."라고 소개하고 있으며, 1854년경의 《음식법》에는 "살구, 딸기, 벗편 세 가지 다 앵두편 하듯 하니 그것도 다 녹말을 조금씩 타야 엉기고, 벗편은 검고 살구편은 누렇고 맛은 다 마찬가지로되 재료를 많이 해도 분량이 많지 않다."고 하였다. 1800년말 경의 《술만드는 법》에서 보면 특이하게 살구편의 색을 내기 위해서 치자물을 넣은 기록이 있다.

살구편에 들어가는 살구는 중국 북부가 원산지로 식용과 약용으로 많이 사용된다. 늦봄과 초여름에 많이 생산되는데 유통되는 과정에서 상처나기 쉽다. 유기산으로 구연산(citric acid)과 사과산(malic acid)이 많이 들어있어 독특한 신맛이 있는데 지치기 쉬운 여름철에 신진대사를 원활하게 하므로 피로회복에 좋다. 비타민 A도 풍부하여 야맹증과 암 예방에도 효과적이다.

[재료 및 분량]

살구	10 개
물	3 ½컵
소금	⅛ 작은술
설탕	1 컵
녹두녹말	½컵
물	½컵

만드는 방법

1. 살구를 깨끗이 씻어 푹 삶아서 고운체에 걸러 3컵의 과즙을 준비한다.
2. 살구과즙에 설탕과 소금을 넣고 끓이다가 녹두녹말에 같은 량의 물을 넣고 풀어서 과즙에 부어 잘 섞어가며 저으면서 은근히 끓인다.
3. 계속 저어가며 졸이다가 뚝뚝 떨어지는 농도의 젤리상태가 되면 불을 낮추어 뜸을 들인다. 다 되면 네모진 그릇에 쏟아 부어 굳힌다.
4. 묵처럼 굳어지면 모나게 썰어 접시에 담아 낸다.

참 고

- 살구는 노랗게 잘 익은 것을 사용한다.
- 끓이는 도중에 생기는 거품은 걷어 내야 깨끗하게 만들어진다.
- 살구편은 뜸이 잘 들어야 끈기가 있고 윤기가 난다.

산딸기편

과편은 향기가 좋은 과실의 즙을 이용하여 녹말가루로 풀을 쑤어 굳히거나, 과실을 삶아 거른 것에 꿀을 넣고 조려서 굳힌 후, 납작하고 볼품있게 썬 고유의 한과이다. 그 종류에는 순수한 녹말만을 이용한 녹말편이 있는가 하면 산사와 같이 생약재의 과육을 중탕하여 만든 산사편에서 모과편에 이르기까지 정말 다양하다. 우리 조상들이 즐겨왔던 과편류에는 산딸기를 이용한 과편이 있다.

산딸기편은 '복분자편(覆盆子片)'이라고도 하며, 이 역시 산딸기 열매의 시고 단맛을 음식에 응용함으로써, 입맛을 돋구고 과실의 독특한 빛깔에서 오는 시각적 효과는 식욕을 촉진시키는 효과가 있는 바, 산딸기편은 우리 조상들의 지혜와 슬기를 엿보게 한다.

산딸기편 만드는 방법은 산딸기를 체에 거르고 여기에 꿀을 넣어 조리다가 녹말가루 푼 것을 넣고 식혀서 묵처럼 엉기면 썰어서 만든다.

산딸기를 복분자(覆盆子)라고도 부르게 된 데에는 다음과 같은 재미있는 이야기가 전해온다.

옛날에 양기(陽氣)가 부족해서 비실비실하던 사람이, 산에서 산신령을 만나 산딸기를 먹으라는 말을 듣고 산딸기를 따먹었더니, 양기가 소생해서 소변의 힘이 얼마나 강했던지 요강을 뒤엎었다고 하는 이야기다. 그 이후로 산딸기의 별명이 복분자가 되었다고 한다.

1590년 《본초강목(本草綱目)》을 보면, "산딸기가 신장에 좋으며 간을 보하고 양기를 일으킨다"고 하였고, 또 "피부를 곱게 하며 머리를 검게 하고 폐질환에도 잘 듣는다."고 기록되어 있다.

산딸기는 칼슘과 철분이 많이 함유하고 있으며, 구연산과 사과산이 들어 있어 상큼함과 함께 달콤한 맛을 주는데 향기가 높아 신선미를 느끼게 한다.

이러한 산딸기를 주재료로 하여 만든 산딸기편은 오미자편과 앵두편에 비해 색깔이 훨씬 진하며, 산딸기 열매 특유의 신선미가 더욱 구미를 자극한다. 더구나 무더운 여름철에 만들어 먹는 산딸기편은 산딸기의 지갈·청량·강장작용으로 지친 몸에 신선한 활력을 불어넣어 주기에 충분하다.

[재료 및 분량]

재료	분량
산딸기	4컵
물	6컵
녹두녹말	1컵
물	1컵
설탕	2컵
소금	¼ 작은술

만드는 방법

1. 산딸기는 깨끗이 씻어 물을 붓고 약 20~30분 정도 푹 삶아 고운 체에 걸러 6컵의 과즙을 받는다.
2. 과즙에 설탕과 소금을 넣고 5분 정도 졸이다가, 녹말을 풀은 물을 부어 잘 섞어가며 저으면서 약 20분 정도 은근히 끓인다.
3. 계속 저어 가며 졸이다가 뚝뚝 떨어지는 젤리상태의 농도가 되면 불을 낮추어 3분 정도 뜸을 들인다. 다 되면 네모진 그릇에 쏟아 부어 한 김이 나가면 냉장고에 넣어 굳힌다.
4. 묵처럼 굳어지면 모로 썰어 접시에 담아 낸다.

참 고

- 산딸기는 빨갛게 익은 것을 선택하여 편을 만들어야 색이 곱다.
- 산딸기즙을 쌀가루에 넣어 산딸기 케익을 만들 수도 있다.

엿(들깨 · 땅콩)

엿은 단맛을 내는 감미료로서 뿐 아니라 물에 쉽게 녹지 않고 결정이 쉽게 석출되며, 단맛이 너무 강한 설탕의 단점을 보완하는 데도 쓰이는 감미식품이다.

전분질의 곡류와 엿기름으로 만든 엿을 이용한 과자류가 등장하는 것은 고려시대로, 우리나라의 엿에 관한 기록은, 이규보의 《동국여지승람》에 '행당맥락(杏餳麥酪)'이 처음이다. 여기서 '당'은 단단한 강엿이고 '낙'은 감주의 무리로서 이미 이때부터 엿기름을 이용한 엿이나 감주가 감미료로 쓰였다.

옛부터 엿은 세찬을 만드는데 필수적인 음식이었으므로, 겨울철이 되면 각 가정에서는 엿을 만들어 상비하였는데, 가정이나 지방마다 독특한 방법과 지역 특산물을 이용한 엿들이 만들어지게 되었다.

전통적으로 엿은 크게 나누어 주재료를 무엇으로 선택하느냐에 따라, 찹쌀엿 · 쌀엿 · 고구마엿 · 옥수수엿 · 호박엿 · 닭엿 · 꿩엿 등이 있고, 엿의 물성에 따라 고는 과정에서 묽게 만든 물엿(조청)과 강엿으로 구분한다.

엿 만드는 법에 관한 기록은, 조선시대 서울의 모습을 담은 《한경식략(漢京識略)》에 보면, 식료품상인 '백당전'에서 엿을 팔았다는 기록이 있고, 1815년 《규합총서》에는 엿 만드는 법과 개성과 광주에서 밤엿이 생산된다고 기록되어 있다. 따라서 조선 후기에는 엿이 상품화되어 널리 퍼졌음을 알 수 있다.

엿이나 조청 모두 쌀로 만든 것이 빛깔이 맑고 깨끗하며, 옥수수나 수수 등으로 만든 것은 붉은 빛이 돌고 맑지 못하다.

조선시대에 널리 알려졌던 엿으로는 옥수수로 만든 강원도의 황골엿, 무로 만든 충청도의 떠먹는 물엿인 무엿, 특히 용안지방에서 잘 만들었던 전라도의 고구마엿, 쌀로 만든 평창의 쌀엿, 엿에다 닭이나 꿩고기를 넣어 만든 제주도의 꿩엿과 닭엿, 조청에 찹쌀미숫가루를 넣어 만든 황해도의 태식이 각각 명성을 날렸다.

이렇게 만든 엿은 근친갔던 새색시가 시가로 돌아올 때 함지박이나 석작, 동고리에 담아 이바지 음식으로 가져갔다. 이 밖에 옛날 역졸들이 역과 역 사이를 오갈 때 도시락 대신 강엿을 싸서 가지고 다녔다고 하며, '상사독서(上寺讀書)'라 하여 절에 가서 과거 공부하는 자녀나 남편에게 엿을 고아 보내는 것이 조선시대 때의 관습이었다.

[재료 및 분량]

들깨엿

멥쌀 ····· 2 kg / 3⅔컵
엿기름 ······ 2컵(400g)
들깨 ··················· 1컵

땅콩엿

멥쌀 ················· 2 kg
엿기름 ················ 2컵
땅콩 ··················· 1컵

만드는 방법

들깨엿

1. 멥쌀은 하룻밤 정도 물에 담갔다가 건져서 시루에 담아 고두밥을 쪄 낸다.
2. 찐 고두밥과 엿기름을 같이 넣고 40~50℃의 물을 쌀의 5~6배 정도 부은 후, 두꺼운 천을 덮어 10시간 정도 당화시킨다.
3. 당화가 끝난 것을 아이죽이라 하는데, 이 아이죽을 베보자기에 넣고 꼭 짜서 엿밥은 버리고 엿물을 불에 올려 원래 물의 55~60% 정도가 될 때까지 곤다.
4. 고으는 중에 거품이 크게 일고 주걱으로 떠서 들었을 때 실같이 늘어지면서 굳어지면 엿이 다 되었음을 알 수 있다. 들깨는 깨끗이 씻어 일어서 물기를 뺀 후 두꺼운 팬에 볶는다. 엿에 볶은 들깨를 넣고 함께 졸여 모양을 낸다.

땅콩엿

1. 땅콩은 볶아서 속껍질을 벗겨낸 후, 4등분하여 앞서와 같은 방법으로 만들어 고아 놓은 물엿에 넣고 함께 더 졸여서 적당히 식으면 모양을 낸다.

참 고

- 옥수수를 깨끗이 씻어 가루를 내어 물을 넣고 푹 무르게 삶아두고, 쌀은 깨끗이 씻어 물에 8~12시간을 담갔다가, 고두밥을 쪄서 엿기름과 섞어 안친다. 5~6일 후에 밥풀이 위로 뜨면 솥에 쏟아, 옥수수 삶아 둔 것과 섞어서 끓여 엿을 곤다.
- 늙은 호박은 껍질을 벗기고 속을 긁어낸 뒤 썰어두고, 쌀은 깨끗이 씻어 물에 8~12시간을 담갔다가, 썰어둔 호박과 함께 솥에 넣고 끓인다. 충분히 끓어 죽이 퍼지면 식혀서 엿기름물을 넣고 삭혀서 베자루에 넣고 짜서, 받혀진 엿물을 약한불에서 서서히 졸인다.

제3부
음청류

3. 음청류의 역사와 유래

한국의 전통음료는 종류, 형태, 조리법에 있어서 매우 다양하다.

예로부터 차(茶)·화채(花菜)·밀수(蜜水)·식혜(食醯)·수정과(水正果)·탕(湯)·장(漿)·갈수(渴水)·숙수(熟水)·즙(汁)·우유(牛乳) 등으로 분류하여 왔다. 또한 일상식, 절식, 제례, 대·소연회식 등 우리 식생활에 깊이 뿌리내린 한국 고유의 음식으로 자리잡아 왔다.

삼국시대로 접어들면 식생활이 체계화 되어가면서 주식, 부식, 후식의 형태로 나누어짐에 따라 전통음료는 후식류로 발달하게 되었고, 조과류(造果類)와 더불어 중요한 기호식품으로 자리잡게 되었다.

옛 식품조리서들을 보면, 전통음료의 재료로서 다양한 식품재료를 사용하였고, 일상식·별미식·특별식·행사식 등으로 우리의 생활과 아주 밀접한 관계가 있었음을 알 수 있다.

《양서(梁書)》〈제이전 고구려조(諸夷傳 高句麗條)〉에는 "고구려인들은 윤수(潤水)를 마신다."고 하였으니, 윤수(潤水)는 골짜기의 물을 말한다.

우리나라는 금수강산이라고 불리어질 정도로, 깊은 계곡의 맑은 물과 좋은 샘물이 도처에 솟고 있어서, 사람들은 이러한 자연의 감수(甘水)를 가장 원초적인 음료로 즐겨 마셨을 것으로 생각된다.

《삼국유사(三國遺史)》〈가락국기(駕洛國記)〉에 "수로왕이 왕후를 맞는 설화 가운데는 왕후를 모시고 온 신하와 노비에게 수로왕이 음료를 하사하였다."는 기록이 있는데, 이 때의 음료로 열거된 난액(蘭液)과 혜서(蕙醑)가 어떤 종류의 것인지 그 내용은 확실히 알 수 없다. 그러나 난액은 난의 향을 곁들인 음료가 아닌가 생각되고, 혜서 역시 난의 향을 곁들여 발효시킨 발효성 음료일 것으로 추측한다.

또한 이 책에는 "쌀 20 두를 쪄서 말린 것으로 양식을 삼았다(蒸二十斗米 乃乾爲糧)."는 기록이 있는데, 이것으로 보아 이미 미수 형태의 음료가 구황식과 저장식, 그리고 여행식 겸 주식으로 이용되었을 것으로 추정할 수 있다.

이러한 사실로 보아 옛사람들은 원시 식물의 꽃이나 열매들을 음료로서 이용했을 가능성을 엿볼 수 있다.

그 예로 오미자(五味子)는 중국의 양대(梁代)의 《본초학(本草學)》에서 우리나라의 오미자가 제일 품질이 좋다고 하였으며, "송대의 《본초도경(本草圖經)》에는 신라에서는 박하를 말려 차를 마신다."고 하였음을 볼 때, 오미자와 박하 등은 삼국시대에 이미 음료로 이용되었음을 알 수 있다.

《삼국사기(三國史記)》에 의하면, 차(茶)가 우리나라에 들어 온 것은 신라 28 대 선덕여왕(632~647) 때이며, 42 대 홍덕왕 3 년(828)에는 김대렴이 당나라의 사신으로 갔다가 차의 종자를 가지고 와서, 왕명으로 차를 지리산에 파종하였음을 알 수 있다.

따라서 차(茶)는 불교문화의 도입과 함께 왕가와 승려, 화랑들 사이로 전파되었다.

신라 말기에 성행하던 차는 불교국인 **고려시대**에 더욱 번성하여 연등회, 팔관회, 공덕제 등 국가제의(國家祭儀)에는 반드시 차를 애음(愛飮)하였다.

고려 때는 진다의식(進茶儀式)을 중시하여 이를 다루는 관가(官家)로서 다방(茶房)이 있었으며, 다촌(茶村)을 두어 다수(茶樹)의 재배를 맡아보게 하였다고 한다.

차는 팔관회나 연등회 때 쓰였을 뿐만 아니라, 사신을 맞이할 때도 임금이 차를 하사하였는데, 주로 술을 마시기 전에 차를 내었다.

그리하여 다방(茶房)에서도 차 외에 주과(酒果)도 함께 다루고 있었음을 알 수 있다.

고려시대 17 대 인종 원년(仁宗元年)에 우리나라 사신으로 왔던 서긍(徐兢)의 기행문인 《고려도경(高麗圖經)》에 의하면, 음다(飮茶) 풍습이 성했으나 차의 품질개량에는 소홀하여 중국차를 수입하여 마셨음을 알 수 있고, 다의식(茶儀式)은 극히 형식적이어서 차를 마시기 위한 것보다 의식을 행하는 쪽에 치중되었음을 알 수 있다.

당시의 차와 관련한 풍속으로 차 씨앗이 예물로도 쓰였음을 알 수 있다.

혼례 때 신랑집에서 신부집으로 채단과 예물을 보내는 풍속이 그것으로, 이것을 '봉채' 혹은 '봉치'라 하는데, 원래는 차를 보내는 봉차(封茶)가 봉채로 바뀐 것이라고 한다.

이 풍속은 아름답게 수 놓은 자수주머니에 차 씨앗 두 개를 넣어 신부집으로 보내는 것이다.

이는 차나무는 원래 그 성질이 씨앗으로 심어야

만 자라고, 나무도 직근성(直根性)으로 세근(細根)이 없기 때문에 옮겨 심으면 자라지 않는 특성이 있기 때문이라고 한다.

차나무처럼 한 번 결혼하면 절대로 정절을 옮기지 않겠다는 뜻과, 또한 씨앗을 따로따로 심어도 이것이 한 나무로 합해 나오는 데서 차의 씨앗을 보내는 풍속이 유래되었다 한다. 또 씨앗이 무성해 자손이 융성하기를 바라는 뜻도 있다.

이후 고려가 망하고 조선이 건립되면서 불교를 배척하니, 불교와 함께 성하고 사원과 함께 전파되었던 차도 함께 쇠퇴하게 되었다.

조선시대에 와서는 배불정책과 주자학의 대두로, 차를 재배·제조하는 사찰의 몰락과 더불어, 거기에 의지하고 있던 일반 사람들의 음다풍(飮茶風)도 자연히 사라지게 되었다.

호암(湖岩)은 그 이유로서, '첫째, 대부분의 차를 수입하여 토산차의 개량을 꾀하지 못하였다.

둘째, 다세(茶稅)의 주구(誅求)가 심하여 민폐가 막대하였기에 생산자의 사기를 저하시켜 차를 생산화할 수 있는 기회를 주지 않았다.

셋째, 일반 민중이 차를 마시지 않은 때문이다.' 고 지적하고 있다.

차를 마시지 않게 된 또 다른 이유로는, 우리의 자연수(自然水)가 좋기 때문이라고 보는 사람도 있으며, 숭늉이 이를 대신하기 때문이라고 말하는 이도 있다.

우리나라 곳곳에서는 감천(甘泉)이 흐르고, 숭늉이 보편화되어 있었고, 기호품으로 이미 엿추와 술이 널리 애용되어 왔다.

'박한 술이 차보나 낫다.'라는 속담과 같이 음치의 풍습 이전에 음주(飮酒)의 풍습이 성행했으므로, 같은 음료용 기호품으로 막걸리의 애용이 음다(飮茶)에 영향을 미쳤을 것이다.

우리나라의 전통음료에 대한 최초의 기록은 1145년《삼국사기(三國史記)》에서 찾아볼 수 있다.

《삼국사기》〈김유신조〉에 의하면, 싸움터에 나가던 김유신은 자기 집 앞을 지나가게 되었으나, 그냥 집 앞을 통과하고 다만, 한 사병을 시켜 집에서 장수(漿水)를 가져오게 하여 그 맛을 보았다고 한다. 그리고 집의 물맛이 전과 다를 바 없었으므로 안심하고 전장(戰場)으로 떠났다는 것이다.

여기서 말하는 **장수**는 신맛이 나는 음료인데, 전분을 함유한 곡류를 젖산발효시킨 뒤, 맑은 물을 첨가하여 마시는 매우 찬 음료로 여겨지며, 이러한 사실로 미루어 이미 삼국시대에 청량음료가 성행되었음을 알 수 있다.

《제민요술》에서는 다음과 같이 장수 만드는 법을 설명하고 있다.

"밥을 지어 뜨거울 때 독 속에 넣은 다음 물을 채워 젖산발효를 시킨 뒤, 3~4일이 지날 때마다 밥 한 사발을 여기에 넣고 장수를 퍼내고는 맑은 물을 첨가한다. 여름이 지나도 썩지 않으므로 물이 차가우며 매우 청량하다."

《고려도경》에 보면 "왕성(王城)의 긴행랑에 백미장(白米將)을 만들어 길가는 누구나 마실 수 있도록 하였다." 하니, 백미장(白米將)은 백미(白米)를 푹 끓여 얻는 미음을 시큼한 맛이 날 정도로 숙성시킨 것으로, 갈증을 푸는데 더없이 좋았을 것이다.

이색의 저서인《목은집(牧隱集)》에 보면, 찌는 듯한 더위에 얼음과 **꿀**을 타서 마시는 글이 나오는데, 찬 꿀물이 청량음료로 상용되었음을 볼 수 있다.

《거가필용(居家必用)》에 보면 茶에다 용뇌(龍腦), 구기(枸杞), 목서(木犀), 밀감(蜜柑)의 꽃, 녹두(綠豆) 등을 섞은 순차류(純茶類)가 아닌 차음료(茶飮料)도 수록되어 있어 이를 차로 상용하였음을 알 수 있다.

그러나 일반적으로 가장 많이 음용되었던 것은 **숭늉**이었을 것이다.

삼국시대부터 온돌이 발달되고, 부뚜막이 생기고, 부뚜막에 가마솥을 걸고 밥을 지으면서, 솥 밑바닥에 눌어붙은 밥알인 누룽지에 물을 붓고 끓여 만든 구수한 숭늉이 서민의 유일한 음료였던 것이다.

조선시대에 이르러서는 일상 식생활의 과학적인 합리성이 높아지고, 양생음식(養生飮食)이 발달하면서 술·죽·떡·음료류에 한약재의 쓰임이 많아졌다. 그리하여 차를 마시는 대신 식혜·화채·수정과·밀수 등의 음료류가 발달하게 되었다.

특히 **식혜**(食醯)는 독특한 단맛과 우아한 고유의 향기를 가지고 있는 대표적인 음청류이다.

1800년대 말의 조리서인《시의전서》에 이미 식혜를 만드는 법이 기술되었듯이 오래 전부터 널리 이용되어 왔다.

엿기름물에 멥쌀이나 찹쌀로 지은 밥을 넣어 삭혀 단맛을 나게 만든 **식혜**(食醯)는, **식해**(食醢)에서 비롯된 것으로, 원형은 생선, 곡물, 소금, 향신료로 이루어진 발효식품이었다.

상하기 쉬운 생선을 오래 두고 먹기 위한 방법으로 말려 먹는 건어(乾魚)가 있고, 소금에 절여 먹는 염어(鹽魚)가 있으며, 그리고 삭혀서 먹는 지어(漬魚)가 있다.

바로 삭혀 먹는 지어가 식해인 것이다. 또 김치가 채소의 발효음식이라면 이러한 식해는 생선의 발효음식인 것이다.

1700 년대의 음식을 적은 우리나라 문헌에 보면 생선 식해와 동물 식해에 관한 기록들이 주로 나오는데, 1740 년대의 《수문사설》에 처음으로 감주·식혜에 대한 기록이 나오고 있다.

따라서 조선시대는 오늘날 우리가 알고 있는 전통음식이 정착되어가는 시기로, 주식·찬물류·장과초 같은 주부식 외에도 병과류와 전통음료같은 기호품의 조리가공 기술이 크게 발전된 시기라고 볼 수 있다.

화채(花菜)가 처음 기록되어 있는 조리서는 1849 년의 《동국세시기》이다.

1896 년 《연세대규곤요람》에는 복숭아화채·앵도화채가, 1800 년대 말엽 《시의전서》에서는 배화채·복분자화채·복숭아화채·순채화채·앵도화채·장미화채·진달래화채 등이 기록되어 있는 것으로 보아, 조선시대에 차가 쇠퇴되면서 화채가 발달된 것으로 생각된다.

문헌에 기록된 화채 종류는 30 여 가지에 이른다.

붉은색의 오미자 물을 이용한 화채는 진달래화채·오미자화채·가련화채·창면·보리수단·배화채 등이 있으며, 꿀물을 이용한 화채로는 원소병·떡수단·보리수단 등이 있다. 이들 화채는 복숭아·유자·앵두·수박 등 제철의 과일을 꿀이나 설탕에 재웠다가 꿀물에 띄워 만든다.

이로써 우리 조상들은, 음료를 만드는 데도 자연의 변화에 맞게 계절적 감각을 반영할 줄 알았다는 것을 엿볼 수 있다.

사계절 중 가장 먼저 봄소식을 전해주는 매화와 더불어 진달래꽃을 따다 오미자국물에 띄운 화채를 마시는 것으로써, 봄기운을 보다 가까이서 즐길 줄 알았고, 초여름에는 화사한 장미와 연꽃을 비롯하여 가장 먼저 수확하는 열매인 앵두를 이용한 화채로, 더워지는 여름날씨와 건강에 대비하였다.

가을에는 배, 유자 등 과실을 이용한 화채로서, 자연에서 얻어지는 결실을 맛에 담음으로써, 또한 다가올 겨울에 대비하였다.

겨울이 되어 추워지면, 식혜와 수정과 등 그 동안 갈무리해온 곡류를 비롯 꽃·잎·열매·과실을 이용하여 신체의 기운을 북돋고 입맛에 변화를 줄 줄도 알았다.

수정과(水正果)는 일본이나 중국의 사전에서도 찾아 볼 수 없는, 우리나라 특유의 음청류이다.

생강·계피·후추 끓인 물을 바탕으로 하여, 여기에 곶감을 건지로 띄우는 수정과는, 생강을 끓인 물을 이용하는 대표적 음료이다. 수정과는 방신영의 1913 년 《조선요리제법(朝鮮料理製法)》 이후의 조리서에 고루 기록되어 있고, 식혜와 함께 대표적 전통음료로 뿌리내려 왔다.

홍석모의 1849 년 《동국세시기(東國歲時記)》에 보면, "곶감 삶은 물에 새앙·잣을 함께 한 음료로 겨울철의 시절 음식이다."하여 수정과를 동짓달의 시식(時食)으로 들어 놓았다.

밀수(蜜水)는 재료를 꿀물에 타거나 띄워서 마시는 것으로, 소나무의 꽃가루인 송화를 꿀물에 타서 만든 송화밀수를 비롯하여, 찹쌀·멥쌀·보리·율무·검정콩·검은 깨 등 여러 곡물을 각각 볶아서 가루를 내어 미수가루를 만들어 물에 타서 마시는 미수가 있다.

미수가루를 시원한 물에 타서 마시면 시원할 뿐만 아니라 요기도 되었다.

1800 년대 말엽 《시의전서》에 각종 화채 외에 수단, 보리수단, 식혜, 감주, 수정과, 배숙, 밀수 타는 법, 난면, 시면, 창면 등이 소개되어 있고, 또한 1610 년 허균의 《동의보감(東醫寶鑑)》에서도 향약성 음료들이 발달되었음을 볼 수 있다.

우리 조상들은 산과 들, 심지어는 강과 바다에서 나는 약재들을 적절히 활용하여 음료에 혼합함으로써, 정신적·신체적 건강을 도모하는 지혜로움을 보였다. 약식동원(藥食同源)이요, 식즉약(食卽藥)의 식습관이 전통음료에도 그대로 반영된 것이다.

이러한 약이성 건강음료들은 맛과 영양이 뛰어날 뿐 아니라, 순수한 자연식품이어서 단지 기호성에 그치는 콜라나 사이다 등의 서양의 탄산음료와는 근본적으로 다른 것이 특징이다.

그러나 탕(湯), 장(漿), 갈수(渴水), 숙수(熟水) 등 향약을 이용한 음청류는, 조선시대 음청류 속에 뿌리를 내리지 못하고 거의 사라져버렸다.

탕(湯)은 꽃이나 과일 말린 것을 물에 담그거나 끓여 마시는 것과, 한약재를 가루 내어 끓이거나 오랫동안 졸였다가 고(膏)를 만들어 저장해 두고 타서 마시는 음료로 제호탕·봉수탕·오미탕·자소탕·회향탕·경소탕 등이 있다.

그 중 조선시대에 더위를 이기는 가장 으뜸의 음료로 제호탕을 꼽았다.

제호탕(醍醐湯)은 오매육·초과·축사·백단향 등 위를 튼튼하게 하고, 장의 기능을 조절하여 설사를 그치게 하는 효능이 있는 약재를 가루내어, 꿀에 섞어 달여 냉수에 타서 먹는 음료이다. 조선시대 궁중의 내의원에서는 단오날 이 제호탕을 마련하여 임금께 진상하고, 임금은 조정의 중신에게 하사하여 주는 풍속이 있었다.

장(漿)은 향약·과일·채소·외무리 등을 꿀·설탕·녹말을 풀은 물에 침지하여 숙성시켜서 약간 신맛이 나도록 하여 물을 마시거나, 향약재나 과일 등을 꿀이나 설탕을 넣고 졸인 것을 물에 타서 마시는 것으로, 계장·여지장·모과장·유자장·매장·산장·은장·재장 등이 있다.

또한 **갈수**(渴水)는 농축된 과일 중에 한약재 가루를 섞어 달이거나, 한약재에 누룩 등을 넣어 꿀과 함께 달여서 마시는 전통음료의 한 형태로, 오미갈수·임금갈수·포도갈수·모과갈수 등이 있다.

숙수(熟水)는 한약재 가루와 꿀, 물을 넣고 달여 만든 것과, 꽃이나 차조기잎을 끓는 물에 넣고 그 향기를 우려내어 차갑게 식힌 향약음료로서, 자소숙수·두구숙수·정향숙수·율추숙수 등이 있다.

그러나 시대가 변하면서 조선시대부터는 무쇠솥에 밥을 지은 뒤, 솥 바닥에 밥을 눌려 물을 부어 끓인 숭늉을 숙수라고 하였는데, 원래의 숙수와는 이름만 같았지 실물은 달랐다.

오늘날에 와서는 현대인들이 즐겨 마시는 전통차로 생강차가 가장 인기가 있고, 인삼차·유자차·모과차 등을 그 다음으로 선호하며, 쌍화차·구기자차·감귤차·오미자차·계피차 등도 즐겨 마시고 있는 차의 종류들이다.

이로써 우리의 전통음료는 모두 자연에서 산출된 자연물을 이용함으로써, 사계절의 변화가 고스란히 담겨 맛으로 표출되고 있으며, 지극히 자연스런 맛과 멋을 즐겼던 조상들의 낭만과 풍류, 정성이 깃들여 있는 고유한 음식이라고 할 수 있다.

국화차·매실차

국화차(菊花茶)는 가을 이슬이 내릴 때 마시기 좋은 차로, 가을에 국화차(菊花茶) 이상 좋은 차는 없을 만큼 그 향기가 그윽하기 그지없어 가히 으뜸이라고 할만하다. 가을 이슬이 내릴 때 산야의 감국(甘菊)을 따서 볕에 말려 꼭 밀봉해 두었다가 차로 끓이면, 그 향기가 이를 데 없거니와 정신이 맑아지고 한여름에는 갈증을 없애주는 효과가 있다.

국화의 효능에 대해 1590 년《본초강목(本草綱目)》에 "오랫동안 복용하면 혈기에 좋고 몸을 가볍게 하며, 쉬 늙지 않는다. 위장을 평안케 하고 오장을 도우며, 사지를 고르게 한다. 그밖에도 감기·두통·현기증에 유효하다."고 기록되어 있다.

민간에서는 국화꽃 말린 것을 베갯속으로 하면 두통에 좋다고 하며, 이불솜에 넣어 그윽한 향기를 즐기는가 하면 술에 넣어 빚은 국화주를 애음하였고, 계절에 따라 국화전, 국화죽 등 별식의 재료로 이용하기도 하였다.

1766 년《증보 산림경제》에 국화차를 "황국꽃잎에 녹두녹말을 묻혀 잠깐 데쳐 건져서 꿀물에 타 마신다."고 소개하고 있는 것을 비롯 국화를 이용한 음청류로,《정일당잡식》에 "국화 꽃잎을 각각 따서 녹말을 많이 묻히고 끓는 물에 넣어서 익을 만하면, 체나 어레미에 건져서 찬물에 넣었다가 오미자즙에 잣과 함께 띄워 마시는 음료를 소개하고 있다.

매실차(梅實茶)의 재료로 쓰이는 매실은 사과산, 구연산, 호박산, 주석산 등의 유기산이 5%나 함유되어 있어, 피로회복과 입맛을 돋구는 효과를 가지고 있고, 유기산 중 구연산은 강한 해독작용과 살균작용으로, 특히 여름철에는 꼭 필요한 식품으로 알려져 있다.

5 월 중순에서 6 월 초순 사이에 덜 익은 매실의 과육을 벗겨 핵을 제거하고, 연기 중에 건조시킨 것을 오매(烏梅)라고 한다.

1815 년《규합총서(閨閤叢書)》에 매실차를 소개하고 있는데, 만드는 방법은 "오매육을 가루 만들어 꿀을 졸이고 끓거던 매실가루를 섞어 사항에 담았다가 여름에 물에 타 먹으면 제호탕 대신 갈증을 풀어준다."고 하였다. 이와 같이 매화 열매인 매실은 우리의 생활 가까이에서 관상의 대상으로, 또 음료용 식품으로 널리 이용되어 왔는데, 갈증해소나 기호음료로서의 가치 외에 정신적, 육체적 건강에도 도움을 주는 유용한 식품이었다는 것을 알 수 있다.

국화차

매실차

[재료 및 분량]

국화차

황국(감국)	100 g
꿀	300 g
물	적당량

매실차

오매	30 g
물	10 컵
꿀	½ 컵

만드는 방법

국화차

1. 마른 국화를 깨끗이 손질하여 꿀과 고루 섞어서 재워 용기에 넣고, 밀봉하여 습기 없는 곳에 3~4 주 보관한다.
2. 찻잔에 넣고 끓는 물을 부어 타서 마신다.

매실차

1. 상처가 없는 청매를 깨끗이 손질하여 약 40℃ 내외의 저온으로 2~3 시간 불에 쬐는데, 황갈색을 띠며 주름이 생길 때까지 말린다.
2. 2~3 일간 뚜껑을 덮고 가온하여 흑색의 오매를 얻는다.
3. 오매 약 30 g 을 물 10 컵에 넣어 끓인 다음, 걸러서 찻잔에 담고 꿀을 넣어 마신다.

참 고

- 각각의 차에 어울리는 찻잔을 사용해야 담아 냈을 때 품위가 있다.

오과차

우리나라 전통 약용차 가운데 오과차(五果茶)를 빼 놓을 수 없다. 오과차는 신체가 허약하여 감기에 자주 걸리고 기침이 잦을 때 꿀을 타서 마시면 좋은 보양음료로, 황률·대추·은행·호두·모과 또는 생강·인삼·계피 등 그때그때 나는 과실류나 형편에 맞게 다섯 가지 과실을 모아서 달여 마시는 차를 말한다.

오과차에 대한 문헌으로 《한국음식—역사와 조리》에 다섯가지 과일을 함께 푹 달여 받쳐서 꿀이나 설탕을 타서 마시는 차로 소개하면서, 귤피·대추·호두·생강·모과를 같이 쓰거나, 호두·대추·황률·곶감·은행을 같이 써도 좋다고 하였다. 그런가 하면 민간에서는 호두 10개·은행 15개·생률(날밤 껍질째) 7개·대추 10개·생강 1개에 물 3컵을 붓고, 뭉근한 불에 달여서 그 양이 반정도로 줄었을 때, 체로 받쳐서 3번에 나누어 마신다고 하며, 감기에 걸리지 않았을 때는 생률보다 말려서 껍질을 벗긴 황률을 사용하는 것이 좋다고 알려져 오고 있다.

오과차는 예로부터 자양강장, 피로회복, 영양 보충에 효과적인 차로 알려져 오고 있는데, 다섯 가지 약재와 과일의 성분과 효능이 서로 어우러져 허약한 체질을 개선시키기 때문에 영양을 고루 갖춘 약용차라고 할 수 있다. 또한 오과차는 보양음료이기 때문에 특히 병후, 산후의 환자와 임산부의 회복을 위한 차로 적합하다.

한편 '오자차(五子茶)'라고 하여 다섯 가지 열매를 이용한 대용차가 있는데 '자(子)'가 이름 끝에 오는 다섯가지 종자·씨·열매를 이용한 차이다. 원래 '子'는 아들이나 자식이라는 뜻 외에 종자·씨·열매라는 뜻을 내포하고 있는데, 구기자·오미자·토사자·사상자·복분자의 다섯 가지 열매를 혼합하여 끓인 차가 오자차이다.

이 오자차는 상용하여도 문제가 되지 않으며, 정력이 좋아지는 차라고 알려져 있다. 따라서 오과차나 오자차는 재료 모두가 보신(保身)과 강정의 효과가 있는 것으로 널리 알려져 있으므로 기호에 맞게 만들어 자주 마시면서 건강을 유지하면 좋을 것 같다.

[재료 및 분량]

마른 모과	50 g
대추	20 개
황률	15 개
은행	15 개
호두	10 개
물	5 컵
꿀	½ 컵
잣	1 큰술

❶

❷

❸

❹

만드는 방법

1. 마른 모과와 대추, 황률은 티없이 깨끗이 씻어 준비해 놓는다.
2. 은행은 겉껍질을 벗기고 팬에 볶아 속껍질을 벗겨 놓는다. 찜통에 쪄서 껍질을 벗겨 사용하기도 한다.
3. 준비한 황률은 절구에 넣고 3~4 등분 정도가 되게 찧는다. 호두는 겉껍질을 벗기고 속껍질은 뜨거운 물에 담갔다가, 벗겨 놓는다.
4. 두꺼운 주전자나 법랑에 준비한 재료와 물을 넣고 낮은 불에서 푹 달인 후, 물의 양이 반쯤 줄었을 때 체에 걸러 찻잔에 붓고, 꿀을 넣은 다음, 잣을 띄워 낸다.

참 고

- 차를 끓일 때는 사기나 도기, 범랑, 유리그릇을 사용해야 맛과 색이 변함이 없다.

모과차 · 귤강차

모과차는 깨끗이 씻어서 하루반쯤 물기를 완전히 말린 모과를 약 2 mm 두께로 썰어서 액당과 같이 병에 밀봉해 두었다가, 필요시 몇 조각씩 끓여서 음용한다.

모과에는 여러가지 향기성분이 많아 향기롭고 색깔이 아름다워서 먹음직스러워 보이나, 석세포(石細胞)가 많이 함유되어 있어 씹는 감촉이 좋지 않다. 또한 유기산이 너무 많아 신맛이 강하고 탄닌이 많이 함유되어 떫은맛이 있기 때문에 생식으로 하기에는 맞지 않는 과실이나, 차나 술로 이용하기에는 좋은 재료이다.

모과의 단맛을 주는 당분으로는 포도당, 설탕, 과당 등이 약 5% 가량 함유되어 있으나, 이 중에서 과당을 가장 많이 함유하고 있다. 과당은 특히 체내의 당분 흡수를 더디게 하고 이미 흡수된 당분을 빨리 소비시킨다.

신맛을 주는 유기산으로는 구연산 · 사과산 · 주석산이 함유되어 있으며, 이들 유기산은 신진대사를 도와주고, 소화효소의 분비를 촉진시켜주는 효과가 있다. 또한 모과는 칼슘 · 칼륨 · 철분 등의 무기질이 풍부한 알칼리성식품으로 알려져 있으며, 그 외에 떫은맛의 탄닌성분은 설사를 방지하는 작용이 있는 것으로 알려졌다.

귤강차에 들어가는 잘 익은 감귤(柑橘)은 진노랑색을 띠는데, 이는 열매가 성숙기에 달하면서 산에 대한 당의 비율이 높아지기 때문이다. 따라서 잘 익은 감귤은 방향(芳香)이 강해질 뿐 아니라, 풍부한 비타민 C는 피로회복과 감기예방에 효과가 있다.

일본의 고문헌《고사기》와《일본서기》에 신라초기에 지금의 제주도인 상세국으로부터 귤을 수입하였다는 기록이 있는 것으로 미루어 삼국시대에 우리나라에서 감귤의 재배가 이루어졌음을 알 수 있다.

또한 1766년《증보 산림경제》에는 "감귤차(柑橘茶)라고 하여 귤 껍질의 안쪽에 있는 흰부분을 긁어낸 귤홍 3돈 · 생강 5개 · 작설차 1돈을 함께 달여 꿀을 탄 차"로 기록되어 있으며, 1943년《조선무쌍신식요리제법》에는 "귤나무의 꽃을 말렸다가 그것을 달인 차인 귤화차(橘花茶)"가 수록되어 있는 것으로 보아, 오래 전부터 감귤을 이용해 왔음을 알 수 있다. 귤강차는 '강귤차'라고도 하며 감기 · 발한에 좋으며, 소화를 촉진시키고 오래 마시면 기를 내리는 것으로 알려지고 있다.

모과차

❶

❷

귤강차

❶

❷

[재료 및 분량]

모과차

말린모과(썰은 것)	½ 컵
대추	8 개
물	7 컵
꿀(설탕)	적당량
잣	1 큰술

귤강차

귤홍(귤겉껍질)	30 g
생강	10 g
작설	5 g
물	6 컵
꿀	4 큰술

만드는 방법

모과차

1. 모과는 깨끗이 씻어 길이로 4 등분 한 나음, 얇게 지며 썰어 채반에 말려서 쓰거나, 말리지 않은 생것 그대로 사용한다.
2. 주전자에 준비한 모과와 대추를 분량의 물과 함께 넣고 모과의 향과 맛이 우러나도록 끓인다. 찻잔에 따르고 꿀을 섞은 후, 대추 채 썬 것과 잣을 띄워 낸다.

귤강차

1. 귤은 깨끗이 씻어 물기를 없앤 후 껍질을 벗겨, 칼로 겉과 안의 껍질을 저며 분리하여 겉껍질을 준비하고, 생강도 껍질을 벗기고 0.3 cm 두께로 저며 놓고, 작설도 준비한다.
2. 귤홍, 생강을 주전자에 넣고 물과 함께 20 분은 중불에서 끓인 후 작설을 넣고 10 분은 약한 불에서 서서히 달인다. 충분히 맛이 나면 체에 걸러 찻잔에 따르고 꿀을 타서 마신다.

참 고

- 모과차를 너무 오래 끓이면 떫은 맛이 나므로 적당히 끓인다.
- 귤병과 설탕에 졸인 생강을 잘게 썰어 함께 달여 마시기도 한다.

녹차 · 매화차

녹차(綠茶)는 어린 차나무 잎을 따서 쪄 말린 것을 끓는 물에 넣어 우려 낸 기호음료이다.

녹차에 들어있는 카페인은 대뇌중추를 자극하여 신진대사를 왕성하게 하여 피로가 회복되고, 머리를 맑게하여 두뇌활동이 활발하게 되며, 소변 분량이 많아져서 몸 속 노폐물의 배설을 쉽게 한다. 또한 위를 자극하여 위액분비를 촉진함으로써 식욕을 증진시키고 소화를 돕는다.

《신농초본》을 비롯, 1590년《본초강목(本草綱目)》·《화타식론》·《도홍경신록》·《박물지》 등에서 차의 효능을 살펴볼 수 있는데, "차를 오래 복용하면 사람의 마음을 즐겁게 하고 힘을 내게 한다.", "차를 오래 마시면 마음과 몸에 병(病)이 없어지기 때문에 뜻과 기운에 좋다.", "차는 정신을 고르게(맑게) 하고 화(和)하게 하며, 게으름 등을 없앤다."고 하여 차의 효과가 매우 크다고 하였다.

최근에는 일상생활의 예절 등 사회의 문화와 정신의 상징일 뿐만 아니라, 영양공급과 노화억제, 생체리듬의 조절, 면역력 증진 등 복잡한 생명활동을 조절하는 기능성이 과학적으로 규명됨에 따라, 기능성 식품으로서 가치가 재평가되고 있다. 이처럼 우리 녹차는 조상들의 지혜가 담긴 영양기능성 식품으로, 우리 차 예절·도리·친절·화평·존경·사랑·조화·여유 등의 많은 덕목을 가꾸어 나갈 수 있다.

매화차(梅花茶)는 매화나무의 꽃을 이용한 풍류가 담긴 차로, 이른봄에 반쯤 핀 꽃봉오리를 따서 말렸다가 여름철에 끓는물에 띄워서, 그 청량한 맛과 시각적인 즐거움을 주는 차라고 할 수 있다.

매화꽃의 향기가 얼마나 아름다운가를 말해주는 예로, 범석호(范石湖)는 그의 저서《매보(梅譜)》에서 '천하에 으뜸가는 꽃'이라 칭하였고, 강희안(姜希顔)은 화목(花木)을 9품으로 분류한《양화소록(養花小錄)》에서 소나무·대나무·연꽃과 함께 1품으로 분류하고, "높고 뛰어난 운치는 취할만하다. 꽃이 피어 맑은 향기가 방안에 가득 풍기니 구태여 침사(沈射)를 따로 피울 필요가 없다."고 하였다.

1815년《규합총서(閨閤叢書)》에 "섣달 지난 뒤 대칼(竹刀)로 반만 핀 매화 봉오리를 따서 말리어 꿀에 넣어둔다. 여름 날씨 한창 내리쬘 때 제 그것을 물에 넣으면 꽃이 즉시 뜨고 맑은 향기 사랑스럽다. 국화도 이 법으로 한다."고 옛 사람들의 차 마시는 운치를 엿볼 수 있게 해준다.

[재료 및 분량]

녹차

차잎 .... 3 작은술
물 .... 3 컵

다구

물끓이는 주전자(湯罐) · 찻잔 · 차탁 · 물 식히는 그릇 · 차주전자(茶罐) · 차술 · 차통 · 퇴수그릇 · 차수건

매화차

매화 .... ½ 컵(50 송이 정도)
꿀 .... 1 컵
물 .... 3 컵

만드는 방법

녹 차

1. 주전자에 100℃ 이상으로 물을 끓여 찻잔과 다관에 부어 그릇을 덥혀 놓고, 다시 물 식히는 그릇에 새 물을 부어 식힌다.
2. 차통에서 차수저로 차를 1 인당 1~2 g 정도 꺼내어 다관에 넣고, 섭씨 70~80℃로 식힌 물을 다관에 붓는다.
3. 다관에서 3 분 정도 우려낸 다음 조금씩 번갈아 가며 찻잔에 따른다.

매화차

1. 이른 초봄에 반쯤핀 매화 봉오리를 따서 말렸다가 꿀에 재어놓는다.
2. 꿀에 재어 둔 매화봉오리를 끓는 물에 타서 내는데, 여름철에 찬물에 떠 넣으면 즉시 꽃이 활짝 피고, 그 맛이 매우 시원하며 향기 또한 대단하다.

참 고

- 찻잔을 손에 들 때는 오른손으로 쥐고 왼손으로 찻잔을 받치며, 먼저 차의 향기를 취한 다음 차를 마신다.
- 녹차는 차잎을 따서 말린 시기에 따라 끓인 물의 온도를 달리 한다. 곡우, 입하 절기에 따서 말린 작설차나 옥로는 65℃ 정도가 알맞고, 여름에 딴 차는 70℃가 적당하다.
- 찻물은 산수(山水)나 우물물이 좋은데 완전히 끓인 뒤 70~80℃로 식혀 사용한다.
- 차는 맛이 진하고 성질이 차다. 때문에 이를 완화시키고자 꿀로 반죽하여 만든 유밀과와 다식을 함께 곁들여 마시면 좋다.

녹 차

❷

❸

매화차

❶

❷

구기자차 · 결명자차

구기자(枸杞子)는 예로부터 자양강장의 묘약으로 상징될만큼 널리 애용되어 왔다.

구기자를 이용한 차는 잎을 이용한 차와 열매를 이용한 차가 있는데, 효능은 비슷한 것으로 알려지고 있으나, 대부분은 열매인 구기자를 이용한다.

구기자 나무의 열매는 혈액순환을 원활하게 하고 몸의 저항력을 높여주며, 잔병치레를 막아주고 콜레스테롤치와 혈당치를 내려주는 작용 등 성인병 예방에 좋은 것으로 알려지고 있다.

구기자차는 독성이 없고 카페인도 없어서 이에 따른 해독을 막을 수 있고, 염분을 많이 섭취했을 경우에도 칼륨에 의해 그 배설을 촉진하므로 고혈압을 예방하는 효과가 있다. 구기자차를 많이 마시면 피부가 고와지고 전신의 기능을 항진시키며 간장 내에 침착되어 있는 지방을 분해하여 제거시키는 효과도 인정되고 있다.

실제로 1590년 《본초강목(本草綱目)》에 "구기는 독성이 없으며 해열하고 체내에 있는 사기, 가슴의 염증, 갈증을 수반하는 당뇨병이나 신경이 마비되는 질병에 좋다. 구기자는 정기를 보하고 폐나 신장의 기능을 촉진하여 시력이 좋아져 꺼져가는 등불에 기름을 부은 것 같다."고 기록하였으며, 《본초학》에서도 "허약한 것을 통하고 정기를 도우며, 풍을 없애고 양도를 왕성하게 하며, 요각을 튼튼하게 한다."고 기록되어 있다. 예로부터 불로장생한다는 신선약으로 불려지고 있는 이유도 이같은 구기자의 효능을 뒷받침해 주고 있다.

결명자(決明子)는 결명(決明), 결명차(決明茶), 초결명(草決明), 긴강낭차 등 여러 이름으로 불리는데, 전남의 강진·장흥·보성 등지에서 전국 생산량의 43% 이상을 재배 생산하고 있다.

《본초강목》에 "결명자는 간장과 신장의 기능을 돕고 오랜 눈병에는 결명자 두 되를 가루내어 죽에 섞어 먹으면 좋다. 입술의 혈색을 좋게 한다. 숙취에 좋다. 사독에 잘 듣는다."고 기록되어 있다.

결명자를 차로 만들어 오래 복용할 경우 청열명목(清熱明目) 작용을 비롯, 혈압강하, 콜레스테롤 저하, 변비치료 효과를 얻을 수 있다.

결명자를 차로 만들 경우 보리차처럼 심하게 탈 정도가 아니면 특유의 향미와 함께 여러가지 효과를 얻을 수 있으며, 수분섭취를 하면서도 여러가지 몸에 이로운 성분을 섭취할 수 있게 된다.

구기자차

결명자차

[재료 및 분량]

구기자차

구기자 ………… ¼ 컵
물 ………… 6 컵
잣 ………… 1 큰술
설탕 ………… 약간

결명자차

결명자 ………… 4 큰술
물 ………… 6 컵
잣 ………… 1 큰술
설탕 ………… 적당량

만드는 방법

구기자차

1. 구기자는 붉은색이 선명한 것을 준비하여 물에 한 번 씻어 끓는 물에 넣고, 30 분 정도 중불에서 은은하게 다린다.
2. 충분히 우러나면 체에 걸러 따뜻하게 덥힌 찻잔에 붓고, 잣을 서너 알 띄우고 설탕을 따로 곁들여 낸다.

결명자차

1. 결명자는 깨끗이 씻어서 팬에 볶아서 끓는 물에 넣고 약 10~20 분 정도 중불에서 달인다.
2. 맛이 충분히 우러나면 찻잔에 따르고, 잣을 서너알씩 띄우고 설탕을 따로 곁들여 낸다.

참 고

- 구기자차는 우리나라를 비롯 중국과 일본 등 동양권에서 즐겨 마시는 차이다.
- 결명자를 차로 마실 경우, 위의 분량이 좋으니, 보리차처럼 끓여 자주 마실 때는 물의 양을 2배로 하는 것이 좋다.

습조탕 · 제호탕

습조탕(濕棗湯)은 찐 대추를 이용한 즙을 끓는 물에 타마시는 음료다. 여기서 습(濕)은 즙을 말하고 탕(湯)은 끓인다는 뜻이니 끓여서 마시는 대추즙을 가리킨다고 할 수 있다.

대추는 9, 10월에 성숙한 열매를 찬 이슬을 맞히면서 볕에 말리면 점차 색이 붉어지면서 감홍색을 띤다. 이를 홍조(紅棗)라고 하는데, 부끄럽거나 취하여 얼굴색이 붉어진 것을 '홍조(紅棗)를 띤다'고 하는 것도 그 훈(訓)이 같은 데서 생겨난 말이다.

대추의 주산지는 충북의 보은으로 알려져 있는데, 예로부터 이 지방에서는 대추가 혼인 비용과 의식문제까지를 해결해주는 수단으로 삼아왔으며, 이 때문에 "삼복에 비가 오면 보은 처녀의 눈물이 비오듯이 쏟아진다."는 말이 생겨났을 정도이다.

우리의 풍속에 대추는 남자아이를 상징하여, 혼인식날 새 며느리로부터 첫 절을 받을 때 시어머니가 "아들 많이 낳아라." 하면서 대추를 며느리의 치마폭에 던져주는 것은, 밤과는 달리 대추에는 씨(종자)가 있기 때문이다.

이러한 대추를 이용한 습조탕은 대추의 단맛과 무독성, 고른 성질은 속을 편하게 하고 오장을 보하며, 장의 변을 조절하고 모든 약을 중화시키는 효능과 함께 노화를 방지하고, 강정 · 강장효과가 뛰어나 옛부터 차로 널리 이용해 왔다.

제호탕(醍醐湯)은 여름철에 갈증을 풀어주고 위를 튼튼하게 하며, 장의 기능을 조절하여 설사를 그치게 하는 등의 효과가 좋은 전통 건강음료로, 조선시대에는 더위를 이기는 가장 으뜸의 음료였다.

1610년 《동의보감》을 보면, "오매육(烏梅肉), 백단향(白檀香), 사인(砂仁), 초과(草果) 등을 물을 붓고 졸인 것으로 꿀을 넣고 다시 달여서 찬물에 타서 마신다. 단오일에 내의원에서 만들어 진상하였으며, 여름철의 보양음료로 귀하게 여겼다."고 기록되어 있다.

1849년 《동국세시기(東國歲時記)》를 보면, "단오날에 궁중 내의원에서 제호탕을 만들어 진상하면 임금이 이것을 기로소(耆老所)에 하사한다."고 하였으며, 또, 《동의보감》과 《방약합편》에 이르기를, "더위를 피하게 하고 갈증을 그치게 하며 위를 튼튼하게 하고, 장의 기능을 조절하여 설사를 그치게 하는 등의 효능이 있어, 단오날에 제호탕을 음용하면 여름을 잘 날 수 있다."고 하였다.

습조탕

❷

❷′

제호탕

❶

❷

[재료 및 분량]

습조탕

재료	분량
대추	10컵
물	20컵
생강즙	3큰술
꿀	1컵
사향	약간

제호탕

재료	분량
오매육	150 g
초과	10 g
백단향	5 g
축사인	5 g
꿀	500 g

만드는 방법

습조탕

1. 대추는 깨끗이 씻어서 냄비에 물을 붓고 푹 고아서 체에 걸러 즙을 만들어 놓고, 생강은 껍질을 벗겨 다져서 생강즙을 낸다.
2. 대추즙에 생강즙과 꿀을 넣고 고루 저어 항아리에 넣고, 사향을 넣는다.
3. 찻잔에 준비한 즙을 2큰술 정도 넣고 끓는 물을 부어 타서 마신다. 대추즙의 양은 기호에 따라 가감할 수 있다.

제호탕

1. 오매육은 굵게 갈고, 초과·백단향·축사인은 각각 곱게 갈아서 꿀과 함께 섞어, 10~12시간 정도 연고상태가 될 때까지 중탕으로 졸인 다음, 항아리에 담아 둔다.
2. 먹을 때 찬물이나 얼음물에 적당량을 타서 시원하게 마신다.

참 고

- 습조탕의 대추는 붉은 색을 띠는 잘 익은 대추가 과육이 많고 단맛이 강해서 좋다.
- 전통음료를 저장해 둘 때는 사기나 자기, 유리 단지에 담아두어야 색이나 맛의 변화가 없다.

회향탕

회향탕(茴香湯)은 회향을 두꺼운 팬에 볶아서 단향과 생강가루를 넣고 오래 다려서 걸러낸 전통음료이다.

회향은 지중해 연안과 유럽이 원산지로서 고대 로마시대에는 강정, 장수의 효과와 시력을 높이는 효과가 있다고 하여 즐겨 재배된 식물이다. 지금도 시력이 약해지거나 염증이 생기면, 세안약으로 이용할 정도다. 회향은 방향성이 강해서 서양조리에서 향신료로 많이 쓰인다. 특히 서양요리에서는 회향의 씨나, 뿌리, 잎을 요리에 적절히 사용하여 샐러드나 소스, 빵, 카레, 피클, 포도주 등의 향을 좋게 하는데 쓰이고, 생선의 비린내, 육류의 느끼함과 누린내를 없애고 맛을 돋운다.

이 회향은 9, 10월인 가을에 채취하는데 달콤하면서도 상큼한 맛을 가진 황갈색의 열매를 맺는다. 한방에서 방향성 건위제·구충제·위통·위확장·헛배가 불러 거북할 때, 복통 등의 치료제로 쓰이며 젖이 부족할 때 최유제로 이용한다. 또 이뇨작용이 있어서 체중감량, 비만방지에 이용하고 있다. 특히 몸을 따뜻하게 하여 위를 보호해 주고, 여성의 냉증을 치료하는데 효과가 있는 것으로 알려져 있다.

회향의 효능 중 널리 알려진 것은, 진무르고, 지치고, 피곤한 눈을 위한 시력회복제로서의 작용이다. 이 밖에도 유럽에서는 통경약, 요로결석, 해독효과 등 다양하게 쓰인다. 특히 과식에 따른 소화촉진과 어린이의 복통약으로 쓰며, 진해거담제, 감기에도 달여 먹는다. 회향씨 기름은 씨를 수증(水蒸) 증류하여 얻는데, 어린이의 기관지염, 백일해의 거담제로 쓰이며, 약용 외에 식용이나 향신료로 많이 쓰인다.

회향과 관련하여 '당신의 오막살이를 위한 Fennel'이라는 속담이 있는데, 그 뜻에서도 알 수 있듯이 회향은 벼룩 방수포로 유명하다. 또한 다른 식물로부터 벼룩을 방지하는 이상적인 방법(방충제)으로, 이용가치가 높다고 알려지고 있다. 이는 회향의 강한 향기성분에 의한 것이다.

회향탕은 뜨겁게 해서 한잔 마시면 달콤하면서도 상큼한 맛을 느낄 수 있어 입안이 개운하다.

[재료 및 분량]

회향 .... 10 g
단향 .... 5 g
생강가루 .... 5 g
물 .... 6 컵

만드는 방법

1. 회향은 씻어 물기를 뺀 다음, 중간불에서 두꺼운 팬에 볶아 놓는다.
2. 볶은 회향에 단향과 생강가루를 기호에 맞게 넣고 분량의 물을 넣어 낮은 불에서 은근히 다린 다음 면보에 걸러낸다.

참 고

- 회향을 볶아서 가루로 빻아 다려 사용하기도 한다.

봉수탕

봉수탕(鳳髓湯)은 잣과 호도의 속껍질을 깨끗이 벗겨낸 다음, 곱게 다져서 꿀에 재워 백비탕에 타서 마시는 음료이다.

주재료로 들어가는 잣은 '백자인(栢子仁)'이라고 하여 잣나무의 열매를 가리키는데, 약으로 사용할 때에는 '해송자(海松子)'라고 한다. 잣은 생식하기도 하지만 죽이나 착유하여 기름으로 이용하기도 하고, 각종 전통음식의 고물이나 고명으로도 널리 쓰인다.

잣은 그 성질이 온화하고 필수지방산이 다량 함유되어 있는데, 지방유가 74% 정도이다. 그 주성분은 올레인산과 리놀렌산이다. 잣을 자주 복용할 경우, 허약체질을 보하고 장의 유동운동을 촉진시켜 배변을 좋게 하며, 마른 기침을 하는 경우, 폐의 기능을 정상으로 이끌어 주고, 수척하여 기운이 없는 사람은 기운을 소생하며, 피부에 윤기와 탄력을 주는 효과가 있다.

옛날 궁중에서는 식전에 보약(탕약)을 올리지 않는 날에는 각종 죽을 올렸는데, 그 중에서도 잣죽을 가장 좋은 죽으로 쳤을 만큼, 보양성 음식으로 소화가 잘되고 좋은 향과 보드라운 맛이 뛰어나다.

봉수탕의 또 다른 재료인 호두는 호두나무의 열매를 가리키는데, 양질의 지방과 단백질을 다량 함유하고 있으며 비타민 B_1 도 많이 들어있다.

따라서 다량의 지방유, 단백질, 탄수화물과 소량의 무기질을 함유한 고영양식품이다. 주로 생식을 하지만 신선로를 비롯한 과자, 엿에 넣어 먹기도 하며, 곱게 갈아서 쌀앙금과 함께 끓인 죽은 소화가 잘되어 회복기 환자나 노인의 보양식으로 적합한, 열량 섭취의 효율성이 큰 음식이다.

호두는 또 영양가가 높아서 심신을 건강하고 안정되게 만들어 주므로, 불면증이나 노이로제에 효과적이다.

1715 년 《산림경제(山林經濟)》지에 "독이 없고 먹으면 머리털이 검어지고 강장 · 강정의 효과가 있다."라고 하였으며, 《향약채취월령》에는 "보신· 온폐· 정천 · 윤장 · 지해 · 양위 · 변비 등에 효과가 있다." 고 기록되어 있다.

호두와 관련하여 우리 풍속에 정월대보름날 아침에 부럼으로 호두를 까 먹는데, 이로써 질 좋은 지방 및 단백질 등의 섭취와 함께 이를 튼튼하게 하는 효과를 얻게 된다. 봉수탕은 식후에 마시면 폐를 좋게 하고, 해소병을 치료하는 데도 도움이 된다.

탕(湯)

[재료 및 분량]

잣	40 g
호두	80 g
꿀	20 g
물	5컵

만드는 방법

1. 잣은 고깔을 떼어 놓고, 호두는 뜨거운 물에 불려서 속껍질을 벗겨 놓는다.
2. 한지를 깔고 잣과 호두를 각각 아주 곱게 다져 놓는다. 다진 잣과 호두에 꿀을 넣고 고루 섞어서 단지에 재어 둔다.
3. 찻잔에 2큰술 정도를 넣고 끓는 물을 붓되, 탕의 농도는 기호에 따라 가감할 수 있다.

유자장 · 여지장

유자장(柚子漿)은 늦가을에 열리는 유자(柚子)의 껍질을 져며서 꿀이나 설탕에 재워 우러나온 맑은 유자즙, 곧 유자청을 물에 타서 마시는 저장음료의 하나이다.

유자장은 건더기를 걸러서 버리고, 맑은 액인 유자청만을 병에 담아두고 한여름에 차게 해서 마시는 것으로 유자장과 유자차의 차이를 설명할 수 있다.

유자는 예로부터 감기의 예방과 치료에 널리 이용되어 왔는데, 이는 유자에 특히 많이 함유되어 있는 비타민 C의 효과로 여겨진다. 유자는 또 신경통이나 풍(風)에 좋은 것으로 알려지고 있으며, 뇌혈관장애인 풍에 유자 속의 헤스페리딘이라는 물질이 비타민 P와 같은 효력을 발휘, 모세혈관을 보호하고 튼튼하게 해주기 때문인 것으로 밝혀졌다.

이러한 유자로 만든 유자장은 그 성질이 온화하고 맛이 달고 시며, 한여름에 마시면 목 마른 것을 그치게 하고, 체하거나 토하고 설사가 심하게 날 때도 좋은 효과를 본다. 또한 정신을 맑게 하여 잠을 쫓는 효능도 아울러 가지고 있어, 수험생들이 마시면 집중력을 가져다 준다.

여지장(荔枝漿)은 생약재인 계피(桂皮)와 정향(丁香), 오약(烏藥)을 함께 달인 농축액에 축사인(縮砂仁)과 생강을 찧어서 나온 즙과 설탕을 넣고, 끓여서 마시는 전통음료의 하나이다.

여지장에 들어가는 재료 중에 계피는 계수나무의 껍질을 건조시킨 것을 말하는데, 방향성의 건위제로서 한방에서는 특히 감기를 포함한 소화기와 순환기계 질환, 급성열병, 노인병 등에 첨가하여 사용한다. 독특한 방향(芳香)과 매운맛 때문에 약재를 비롯 향료, 조미료로 널리 이용된다.

정향은 향기가 강해 동양에서는 한약재로, 서양에서는 주로 향료로 쓰인다. 주요 효능은 건위·정장 등으로, 복부의 냉증을 치료하여, 손발이 차고 구토 등을 잘 일으키는 사람을 치료하는데 효과가 뛰어나다. 그 성질은 따뜻하나 맛은 매우며 독이 없어 인체의 기(氣)를 순환시켜 풍을 예방하며 신경통에도 유효하다.

축사인은 성질이 따뜻하고 매운맛이나 독이 없어 식욕을 증진시키며 소화를 돕는 효능이 있다.

여지장은 한약을 달여 놓은 것과 같은 담갈색을 띠며, 약간 매운맛과 함께 달고 화한 맛을 주는 것이 특징이다.

유자장

여지장

[재료 및 분량]

유자장

유자	10개
꿀(설탕)	3컵

여지장

계피	100 g
정향	5개
오약	120 g
축사인	60 g
생강	30 g
꿀(설탕)	8큰술
물	8컵

만드는 방법

유자장

1. 유자는 상처 없는 것으로 골라서 흐르는 물에서 3~4회 깨끗하게 씻어 물기를 뺀 후, 잘게 채 썰어서 꿀에 섞어 항아리에 담은 다음, 공기가 통하지 않도록 항아리 입구를 밀봉하여 서늘한 곳에서 3~4개월 정도 저장해 둔다.
2. 약 3~4개월 후에 유자 찌꺼기를 걸러 버리고, 맑은 유자장을 보관해 두었다가 기호에 따라 찬 물에 타서 시원하게 마신다.

여지장

1. 계피와 정향, 오약은 티없이 깨끗이 손질하고, 축사인은 으깬다. 이들 재료를 모두 물에 넣고 함께 약한 불에서 1시간 정도 달인다.
2. 여기에 생강을 껍질 벗겨 깨끗이 씻어서 즙을 내어 섞고, 꿀을 넣은 다음 찻주전자에 넣고 맛이 우러나도록 끓여서 걸러 마신다.

매 장

매장(梅漿)은 매화나무의 열매인 매실(梅實)을 이용하여 만든 장수(漿水)이다. 장(漿)은《삼국사기》와《삼국유사》에 수록되어 있으며, 중국의 문헌인《고려도경》에도 소개되어 있다.

장(漿)은 밥이나 미음 등 곡물을 젖산발효시켜 신맛이 나게 하거나, 향약이성재료나 곡물가루, 채소류 등을 감미료에 넣어 숙성시켜 만든 음료로, 매장은 후자에 속한다. 장의 맛이 그렇듯이 매장 역시 달고 시며 목마른 것을 그치게 하는 효능이 있다.

매장에 들어가는 재료는 5, 6월경에 덜 익은 매실을 채취하는데, 햇볕에 말린 것은 백매(白梅), 볏짚을 태워 연기를 쬐면서 말린 것은 오매(烏梅)라고 한다. 오매는 섭씨 40℃ 정도의 불과 연기를 쬐어 과육이 황갈색으로 변하면 불에 쬐는 것을 멈추고 볕에 내다 말리는데, 이 때 매실은 까맣게 변한다.

이 매실의 씨앗을 제거한 것을 '오매(烏梅)' 또는 '오매육(烏梅肉)'이라 한다.

매장은 이 오매육을 주재료로 하여, 여기에 백두구의 열매인 백두구(白豆蔲)와 단향나무 줄기의 중심부분인 심재(心材)를 그늘에 말린 뒤 잘게 썰어 만든 백단향(白檀香)을 넣고 엿이나 설탕에 저장하였다가 찬물에 타서 마시는 저장음료의 하나이다.

매장의 재료로 쓰이는 오매는 맛이 매우 시고 고른 성질의 약재로, 독이 없으며 갈증을 멎게 하고 특히 가슴부위를 덥게 한다. 정장작용과 항균 능력이 강해 세균성 장염에 의한 설사와 구토증을 멎게 하는데 좋은 효과를 볼 수 있다.

백두구는 흰 육두구의 열매로서, 그 열매는 익지 않았을 때에는 푸른색을 띠다가 익으면 하얗게 된데에서 백두구라 하며, 한방에서는 위한(胃寒)·구토(嘔吐) 등에 약재로 이용하고 있다.

7월경에 채취해서 껍질을 제거하고 가루로 만들어 사용하는데, 매우 따뜻한 성질과 매운맛을 내며 독이 없고 소화를 돕는 효능이 있다.

백단향은 단향의 나무줄기의 중심부를 채취하여 사용하는데 향기가 강한 것이 좋다. 백단향의 성질은 따뜻하고 독이 없으며 소화기능을 다스리고 혈압을 낮춰주는 효능이 있다.

매장은 잘 만든 오매에 백두구와 백단향을 약간 넣고 엿이나 설탕을 타서 저장해 두었다가 날씨가 덥고 갈증을 느낄 때 찬물에 타서 마시면, 쉬이 갈증이 풀린다.

[재료 및 분량]

매실	2 kg
소금	1 큰술
백단향(자단향)	50 g
백두구	50 g
꿀(물엿)	3 컵

만드는 방법

1. 매실은 잘 익은 것을 골라 과육이 다치지 않도록 씻어 물기를 뺀 후, 찜통에 푹 찐 뒤 씨를 제거하고 분량의 소금을 뿌린다.
2. 이것을 채반에 말린 뒤 흑색이 되면 분량의 백단향과 백두구, 꿀을 넣고 잘 섞어서 단지에 담아 서늘한 곳에 저장해 둔다.
3. 찬물에 매장을 적당량 넣고 타서 마신다.

참 고

- 매실은 크기가 크고 작은 것보다는 일정한 것을 선택하여 사용하는 것이 좋다.

오미갈수·임금갈수

오미갈수(五味渴水)란 다홍빛의 오미자(五味子) 열매를 물에 불려 그 즙을 얻은 다음, 녹두즙과 같은 분량으로 섞고, 다시 같은 분량의 꿀을 넣고 끓여서 찬물이나 끓는 물에 타서 마시는, 갈증 해소의 약리효과가 뛰어난 고유의 음료이다.

재료로 사용되는 오미자는 우리나라 중북부 지방의 산골짜기에서 군종(群種)을 이루며 자라는 식물로, 그 열매는 9, 10월에 이삭처럼 늘어져 열리는데, 짙은 다홍빛을 띤다.

오미자는 다섯 가지 성질을 지녔다 하여 붙여진 이름으로, 달고(甘味)·시고(酸味)·쓰고(苦味)·짜고(鹹味)·맵고(辛味)하는 맛의 성질을 다 갖춘 열매이자, 대표적인 한약재의 하나이다.

1610년 《동의보감》에 "오미자는 성분이 따뜻하고 맛이 시며, 독이 없고, 허로(虛勞)를 보해주고, 눈을 밝게 하며, 신장을 따뜻하게 하며, 음(陰)을 강하게 하며, 남자의 정(精)을 더해주며 음속의 살을 나게 하며, 소갈·번열을 고쳐 주며, 주독을 풀어주고 기침과 상기(上氣)를 치료한다." 고 한다.

오미자의 과육에는 사과산, 구연산, 주석산, 비타민 C, 지방휘발성 정유성분, 당류, 수지 등 여러가지 유기산이 많아 신맛이 강한 것이 특징인데, 이들 성분이 중추신경계통의 흥분을 억제하는 작용을 일으켜 피로를 경감하는 것으로 알려져 있다.

임금갈수(林檎渴水)는 야생의 능금나무 열매인 임금을 분쇄한 다음, 쪄서 즙을 내어 불에 달여서 단말향과 정향가루를 넣고 물에 타 마시는 음료이다.

임금은, 장미과에 속하는 우리나라 야생 사과나무의 열매로, 능금나무는 서울의 자하문 밖과 강원도, 황해도에서 자생하는데, 열매인 능금은 지름 4~5.5 cm 정도이고, 10월경에 황홍색으로 익으며 과피에는 하얀 가루가 덮여있다.

임금의 성질은 덥고 독이 없으나 맛이 달고 시다. 따라서 위산과다증 환자는 먹는 것을 피하는 것이 좋다. 대개 임금은 주스나 잼, 사과주, 사과초 등을 만드는데 이용하며, 오래 전부터 소갈증(消渴症)과 담을 없애며, 이질을 치료할 목적으로 갈수를 만들어서 애용해 왔다.

가을에 이 능금을 수확하여 즙을 내고 달인 다음 단말향과 정향가루를 조금 넣어 저장해 두었다가 갈증을 느낄 때 물에 타서 마시는데, 기호에 맞게 꿀이나 설탕을 타면 마시기에 좋다.

갈수(渴水)

[재료 및 분량]

오미갈수

오미자 …. ⅔컵, 물 ……. 3컵
{ 녹두 ……………………… ⅓컵
{ 물 ………………………… 4컵
꿀(설탕) …………………… ⅔컵

임금갈수

임금(한국 재래종 능금) … 5 개
단말향 ………………… ¼ 작은술
정향가루 ……………… ¼ 작은술
꿀(설탕) …………………… 적당량

만드는 방법

오미갈수

1. 오미자는 깨끗이 손질하여 끓여서 식힌 물에 하룻밤 담가 두었다가, 체에 받쳐 국물을 준비하고 녹두는 갈아서 고운 헝겊에 걸러 놓는다.
2. 오미자, 녹두, 꿀을 섞어 낮은 불에서 은근하게 달인 다음, 서늘한 곳에 저장해 두었다가 기호에 맞추어 찬물이나 끓는 물에 적당량을 타서 마신다.

임금갈수

1. 한국 재래종 능금을 깨끗이 씻어 길이로 저며 썰고 껍질을 벗긴 후 씨를 빼내고 찜통에 푹 쪄서 뜨거울 때 으깬다.
2. 으깬 임금에 물을 조금씩 부으면서 체에 내려 즙을 낸 다음, 약한 불에서 잘 저으면서 달인다.
3. 달인즙이 농축되면 분량의 단말향과 정향가루를 넣고 잘 섞어 서늘한 곳에 저장해 두었다가, 꿀이나 설탕을 타서 시원하게 마신다.

참 고

- 《조선산야약용식물》과 《식물도감》에서 보면 능금에 대해 소개하고 있는데, 5월에 짧은 가지에 우산모양의 화사한 연분홍색 꽃이 피며, 꽃잎은 다섯개이고, 연타원형으로 꽃받침의 밑부분이 혹처럼 부푼 것이 사과와 다르다. 그 열매는 10월에 황홍색으로 익으며, 전국 어디에서나 잘 자라는 양수(陽樹)로서 내건성은 약하나 대기오염에 대한 저항성이 강한 나무로 소개하고 있다.

율추숙수

율추숙수(栗皺熟水)는 밤의 속껍질인 율추를 끓여 마시는 향약성 음료라고 할 수 있다.

숙수(熟水)란 본래 반탕(飯湯)·취탕(炊湯)이라고 하여 밥을 지을 때 솥 안쪽 바닥에 밥을 눋게 한 뒤, 물을 부어 한번 끓여낸 숭늉을 가리키는 것이었다. 최근에 이르러 그 구수한 맛을 즐기기 위해 식사 후에 많은 사람들이 이 숭늉을 찾고 있는 것을 볼 수 있는데, 오늘날에는, 숙수는 향약초를 달여 만든 음료로, 숭늉은 눌은밥을 끓여 먹는 것으로 이해되고 있다.

율추숙수는 먹을 수 없어 버리게 된 밤의 속껍질을 모아서 말려두었다가, 가루를 내어 끓여 마시는 전통음료이다.

율추숙수의 유래는 궁중에서부터 비롯되었다고 하는데, 먹을 수 없어 버리게 된 율추를 이용한 음식이라는 점에서 요즈음의 재활용 음식이랄 수 있으며, 궁중에서의 검소한 생활의 한 단면을 엿볼 수 있다.

율추숙수를 만드는 법은, 제사나 의례음식상에 올릴 밤을 칠 때 부산물로 생긴 속껍질을 모아 곱게 갈거나, 그대로 물에 넣고 20~30분 동안 끓여 체에 받쳐서 걸러낸 다음, 찌꺼기는 버리고 남은 물을 마신다.

율추숙수의 재료가 되는 밤은 예로부터 자연방임적으로 재배되어 왔으며 뚜렷한 품종이 없이 지역의 특산물로 이름이 호칭되었다. 평양의 함종밤과 양주와 가평의 불밤이 유명세를 날렸으며, 최근에는 광양지방이 밤의 명산지로 떠오르고 있다.

우리나라 밤은 일본 밤에 비해 감미가 뛰어나며, 주로 날로 먹거나 삶아서 먹는데, 가공이 용이하여 율란, 밤죽, 밤조림을 만들거나 삶아서 가루로 만들어, 한과와 떡 등 여러가지 전통음식의 고물로 이용하고, 말려서 껍질을 벗긴 것은 황률(黃栗)이라 하여 약재료로 쓰인다.

밤을 깎아 먹거나 삶아서 먹을 때, 또는 통조림 가공시 남게 되는 그 속껍질은, 버리기 마련인데 이것을 이용하여 음료로 마시면 깊은 가을을 느끼게 해준다.

숙수(熟水)

[재료 및 분량]

생밤 10개
물 3컵

만드는 방법

1. 깨끗이 씻은 밤은 속껍질을 깎아 놓는다.
2. 물에 깨끗이 씻은 율추를 넣고 맛이 우러나도록 끓인다.
3. 끓으면 체에 걸러 속껍질은 버린 후, 남은 즙액을 찻잔에 담아 잣을 띄워 낸다.

참 고

- 율추는 속껍질을 깎아 말려서 가루로 내어 뜨거운 물에 타서 걸러낸 후 마시기도 한다.
- 가을에 어울리는 음료이다.

자소숙수 · 정향숙수

자소숙수(紫蘇熟水)란 꿀풀과의 일년초인 차조기잎을 불에 구워 끓는 물과 함께 병에 담아 밀봉하였다가 우러나는 향과 색을 즐기는 음료이다.

서유구의 1800년대 《옹희잡지》에 "숙수란 향약초를 달여서 만든 것으로, 송나라 사람이 가장 즐겨 마시는 것이다. 송나라 인종 때 한림원에 명하여 좋은 탕음(湯飮)을 만들라 하여, 한림원에서는 자소숙수를 만들었다고 한다. 또 송대에는 음료수를 판매하는 상인들이 옥수수즙으로 만든 숙수를 병에 넣어 팔러 다녔다.

우리나라에서는 밥을 지은 뒤에 솥 밑바닥에 밥을 눌게 하여 물을 부어 끓인 숭늉을 숙수라 하였는데, "이름은 같으나 실물은 다르다."고 하여 중국의 숙수는 향약음료이고, 우리의 숙수는 숭늉을 가리키는 것이었음을 알 수 있다.

숙수의 재료로 쓰이는 차조기잎은 본디 중국이 원산지인 재배식물로, 들깨와 그 형태가 비슷하나 잎이 자주빛이고 독특한 향기가 있어 구별이 된다. 여름에 담자색의 꽃이 피며 한방에서는 소엽(蘇葉), 씨는 소자(蘇子)라고 하여 잎과 꽃이 무성한 시기인 7~9월경에 가지와 잎을 채취하여 음건(陰乾)하여 사용한다. 이 자소는 생선회를 먹을 때 곁들이는 향채로 이용되며, 생선이나 게의 독을 중화시켜 식중독을 예방하는 작용이 있어, 평소 식중독을 일으키기 쉬운 식품을 먹을 때 함께 먹으면 좋다.

차조기잎은 그 성질이 따뜻하고 매우나 독이 없으며, 감기를 비롯, 해열 · 신경통에 유효하고, 진정 및 진통제, 그리고 가슴이 답답한 울증을 치료하며, 소화작용을 돕는 것으로 알려져 있다.

1827년 《임원십육지》에 "자소숙수는 뜨겁게 해서 마시는 것이 좋으며, 차가운 것은 해롭다."고 하여, 언제고 마실 수 있는 음료이다.

정향숙수(丁香熟水)는 정향과 죽엽을 낮은 불에서 향기가 나도록 구워, 끓는물에 넣어 달인 전통음료이다.

정향숙수에 쓰이는 정향은 정향나무의 꽃봉오리를 말하는데, 가을부터 이듬해 초봄 사이에 빨갛게 핀 꽃봉오리를 채취하여 잘 말려서 사용한다. 정향은 독이 없고 따뜻한 성질을 가졌으며 근심으로 생기는 가슴앓이나 구토증상이 있을 때 약재로 사용하면 좋다. 죽엽은 찬 성질을 가졌으며 단맛이 있는데, 신경성 소화불량이 효과가 있고, 심장에 안정을 준다.

숙수(熟水)

자소숙수

정향숙수

[재료 및 분량]

자소숙수

차조기잎	20 g
물	6 컵

정향숙수

정향	10 개
죽엽	12 장
물	6 컵

만드는 방법

자소숙수

1. 차조기잎은 한지에 싸서 두꺼운 팬에 올려 약한 불에서 향기가 나도록 굽는다.
2. 물을 끓여 구운 차조기잎을 넣고 30 분 정도 우려내어 체에 걸러 찻잔에 담아 낸다.

정향숙수

1. 정향과 죽엽은 두꺼운 팬에 넣고 약한 불에서 향기가 나도록 구워서 끓는 물에 넣어 달인다.
2. 달인 물을 병에 담고 밀봉하여 서늘한 곳에 보관하여 두었다가, 향과 색이 우러나면 찻잔에 따라 마신다.

참 고

- 차조기잎은 녹색보다는 자색이거나 녹자색인 것이 품질이 좋고, 약효가 더 있다.
- 차조기잎은 크고 억센 것 보다는 중간 크기의 여리고 색이 진한 것이 향이 강하다.
- 정향숙수의 색이 엷으므로 색이 진하지 않은 찻잔을 쓰면 어울린다.

식 혜

우리에게 잘 알려진 기호성 음료 중 대표적인 것이 바로 식혜(食醯)이다.

식혜는 중국 周시대의 《예기》에 나오는 상류계급에서 마시는 청량음료의 하나인 甘酒의 윗물인 예(醴 ; 단술)에서 그 기원을 찾을 수 있다. 우리나라 문헌에서는 《수문사설》에 처음 나타나고 있다.

식혜의 맛은 엿기름가루에 달려 있는데, 1800년대 말엽 《시의전서》에 엿기름 기르는 법과 함께 "밀엿기름도 좋다."고 하였고, 1913년 《조선요리제법》에는 "보리싹은 제 몸의 길이만큼만 자라면 적당하다."고 하였다. 이렇게 만든 엿기름 가루가 중요한 것은, 그 속에 당화효소인 아밀라제(Amylase)가 많이 있어서 당화작용이 일어나고, 생성된 말토오즈(Maltose)는 식혜의 독특한 맛에 기여한다.

홍선균은 《조선요리학》에서 "외관으로도 미술학적이고, 그 맑고 담백한 맛은 중국의 일등 품질의 차라도 과연 우리의 식혜만은 못할 줄로 생각한다. 식혜를 늘 먹으면 소화가 잘되며, 체중이 없어지고 혈액을 잘 순환시키고 마음의 상쾌한 기분이 자연히 생기는 음식이다." 라고 예찬하고 있다.

《간본 규합총서》에 나오는 식혜 만들기를 보면, "좋은 쌀을 옥(玉)같이 씻어 시루에 찌되 잘 익히고, 솥뚜껑을 시루 위에 안쳐 놓고 숯불을 많이 담아 위까지 고르게 익혀 항아리에 넣고, 엿기름 가루를 더운물에 담고 한참만에 체에 맑은 물을 받아 그 물을 밥에 잠길만치 넣고 종이로 봉하여 온돌에 두되, 가령, 초저녁에 두면 새벽 2시경에 내어놓아 익히고, 냉수에 꿀을 섞어 항아리에 붓고, 또 대추·밤·백자·배 등을 넣으면 맛이 산뜻하고 감칠맛 있다. 유자는 온채로 넣으면 향기가 비상하니라."하였다. 이로 미루어 지금의 식혜 제조법과 별 차이가 없었음을 알 수 있다.

식혜밥으로는 찹쌀이나 멥쌀을 사용했는데, 찹쌀은 소화가 용이하지만 밥알이 오그라들어 동동 뜨지 않고 깔깔해서 입안에 달라붙는다. 일부지방에서는 정백미를 시루에 쪄서 펴 놓아 식힌 후에 냉수로 씻어 알알이 흩어지게 한 다음, 별도로 엿기름 가루를 일주야(一晝夜) 동안 물에 담가 두었다가 맑은 물만 가만히 따라서 위의 밥을 담가 놓는다.

또 크고 좋은 유자를 통째로 밥 속에 묻어 둔다. 그리하면 맛이 향기롭고 알알이 모두 온전하며, 색깔이 희고 깨끗하며, 또 달다고 한다.

[재료 및 분량]

엿기름	4컵(460g)
멥쌀	3컵
물	20컵
설탕	3컵
생강(또는 유자청)	1뿌리(50 g)
잣	2큰술

만드는 방법

1. 따뜻한 물에 엿기름 가루를 담가 두었다가, 손으로 주물러서 체에 걸러 가라 앉힌다. 앙금이 앉으면 맑은 웃물을 가만히 따라내어 엿기름물을 준비한다.
2. 멥쌀을 씻어 건져 찜통에 고슬고슬하게 쪄서 엿기름물에 섞고, 60~65℃에서 4~5 시간쯤 둔다.
3. 밥알이 4~5 개 정도 뜨면 한소끔 끓여 밥알을 건져 찬물에 담가 단물이 완전히 빠지도록 헹구어 건져서 물기를 뺀다.
4. 밥알을 건져 낸 식혜물에 설탕을 넣고 끓인다. 이 때 끓이면서 떠오르는 거품을 말끔히 걷어내고, 생강 몇 쪽을 넣어 한소끔 끓여 낸다.
5. 식혜국물을 시원하게 식혀서 그릇에 담고 밥알과 잣을 띄워 낸다.

참 고

- 엿기름을 구입할 때, 너무 오래되고 그 빛깔이 검은 것은 피한다.
- 밥알이 식혜물에 활짝 떠오르게 하려면, 찬물에 담가 단물을 완전히 빼고 물기를 쭉 빼놓았다가 사용한다.

수정과

수정과(水正果)는 일명 '수전과'라고도 하며, 계피·생강·통후추를 달인 물에 설탕을 타서 차게 식힌 후, 곶감·잣 등의 건지를 띄운 고유음료인데, 본디는 '물에 담근 과자'라는 뜻에서 이루어진 말이다. 이때의 물이란 생강과 계피를 끓인 뒤에 꿀을 타서 식힌 물을 말한다. 후대로 내려오면서부터는 꿀 대신 설탕을 타기도 했다.

수정과는 조선조 영조 41년의《진작의궤》에 처음 소개되어 있으며,《군학회등》·《시의전서》·《조선무쌍신식요리제법》·《조선요리제법》·《우리나라 음식만드는 법》에 자세히 나와 있다.

19세기 말 조리서인 1800년대 말엽《시의전서》의〈수정과부(水正果部)〉에 곶감수정과, 배숙 및 화채를 포함시켰는데, 현재의 형태를 갖추기 이전에는, 각종 재료를 넣어 달여 차게 먹는 음료의 형태를 수정과로 부르고 있었던 것 같다. 기록에 "수정과는 좋은 건시를 냉수에 담그되, 물을 넉넉히 부어 흠씬 불린 뒤 생강을 진하게 달여 체에 밭쳐 붓고 꿀을 넣고 잣을 띄워 만든다."고 되어 있기 때문이다.

조선시대 궁중연회상에 차려졌던 수정과 만드는 법을 살펴보면, 재료에 석류·유자·왜감자·생강·준시·건시·가련·두충·산사·앵두 등이 사용되었고, 감미료로는 꿀이, 고명으로는 잣이 사용되었으며, 오미자나 연지는 색을 내는데 사용되었다.

한편 20세기 초의 조리서인 1913년《조선요리제법》에서는 현재와 같이 계피를 이용한 수정과가 선보이고 있다. 1849년《동국세시기》에는 곶감을 달인 물에다 생강과 잣을 넣은 것을 수정과라 기록하고 있고,《연세대규곤요람》에서는 "곶감을 더운물에 담가 아랫목에 두었다가 잣을 띄워 먹는다." 하여 곶감을 달이거나 우린 것을 기본액으로 했음을 알 수 있다.

수정과의 깊은 맛은 건시(乾柿)의 품질에 달렸다. 단감으로 만들어 씨가 적고 촉촉한 주머니 곶감이 좋다. 너무 마르지 않고 시설(柿雪)이 뽀얗게 풍기는 것을 골라 꼭지를 떼고 씨를 발라내어 사용한다.

수정과는 시원하고 생강향이 도는 향긋한 국물과 말랑말랑하면서 달콤한 곶감이 맛을 좌우한다. 일본이나 중국의 사전에서도 찾아볼 수 없는 우리나라 특유의 음청류로, 한겨울에 뜨거운 온돌방에 앉아 차게 마시는 시절식이요, 꿀과 같이 달고 얼음처럼 차게 마셔야 제맛이 있다.

[재료 및 분량]

재료	분량
곶감	10 개
호두	10 개
생강	100 g
물	20 컵
통계피	60 g
황설탕	1½ 컵
흰설탕	1 컵
잣	1 작은술

만드는 방법

1. 곶감은 젖은 수건으로 표면을 깨끗이 닦아내고, 꼭지를 떼어내고 씨를 발라낸다.
2. 호두는 통째로 속껍질을 까서 곶감 속에 길이로 넣고 김발로 꼭꼭 말아 곶감쌈을 싸 놓는다.
3. 생강은 껍질을 벗겨 씻은 뒤 얇게 저며, 물 10 컵을 붓고 향이 우러나도록 은은하게 끓이고, 통계피도 깨끗이 씻어 10 컵의 물을 붓고 푹 끓인 후, 생강 끓인 물과 같이 고운 체에 부어 거른다.
4. 위에 준비된 맑은 수정과 국물에 설탕을 넣어 한소끔 끓여 완전히 녹이고 곶감쌈을 1 cm 두께로 잘라 놓는다.
5. 국물을 그릇에 담고 잘라 놓은 곶감을 넣고 잣을 띄워 낸다.

참 고

- 생강과 통계피를 끓여 쓰는 방법도 있으나, 각각 끓여 걸러서 혼합해야 특유의 향과 맛을 살릴 수 있다.
- 생강과 수정과를 끓여낼 때 센불에서 30 분을 끓이다가 중간불에서 1 시간 정도 끓여야 맛과 향이 잘 어울어진다.
- 곶감쌈을 잘라 넣지 않을 경우는 곶감씨를 발라내고, 큰 것은 반으로 잘라 먹기 30 분 전에 수정과물을 조금 덜어 담가 놓는다.
- 곶감은 처음부터 넣어 달이거나 우리면 국물이 혼탁해지고 청량감이 덜하므로, 곶감을 따로 준비하여 수정과 국물에 불려 부드러워지면 띄워내는 방법을 많이 사용한다.

배 숙

배숙(梨熟)은 배의 껍질을 벗기고 길이로 등분하여 수평으로 반듯하게 씨 부분을 제거하고, 모가 난 가장자리 부분을 도려내어 통후추를 박은 후, 생강 끓인 물에 설탕과 함께 넣고 은근히 끓여 낸 전통 음료이다.

1913 년 《조선요리제법(朝鮮料理製法)》에서는 "배를 껍질을 얇게 벗겨서 큰 것은 여섯 쪽에 내고, 작은 것은 네 쪽에 내어 속은 베어내고 가장자리가 날카롭게 된 것을 돌려 약간 베여 등에다가 윈호초를 몇 개 박아서 맨물에 끓여서 배가 웬만치 익거든 설탕을 넣어서 잠깐 더 끓인 후 찬물을 적당히 더 치고 실백을 띄워서 놓나니라. 복숭아나 앵도나 살구나 다 이와 같은 법으로 만들어 먹나니 절기를 따라 할지니라."고 기록되어 있다. 이로 보아 배뿐이 아니라 복숭아나 앵두, 살구로도 이러한 음료를 만들어 먹을 수 있음을 알 수 있다.

1957 년 《이조궁정요리통고》에는 "배는 네 쪽을 내고 껍질을 벗겨 속을 오려서 배 등에 후추를 박고 설탕물을 부어서 배가 잘 무를 때까지 끓인다. 생강은 얇게 썰어서 물을 넣고 끓인 다음 설탕물을 타서 매운맛과 단맛이 알맞게 해 차게 식힌다. 상(床)에 놓을 때에 배를 담고 실백을 띄워서 놓는다."고 기록되어 있다.

우리나라 배의 재배역사는 매우 오래 되었으나, 개량품종이 도입된 것은 1906 년 일본으로부터이다. 배는 전국적으로 재배가 가능한데, 경기도·경상남도·전라도 등지에서 많이 생산되며, 특히 나주배가 유명하다.

배의 성분을 보면 수분과 당분 함량이 높다. 당분은 과당이 대부분이고, 유기산으로는 사과산이 주류를 이루고 있다. 배의 방향성분은 주로 아세트 알데히드이고, 그 외에 여러가지 알코올, 휘발산 등이 있다.

옛부터 변비치료나 이뇨작용에 배가 좋다고 전해지는데, 이것은 배 속에 함유된 섬유소와 팩틴질 때문이다. 또한 배는 심한 갈증이나 술 마시고 난 후의 조갈증에도 매우 좋다.

한방에서는 기침, 복통 및 담이 많고 숨이 찬 증상 등에 배를 이용하여 효과를 보고 있다. 다과상에 배의 맛이 우러난 배숙을 시원하게 하여 다른 한과와 함께 올리면 시각적인 볼품과 맛을 겸하게 되어 상차림이 돋보인다.

[재료 및 분량]

배(大)	1 개
생강	1 쪽
통후추	1 큰술
물	3 컵
설탕(꿀)	6 큰술
잣	1 작은술

❶

❷

❸

❹

만드는 방법

1. 배는 길이로 4 등분하여 씨 부분을 수평으로 반듯하게 제거하고, 껍질을 벗긴 후 다시 가로로 2 등분하여 모가 난 가장자리 부분을 도려내어 모양을 만든다.
2. 생강은 껍질을 벗겨 깨끗이 씻은 뒤 얇게 저며 분량의 물을 붓고, 향이 우러나도록 은은하게 끓인 다음 고운 체에 걸러낸다.
3. 통후추는 먼지를 닦아내고 손질해 놓은 배에 젓가락으로 깊숙이 박는다.
4. 끓여 둔 생강물에 후추 박은 배와 설탕을 넣고 약한 불에서 뭉근히 끓여, 배가 투명해지면서 떠오르면 차게 식혀서 그릇에 담고 잣을 띄워 낸다.

참 고

- 배숙에 유자즙을 짜 넣으면 향이 훨씬 더 좋아진다.

진달래화채

진달래화채는 봄철에 야산에 피는 진달래 꽃잎을 따다가 녹두녹말가루를 입힌 뒤 살짝 데쳐서, 잘 익어 곱게 우린 오미자 국물에 잣과 함께 띄운 전통음료로 일명 두견화채라 한다.

1896 년 《규곤요람(閨壼要覽)》에 "봄의 화채"라 하여 진달래를 띄운 화채가 소개되어 있다.

봄이 되면 우리나라 전역에 걸쳐 산 전체를 물들이며 자홍색, 홍색의 진달래꽃이 피는데 간혹 흰 진달래가 있다.

《백과사전》에 "제주 진달래는 관상용으로 가꾸기도 하며, 이른 봄에 꽃을 따서 화전을 만든다. 때로 술에 넣어 진달래 꽃술을 빚기도 하는데, 진달래술은 혈압을 급격히 떨어뜨리는 효능이 있어, 혈압이 낮은 사람에게는 위험할 수가 있다."고 하였으며, 1849 년 《동국세시기》나 1819 년 《열양세시기》에도, 옛날 조상들은 "음력으로 3 월 3 일, 삼짇날에 모두 산 언덕이나 개울가에 나가 꽃구경을 하며, 만발한 진달래꽃을 꺾어다가 진달래 꽃잎을 찹쌀가루에 반죽한 화전을 부쳐먹고, 진달래주나 화채를 만들어 먹으며 풍류를 즐겼다."고 하였다. 지금의 우리네 생활과 비교하면 옛 선인들이 얼마나 운치 있고 우아한 식생활을 하였는가를 엿볼 수 있게 된다.

예로부터 진달래 꽃잎은 약재로 이용되었고, 그대로 먹을 수도 있어 참꽃이라 불린다.

오미자를 우릴 때 뜨거운 물에 우리면 신맛이 유난히 강하고, 한약 냄새와 떫은맛도 진하기 때문에 물을 식혀서 오미자를 넣고 하룻밤 담가 두어 천천히 우리는 것이 좋다. 오미자 국물의 맛은 종류에 따라 다르고, 우러나는 빛깔도 다르기 때문에 맛과 빛을 알맞게 맞추어 쓰는 것이 중요하다. 오미자국물이 지나치게 붉고 신맛이 날 때에는 물을 더 섞고, 설탕이나 꿀을 더 넣어 맛과 색을 조절해 주면 좋다. 음식을 푸짐하게 먹은 후 화채류 한 그릇을 시원하게 마시면 훌륭한 후식음료가 될 뿐 아니라, 소화도 도와준다.

투명한 진달래화채는 발그레한 고혹적 빛깔의 오미자 물에 춘삼월에 피는 진달래 꽃잎을 띄우는데, 이 화채는 자연 풍광의 한 부분을 옮겨 백자에 담아 놓은 듯한 풍경을 연출한다. 진달래화채는 그 향기와 색깔이 봄철에 잘 어울려 화사할 뿐만 아니라, 자연과의 일체화된 삶을 누리려 했던 선조들의 자연관이 잘 스며 있는 음료이다.

[재료 및 분량]

재료	분량
오미자	1컵
물	12컵
꿀	1컵
설탕시럽	⅔컵
진달래꽃	20송이
녹두녹말	⅓컵
잣	1작은술

만드는 방법

1. 오미자는 끓여서 식힌 물에 하룻밤 담가 놓아 물이 진달래 빛으로 곱게 우러나면, 고운 겹체로 국물을 받친다.
2. 오미자 국물에 꿀과 설탕시럽을 넣어서 색과 맛을 조절한다.
3. 진달래꽃잎은 가운데 꽃술을 떼어내고 물에 담갔다가, 건져서 물기를 없앤 후, 녹두녹말을 묻혀서 끓는 물에 넣어 살짝 데쳐 냉수에 헹군다.
4. 유리나 사기그릇에 오미자국물을 7부 정도 붓고 진달래꽃잎과 잣을 띄운다.

참 고

- 화채가 입맛에 익숙하지 않을 때는 물의 분량을 더 늘려 오미자와 물의 분량을 1 : 16의 비율로 할 수도 있다.
- 오미자를 물에 우려 낼 때 기름기 없는 그릇을 사용한다.
- 일반 녹말가루보다는 녹두녹말을 사용해야 매끄럽고 하늘하늘하여, 꽃잎이 목에 잘 넘어간다.
- 녹두녹말을 묻힌 진달래꽃은 끓는 물에 1~2초 정도만 넣었다 꺼내어, 찬물에 바로 넣어 냉각시켜야 색이 변하지 않는다.

밀감화채

밀감화채(蜜柑花菜)는 여름에 나오는 하밀감(夏蜜柑)으로 만드는 영양음료이다. 밀감은 여느 과일에 비하여 피로회복에 좋은 비타민 C와 카로틴을 다량으로 함유하고 있어서, 여름철 더위에 지쳤을 때 좋은 과일이다.

1958년《우리나라 음식만드는 법》에서는 "밀감을 까서 속알맹이를 다 잘게 떼어서 설탕을 넣어 화채 그릇에 담고, 꿀물이나 또는 오미자물이나 혹은 딸기즙에다 빛과 맛을 적당히 만들어서 화채 그릇에 붓고 실백을 띄워 놓으라."고 하여, 밀감을 이용한 화채 만드는 법을 비교적 상세하게 기록하고 있다. 또, 1913년《조선요리제법(朝鮮料理製法)》에 "여름 밀감을 까서 속껍질을 벗기고 알맹이가 터지지 않게 살살 뜯어서 설탕에다 달게 재워 놓았다가, 물을 알맞게 타고 딸기물이 있거든 조금 넣어 빛만 내고 실백을 띄운다. 밀감화채는 알이 터지거나 밑으로 가라앉으면 못쓴다."고 하였다. 따라서 밀감화채를 만드는 데 사용하는 국물로 오미자나 딸기와 같은 붉은색의 신맛을 지닌 열매가 이용되고 있음을 알 수 있다.

그것은 오미자나 딸기에 함유된 유기산의 신맛이 입맛을 돋구고, 붉은색을 내는 안토시안 색소는 향이 좋고 색이 고아 시각적인 자극을 주어 더욱 구미를 돋구게 되기 때문으로 생각된다.

밀감화채의 재료인 밀감은 대개 온주밀감을 말하는데, 주로 여름철에 생산되는 하밀감을 이용한다.

우리의 속담에 "푸른빛을 띠던 밀감이 노랗게 익으면 의사의 얼굴이 파래진다."는 말이 있다. 이는 그 정도로 밀감 중의 풍부한 비타민 C는 신진대사를 원활하게 하여 피부와 점막을 튼튼하게 하여주는 작용이 있으며, 특히 밀감은 겨울철 감기예방은 물론 체력이 떨어지는 것을 막아준다는 것을 뜻한다.

또 밀감 속의 비타민 P는 모세혈관에 투과성의 증가를 억제하고, 취약성을 회복시켜주기 때문에 동맥경화와 고혈압의 예방에도 효과가 있으며, 폐출혈과 동상·치질·감기치료에도 효과를 발휘한다.

따라서 밀감화채는 맛과 영양은 물론 시각적인 효과까지를 배려한 지극히 자연적인 청량음료라고 할 수 있다.

한여름에 인스턴트 대신 밀감화채를 자주 만들어 준다면 시원하고 산뜻한 맛도 즐길 수 있고, 가족의 건강을 지키는 지혜도 될 것이다.

[재료 및 분량]

밀감	3 개		
오미자	½ 컵	꿀	½ 컵
물	6 컵	설탕	1 컵
잣	1 큰술		

만드는 방법

1. 밀감은 깨끗이 씻어 4 등분하여 껍질을 벗기고, 속껍질을 펼쳐서 속을 알알이 떼어낸다.
2. 떼어 낸 밀감을 설탕에 약간 재어둔다.
3. 꿀물이나 오미자 국물에 재어 둔 밀감을 띄우고, 잣 3~4 알을 띄워 낸다.

참 고

- 밀감 속알을 떼어 낼 때 형태가 으깨어지지 않도록 잘 다루어야 한다.

오미자화채

오미자(五味子)는 오미자 나무의 열매로서, 물에 담가 우려내면 진달래색의 고운 즙액이 되므로, 여러가지 화채에 널리 이용되고 있다.

오미자화채(五味子花菜)에 대하여 《우리나라 음식 만드는 법》에 "오미자를 정하게 씻어서 물에 담가 이 삼일동안 우려서 체에 바쳐서 설탕을 치고, 한소끔 끓여서 식혀 꿀을 타 놓고, 배를 껍질 벗기고 여섯에 쪼개서 속을 베어내고, 이것을 다시 가로 얇게 착착 썰어서 설탕을 쳐 놓고, 상에 놓을 때에 화채 그릇에 배를 담고 오미자물을 붓고 실백을 띄워서 놓으라. 여기에 석류알을 몇 개씩 띄우면 좋다."라고 기록되어 있다.

오미자는 돌이 많은 산기슭에 덩굴로 무성하게 자라는 나무로, 8~9월 가을에 그 열매를 따서 말린다. 우리나라 것이 특히 좋다고 하는데, 품질이 좋은 것은 말린 후에도 빛이 붉은색을 띠고 끈끈하다.

특히 화채로 쓸 오미자는 붉은색이 나야 색이 곱게 우러나고, 여러가지 맛이 조화되어 매우 신선하다. 오미자의 피육(皮肉)은 달고도 시며, 핵중(核中)은 맵고도 떫으며 또한 써서, 합하면 오미(五味 : 酸, 苦, 甘, 辛, 鹹)라고 한다. 특히 과육에는 주로 주석산, 사과산 등의 유기산 때문에 신맛이 강한 것이 특징이며, 인체의 각 장기에 대하여 생리적인 작용을 한다. 즉, 자양강장제와 거담 진해작용, 갈증 해소, 땀과 설사를 멈추는 작용을 하며, 폐의 기능을 돕는 효능이 있는 것으로 알려져 있다. 특히 기침, 갈증 해소의 약효가 뛰어나다.

첫서리를 맞아 붉게 잘 익은 열매를 따서 만든 오미자화채는, 오미자의 붉은 색이 곱게 우러나서 빛깔이 아름답고, 여러가지 맛이 잘 조화돼 깔끔하고 신선한 느낌을 주는 한국의 전통음료이다.

오미자는 빛깔이 붉고 생기가 있는 것으로 골라 물에 12 시간 이상 담가 놓으면, 고운 분홍색으로 우러난다. 이것을 가만히 따라 받쳐서 색을 맞추어 쓰는데, 탄닌성분이 많아 끓이면 떫고 색깔도 변하므로 주의해야 한다.

콜라나 사이다 등 인스턴트 음료가 범람하는 요즈음, 천연유기산이 들어있는 시원한 오미자 화채는 고유한 우리 전통음료로 권할 만하다.

다과상에 시중에서 파는 청량음료를 올리는 것보다는 우리의 전통음료를 담아 올린다면 훨씬 정서적이고 운치있는 상차림이 될 것이다.

[재료 및 분량]

오미자	1 컵
물(끓여 식힌 물)	12 컵
꿀	1 컵
설탕시럽	⅔ 컵
배	1 개
잣	1 작은술

만드는 방법

1. 오미자는 티를 고르고 깨끗이 씻어 물기를 뺀 후, 끓여서 식힌 물에 하룻밤 담가 놓아 물이 진달래 빛으로 곱게 우러나면, 고운 겹체로 국물을 받친다.
2. 오미자국물에 꿀과 설탕시럽을 넣어 색과 맛을 조절한다.
3. 배는 껍질을 벗기고 배꽃 모양으로 각을 떠서 꽃처럼 얇게 썰고, 잣은 고깔을 떼어 깨끗하게 해 놓는다.
4. 유리나 사기그릇에 시원하게 준비한 오미자국물을 담고 배와 잣을 띄워 낸다. 철에 따라 다른 과일 조각을 띄워도 좋다.

참 고

- 덜 익은 오미자는 빛깔이 곱게 우러나지 않으므로, 빛깔이 붉고 과육이 많으며 첫서리를 맞은 것이 물이 곱다.
- 오미자 국물을 한꺼번에 넉넉히 준비해야 맛도 좋고 빛이 곱다.
- 오미자 국물을 받칠 때 기름기가 들어가지 않도록 주의한다.
- 화채국물 위에 띄우는 배 조각은 꽃모양 외에도 동그랗게 얇게 저미거나, 짧고 가늘게 채 썰어 띄워도 모양이 예쁘다.
- 오미자 국물을 많이 우려 빈 병에 담아 냉장고에 두면 늘 손쉽게 먹을 수 있어 좋다. 상에 낼 때 국물을 그릇에 담고, 과육을 띄워 낸다.

유자화채

화채는 우리나라의 전통음료로, 다과상이나 후식으로 올린다.

맛있는 음식을 푸짐하게 먹은 후 시원한 화채류를 마시면 훌륭한 후식음료가 되며 소화도 잘 된다.

유자는 껍질이 울퉁불퉁한 황색으로 향기가 진하며, 감귤류에 속하는 것 중에서 추위에 가장 강한 동양과실 중의 하나로 이 유자를 이용해 만든다.

유자화채는 유자껍질과 유자알맹이, 석류알이 들어 있어 향긋한 냄새와 달콤한 맛이 진하다. 배와 붉은 석류알, 잣을 띄운 다음 꿀물이나 설탕물을 부어 위로 떠오르게 하여 시원하게 먹는다.

이 유자화채는 궁중에서 즐겨 만들어 먹던 음료로, 석류알과 잣이 보석처럼 떠 있어 매우 아름다우며, 향기가 일품이고 맛도 좋다.

1957 년 《이조궁정요리통고》에는 유자화채 만드는 법이 설명되어 있는데, "유자는 껍질을 까서 얇게 잘라 다시 가늘게 채 썰고, 배도 가늘게 채 썰어 설탕 끓인 것을 넣고 단맛을 내어 그릇에 담는다."라고 하였다.

《방약합편》에 의하면 "유자는 따뜻한 기운이 있고, 맛이 달다. 위 중의 악기를 제거하고 주독을 풀며, 음주 후의 입맛을 좋게 한다."고 기록되어 있다.

음력 9~10 월경에 접어들면 향 짙은 노란 유자를 수확할 수 있다. 이 때 유자화채를 만들어 놓으면 가을의 내음과 정감있는 계절색을 느낄 수 있다.

예로부터 유자차가 감기 치료에 효과를 인정받아 온 것은 비타민 C 의 함량 때문이었다. 유자는 온주밀감보다 비타민 C 가 다소 높아 감기, 신경통, 풍의 치료와 예방에 널리 사용되어 왔으며, 피로회복이나 숙취에 효과가 있다.

유자가 나오는 철에 매끈하고 상처가 없는 유자를 깨끗이 씻어 물기를 완전히 말린 다음, 0.2 cm~0.3 cm 두께로 썰어서 설탕이나 꿀에 재어 유자청을 만들어 유자차와 두텁떡 등에 사용하기도 한다. 또한 유자껍질을 말려 두었다가 물에 달여서 마시면 주독, 신경통, 소화불량 등에 약이 된다.

유자는 한방에서도 '기를 내려준다(下氣)'고 알려져 있는데, 혈압을 내려주어 상기된 것을 가라앉혀 준다는 뜻이다.

유자화채를 만들어 차게 해 두었다가 식사 후에 시원하게 마시면 그 싱그러운 맛이 입안에 가득해서 산뜻한 후식으로 아주 좋다.

청량음료

[재료 및 분량]

유자	2 개
배	1 개
석류알	2 큰술
꿀	3 큰술
잣	1 작은술

설탕물

설탕	½ 컵
물	3 컵

만드는 방법

1. 유자는 길이로 4 등분하여 유자 속의 과육은 씨를 빼내고 2~3 조각으로 자른다.
2. 유자 껍질은 칼을 뉘어 겉껍질과 속껍질을 분리한 후 각각 가늘게 채 썰고, 배도 껍질을 벗기고 얇게 저며 유자와 같은 크기로 채 썬다.
3. 물에 설탕을 넣고 끓인 후, 차게 식혀서 꿀을 섞어 화채국물을 만들어 놓는다.
4. 그릇에 유자와 배 채 썬 것을 돌려 담고 석류알과 유자속, 잣을 가운데 담은 뒤, 준비한 화채국물을 가만히 부어 잠시 유자향이 우러나면 내도록 한다.

참 고

- 유자는 익히지 않고 생으로 먹는 것이므로, 겉표면을 흐르는 물에 4~5 회 깨끗이 잘 닦아 사용하여야 한다.
- 화채국물은 이가 시리도록 차갑게 만들어 부어 낸다.
- 건지를 담고 화채국물을 부을 때 모양이 흐트러지지 않도록 가만히 붓는다.
- 유자가 나오는 철에 매끈하고 상처가 없는 유자를 깨끗이 씻어 물기를 완전히 말린 다음, 0.2~0.3 cm 가량으로 썰어서 설탕이나 꿀에 재워 유자청을 만들어 유자차나 두텁떡을 만들 때 이용하면 좋다.

산딸기화채

산딸기화채(覆盆子花菜)는 산딸기와 설탕, 꿀, 물을 넣어 곱게 갈아 즙을 만들어 산딸기 조각과 잣을 띄워 낸 전통음료이다.

산딸기는 장미과의 낙엽 활엽 관목으로 산기슭의 따뜻한 곳에서 무리지어 자라는 나무딸기의 열매로, 7~8월에 자홍색의 아름다운 색깔을 자랑, 화채를 만들기에 유용하다. 그러나 다른 열매에 비해 살이 무르고, 신맛이 강하여 화채를 만들 때에는 오미자국물은 적당하지 않다. 오미자물의 신맛이 더 강하여 산딸기 고유의 시고 단맛을 느낄 수 없기 때문이다.

따라서 산딸기 화채를 만들고자 할 때는 물과 중탕한 산딸기물을 이용하는 것이 바람직하다.

산딸기는 눈이 잘 보이지 않고 눈물이 잘 나오거나, 유행성 눈병에 걸렸을 때 치료제로도 이용된다. 여름철에 전염성 눈병에 걸렸을 때 복분자를 가루내어 젖에 풀어서 눈에 떨어뜨리면 눈이 밝아지는 효과가 있다고 한다.

1590년 《본초강목(本草綱目)》에는 복분자를 대표적인 자양강장제로 소개하고 있는데, 기록에 의하면 "신장에 좋으며 간을 보하고 양기(陽氣)를 일으킨다."고 하고, "피부를 곱게 하며 머리를 검게 하고 폐질환에도 잘 듣는다."고 기록되어 있다.

이 산딸기를 이용한 복분자차도 복분자화채와 똑같은 효과를 볼 수 있다. 평소에 복분자를 가루로 만들어 넉넉히 준비해 두었다가 밀폐용기에 담아두고 끓는 물에 꿀과 함께 타서 하루에 2~3차례 상복하면 효과를 얻을 수 있다.

한방에서는 복분자를 이용하여 청량(淸凉)·지갈(止渴)·강장약(强壯藥)으로 사용하고 있다.

산딸기를 화채로 만들어 마시게 된 것은, 산딸기 열매 속에 다량으로 함유된 칼슘과 철분을 섭취할 수 있을 뿐더러, 새큼한 맛을 주는 유기산 성분이 식욕을 촉진하고, 혈액을 맑게 하는 정혈작용을 하는 것으로 생각된다.

[재료 및 분량]

재료	분량
산딸기	400 g
설탕	4 큰술
꿀	2 큰술
물	2 컵
잣	1 작은술

만드는 방법

1. 빨간 색이 고운 산딸기를 다치지 않게 조심해서 흐르는 물에 3~4 회 정도 깨끗이 씻어 물기를 빼 놓는다.
2. 믹서기에 산딸기와 설탕, 꿀, 물을 넣어 곱게 갈아 즙을 만든다.
3. 화채그릇에 산딸기즙을 담고 산딸기 몇 조각과 잣을 띄워 낸다.

참 고

- 산딸기를 물에 넣고 푹 고아 체에 내려 만들기도 하고, 설탕이나 꿀물에 산딸기와 잣을 띄워내도 좋다.
- 오미자 국물에 오디를 띄워 오디화채를 만들기도 한다.

순채화채

순채화채(蓴菜花菜)는 순채줄기에서 잎을 따서 냉수에 씻은 후, 물기를 뺀 다음에 녹말가루에 묻혀 끓는 물에 데쳐, 냉각하여 꿀물이나 오미자국물에 넣고 잣을 띄워 낸, 봄에서 이른 여름철에 잘 어울리는 음료이다.

이 순채는 수련(水蓮)과에 속하는 여러해살이 물풀로, 잎은 10 cm 안팎의 타원형의 방패같은 잎이 물 위에 떠 있는데, 윗면은 녹색이고 아랫면은 자색을 띤다. 4월경에 새로 나는 어린잎과 줄기에서는 한천과 같은 점질의 진이 나오며, 식용으로는 이 어린잎을 채취하여 화채를 만든다.

연(蓮)이나 수련(水蓮)은 같이 연못에서 자란다는 공통점이 있으나, 순채는 일체 오염이 안된 1급수 이상의 물에서만 자라는 특성이 있는데, 우리나라에서는 현재 중부 이남에서 일부 재배되며, 예전부터 특히 전라도 지방의 것이 많이 알려져 왔다.

지금은 전국에서 유일하게 김제지방의 한 농가에서 양식을 하고 있어 그 명맥을 유지하고 있으며, 현재 전량 일본으로 수출을 하고 있을 정도로, 최고의 건강식품으로 그 가치를 인정받고 있다.

순채는 물에서 나는 우리 고유의 채소로, 옛날 사람들은 이를 이용하여 순채화채 외에도 순채국, 순채차, 순채회, 순채정과를 만들어 즐겼다. 잎이 매끄럽고 잡맛이 나지 않아 맑은 국으로 끓였을 때 부드럽고 담백하다. 또 이것을 차로 우려 먹어도 향이 특별한데 색깔 자체도 안정감이 있어 사람의 마음을 편하게 한다.

순채를 회로 만들 때는 냉수에 깨끗이 씻어 물기를 완전히 뺀 후, 꿀이나 참기름 등을 찍어 먹어야 순채 자체의 맛을 깊이 느낄 수 있다.

순채는 그 성질이 차고 맛은 달며, 독이 없는 것이 특징인 고급식품으로, 한방에서는 장과 위를 보하여 위궤양에 좋다고 하며, 당뇨와 소갈증, 그리고 피부 종양을 치료하는데, 어린 순채의 점액성분을 피부에 발라주면 종기와 뾰로지, 피부 트러블 등에 효과를 나타낸다고 한다.

갈증이 날 때에 꿀물이나 오미자국물에 순채 잎을 띄워 먹음으로써, 순채 고유의 부드럽고 담백한 맛과 독특한 향을 즐기는 한편으로 한방의 효과도 함께 얻을 수 있다. 특히 전혀 오염이 안된 맑고 깨끗한 수질과 토양에서만 자라는 까닭에 건강식으로서는 순채화채보다 더 좋은 음료는 없을 것이다.

[재료 및 분량]

순채	20 g
녹두녹말	½ 컵
오미자국물(꿀물)	4 컵
잣	1 작은술

만드는 방법

1. 순채는 줄기에서 잎을 따서 깨끗이 씻은 후, 물기를 빼 놓는다.
2. 준비한 순채잎에 녹두 녹말가루를 묻혀 끓는물에 살짝 데쳤다가, 재빨리 건져서 찬물에 냉각시켜 체에 받쳐 놓는다.
3. 물기 빠진 순채잎을 그릇에 담고 오미자국물이나 꿀물을 붓고 잣을 띄워 낸다.

수박화채

수박화채는 빨갛게 잘 익은 수박을 숟가락이나 원형뜨개로 속을 동그랗게 파서 설탕에 재워 놓았다가, 물을 넣고 차게 해서 내는 여름의 대표적인 과일화채이다.

1958 년《우리나라 음식만드는 법》에 "수박 속을 씨 없이 얌전하게 써는데, 한입에 넣을 만큼 자그마하게 썰어서 화채 그릇에 얌전히 담고, 설탕을 뿌려서 놓으라. 또 다른 법은 수박을 먼저 물에 잘 씻어가지고 꼭지 쪽으로 보시기 크기만큼 도려내고 그리로 숟가락을 넣어서 속을 잘게잘게 떼어놓고, 씨를 파낸 후에 설탕이나 꿀을 알맞은 정도로 그 속에 넣고 섞어서 떼어놓은 꼭지로 덮어서 채워 놓았다가, 손님 앞에 수박을 그대로 갖다놓고 공기와 사시를 놓아 거기서 자유로 직접 떠서 먹게 하는 것도 좋다."고 하여, 여러가지 수박화채 만드는 법이 기록되어 있다.

수박은 열대 아프리카가 원산지인데, 서구인들에 의해 비단길을 따라 중국에 들어와 우리나라로 전해졌으며, 조선 초부터 국내에서 재배된 기록이 있다.

특히 수박은 서쪽에서 온 과일이라 하여 '서과(西瓜)'라고 하는데, 둥근 형과 길쭉한 형이 있고 과육의 색깔에 따라 붉은 것과 노란 계통이 있다.

수박은 여름에 생산되는 어떤 과일보다 수분함량이 많고, 당도가 높아 무더운 여름에 갈증을 해소시켜 주는 건강 식품이다. 한방에서 수박은 이뇨작용을 돕고 신장병에 유효하며, 신경안정, 피로회복, 해열, 해독작용이 있는 것으로 알려져 있다.

소변이 잘 나오지 않으면 쉽게 피로를 느끼고 몸이 붓는다. 세포와 세포사이에 불필요한 조직액이 늘어나기 때문이다. 이 때 수박을 먹게 되면 수박 중의 아미노산 성분인 시투루린이라는 특수성분이 있어, 단백질이 요소로 변하고 소변으로 배출되는 과정을 도와주기 때문이다.

그리고 수박의 단맛 성분인 포도당과 과당은 체내에 쉽게 흡수되어, 여름에 쌓인 피로를 풀어 주는데 효과적이다. 또한 수박은 비타민 C 의 좋은 급원으로 껍질 가까운 부위보다 중심부의 과육이 더 풍부하다.

무더운 여름에 땀을 많이 흘려 밥맛이 없고 짜증이 날 때, 시원한 수박화채를 만들어 마시면 수박의 찬 성질이 신경을 안정시켜 주어 갈증이 해소되면서 새로운 의욕이 생긴다.

[재료 및 분량]

수박	1 통
설탕	½ 컵
얼음	적당량

만드는 방법

1. 잘 익고 둥글고 색이 선명한 수박을 골라 꼭지 부분을 ¼ 가량 도려내고, 작은칼로 톱니바퀴 모양을 낸다.
2. 빨갛게 잘 익은 수박을 숟가락이나 원형뜨개로 속을 동글동글하게 파낸다.
3. 동그랗게 파 낸 수박에 설탕을 고루 뿌려 재어 놓는다.
4. 준비한 수박을 그릇에 담고 얼음을 띄워 차게 해서 낸다. 물이 적을 때는 생수를 조금 섞을 수도 있다.

송화밀수

송화밀수(松花蜜水)는 소나무의 꽃인 송화가루를 꿀물에 타서 실백을 띄운 것으로, 여름철에 더위를 식혀 주는 화채로 향기가 뛰어나다. 이를 송화밀수, 송화수라 한다.

우리는 오래 전부터 화분(花粉)을 식품으로 써 왔다. 송화가루 역시 화분으로, 꿀에 반죽하여 다식판에 박아 낸 송화다식은 잔칫상과 다과상에 올리는 것을 비롯, 송화가루를 무명주머니에 넣고 끓인 물에 타서 송화차(茶)와 누룩과 고두밥을 섞어 빚은 송화주를 만들어 마시기도 하였다.

송화가루는 유월 상순에 송화가 활짝 피기 전에 따서 3~4일 잘 말린 뒤, 깨끗한 보자기에 싸서 털어 받는다. 이렇게 받은 송화가루는 물을 가득 부은 큰 오지그릇에 넣고 한 번 저어 큰 바가지를 띄우면 바가지 밑에 송화가 붙는다. 이것을 다른 그릇에 물을 떠 놓고 그 곳에 다시 씻는다. 이렇게 5~6번 정도 하여 잡물과 쓴맛을 없앤다. 이것을 수비(水飛) 한다고 한다.

그 방법은 한지를 깔고 바가지 밑에 붙은 것을 떼어 말려 고운 체로 친 다음, 따뜻한 아랫목에 종이를 깔고 완전히 말린 다음 한지로 만든 봉지에 매달아 놓고 사용한다.

송화는 윤심폐(潤心肺)·익기(益氣)·거풍(祛風)·지혈의 효과가 있는 것으로 알려져 있다.

밀수(蜜水)는 구석기시대의 크로마뇽인의 동굴 유적 그림에서 볼 수 있듯이, 농경사회가 개화되기 훨씬 이전, 자연 채취식을 하던 고대부터 있었던 원시 음료의 하나로 유추할 수 있다.

꿀이 맛이 좋고 쉽게 채취할 수 있는 천연당류이기에 그 자체가 음료이기도 하고, 다른 음료의 기본액이 되었을 것이다.

꿀은 더위를 식히기에도, 타는 속을 풀기에도 좋을 뿐만 아니라, 밀원(蜜源)인 꽃의 종류에 따라 향기나 빛깔, 농도, 맛이 다른데 빛깔이 검은 꿀은 주로 약꿀로 쓰이며, 화채에 쓰이는 꿀로는 싸리꿀, 아카시아꿀, 유채꿀 등 맑고 깨끗한 꿀이 좋다.

송화밀수에 사용되는 물도 맛이 좋아야 하는데, 1827년 《임원십육지(林園十六志)》에서는 물을 12종류로 나누고 있다.

예로부터 우리나라는 금수강산이라 불리어질 정도로, 깊은 계곡의 맑은 물과 좋은 샘물이 도처에서 솟고 있어서 이것을 음료로 삼아 왔다.

[재료 및 분량]

송화가루	½ 컵
물	4 컵
꿀	8 큰술
잣	1 작은술

만드는 방법

1. 송화가루는 유월 상순에 송화가 피어날 때 송이를 따서 함지에 담아 말려서 물이 담겨 있는 오지그릇에 털어내고, 3 일간 물을 자주 갈아주어서 쓴맛을 우려내고, 고운 대발 위에 헝겊을 깔고 말려서 얻은 송화가루는 항아리에 담아 놓고 쓴다.
2. 물을 끓여 차게 식혀서 꿀을 타 놓는다.
3. 꿀물에 송화가루를 넣고 잘 풀어 잣을 띄워 낸다. 솔잎향이 은은하게 난다.

참 고

- 꿀의 맛은 채밀기에 따라 향, 빛깔, 농도, 맛이 다르며, 검은 색이 나는 꿀은 약꿀로 쓰고, 흰색의 꿀은 잡맛이 없어 음료나 조미료로 주로 쓰인다.
- 여름철에 이 송화가루를 꿀물에 조금씩 타서 먹으면 갈증을 시원하게 없애주는데, 미리 타 놓으면 가라앉으므로 먹기 전에 타서 살 저어 마신다.

잡곡미수·율무미수

잡곡미수(雜穀米水)는 찹쌀과 보리쌀을 각각 미숫가루를 만들어두고, 껍질을 벗겨서 가루로 만든 검정콩과 검은깨를 미숫가루와 섞어 두었다가, 필요할 때 꿀물에 타서 마시는 전통음료를 말한다.

잡곡미수는 재료로 쓰이는 찹쌀을 비롯, 보리쌀·검정콩·검은깨 등을 함께 섭취할 수 있어, 다른 청량음료보다 훨씬 영양적인 식품이며, 식욕이 없을 때 찬물에 꿀과 함께 타서 마시면 청량감과 구수한 맛을 함께 느낄 수 있다.

재료로 쓰이는 검은깨는 두피에 영양을 주어 머리카락이 빠지는 것을 막아주는 것으로 잘 알려져 있다. 이는 검은깨에 들어 있는 지질이 혈관을 튼튼하게 해주고, 두피에 영양을 주기 때문이다.

보리쌀에는 섬유소가 풍부하게 들어있어 장의 연동운동을 촉진시키며, 쌀밥 중심의 식생활로 인한 체액의 산성화를 예방하고 성인병 예방 등에도 효과가 있다.

찹쌀은 비타민 B_1과 B_2가 많아 칼로리가 높고 소화가 잘된다. 젖이 잘 안나오는 산모나, 위와 장이 나빠져서 설사를 할 때도 유용한 식품이다.

잡곡미수는 이러한 여러가지 재료의 특성과 효능, 영양성분을 한꺼번에 골고루, 비교적 쉽게 섭취할 수 있는 것이 큰 장점인 음료라고 할 수 있다.

율무미수(薏苡仁米水)는 율무쌀로 고두밥을 지어 불에 볶은 다음, 가루를 내어, 물에 타서 마시는 청량음료(淸凉飮料)이다. 율무미수도 우물에서 막 퍼올린 시원한 물에 타서 마시는 것으로, 갈증을 풀어주는 동시에 미수 자체만으로도 요기가 되기 때문에 식욕이 없거나 배가 그렇게 고프지 않을 때 한끼 식사대용으로도 적합한 음식이다.

율무는 한명(漢名)으로 '의이(薏苡)'라고 하고, 율무의 껍질 벗긴 율무쌀을 '의이인(薏苡仁)'이라고 한다. 이 율무쌀에는 다른 곡류에 비해 소화가 잘 되는 단백질이 다량으로 함유되어 있어, 담백한 단맛을 지닌다. 지방·철분·칼슘·비타민 B_2 등도 풍부하여 현미를 능가하는 식품으로 꼽힌다. 또한 필수아미노산이 골고루 들어 있어, 신진대사를 원활하게 해주는 작용을 한다.

율무쌀은 자양·강장의 효과가 있는 스테미너 식품으로 알려져 있으며, 이뇨와 소염·진통 효과 이외에도 신장병·신경통·거친피부·사마귀 제거·미용효과 또한 뛰어난 것으로 알려져 있다.

잡곡미수

❶

❶'

율무미수

❷

❷'

[재료 및 분량]

잡곡미수

찹쌀 2컵
보리 1컵
검은콩 1컵
검은깨 1컵
꿀(설탕) .... 적당량

율무미수

율무 3컵
꿀(설탕) .... 적당량

만드는 방법

잡곡미수

1. 찹쌀은 깨끗이 씻어 8~12시간 정도 물에 담가 건져 찜통에 찐 다음, 2~3일 바싹 말려 팬에 볶아서 곱게 가루를 낸다. 보리도 씻어서 6시간 이상 물에 불려 푹 찐 다음, 바싹 말려 볶아서 곱게 가루를 낸다.
2. 검정콩은 물에 깨끗이 씻어 체에 받쳐 물기가 빠지면 볶아서 껍질을 벗겨 가루로 만들고, 검은깨도 깨끗이 씻어 볶아서 가루로 만든다.
3. 위에 준비한 가루를 함께 골고루 섞어서 그릇에 담아 두고, 기호에 따라 물 1컵에 볶은 잡곡가루와 꿀을 적당히 타서 마신다.

율무미수

1. 율무는 보리쌀 씻듯이 깨끗이 씻어 5~6시간 물에 담가 놓고, 자주 물을 갈아 준 다음 건져서 찜통에 찐다.
2. 쪄 낸 율무를 2~3일 바싹 말려서 볶아 가루로 만들어 두고 기호에 따라 볶은 율무가루와 꿀을 물에 적당히 넣고 타서 마신다

참 고

- 중국에서는 율무를 이용하여 '의미복덩'과 '의이돈계'와 같은 요리를 만들어 먹어오고 있으며, 우리나라에서는 죽과 차, 미수, 술 등을 만들어 먹는다.

안동식혜

안동식혜(安東食醯)는 찹쌀을 찜통에 쪄서 만든 찰밥에 고춧가루, 무채, 밤채, 생강채를 넣고 고루 섞은 다음 엿기름물을 따라 붓고 따뜻한 곳에서 발효시켜 만든 음료로, 경상도 안동지방의 겨울철 향토음식이다.

1984 년 《한국민속종합보고서》 〈향토음식편〉에 "찹쌀을 불려서 찌고 엿기름물은 물에 넣어 잘 빨아서 체에 받쳐 가라앉혀 웃물만 따른다. 찰밥이 뜨거울 때 엿기름물과 버무리고, 무는 자그마한 네모로 얄팍얄팍 썰고 생강은 곱게 다져 넣는다. 고춧가루를 헝겊에 싸서 엿기름물을 붉은 물을 들이고 매운 맛이 나게 한다. 식혜를 말아 따끈한 물솥에 담고 담요를 씌운 항아리에 들여 안쳐서 60~70℃를 유지하여 5~6 시간을 지나면 밥알이 삭아서 동동 뜨고 맛이 달아진다. 차게 식힐 때 설탕을 알맞게 타서 둔다. 이 식혜는 밥을 비롯 건더기가 많고 국물이 적으며, 맵고 맛이 특이하다."고 기록되어 있다.

이 안동식혜는 우리가 마시는 단맛의 국물이 많은 식혜가 아니라, 얄팍하게 썬 무와 밤, 엿기름 우린 물과 향신료인 생강, 고춧가루를 넣고 삭힌 음청류로서, 빛깔은 나박김치와 비슷하나 약간 걸쭉하고 톡 쏘는 듯한 독특한 맛을 낸다.

안동은 보수성이 강한 지역이라 전통적인 음식이 토착화되어 향토음식으로서의 특성을 지니고 있으며, 음식풍이 고장 특유의 격조가 있다. 또 주변 지역에 비해 기후가 따뜻한 까닭으로 음식의 맛이 얼얼하고 맵고 짠 편이며, 전반적으로 곡물의 가공식품이 발달되어 있다.

한편, 안동지역은 수산물의 공급이 원활하지 못한 곳이어서 자반을 위시한 건조수산식품이 상용식품으로 쓰이며, 채소와 콩가루를 무쳐 끓인 국과 가지, 호박 등에 콩가루를 묻혀 쪄서 무치거나 볶은 형태의 특수한 음식이 찬으로 이용된다.

안동지방에서는 이 식혜를 그릇에 담아낼 때, 사과와 배, 밤 등을 예쁜 모양으로 썰어 기호에 맞게 곁들여 먹기를 즐긴다.

안동 지역에 사는 사람들이 식혜를 만들 때 준비된 엿기름물을 밥통에 담고, 여기에 뜸이 잘 들은 뜨거운 찰밥을 넣고, 위와 같은 온도를 7~8 시간 유지시켜 주면 밥알이 잘 삭아서 맛이 부드러워진다고 한다. 특히 설날에 손님 접대에 빼놓지 않고 올리는 것으로 유명하다.

[재료 및 분량]

찹쌀	3 컵
엿기름가루	3 컵
고운 고춧가루	3 큰술
무	1 개
밤채	1 컵
생강	3 쪽
잣	1 큰술

만드는 방법

1. 찹쌀을 3~4 회 깨끗이 씻어 8~12 시간 정도 물에 불린다.
2. 엿기름가루를 미지근한 물에 담가 불려 주물러서 체에 받쳐 건지는 꼭 짜서 버리고, 국물은 가라앉혀 맑은 윗물을 따라 놓는다.
3. 불려 놓은 찹쌀은 찜통에 쪄놓고, 무는 4~5 cm 길이로 채 썰고, 밤, 생강도 채 친다.
4. 양푼에 찹쌀밥과 고춧가루, 무 채 썬 것, 밤채, 생강채를 넣고 고루 섞은 다음, 엿기름물을 따라 붓고 다시 고루 섞어 단지에 담고 뚜껑을 덮어 따뜻한 곳에서 발효시킨다.
5. 잘 발효된 식혜를 그릇에 담고 잣을 띄워 낸다.

참 고

- 무는 가로 · 세로 1.5 cm, 두께 0.3 cm 정도로 나박썰기를 하여 사용하기도 한다.

떡수단

수단(水團)은 우리의 고유한 풍속에서 유월 유두절(流頭節)에 보리수단·만두와 함께 먹는 음료의 한 가지이다.

떡수단은 '흰떡수단'이라고도 하며, 멥쌀가루로 만든 흰떡을 작은 경단모양으로 만들어서 녹말가루를 입힌 뒤, 끓는 물에 삶아 건져 찬물에 헹구고 이를 꿀물이나 오미자국물에 띄워 먹는다. 시원하게 마시는 음청류 중, 수단은 여름철에, 원소병은 정월 보름날에 쓰는 것이 일반적이다.

이 떡수단은 우리의 고조리서인 1958 년 《우리나라 음식만드는 법》을 비롯, 1849 년 《동국세시기》, 1819 년 《열양세시기(洌陽歲時記)》에 만드는 법이 수록되어 있는데, 《우리나라 음식만드는 법》의 기록을 보면, "쫄깃쫄깃하게 만든 흰떡을 도마에 놓고 손에 물칠을 해서 밀어서 연필 굵기만큼씩 길게 밀어서, 이것을 콩알만큼씩 썰어서 녹말을 무쳐서 끓는 물에 삶아 건져가지고 다시 녹말을 무쳐서 또 한 번 끓는물에 삶아서 냉수에 헹궈 건져, 화채 그릇에 나누어 담고, 오미자물이나 설탕물(끓여 식혀 가지고)에 꿀을 조금 타서 떡 그릇에 붓고 실백을 띄워서 놓으라."라고 하였다.

한편 1849 년 《동국세시기》에 의하면, "음력 6 월 15일 유두절에 수단을 만들어 먹었다."고 하며, '건단(乾團)'이라는 것도 있는데, 이는 물에 넣지 않은 것을 가리킨다. 그러나 그 보다 더 오래 전에는 단오에 수단을 만들어 먹었던 것 같이 보인다.

《천보유사(天寶遺事)》라는 문헌을 보면, "궁중에서 매년 단오에 분단(粉團)과 각서(角黍)를 만들어 쟁반 안에 못으로 고정시켜 놓고, 작은 활로 화살을 쏘아 그 분단을 맞힌 사람이 그것을 먹는다."고 기록되어 있다. 또 《세시잡기(歲時雜記)》에는 "단오날 수단을 만드는데 일명 백단(白團)이라고도 하고, 가장 정밀하게 만든 것을 적분단(滴粉團)이라고 한다."라고 하였다.

이러한 떡수단은 꿀물에 염주알 같은 동그란 흰떡과 얼음덩이가 동동 가득 떠있어, 무척 시원하면서도 떡의 쫄깃함으로 해서 무척 이색적인 맛과 느낌을 준다.

[재료 및 분량]

멥쌀	1컵(가루 2컵)
소금	1/8 작은술
녹두녹말	1/3 컵
물	3컵
꿀	3/4 컵
잣	1 작은술

❶

❷

❸

❸'

만드는 방법

1. 멥쌀가루를 체에 내려 물을 버물버물 충분히 주어 찜통에 쪄 낸다.
2. 찐 떡을 절구에 넣고 차지게 친 다음, 안반에 올려서 직경 1 cm 정도가 되도록 밀어 가래떡을 만들고, 대나무 칼로 길이 1 cm 정도로 동글게 썬다.
3. 썬 떡은 다시 둥글게 만들어 녹말가루를 묻힌 후, 끓는 물에 삶아 내어 찬물에 헹궈서 물기를 뺀다.
4. 차게 식힌 꿀물에 떡수단을 넣고 잣을 띄워 낸다.

참 고

- 대나무칼로 썰면 동글게 되는데, 칼이 없을 때는 손을 옆으로 세워 잘라내도 같은 모양을 낸다.

보리수단

보리수단(水團)은 삶은 보리쌀에 녹두녹말을 묻혀 다시 끓는 물에 삶아 건져서 오미자즙에 띄운 음료로서, 앵두화채·제호탕과 함께 여름철에 잘 어울리는 전통음료이다.

1819 년 《열양세시기(洌陽歲時記)》에 "아이들을 위한 시식성찬인데, 단이라 하는 것은 원일(元日)의 권모(흰떡)로 그 모양은 얇게 썰은 것과 굵게 썰은 것"이라고 수단을 소개하고 있다.

또, 1611 년 《도문대작(屠門大爵)》에서는 수단이 서울의 시식이라 하고 "쌀가루나 밀가루를 쪄서 흰떡 모양으로 만들어 썰은 뒤 겉에 녹말을 붙여 삶아서 건져낸 후, 꿀물에 넣어서 먹는다."라고 기록한 것을 볼 수 있는데, 보리수단도 이 수단의 한가지이다.

한편, 북송(北宋)의 시인 '장문갑'의 시(詩)에 "수단이 얼음에 잠겨서 사랑으로 쌓이네" 라는 구절이 있는 것으로 보아, 기원은 중국으로부터임을 짐작할 수 있다.

원래 수단은 단오절에 만들어 서로 주고받던 음식인데, 조선조 중엽부터 유월 유두날로 옮겨져 여름철에 즐겨 먹게 되었다.

보리수단은 가능한 한 햇보리로 하여 푹 삶아 여러 번 물에 헹군 후, 보리 한 알 한 알에 녹말가루를 골고루 입혀서 다시 삶아내고, 찬물에 담갔다가, 건져서 물기가 어느 정도 빠지면 재차 녹말가루를 입혀 삶는 과정을 3~4 차례 되풀이한다. 이렇게 반복하는 동안 보리알은 콩알만한 크기가 된다. 이것을 화채그릇에 담고 꿀을 탄 오미자물을 부으면 위로 떠오르는데 이때 잣을 함께 띄워서 마신다.

보리수단의 재료로 쓰이는 보리에는 각종 비타민을 많이 함유하고 있어 밥이나, 떡, 또는 음료로 섭취하는 것이 좋은데, 햇보리가 나올 무렵 햇보리개떡도 구수하고, 보리미숫가루도 만들어 두었다가 얼음물에 타서 먹으면 성인병 예방에도 좋다.

보리수단은 화사하리만큼 불그스레한 오미자물에 꿀을 섞고, 염주알 같은 흰 보리알을 가득 동동 띄우고, 그 속에 얼음덩이가 몇 덩이 있어, 그 시원함이 입안을 상쾌하게 한다.

[재료 및 분량]

보리쌀	5 큰술
녹두녹말	½ 컵
설탕시럽	4 큰술
꿀	2 큰술
오미자국물	4 컵
잣	1 작은술

❶

❷

❷'

❸

만드는 방법

1. 보리쌀은 박박 문질러 여러 번 닦아 깨끗이 씻어 물에 푹 삶아서 찬물에 헹구어 건져 물기를 뺀다.
2. 삶은 보리쌀에 녹두녹말을 씌워 끓는 물에 삶아 건져 찬물에 헹군다. 이와 같은 방법으로 4~5회 반복하여 보리알을 크게 만든다.
3. 하룻밤 우린 오미자 국물에 설탕시럽, 꿀을 넣고 크기가 커진 보리쌀알과 잣을 함께 띄워 차게 낸다.

참 고

- 삶은 보리에 녹말가루를 입힐 때, 물기를 완전히 뺀 후에 다시 녹말가루를 덧입혀야 보리알이 굵어진다.

원소병

원소병(元宵餠)은 찹쌀가루를 여러가지 색으로 반죽하여 소를 넣고, 경단모양으로 빚어서 삶아 낸 것으로, 오미자국물이나 꿀물에 띄워 낸 화채이다. 한자로 '元宵餠', 또는 '圓小餠'이라 쓴다.

원소병은 정초에 많이 먹는데 "북경의 원소(元宵)가 정월 보름에 해 먹었다."하여 불려진 이름이라고 한다. 그러나 이름만 보아서는 음료와 관련되는 것이라고는 생각할 수가 없고, 또 무엇으로 만든 떡인지도 알 수가 없다.

우리나라 문헌으로는 1800년대 초엽의 《옹희잡지(饔饎雜誌)》에 처음 수록되어 있다.

1815년의 《규합총서(閨閤叢書)》에는 "찹쌀가루를 곱게 하여 누릇하게 날반죽한다. 소는 호도껍질을 벗겨 두드리고, 잣가루와 계피·사탕·후추를 가루로 만들어 섞은 소를 넣어 만두모양으로 빚는다. 물을 끓이고 삶아 뜨거든 건져, 사탕가루를 묻혀 오미자국에 꿀 타서 넣어 먹는다."고 하였으며, 또 "이 떡이 북경(北京)서 정월(元宵) 보름에 만들어 먹는 고로 원소병(元宵餠)이라 한다."고 기록하고 있다.

1855년 《부인필지(夫人必知)》에 소개된 제법을 보면, "찰가루를 깁체에 쳐서 사탕물에 반죽하여 대초 걸른 즙에 넣어 경단같이 빚어 사탕물에 삶아 수단같이 물끼있게 먹는다.

이는 하북의 원소가 해 먹던 떡인 고로 원소병이라 한다."고 하였는데, 원나라에서는 원소병을 정월 보름날 만들어 먹었다고 한다.

1913년 《조선요리제법(朝鮮料理製法)》에서는 "찹쌀가루를 고운 체에 쳐서 펄펄 끓는물에 반죽해 놓고 (경단 반죽만큼 할 것) 청매와 귤병을 잘게 썰고 계피가루와 설탕을 넣고 섞어서 소를 넣고 만드나니, 반죽한 것을 작은 은행만큼씩 떼어 구멍을 파고 만들어 놓은 소를 넣고 동글게 만들어서 녹말가루를 묻혀서 펄펄 끓는 물에 넣어서 잠깐 삶아서 물우에 동동 뜨거든 즉시 건져 찬물에 넣고 채반에 쏟아서 물을 다 빼고 차게 식은 후 꿀물에 넣어서 잣가루를 뿌려서 상에 놓나니라."고 하였다.

한편, 중국의 고대 식품서인 《제민요술》에 나오는 음료를 보면, 단맛이 있는 술인 예(醴·단술)와 엿을 물에 푼 이(飴), 매실을 물에 푼 이(飴), 밀가루를 물에 푼 량(涼), 곡물을 발효시켜 만든 신맛의 음료인 장(漿)이 있는데, 원소병은 이(飴)에 속한다고 볼 수 있다.

[재료 및 분량]

찹쌀	1½ 컵(가루 3 컵)
소금	1 작은술

소

대추	15 개
귤병	2 큰술
유자청건지	2 큰술
녹말가루	½ 컵

꿀물

꿀(설탕)	1 컵
물	4 컵
잣	1 작은술

반죽 물들이기

치자 2 개, 물 10 큰술
오미자 30 g, 물 10 큰술
쑥가루 10 g, 물 3 큰술

만드는 방법

1. 찹쌀가루에 소금을 약간 넣고 체에 내려 4 등분 한다.
2. 각각의 찹쌀가루에 치자 우린 물, 오미자 국물, 쑥가루를 넣고 잘 비빈 다음 찬물로 각각 반죽하여 노랑, 빨강, 초록, 흰색의 반죽을 만든다.
3. 대추는 씨를 발라내어 살을 다지고 귤병과 유자는 다져서 함께 섞어 소를 만들어 놓는다.
4. 준비해 놓은 반죽에 소를 넣고 직경 2 cm 정도의 크기로 동그랗게 빚는다.
5. 녹말가루를 씌워 끓는 물에 삶아 찬물에 한 번 헹구었다가 건져 물기를 뺀다.
6. 화채 그릇에 색색으로 담고 꿀물이나 끓여 식힌 설탕물을 붓고 잣을 띄워 낸다.

참 고

- 원소병의 색을 은은하고 곱게 물들이려면, 찹쌀가루에 색을 아주 연하게 하여야 한다.
- 쌀가루 반죽할 때 반죽 농도가 너무 질으면 빚어 놓은 모양이 일그러져서 동그랗지 않으므로 주의한다.
- 익반죽하면 반죽이 늘어지므로 반드시 찬물로 반죽을 한다. 원소병은 크기를 일정하게 만들어야 예쁘다.

창 면

창면(昌麪)은 일명 '착면'이라고도 하며, 녹두녹말을 이용하여 얇게 만든 면(麪)을 삶아 채 썬 다음, 오미자즙에 띄워 마시는 청량음료이다.

1670 년의 고조리서인《음식지미방(飮食知味方)》에 "녹두녹말 1홉을 물에 되지 않게 타서 양푼 행기에 한 술씩 담아 더운 솥의 물에 띄워 익으면 찬물에 담았다가 썰어서 오미자즙에 넣어 먹는다. 오미자가 없으면 참깨를 볶아서 찧어서 걸러 그 국에 말아 먹는다."고 기록되어 있다.

창면에 사용되는 녹두에는 리놀산과 리놀레인산 등의 질이 우수한 지방이 주성분을 이루는 불포화지방산과 로이신 · 라이신 · 발린 등 필수아미노산 섭취를 위한 청량음료로 적당하다.

녹두는 몸을 차게 하는 성질이 있어 해열 · 고혈압 · 숙취에 좋으며, 흡수성이 좋아 훌륭한 환자의 회복식으로 이용된다. 피로회복과 입술이 마르고 입속이 헐었을 때 먹으면 효과가 있으며, 소화성도 비교적 좋은 식품으로 알려져 있다.

이 때문에 우리 조상들은 예로부터 녹두를 이용, 여러가지 음식을 만들어 즐겨 먹어 왔다.

지금도 우리 입에 익숙한 청포(淸泡)를 비롯 빈대떡 · 숙주나물 · 녹두죽 · 떡고물 · 녹두전병 등은 맛과 영양이 훌륭한 영양식이다.

특기할 것은 녹두를 나물로 길러 먹으면 그 성분에 변화가 생기는데, 비타민 A는 2배, 비타민 B는 30배, 비타민 C는 40배 이상으로 증가한다.

녹두를 이용하여 창면을 만들 때에는 미리 녹두녹말을 얻어야 하는데, 대체로 3월 초나 이른 봄에 만드는 것이 품질이 좋다. 시기를 놓치면 쉽게 쉬어서 냄새가 나고 삭아서 가라앉지도 않을 뿐 아니라, 뜨물같이 되어버리기 때문이다.

녹두녹말은 녹두를 갈아 고운 사(絲)주머니에 넣고, 맑은 물이 나올 때까지 주물러 짜서 앙금을 가라앉히는데, 윗물을 여러 번 갈아주어야 빛이 깨끗하다. 앙금이 하얗게 되면 물기를 빼고 종이를 깔고 펴서 그늘에 말렸다가, 고운 체에 쳐서 사용한다.

이 녹말을 물에 넣고 곱게 풀어 중탕하여 면을 만들어서, 화채를 비롯 화면과 책면, 녹말국수 등을 만들기도 한다.

그릇에 담을 때 잣을 몇 알 띄워내면 영양가도 훌륭해지거니와 상큼해서 입맛이 도는, 평소에는 맛보기 힘든 이색적인 음료이다.

[재료 및 분량]

녹두녹말	½컵
물	1컵

오미자국물

오미자	½컵
물	6컵
잣	1작은술

만드는 방법

1. 오미자는 티를 고르고 깨끗이 씻어 물기를 뺀 후 끓여서 식힌 물에 하룻밤 담가 놓아 물이 진달래 빛으로 곱게 우러나면, 고운 겹체로 받쳐 오미자 국물을 만들어낸다.
2. 녹두녹말을 물에 풀어 얇은 헝겊(絲)이나 고운 체에 내리고, 얇은 접시의 전체 바닥에 얇게 깔리게 부은 후 냄비에 물이 끓으면 수면 위에 띄워 중탕한다.
3. 녹말물의 표면에 물기가 없어지면 접시 째 끓는 물 속에 밀어 넣어 완전히 익힌 후, 꺼내어 찬물에 냉각시켜 젓가락을 돌려 떼어 낸다.
4. 여러 번 겹쳐 접어 곱게 채를 친 후, 그릇에 담고 우려 놓은 오미자 국물을 붓고 잣을 띄워 낸다.

참 고

- 창면을 만들기 위해 녹두녹말을 물에 풀어 얇은 접시에 부을 때 너무 얇게 부으면, 익으 후 질기고 질 썹이지지 않으므로 적당량이 깔리게 부어야 한다.

부 록

1. 여러가지 떡가루와 떡 만들기
2. 떡의 용도와 그 성격
3. 떡 기구 · 기명
4. 고려시대 이전의 조리용구
5. 각종 떡살 문양
6. 식품 중량표

부록 1

여러가지 떡가루와 떡 만들기

떡가루 만들기

떡가루는 가루와 물의 배합이 잘 맞아야 떡을 할 때 잘 익으며, 설거나 질지 않게 된다. 떡에 쓰이는 멥쌀이나 찹쌀은 깨끗이 씻어 일어 물에 불렸다가, 건져 물기를 빼고 소금을 넣어 가루로 빻아 체에 내려 고운 가루를 만든다.
대체로 멥쌀이나 찹쌀을 깨끗이 씻어 3~4시간 정도 불리면 수분 함유율이 30% 정도 되고, 다섯 시간쯤 불리면 100%까지 물을 흡수하므로 그 이상 시간을 넘길 필요까지는 없다고 하지만, 최근의 실험조리에서 그동안 우리 조상들이 해오던 "하룻밤(12시간 정도)을 담갔다가 떡을 하라."는 그 조리법이 가장 좋은 방법이라는 실험연구 보고서가 나와 있다.
소금간은 쌀 800g(소두 1되 · 5컵)에 가는 소금 1큰술 정도를 넣으면 된다. 물기를 뺀 쌀은 쌀 5컵당 소금 1큰술을 넣어 빻는데 쌀 5컵(800g, 소두 1되)을 불려 빻으면 11컵(1kg) 정도의 쌀가루가 나온다. 멥쌀가루를 빻아 물을 훌훌 뿌려 가며 손으로 비벼서 체에 치는 것을 '물 내린다.' 고 한다. 멥쌀가루로 떡을 만들 때에는 방앗간에서 바로 빻아왔을 경우 쌀가루 4컵에 1큰술 정도의 물을 넣어 골고루 비벼 체에 내린다. 쌀가루가 말라있는 정도에 따라 물의 양이 달라지며, 물을 준 후 손으로 뭉쳐 흔들어 깨지지 않을 정도면 알맞다.
떡에 설탕을 넣을 경우에는 쌀가루 20컵에 설탕 ½컵과 물 ½컵을 넣고 끓여 식힌 설탕물을 넣어서 고루 비빈 후 다시 체에 내린다. 일반적으로 찌는떡의 쌀가루는 체에 3~4회 내린 후 사용해야 좋으며, 특히 백설기 등의 떡을 만들 때는 고운체로 쳐야 부드럽고 폭신한 질감의 떡을 만들 수 있다.

각종 잡곡가루 만들기

1. 흰콩가루
흰콩을 모래와 벌레 먹은 것들을 골라내고 불지 않게 재빨리 씻어 돌을 일어낸 후, 소쿠리에 건져 물기를 뺀다. 물기가 빠지면 큰솥에서 타지 않게 볶아 맷돌이나 분마기에 굵게 갈아 콩껍질을 벗겨낸 후, 다시 맷돌이나 분마기에 소금을 넣고 곱게 빻아 고운 체에 친 다음 냉동고에 두고 쓴다.

2. 파란콩가루
파란콩을 모래와 벌레 먹은 것들을 골라내고, 깨끗이 씻어 돌을 일어낸다. 씻은 콩을 두꺼운 냄비에 넣고, 물을 냄비바닥에 깔릴 정도로 넣어 물기가 거의 없어질 때까지 찐다.
콩의 주름이 없어질 정도까지 쪄진 콩을 타지 않게 볶아서 식힌 다음, 맷돌이나 분마기에 타서 껍질을 버린 다음 소금을 넣고 빻아 고운체에 친 다음 냉동고에 두고 쓴다. 푸른콩고물은 서리태나 파란콩으로 만드는데, 껍질은 까맣고 속은 파란 서리태로 하는 것이 색이 더 좋다.

3. 밤가루
밤을 속껍질까지 벗겨서 종이장처럼 얇게 썰어 볕에 널어 바싹 말렸다가, 곧바로 맷돌이나 분마기에 갈아서 가는 체에 쳐 봉지에 넣고 냉동고에 두고 쓴다.

4. 감가루
단감의 껍질을 벗겨내고 심과 씨를 없앤 다음 얇게 저며 볕에 바싹 말린 다음, 곧바로 빻아 고운체에 쳐서 가루로 만든다. 냉동고에 보관해 두었다가 쌀가루에 섞어 석탄병이나 각종 떡에 넣는다.

5. 차수숫가루
차수수를 보리쌀 닦듯이 잘 닦아 깨끗하게 씻고, 모래없이 일어 놓는다. 이것을 미지근한 물에 담가 불리는데, 물을 여러 번 갈아주어 떫은맛을 없앤 후, 소쿠리에 건져 소금을 조금 넣어 빻아 가루로 만들어 체에 쳐서 숙수경단이나 부꾸미 등에 쓰인다.

6. 승검초 가루
한방에서 쓰이는 당귀잎을 구하여 그늘에서 말려 분마기나 절구에 빻아 체에 쳐서 가루로 만들어 쓴다. 승검초 가루는 떡가루에 섞어 승검초 단자, 각색편, 주악 등을 만들어 먹기도 하며, 콩가루 · 송화가루와 함께 꿀로 반죽하여 다식으로 만들기도 한다.

7. 송화가루
봄에 소나무에 노란 송화가 피면, 이를 송이채 따서 바짝 말린다. 큰 자배기에 송이채로 어레미에 쳐서 송화가루를 털고 찬물을 부어 송화가 뜨면, 나무주걱에 묻게 하여 모아 놓는다. 이 송화가루를 다시자배기에 넣고 끓인 물을 붓는다. 펄펄 끓인물을 부으면 2~3년이 지나도 벌레가 생기지 않는다. 송화가루가 밑으로 가라앉으면 윗물을 따라내고 숟가락으로 건져 한지나 옥양목에 옮기고, 그 위에 한지를 덮어 바짝 말린다. 송화가루는 다식이나 송화편 등을 만들 때에 사용한다.

8. 도토리가루
가을에 나오는 햇도토리를 겉껍질을 벗기고 물을 많이 붓고 담가 두어 쓴맛을 우려낸다. 매일 2~3회씩 물을 갈아주기를 1주일 정도 계속한다. 그 후 속껍질을 벗기고 잘 씻어 절구에 찧어서 시루에 안치고, 2~3일 동안 물을 자주 갈아 독기를 충분히 빼 내고, 다시 꺼내 맷돌에 곱게 갈아 고운 체에 쳐서 가라앉힌다. 웃물을 가만히 따라 내고 단단히 굳은 앙금을 볕에 바싹 말렸다가 두고 쓴다.

9. 석이버섯가루
석이버섯을 뜨거운 물에 잠시 담가 불려서 손으로 비벼 맑은 물이 나올 때까지 깨끗이 씻은 후 석이의 배꼽을 떼고 물기를 꼭 짠다. 이것을 채반에 널어 통풍과 볕이 잘 드는 곳에서 바싹 말린 다음, 분마기나 절구에 빻아 고운체에 쳐 봉지에 넣어두고 쓴다. 석이가루는 석이단자, 석이병 등 각종 떡에 넣는다.

10. 대추가루
대추는 붉고 굵은 것을 골라서 씻어 건져 물기를 뺀 다음, 이것을 돌려깎기하여 씨를 빼내고 가늘게 채썰어 햇볕에 바싹 말린 다음 분마기나 절구에 빻아 가루를 만든다.

11. 팥앙금가루
붉은팥을 깨끗이 씻어 돌을 인 다음 팥에 물을 부어 끓으면, 물을 버리고 다시 찬물을 부어 팥이 푹 무를 때까지 삶는다. 삶은 팥은 어레미에 내리고 남은 건지는 다시 물을 부어 주물러서 어레미에 내린다. 이것을 다시 고운체에 내린 다음, 고운 면주머니에 준비한 팥물을 붓고 물기를 꼭 짜서 팥앙금을 만든다. 한지나 옥양목에 펼쳐 햇볕에 말리거나 번철에 볶아 쓰는데, 설탕을 넣고 볶아 가루를 만들기도 한다. 이 팥앙금가루는 구름떡이나 경단 등의 고물로 사용된다.

12. 경아가루
붉은팥을 깨끗이 씻어 돌을 인 다음 푹 삶아 어레미에 걸러 다시 고운체에 내려 햇볕에 바싹 말린다. 말린 팥가루에 물을 뿌려서 다시 찜통에 쪄서 볕에 바삭 말려 빻아, 고운체에 내린 다음 참기름을 넣고 비벼 경아가루를 만든다. 이런 과정을 7회 반복한다.

6 고물 · 소 만드는 법

1. 붉은 팥고물
붉은 팥을 깨끗이 씻어 돌을 인 다음 잡티를 제거한다. 팥에 물을 부어 끓으면 그 물을 버리고, 다시 찬물을 부어 팥이 푹 무를 때까지 삶는다. 너무 푹 삶지 말아야 하며, 거의 익으면 물을 따라 내고 낮은 불에서 뜸을 들인 후, 소금을 넣고 절구에 대강 찧어 팥고물을 만든다. 붉은팥시루떡에 이용된다.
시루떡에 켜켜로 뿌리는 고물이므로 질지 않게 만든다. 따라서 떡 고물로 쓸 때에는 다 쪄진 고물을 주걱으로 조금만 으깨어 사용하고, 거피팥으로 소를 사용할 때에는 어레미에 내려 쓴다. 붉은 팥고물의 분량은 쌀의 절반쯤이면 적당하며, 소금간이 알맞아야 떡이 맛이 있다.

2. 거피 팥고물
푸른 팥을 맷돌에 타서 반쪽이 날 정도로 하여 미지근한 물에 담가 8시간 이상 충분히 불린다. 불린 팥을 제물에서 거친 그릇에 담고 문지르거나 손으로 비벼 씻어 껍질을 조리로 건져가며 남아있는 껍질을 없앤다. 조리로 돌을 인 뒤 찬물로 여러번 헹구어 소쿠리에 건져 물기를 빼고, 찜통에 베보자기를 깔고 찌거나 시루에 넣어 30분 정도 푹 쪄낸다. 쪄 낸 팥을 쏟아 소금간을 하며, 떡고물로 할 경우 방망이로 조금만 으깨어 사용하고, 거피팥으로 팥소나 경단에 이용할 때에는 체에 걸러 곱게 내려서 사용한다. 거피 팥고물은 각종 편 · 단자 · 송편의 소로 이용된다.

3. 거피 볶은 팥고물
거피팥을 물에 불려 껍질 없이 씻어서 찜통이나 시루에 푹 쪄, 뜨거울 때 어레미에 내리고 넓은 번철에 진간장, 흰설탕, 황설탕, 계피가루를 넣어서 양념하여 팥을 말리는 상태로 보슬보슬하게 볶아 체에 내린 다음 두텁떡 등의 고물로 사용한다.

4. 녹두고물
녹두를 반쪽이 날 정도로 맷돌에 타서 미지근한 물에 담가 8시간 이상 불린다. 충분히 불린 것을 거친 그릇에 담고 제물에서 문지르거나 손으로 비벼, 껍질을 조리로 건져가며 물로 여러 번 헹구어서 껍질을 완전히 벗긴다. 박박 문질러 푸른 물이 쏙 빠져야 색이 곱고 깨끗하다. 이것을 조리로 일어 소쿠리에 건져 물기를 뺀 뒤, 젖은 베보자기를 깔고 찜통이나 시루에 푹 쪄 낸다. 익으면 용도에 따라 편 · 단자 · 송편의 소나 고물로 쓰는데 녹두를 통으로 쓸 경우에는 그대로 사용하고, 찐 것을 어레미에 내려 고운 고물로 만들어서 쓴다.

5. 밤고물
밤을 깨끗이 씻고 물을 부어 통째로 푹 삶아 찬물에 담갔다가 건져, 겉껍질과 속껍질까지 모두 벗겨 소금을 약간 넣고, 절구에 찧어서 어레미에 내려 단자 · 경단 · 송편의 소로 사용한다.

6. 콩고물
콩은 깨끗한 것을 골라 씻어서 돌을 인 다음, 소쿠리에 건져 물기를 뺀다. 큰솥에서 타지 않게 볶아 맷돌에 굵게 갈아 키로 까불어 껍질과 싸래기를 버리고, 소금을 조금 넣어 고운 체에 내려 콩가루를 만든다. 요즘은 맷돌이 없어 방앗간에서 가루로 만들어 쓰며, 소금 대신 설탕을 넣기도 하고 인절미 · 경단 · 다식을 만드는데 사용된다. 노란 콩으로 하면 노란 콩가루, 파란 콩으로 하면 파란 콩가루를 만들 수 있다.

7. 참깨고물
깨를 물에 씻어 돌 없이 잘 일어 그릇에 담고, 물을 조금 붓고 손으로 비벼서 껍질을 벗긴다. 물에 씻어 위에 뜨는 빈 껍질은 조리로 건져버리고, 알맹이만 씻는 것을 '실깨한다.' 고 하며, 이것을 건져내어 물기를 빼고, 넓은 솥에 타지 않게 살살 볶는다. 손끝으로 집어 비벼서 부서지면 다 볶아진 것이므로, 편고물이나 송편과 주악의 소로 사용할 때는 꺼내어 절구나 분마기에 약간 찧어 체에 내려서 소금간을 하고, 강정고물이나 산자고물에 쓸 때는 볶아낸 후 그대로 사용한다.

8. 흑임자고물

흑임자(검은 깨)를 씻어 일어서 물기를 뺀 다음, 넓은 그릇에 타지 않게 조심해서 볶아, 절구나 분마기에 빻아 어레미에 쳐서 소금간을 하여 편고물이나 경단고물에 사용한다. 이 흑임자는 음식이 상하기 쉬운 여름철에 먹을 시루떡에 적당한 고물이다. 잘 볶아졌는지 알아보기 위해 흑임자를 볶을 때 콩을 몇알 넣어 함께 볶는다.

9. 대추채 · 밤채 · 석이채

① 대추채 : 굵고 통통한 대추를 골라 깨끗이 씻고 돌려깎기하여 씨를 뺀 다음, 밀대로 얇게 밀어 곱게 채 친다.
② 밤 채 : 좋은 밤을 골라 겉껍질, 속껍질을 깨끗이 벗긴 다음 곱게 채 친다.
③ 석이채 : 석이를 따뜻한 물에 담갔다가 손으로 비벼 속의 막을 완전히 벗긴 다음, 깨끗한 물이 나올 때까지 씻는다. 배꼽을 떼고 물기를 짠 다음 곱게 채 썬다. 각색편과 단자고물로 사용된다.

6 떡한과 부재료 만들기

재료 : 녹두 2컵, 생강 1kg, 붉은팥 3컵, 면주머니, 사지주머니, 고운체, 중간체
기간 : 약 3주 정도

1. 녹두녹말

① 녹두를 깨끗이 씻어 5~7시간 정도 물에 불린 후 깨끗이 거피한다.
② 거피한 녹두를 믹서기에 곱게 간다.
③ 곱게 간 녹두를 체에 밭쳐 고운 사지주머니에 넣고 주물러 짠다.
④ 맑은 물이 우러 나올 때까지 물을 부어 짜서 앙금을 가라 앉힌다.
⑤ 하얗게 우러나면 물을 따라 버린다.
⑥ 채반에 한지나 면보를 깔고 한 술씩 떠서 말린다.
⑦ 거의 마르면 고운체에 쳐서 가루로 만들고 덜 말랐을 경우 따뜻한 방에서 바짝 말려 비닐 팩에 넣어 냉동고에 넣고 쓴다.
*녹두건지는 경단을 해먹기도 한다.
*녹두 2컵에 녹두녹말 약 2g 정도가 나온다.

2. 생강녹말

① 생강을 좋은 것으로 골라 깨끗이 씻어서 껍질을 벗긴 후 다시 씻는다.
② 얇게 저며 믹서기에 물을 붓고 곱게 간 뒤에 중간체에 받친다.
③ 이것을 다시 한 번 사지주머니에 물을 주어서 빤 뒤에 찌거기를 꼭 짜서 놓는다.
④ 한 번 다시 고운체에 받친다.
⑤ 하루가 지난 뒤에 웃물을 버리고 한지를 깔고 말린다.
*생강 1kg에 생강녹말 약 15g이 나온다.
*중국산 생강은 맛이 맵고, 생강녹말도 적게 나온다.

3. 팥앙금 만들기

① 붉은팥을 깨끗이 씻어 돌을 인 다음 팥에 물을 부어 끓인다.
② 물을 버리고 다시 찬물을 넉넉히 부어 팥이 무를 때까지 삶는다.
③ 삶은 팥을 중간체에 내리고 남은 건지는 다시 물을 부어 주물러서 어레미에 내린다.
④ 다시 고운체에 내린 다음 고운 이중 면주머니에 준비한 팥물을 붓고 물기를 꼭 짜서 팥앙금을 만든다.
⑤ 채반에 한지를 깔고 햇볕에 말리거나, 번철에 볶아 쓰는데 설탕을 넣고 볶아 가루를 만들기도 한다.
*설탕과 팥앙금에 비율은 1 : 2에 비율이 가장 맛이 좋다.

6 떡 찌는 법

떡시루에 수분이 알맞아야 떡이 잘 익으며, 쌀가루 사이로 증기의 대류가 잘 이루어져야 떡이 잘 된다. 우리나라의 질시루는 물기를 흡수하는 특성을 가지고 있으므로, 떡을 찌는 동안 떡가루가 말라 설익을 염려가 없고, 수증기가 서려 가장자리로 물기가 흘러 배어서 질죽하게 될 염려 없이 잘 익힐 수 있어, 오늘날까지도 계속 쓰고 있다.
알루미늄이나 양철로 만들어진 시루는 가볍고 깨질 염려는 없겠으나, 질시루의 특성을 가지지 않았으므로 유의해야 한다. 질시루를 사용하기 전에는 반드시 물에 씻어서 사용한다. 떡을 안치는 방법은 켜 없이 설기떡이나 버무리는 방법으로 안치기도 하지만, 콩고물과 팥고물 등으로 켜를 만들어 찌는 켜떡이 있다.

- 켜떡의 경우에는 켜의 두께가 고루 되도록 떡가루의 분량을 잘 안분하여 편편하게 펴서 켜켜로 안친다.
- 멥쌀떡은 몇 켜를 안쳐서 쪄도 설익는 법이 없으나, 찰떡은 더운 김이 떡가루 사이로 잘 오르지 못하여 중간이 설게 되는 수도 있으므로, 언제나 시루 밑 바로 위에 무거리를 두껍게 한 켜 깔고 메떡을 몇 켜 안친 다음, 그 위에 찰떡을 안친다. 한 켜씩 번갈아 안쳐 쪄도 된다.
- 떡시루를 솥에 올릴 때는 솥 안에 물을 ½ 이하로 적당히 넣어야 하는데, 너무 많이 부으면 증기가 오를 정도로 몹시 끓었을 때 떡가루 안친 데까지 물이 튀어 질축해질 우려가 있으며, 너무 적게 넣었을 경우에는 떡이 익기도 전에 물아 닳아 없어지게 된다.
- 떡을 안친 후 깨끗한 행주나 베보자기로 찜통을 덮고, 그 위에 뚜껑을 덮어야 물이 속으로 흘러 들어가지 않는다.
- 시루에 찔 때에는 시룻번을 잘해야 하는데, 가루를 치고 마지막에 남은 무거리에 물을 쳐서 되직하게 반죽하여 절구에 한참 찧어 번을 만든다.
  만일 무거리가 없을 경우에는 밀가루나 쌀가루를 되게 개어서 시룻번으로 쓴다. 밀가루를 사용할 경우에는 너무 오래 치대면 시룻번이 잘 붙지 않는다. 시룻번은 솥과 시루 사이를 틈새없이 메꾸어 바르는 데, 조금이라도 새가 뜨면 김이 새어서 고루 오르지 않아 떡이 익지 않는다. 시루를 솥에 걸기 전에 솥 안에서 물이 너무 끓어도 시룻번이 잘 붙지 않는다.
- 찜통 안의 물을 가늠하기 위해 물 가운데에 사기 사빌을 하나 엎어놓으면, 물이 끓는 동안 사발소리가 들리므로 쉽게 알아 낼 수 있으며, 물 끓는 소리가 없으면 곧 내려놓아 타지 않도록 해야 한다. 흰떡의 경우 뜸을 너무 오래 들이면 색이 누렇게 변하므로 시간조절에 주의해야 한다.
- 김이 잘 오르도록 불을 세게 해야 하지만, 솥 주위로 불길이 가서 뜨거우면 떡이 익기도 전에 가루가 먼저 마르고 떡이 설익게 되므로 주의해야 한다.
- 불이 너무 앞쪽으로 닿게 되면 뒤쪽이 설고, 너무 안쪽으로 불길이 들어가면 앞쪽이 설게 되므로 솥 밑에 골고루 불길이 닿게 해야 김이 앞뒤에 고루 올라 떡이 잘 쪄진다. 찰떡은 더운김이 잘 오르지 못하여 중간이 설게 되는 경우가 있으므로 시루밑에 메떡을 한켜 깔고 찰떡을 안친다.
- 떡이 쪄지는 것은 시루의 둘레를 만져서 따뜻하게 되면 김이 전체적으로 고루 오른 증거이며, 김이 나기 시작해서부터 뚜껑을 덮고 그때부터 쌀가루 20컵 정도는 15분 정도, 40컵 정도는 30분이면 가루가 다 익고, 시루 가장자리부터 떡이 떨어진다. 시루를 솥에서 들어내고 10분 정도 뜸들였다가 시룻번을 뗀다.

6 강정 고물 만들기

1. 깨고물

깨를 물에 씻고 돌 없이 잘 일어 그릇에 담는다. 물을 조금 붓고 손으로 비벼서 껍질을 벗긴다. 물에 씻어 위에 뜨는 빈 껍질은 버리고, 알맹이만 씻는 것을 '실깨한다' 고 한다. 실깨한 깨를 건져내어 물기를 빼고 넓은 솥에 조금씩 넣어 타지 않게 볶아 낸다.

2. 잣고물

잣은 고깔을 떼고 마른행주로 깨끗이 닦은 다음, 도마 위에 한지를 깔고 칼로 곱게 다진다.

3. 파란 콩가루

파란 찰 콩을 껍질은 벗겨 버리고, 찜솥에 담아 된김이 오를 때 살짝 찐 다음, 꺼내어 더운 방에서 바싹 말려 곱게 빻는다.

4. 세 반

찹쌀을 씻어 불렸다가 건져서 지에밥을 찐 다음 식으면 안안이 떼어 만린다. 전구에 넣고 곱게 빻아 모시나 베주머니에 싸서 끓는 기름에 잠깐 튀긴 다음 한지를 깔고 기름을 빼놓는다 튀긴 것이 거칠 경우에는 도마에 놓고 다져서 쓴다. 여러 가지 색을 낼 경우에는 쪄서 말린 지에밥에 지치나 치자를 이용하여 노랑・분홍색물을 들인 후에 앞서와 같은 방법으로 말린다. 푸른색을 낼 경우에는 세반에 쑥가루나 파래가루를 섞어 사용한다.

6 엿기름 기르기

깨끗한 겉보리를 준비하여 까불러 잡물을 제거한 뒤, 깨끗이 씻어 물에 3~4시간 정도 담가 둔다. 겉보리를 건져 시루에 안친 뒤, 물에 축인 광목 보자기를 덮고 물을 준다. 물을 줄 때에는 손으로 보리를 뒤적이면서 하루에 2~3번 준다. 2일째에 싹이 조금 나오고, 4일째에는 뿌리가 나오게 된다. 싹이 1cm 정도 자라면 씻어 건진 뒤 하룻밤 두었다가 멍석에다 헤쳐 말린다.
식혜나 엿의 제조에 쓸 엿기름은 햇볕에서 수분함량이 10% 내외가 되도록 건조시킨다. 완전히 마르면 싹싹 비벼 키에 담고 까불러서 통엿기름 그대로 항아리에 보관했다가 쓴다. 통엿기름을 방아에 곱게 빻아 체에 쳐서 무거리와 가루를 분리하여 두었다가 용도에 따라 쓴다.

부록 2

떡의 용도와 그 성격

〈표 1〉 떡의 용도와 그 성격

종류 \ 용도		절식	통과의례: 삼칠일	백일	생일	혼례	회갑	제례	생업의례: 고사	풍어제	예물	성격
시루떡	백설기		○	○	○				○			• 성스러울 때(삼칠일 · 백일 · 돌 · 신당〈新堂〉)
	팥시루떡	10월 고사일							○	○		• 액막이(辟邪)
	콩설기	4월 느티나무			○							
	각색편					○	○	○				• 儀禮用(경사일)
	가래떡	정월 흰떡국								○	○	• 성스러울 때(정월)
단자	송 편	2월 노비일 8월 추석		○	○							• 頒食(노비일, 추석)
	수수경단			○	○							• 액막이, 애기돌과 생일(10살 까지)
	기타단자					웃기	웃기					• 儀禮用(떡의 웃기)
도병	절 편	5월 단오				○	○				○	• 贈禮用
	인절미					○	○	○			○	• 贈禮用
전병	꿀전병	6월 유두					웃기		○			
	차전병	3·9월 들놀이					웃기					• 儀禮用(떡의 웃기)

〈표 2〉 절기의 떡과 그 의미

절 기	떡	떡에 담긴 의미
정월 초순	흰 떡국	순수무구한 경건을 표함.
정월 보름	약식	까마귀에게 보은
2월 中和節	송편	상전이 노비에게 송편을 나이수 대로 먹이고, 새해 농사를 시작하는데 수고해 달라는 대접
3월 삼짇날	진달래화전	집안의 우환을 없애고 소원성취를 비는 신제
4월 초파일	느티떡	석가탄일 경축
5월 단오(천중절)	쑥절편	단오차사(거피팥)
	쑥인절미	앵두차사(앵두), 햇쑥으로 버무린 절편, 인절미
	수리취절편	
6월 유두	떡수단	햇외를 천신하고 떡은 논에 나가 용신께 풍년을 축원
7월 칠석(삼복)	개찰떡, 밀설구, 주악, 백설기	올벼를 천신께 천신함.
8월 한가위	시루떡, 송편	햇쌀로 조상께 감사함.
9월 중양절	국화전	조상께 제사를 지냄.
10월 상달	시루떡(붉은 팥)	고사일을 택해 집안의 풍파를 없애는 기원
동지	팥죽(찹쌀경단)	작은 설
섣달그믐	온시루떡	

〈표 3〉 경사떡

지방 경사일	서울	경기	강원	충청	전라	경상	제주	황해	평안	함경
삼칠일 백일	흰무리	흰무리	흰무리	백설기	흰무리 팥시루떡	흰무리 인절미	흰무리	백설기	백설기	흰무리
돌	흰무리 수수팥단자 찹쌀경단	흰무리 수수팥떡 경단 송편 찰떡	백설기 색편 수수망새기 송편	백설기 수수망새기 송편 인절미	백설기 콩설기 수수팥단자 (연단) 송편 색떡	백설기 수숫구떡 경단 인절미 망두떡 차시루떡 (콩단지)	무지개떡	수수메밀경단 송편		무지개떡 수수경단 송편
혼례와 회갑	절편 송편 인절미 약식 각색편 화전 · 주악	큰상떡 달떡 절편 잔골무떡 용떡 인절미 갖은편 화전 · 주악	큰떡 절편 인절미 각색편 봉치밀 기정떡 화전 · 주악 경단 메밀전병	큰떡 절편 색떡 인절미 약식 각색편 찰편 기주떡	근원떡 (고배기떡) 달떡 절편 송편 색떡 · 꽃떡 용떡 인절미 약밥 각색편 찰떡 입마개떡	절편 색떡 용떡 인절미 약밥 찰떡	백시루떡 절편 인절미	절편 인절미 기주떡 웃기떡 시루떡 시루떡 경단	절편 꼬리떡 인절미 기주떡	달떡 고명떡 절편 황인절미 기주떡

〈표 4〉 제사떡

	서울	경기	강원	충청	전라	경상	제주	황해	평안	함경
제사음식	녹두편 팥계피편 꿀편 주악	녹두편 팥계피편 꿀편 주악	시루편 절편			시루편 주악 흰떡 인절미 기증편 찹쌀보치기 (화전)	백시리 (설기떡) 참떡 (시루떡) 솔병 절편 인절미 멍석떡 곤떡 새미떡	떡 주악	설기떡	시루편 조잘떡 자바귀

※자료 : "한국 떡 문화연구", 1988년

부록 3

떡 기구 · 기명

매통 벼의 껍질을 벗기는데 쓰이는 도구로《해동농서》에서 '목마(木磨)' 라고 표기하고 있다. 크기가 같은 통나무 두짝으로 만들며, 윗짝의 구멍에 맞도록 아래짝의 윗 부분을 깎아서 연결된 기둥을 만드는데, 이는 위 · 아래짝이 맞물리도록 하는 구실을 한다. 그리고 윗짝과 아래짝이 맞물리는 톱니처럼 골을 지게 판다. 윗짝의 중간 한 쪽 또는 대칭으로 손잡이를 붙여서 좌우로 돌리면 벼의 껍질이 볏겨져 쌀과 겨가 함께 나온다.

남방애

'나무로 만든 방아' 란 뜻의 제주도 방언으로, 노목(老木)을 적당한 크기로 잘라 내고, 이어 면이 넓은 위쪽을 2층으로 깎아 내는데, 가장 자리는 운두를 높게 깎아 울타리를 짓고 한 복판을 더 깊게 하여 제주도의 현무암으로 돌확을 박는다. 돌확의 가장자리가 넓어 곡식이 튀어 나가는 것을 방지해 준다.

절구 · 절구공이

곡식을 찧거나 빻는 데 사용하는 것으로 통나무나 돌의 속을 파낸 구멍에 곡식을 넣고 절구공이로 찧는다. 옛말로는 '절고' 라고 표기하고 있는데, 지역에 따라 도구통 · 도구 · 절기 방아라고도 부른다. 만드는 재질에 따라 나무절구 · 쇠절구 · 돌절구로 부르며, 절구공이와 절구의 재질은 대개 같다.

맷돌

주로 곡식을 갈아서 가루로 만들거나, 물에 불린 곡식 등을 갈 때 쓴다. 맷돌은 구석기시대후기에 만들어졌을 것으로 추측된다.

맷방석

맷돌질을 할 때 맷돌 밑에 깔아서 사용하는 것을 말하며, 짚으로 둥글고 작게 만든다. 덕서기, 덕성, 터서기 등으로 불리워진다.

맷돌받이

맷돌받이는 맷돌로 콩 등 곡물을 갈아 콩물과 같은 액체나 가루를 낼 때 쓰는 용구로 쳇다리와 같은 기능을 한다.

체

곡물을 비롯, 모래 등의 알맹이를 거친 것과 미세한 것으로 선별하는 용구이다. 체는 구멍의 크기에 따라 어레미 · 도드미 · 중거리 · 가루체 · 고운체 등으로 나눈다. 고운체는 삼 또는 명주 등으로 되어 있고 미세한 가루나 술 · 간장 등을 거를 때 사용한다.

편칼

인절미와 같은 떡(절편)을 썰거나 떡을 형태 그대로 그릇에 담기 위해 특별히 제작된 칼로 시루칼이라고도 한다. 나무와 쇠 · 청동 · 놋쇠로 된 것들이 있는데, 궁중 및 사대부와 부유층에서는 놋쇠나 청동으로 만든, 비교적 정교한 제품의 편칼을 사용했던 반면, 일반 서민층에서는 직접 나무를 깍아 만들어 쓰기도 하고, 쇠로 된 편칼을 대장간에서 사다 썼던 것으로 보인다. 편칼은 일반 식칼처럼 외날이면서 손잡이에서부터 칼끝까지 두께가 2~4mm 정도, 길이가 50cm에서 1m가 넘는 것까지 다양하다.

떡판 · 안반

치는 떡을 만들 때나 기름을 짜는데 쓰는 기구로 안반(案盤)이라고도 한다. 두텁고 넓은 통나무판을 반반하게 다듬어서 다리를 붙이거나, 제 몸체에 다리가 달리도록 깎아서 만든 다음, 한 쪽 또는 중앙을 우묵하게 파 내어 떡밥이나 인절미 등을 넣고 떡메로 칠 때 내용물이 흩어지지 않게 한다. 떡판의 크기는 대개 두께 15~20cm, 너비 70~90cm, 길이 100~120cm 정도이다.

시루방석

시루를 이용하여 떡이나 기타의 음식을 찔 때 시루 위에 얹는 짚방석이다. 시루밑보다는 두껍고 촘촘하게 엮으며, 시루의 주둥이보다 크게 만든다. 먼지나 짚, 풀 등이 떨어질 염려가 있을 때는 베보자기나 삼베보자기를 씌운 뒤에 시루방석을 덮기도 한다.

시루

떡이나 쌀 등을 찔 때 쓰는 '찜기' 이다. 시루는 만드는 재료에 따라 도제(도제)시루 · 질시루 · 동제시루 등이 있고, 용도에 따라 떡시루 · 콩나물시루 · 약시루 · 봉치시루 · 치성시루 등이 있다. 시루가 처음 쓰이기 시작한 것은 용산 문화유적과 요동반도에서의 찜기 출토로 보아 신석기시대부터인 것으로 추측된다. 현재 사용하고 있는 시루는 솥 위에 시루를 걸어 놓고 무엇인가를 찌고 있는 모습을 그린 고구려 안악 3호분 속의 것과 같은 형태로, 오늘에 이르기까지 그 구조나 형태가 크게 달라지지 않은 채 사용되고 있다.

시루밑

떡이나 음식을 찔 때 시루밑을 시루 바닥에 깔아서 쌀가루나 식품의 내용물이 밑으로 빠지지 않도록 짚이나 끌영풀(그랑풀), 한지 등으로 새끼를 꼬거나 감껍질, 칡덩쿨껍질 등을 엮어 만든다.

떡가위

떡가위는 일반 가위와 같이 2개의 다리에 각각 손가락을 끼고 벌렸다 오므렸다 하여 지레의 원리로 떡을 자르게 되어 있다. 언제부터 떡가위를 인절미 등의 떡을 자르는 데 이용하였는지는 알 수 없으나, 일반화되지는 않았다.

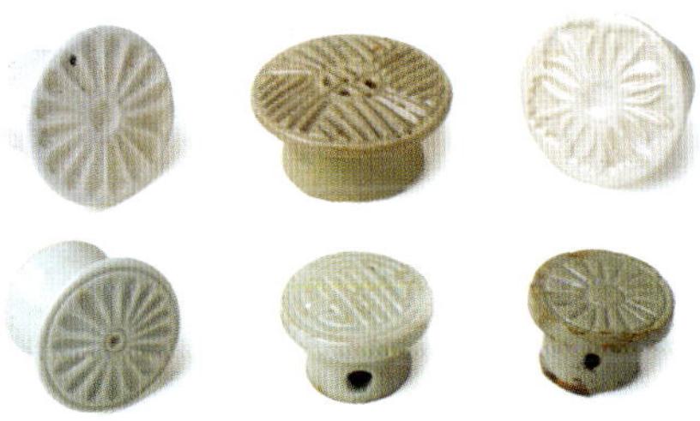

떡 살

떡이나 쑥떡 등 절편의 표면에 도장처럼 눌러 찍는 용구로, 나무 살을 비롯 사기 · 자기류 · 오지로 된 떡살이 있다. 그 형태는 원형과 정방형 · 장방형이 주류를 이루는데, 사각 · 육각 · 팔각형의 것은 사기 · 자기 · 오지류의 제품이 많고 장방형의 것은 나무로 된 것이 대부분이다. 나무떡살은 대개 재질이 박달나무 · 대추나무 · 감나무 · 참나무 · 은행나무 등으로 만들었다. 동식물을 비롯, 선과 길상문양을 음각 또는 양각으로 새겨서, 절편 위에 눌러 찍었을 때 아름다운 무늬가 나타나 떡의 시각적인 멋과 함께 구미(口味)를 돋군다.

다식판

다식판은 대개 길이 30~60cm 정도 크기로 윗짝과 아랫짝 두 쪽, 또는 판 하나로 이루어져 있다. 두 짝으로 된 것 중 아래판은 원형 또는 방형으로 볼록하게 5~10개가 한줄 또는 두 줄로 나란히 솟아 있고, 볼록한 부분의 윗면에는 수(壽) · 복(福) · 강(康) · 영(寧) 또는 완자모양 · 꽃모양 등 기하학적인 선문양이 음각으로 새겨져 있다.

약과판

약과를 만들 때 여러 가지 다양한 형태의 문양을 새긴 틀에 밀가루 반죽을 넣고 다져서 판에 새긴 문양을 찍어 내는틀로 약과틀이라고도 한다. 약과판은 앞 면 한군데 아니면 앞 뒤 두쪽, 또는 사면(四面)에 나비 · 박쥐 · 물고기 등 여러 가지의 문양이 음각(陰刻)되어 있다. (그 형태나 원리는 다식판과 같으나 무늬를 새긴 구멍의 지름이 크고, 무늬보다는 과자의 전체적인 모양과 주변의 새김을 두드러지게 한 것이 다식판과 다른 점이다.)

부록 4

고려시대 이전의 조리용구

〈그림 1〉 디딜방아
(高句麗 安岳 3號古墳壁畫)

〈그림 2〉 安岳 3號古墳壁畫의 시루

설명 : 고구려 중기의 생활의 모습을 단편적이나마 살필 수 있는 것으로 1949년 황해도 안악지방에서 발견된 고분벽화이다. 〈그림 1〉은 디딜방아를 찧고 키질을 하고 있는 그림이며, 〈그림 2〉는 부엌에서 화덕에 솥을 걸고, 그 위에 시루를 놓고 무엇인가를 찌고 있다.

〈그림 3〉 熊川出土의 시루

설명 : 2세기경 경남 진해시 熊川 조개무지에서 나온 시루

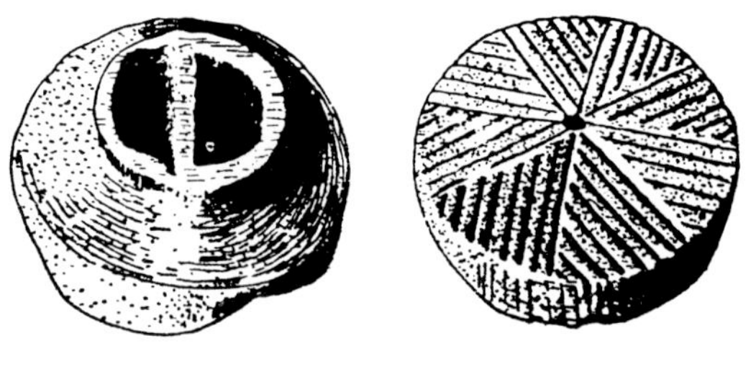

〈그림 4〉 樂浪出土의 맷돌

설명 : 맷돌은 절구나 방아보다 훨씬 늦게 나타난 것으로 보인다.

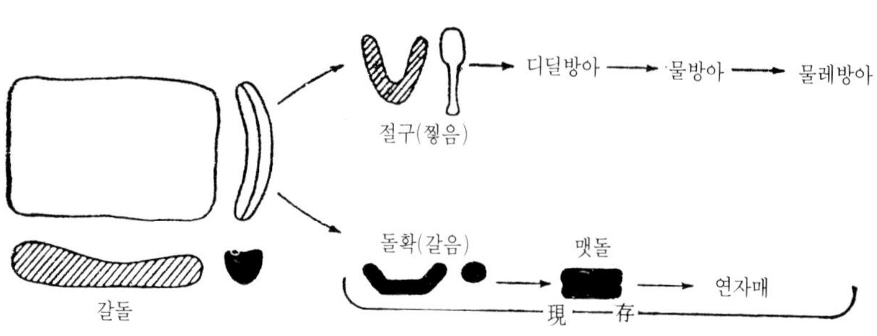

〈그림 5〉 갈돌의 발전(李春寧 : "韓國農耕起源에 관한 小考")

설명 : 즐문(櫛文) 토기시대의 갈돌은 윗돌인 石棒과 아랫돌인 石皿이 한 쌍이 되어있다. 이것이 지금의 절구로 발전하여 윗돌은 절구공이가 되고 아랫돌은 절구통이 되었다.

부록 5

각종 떡살 문양

〈그림 1〉 朝鮮朝 木製 떡살(金經淑씨 소장)

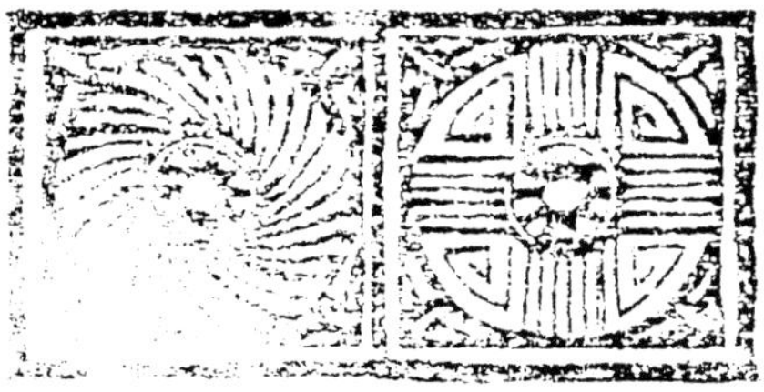

〈그림 2〉 朝鮮朝 陶藝製 떡살(民俗館 所藏)

〈그림 3〉 朝鮮朝 陶藝製 떡살(에밀레미술관 소장)

〈그림 4〉 朝鮮朝 陶藝製 떡살 (晋州 金昌文씨 소장)

〈그림 5〉 朝鮮朝 陶藝製 떡살 (晋州 金昌文씨 소장)

〈그림 6〉 朝鮮朝 陶藝製 떡살 (晋州 金昌文씨 소장)

〈그림 7〉 朝鮮朝 陶藝製 떡살 (에밀레미술관 소장)

〈그림 8〉 朝鮮朝 陶藝製 떡살 (晋州 金昌文씨 소장)

〈그림 9〉 朝鮮朝 陶藝製 떡살

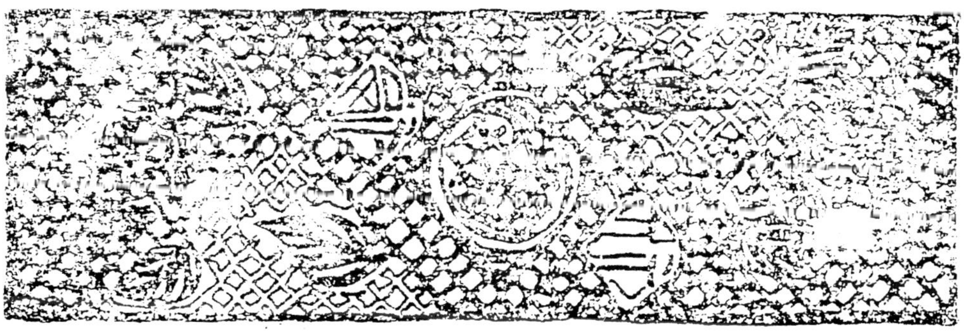

〈그림 10〉 朝鮮朝 木製 떡살(梨花女大博物館 소장)

한국의 떡살 무늬는 종류에 있어서 무궁무진하며, 무늬의 의미는 종교적·심리적 민족의 심성표현으로 간주해야 할 것으로 보인다. 분류하면 기하학적인 문양, 문자문양, 선(線)문양, 격자문양, 꽃문양, 동물문양 또는 여러가지가 복합된 것이 있다. 상징적이거나 추상적인 무늬로부터 설명인 것까지 다양하다.

부록 6

식품 중량표

곡류 및 녹말류

〈1컵기준〉

식품명 \ 계량	1컵 (200ml)	식품명 \ 계량	1컵 (200ml)	식품명 \ 계량	1컵 (200ml)
백미	160	삶은보리쌀	130	잣가루	90
현미	160	흰떡(1가래)	100	황률가루	119
찹쌀	160	식혜밥알	130	대추가루	90
보리쌀	180	불린당면	180	석이가루	110
압맥	110	두부(1모)	250	승검초가루	40
밀	160	쌀가루	100	송화가루	75
옥수수	155	찹쌀가루	100	송기가루	90
차수수	180	차수숫가루	90	유자가루	128
차좁쌀	160	메밀가루	120	녹두녹말	140
메조	165	감자가루	90	연근녹말	110
기장쌀	169	밀가루(강)	105	율무녹말	80
대두	160	밀가루(중)	105	갈분(칡녹말)	140
팥	165	밀가루(박)	100	생강녹말	84
녹두	170	팥가루	125	도토리녹말	139
율무	150	콩가루(생)	98	거피팥고물	114
땅콩	120	콩가루(볶은 것)	85	볶은팥고물	108
참깨	120	메주가루	78	볶은녹두고물	110
검은깨	110	메주(잘게 부순 것)	96	밥풀	12
들깨	110	엿기름가루	115		
밥	120	감가루	158		

과일류

〈1개(中) 또는 1컵기준〉

식품명 \ 계량	중1개 또는 1컵 계량(g)	식품명 \ 계량	중1개 또는 1컵 계량(g)	식품명 \ 계량	중1개 또는1컵 계량(g)
사과	200	레몬	150	깐은행(1컵)	160
배	220	키위	100	깐행인(1컵)	120
감	150	자두	35～40	건포도(1컵)	120
곶감	45	복숭아	140～150	말린오미자(1컵)	40
밤(1컵)	200	딸기	20～25	말린구기자(1컵)	70
대추(1컵)	70	모과	500	말린모과(1컵)	60
귤	100	잣(1컵)	125	볶은결명자(1컵)	140
유자	110	깐호두(1컵)	80		

고물 · 소의 계량변화

〈1컵기준〉

식품명	말린 것	불린 것	찐 것	고물낸 것
거피팥	170g	340g	320g	300g
붉은통팥	160g	200g	400g	230g
강낭콩	160g	200g	270g	150g
동부	170g	300g	290g	280g
흰콩	160g	320g	310g	200g
거피녹두	170g	320g	320g	300g

참고 문헌

1. 《삼국지(三國志)》 〈위지동이전〉 290 년경.

2. **김부식**, 《삼국사기(三國史記)》 1145.

3. **일연**, 《삼국유사(三國遺事)》 1285.

4. 《계림유사》 1300 년대

5. 《향약구급방(鄕藥救急方)》 1236.

6. 《본초강목(本草綱目)》 1590.

7. **하생원**, 《주방문(酒方文)》 1600 년대 말엽.

8. **허준**, 《동의보감(東醫寶鑑)》 1610.

9. **허균**, 《도문대작(屠門大爵)》 1611.

10. **이수광**, 《지봉유설(芝峯類說)》 1613.

11. **신속 찬편**, 《구황보유방(救荒補遺方)》 1660.

12. **안동장씨**, 《음식지미방(飮食知味方)》 1670.

13. **저자미상**, 《요록(要錄)》 1680.

14. **홍만선**, 《산림경제(山林經濟)》 1715.

15. **숙부인 진주정씨**, 《음식보(飮食譜)》 1700 년대.

16. **이표**, 《수문사설(謏聞事說)》 1740.

17. **이익**, 《성호사설(星湖僿說)》 1763.

18. **한치윤**, 《해동역사(海東繹史)》 1765.

19. **유중림**, 《증보 산림경제(增補 山林經濟)》 1766.

20. **유득공**, 《경도잡지(京都雜誌)》 1700 년대 말엽.

21. **빙허각이씨** 원저(1815), 정량원 역주, 《규합총서(閨閤叢書)》 보진재, 1986.

22. **김매순**, 《열양세시기(洌陽歲時記)》 1819.

23. 《18 세기 궁중연회음식고》

24. **저자미상**, 《옹희잡지(饔饎雜誌)》 1800 년대 초엽

25. **저자미상**, 《역주방문(曆酒方文)》 1800년대 중엽.

26. **서유구**, 《임원십육지(林園十六志)》 1827.

27. **홍석모**, 《동국세시기(東國歲時記)》 1849.

28. **저자미상**, 《음식법(飮食法)》 1854.

29. **연대미상**, 《음식방문(飮食方文)》

30. **저자미상**, 《군학회등(群學會謄)》 1800 년대 중엽.

31. **저자미상**, 《시의전서(是議全書)》 1800 년대 말엽.

32. **저자미상**, 《규곤요람(閨壼要覽)》 1896.

33. **방신영**, 《조선요리제법(朝鮮料理製法)》 한성도서출판사, 1913.

34. **빙허각이씨 원찬**, 《부인필지(婦人必知)》 1855.

35. **이석만**, 《간편 조선요리제법(簡便 朝鮮料理製法)》 1934.

36. **조자호**, 《조선요리법(朝鮮料理法)》 서울, 1938.

37. **이원규**, 《조선요리(朝鮮料理)》 1940.

38. **이용기**, 《조선무쌍신식요리제법(朝鮮無雙新式料理製法)》 영창서관, 1943.

39. **저자미상**, 《시의방(是議方)》 1945.

40. **최남선**, 《조선상식(朝鮮常識)》 현암사, 1948.

41. **방신영**, 《음식만드는 법》 1952.

42. **방신영**, 《우리나라 음식만드는 법》 1958.

43. **한희순 외 2人**, 《이조궁정요리통고(李朝宮廷料理通攷)》 1957.

44. 《요리전서》 1968.

45. 《현대 여성백과사전》 1969.

46. **황혜성**, 《궁중음식》 1972.

47. 《전통향토음식조사연구보고서 I, II》 1973~1979.

48. **정약용 원저, 김종권 역주**, 《아언각비(雅言覺非)》 일지사, 1976.

49. **유태종**, 《식품 카르테》 박영사, 1976.

50. **강인희**, 《한국식생활풍속》 삼영사, 1978.

51. **이성우**, 《고려이전의 한국식생활사 연구》 향문사, 1978.

52. **황혜성**, 《궁중음식 향토음식》 홍보문화사, 1980.

53. **이성우**, 《한국 식경대전》 향문사, 1981.

54. 《한국민속대관》 고려대학교 민속문화연구소, 1982.

55. **윤서석**, 《한국의 전래생활》 수학사, 1983.

56. 《한국민속종합조사보고서》 형설출판사, 1984.

57. **이성우**, 《한국식품사회사》 교문사, 1985.

58. **이성우**, 《한국요리문화사》 교문사, 1985.

59. **황혜성**, 《전통의 맛 떡, 한과, 음료》 주부생활사, 1985.

60. **왕준련**, 《한국요리백과(III)》 범한출판사, 1986.

61. **강인희**, 《한국의 맛》 대한교과서주식회사, 1987.

62. 《한국 떡 문화연구》 김경진교수 성년퇴임준비위원회, 1988.

63. **한복려**, 《떡과 과자》 대원사, 1989.

64. **윤국병, 장준근**, 《몸에 좋은 산야초》 석오출판사, 1989.

65. **김태정**, 《약용식물》 대원사, 1990.

66. **윤숙자**, 《한국전통음식 우리맛》 강원일보사, 1990.

67. **신재용**, 《한국인의 건강식》 동화문화사, 1990.

68. **유태종**, 《식품보감》 문운당, 1991.

69. **박원기**, 《한국식품사전》 신광출판사, 1991.

70. **이규태**, 《재미있는 우리의 음식이야기》 기린원, 1991.

71. **한국민속사전 편찬위원회**, 《한국민속대사전》 민족문화사, 1991.

71. **유태종**, 《음식궁합》 도서출판 둥지, 1992.

72. **이훈종**, 《민족생활어사전》 한길사, 1992.

73. **염초애, 윤숙자**, 《한국음식》 효일문화사, 1992.

74. **윤서석**, 《한국음식》 수학사, 1993.

75. **윤숙자 외 7 인** 《한국전통음식》 지구문화사, 1997.

76. **황혜성**, 《조선왕조 궁중음식》 궁중음식연구원, 1993.

77. **홍문화**, 《보약이 되는 음식이야기》 도서출판 두로, 1995.

78. **권혁세**, 《풀이 만병을 이긴다》 하나로, 1997.

79. **강인희**, 《한국의 떡과 과줄》 대한교과서, 1997.

80. **윤서석 외 6 인** 《한국음식대관(제 1권)》 한국문화재보호재단, 1997.

81. **김기숙, 한경선**, 《교양을 위한 음식과 식생활문화》 대한교과서, 1997.

82. **하순용 외 4 인** 《한국조리》 지구문화사, 1998.

83. **김영희, 이효지**, 〈밀가루첨가 및 발효시간에 따른 증편의 특성〉 대한가정학회지 제 23 권 3 호 (1985)

84. **신동화외 3 인**, 〈유과 품질향상을 위한 첨가물의 효과와 공정단순화 시도〉 한국식품과학회지 vol. 22, No. 3 (1990)

85. **심영자 외 2 인**, 〈쑥 첨가량에 따른 쑥설기의 텍스처에 관한 연구〉 한국식품과학회지 vol. 7, No. 1 (1991)

86. **차경희, 이효지,** 〈석탄병의 재료배합비에 따른 texture 특성〉 한국식품과학회지 vol. 8, No. 2 (1992)
87. **정현숙,** 〈쑥을 첨가한 쑥설기의 관능적 품질〉 식생활학회지 vol. 3, No. 2 (1993)
88. **박진영, 김광옥, 이종미,** 〈전통적 강정 제조방법과 표준화, 청주와 콩의 최적 첨가수준〉 한국식문화학회지 vol. 8, No. 4 (1993)
89. **정혜영,** 〈한국산 마의 당질 분석〉 한국식품과학회지 vol. 27, No. 1 (1995)
90. **김종군,** 〈쑥과 솔잎을 첨가한 절편의 영양학적 특성〉 한국조리과학회지 vol.11, No. 5 (1995)
91. **김애경 외 2 인,** 〈녹두가루와 녹두전분의 일반성분 및 호화성질 비교〉 한국조리과학회지 vol. 11, No. 5 (1995)
92. **임숙자, 김평자,** 〈참마의 조리법 개발과 그 섭취가 당뇨병환자의 혈당에 미치는 영양〉 한국조리과학회지 vol. 11, No. 3 (1995)
93. **이임선 외 3 인,** 〈돌연변이원에 대한 마 추출물의 억제 효과〉 한국조리과학회지 vol. 11, No. 4 (1995)
94. **정태연 외 4 인,** 〈생강의 산지별 형태적 특성〉 한국식품과학회지 vol. 28, No. 5 (1996)
95. **임희정, 염초애,** 〈노티의 재료에 따른 이화학적, 관능적 및 기계적 특성연구〉 한국조리과학회지 vol. 12, No. 3 (1996)
96. **장은희, 표영의, 안명수,** 〈오미자 추출물의 항산화효과〉 한국조리과학회지 vol. 12, No. 3 (1996)
97. **국주희, 마승진, 박근형,** 〈솔잎에서 항미생물 활성을 갖는 benzoic acid의 분리 및 동정〉 한국식품과학회지 vol. 29, No. 2 (1997)
98. **문화공보부,** 〈전통향토음식조사연구보고서〉 (1979)
99. **김기영, 리찬걸, 김윤택, 최태봉, 김정룡, 김정협, 리만옥, 리사일, 김영섭, 심봉필, 조상희,** 《조선료리전집》 (1994)
100. **최상옥,** 《개성식 손맛》 디자인하우스, (1997)
101. **김운진,** 〈우메기떡의 재료배합비에 따른 조직 특성 및 관능특성〉 성신여자대학교 석사학위논문 (2001)
102. **장학길,** 《현대인의 건강을 위한 식품정보》 신광출판사
103. **조후종, 이춘자, 오성천,** 《식품이 약이 되는 증언들》 효일문화사 (1998)
104. **박영선 외 1인,** 〈발효시간에 따른 증편의 물성변화〉 한국조리과학회 vol. 13, No. 4(1997)
105. **이종미 외 2인,** 〈노치 제조방법의 공정개선에 관한 연구〉 한국조리과학회 vol.13, No. 4(1997)
106. **박금미,** 〈약과 저장시의 산패정도와 물성에 관한 연구〉 한국조리과학회 vol. 13, No. 5(1997)
107. **이선실,** 〈수도권 대학생들의 떡의 이용실태 및 기호도 조사〉 한국조리과학회 vol. 14, No. 2 (1998)
108. **윤숙자 외 1인,** 〈찹쌀가루 첨가량에 따른 산약병의 기호성 및 품질특성에 관한 연구〉 한국조리과학회 vol. 15, No. 6 (1999)
109. **윤숙자,** 〈단호박 첨가수준에 따른 호박떡의 기호성 및 품질특성〉 한국조리과학회 vol. 15, No. 6(1999)
110. **윤숙자 외 1인,** 〈제조방법을 달리한 호박떡의 품질특성〉 한국조리과학회 vol. 16, No. 1(2000)
111. **윤숙자,** 〈수분 첨가량에 따른 절편의 노화도에 관한 연구〉 한국조리과학회 vol. 16, No. 5(2000)
112. **박금순 외 2인,** 〈찹쌀 첨가량에 따른 도행병의 관능적, 기계적 특성〉 한국조리과학회 vol. 16, No. 6 (2000)
113. **윤숙자 외 1인,** 〈난황의 첨가수준에 따른 약과의 기계적, 관능적 특성〉 한국조리과학회 vol. 17, No. 1 (2001)
114. **김나영 외 4인,** 〈쑥의 첨가량, 저장기간에 따른 쑥갠떡의 품질특성〉 한국조리과학회 vol. 17, No. 6 (2001)
115. **윤숙자,** 〈난백의 첨가수준에 따른 약과의 품질특성〉 한국조리과학회 vol. 18, No. 1(2002)
116. **김명애 외 1인,** 〈약과반죽에 사용된 주류의 종류가 약과의 조직과 품질에 미치는 영향〉 한국조리과학회 vol. 18, No. 2(2002)
117. **홍진숙,** 〈첨가량을 달리한 대추편의 품질특성〉 한국조리과학회 vol. 18, No. 6(2002)
118. **윤숙자,** 〈전란의 첨가수준에 따른 약과의 품질특성〉 한국조리과학회 vol. 18, No. 6(2002)
119. **이경희 외 1인,** 〈감저병의 재료배합비에 따른 관능적, 텍스쳐 특성〉 한국조리과학회 vol. 18, No. 6(2002)
120. **김경자 외 1인,** 〈가공쌀가루 대체량을 달리한 백설기의 저장기간과 온도에 따른 관능적 및 기계적 특성〉 한국조리과학회 vol. 19, No. 1 (2003)
121. **윤숙자,** 〈막걸리와 물의 첨가비율에 따른 증편의 품질특성〉 한국조리과학회 vol. 19, No. 1 (2003)
122. **이효지 외 1인,** 〈와거병의 재료배합비에 따른 관능적, 텍스쳐 특성〉 한국조리과학회 vol. 19, No. 2 (2003)
123. **최미애 외 4인,** 〈동충하초 첨가에 따른 증편의 품질특성〉 한국조리과학회 vol. 19, No. 3 (2003)
124. **정효선 외 1인,** 〈한국 전통 한과류에 대한 대학생들의 인지도 및 기호도에 관한 연구〉 한국조리과학회 vol. 19, No. 3 (2003)
125. **전혜경 외 4인,** 〈당의 종류 및 첨가량을 달리한 깨다식의 품질특성〉 한국조리과학회 vol. 19, No. 3 (2003)
126. **김윤화 외 3인,** 〈단삼추출물의 항산화능 검색 및 약과에 첨가효과〉 한국조리과학회 vol. 19, No. 4 (2003)
127. **윤숙자,** 〈발효시간에 따른 증편의 기계적 및 관능적 특성〉 한국조리과학회 vol. 19, No. 4 (2003)
128. **박정은 외 1인,** 〈집청액 종류에 따른 화전의 관능적 및 물리적 특성〉 한국조리과학회 vol. 19, No. 5 (2003)
129. **최상원 외 5인,** 〈구연산을 첨가한 오디 설기떡의 품질특성〉 한국조리과학회 vol. 19, No. 6 (2003)
130. **이승현 외 2인,** 〈기름의 양과 지지는 시간에 따른 화전이 관능적 및 물리적 특성〉 한국조리과학회 vol. 19, No. 6 (2003)
131. **김혜영 외 1인,** 〈들깨 엿 강정의 품질 특성 및 저장 중 변화〉 한국조리과학회 vol. 19, No. 6 (2003)
132. **서경화 외 2인,** 〈전통떡류에 대한 대학생들의 이용 현황에 관한 연구〉 한국조리과학회 vol. 20, No. 1 (2004)
133. **이효지 외 1인,** 〈느티떡의 재료 배합비에 따른 관능적 및 텍스처 특성〉 한국조리과학회 vol. 20, No. 1 (2004)

찾아보기

ㄱ

가련화채/290
가피떡/120
각색 산삼/170
각색경단/188
각색편/18
각첨(角添)/178
갈근(葛根)/84
갈수(渴水)/288, 291
감고지떡/44
감귤차(柑橘茶)/291, 296
감단자/138, 144
감떡/150
감사과(甘紗果·甘沙果)/215, 238, 244
감수(甘水)/288
감인절미/118
감자(柑子)정과/268
감자송편/90
감자찰떡/134
감저(甘藷 : 고구마)/30
감천(甘泉)/289
감태(甘苔)/132
감태산삼/170
갑피병/120
강귤차/296
강란(薑卵)/264
강분다식/260
강생란(薑生卵)/264
강정(剛飣)/215, 217, 236
강정류(羌飣類)/215
개피떡/120
거승(巨勝)/80
건시(乾柹)/320
건시단자/140
건정/215
건포도정과/270
견병/236
결명자(決明子)/168, 300
결명자찹쌀부꾸미/168
경고(瓊羔)/66
경단/144
경소탕/291
계강다식/217, 260
계백강정/217
계장/291
계피(桂皮)/308
계피강정/215
계피산자/238
계피차/291
고구마엿/216, 284
고려병/214
고배상(高排床)/215
고치떡/124, 126
골무떡/136
골무편/136
곱장떡/122
과수/266
과정류(果飣類)/214
과줄/215
과편(果片)/216, 274, 278
과편류(果片類)/216
관계(冠階)/236
구기자(拘杞子)/300
구기자차/291
구선왕도고(九仙王道糕)/34
구일초(九日草)/162
구절떡/162
구절판/162
국엽단자/140
국화/152
국화전/154, 158
국화차(菊花茶)/292
귤상자/296
귤병/318
귤병단자/140
귤병편/56
귤정과/216
귤화차(橘花茶)/296
기증병/114
길례(吉禮)/228
깨강정/215
깨박산/238
깨산자/238
깨엿/216
깨엿강정/254
꼬장떡/202
꼽장떡/202
꽃산병/132
꽃송편/90
꽃전/154
꿀단자/140
꿀물경단/190, 208
꿩고기/284

ㄴ

나복병(羅蔔餠)/40
나복산(羅蔔山)/40
난액(蘭液)/288
남방감저병(南方甘藷餠)/30
노구(솥)/248
노비송편/78
노티떡/172
녹두죽/350
녹말국수/350
녹말다식/216, 217, 260
녹차/298

ㄷ

다과상(茶果床)/214, 215
다방(茶房)/288
다세(茶稅)/289
다수(茶樹)/288
다식(茶食)/215, 217, 258
다식과/215, 212
다식류(茶食類)/216
다촌(茶村)/288
닥알범벅/208
단자(團子)/138
달떡/126
닭알떡/208

당과(糖果)／216
당근정과／270
당장법(糖藏法)／270
대구포다식／260
대박계／215
대약과／215, 217, 222
대추단자／138, 140
대추엿강정／252, 254
대추주악／180
대추초／266
도라지정과／268
도토리／80
도토리 송편／80
도행병(桃杏餠)／204
동아정과／216
두견전병／154
두견화／152
두견화전／154
두견화채／324
두구숙수／291
두텁떡／66
땅콩엿강정／254
떡고물／350
떡수단／290

ㄹ

란(卵)／216
량(涼)／348

ㅁ

마단자／140
마령서(馬鈴薯)／88, 134
만두과(饅頭果)／215, 217, 222
망석떡／182
매실(梅實)／310
매실정과／270
매엽과(梅葉果)／226
매자과／215
매작과(梅雀果)／226
매잡과(梅雜果)／226
매장(梅漿)／291, 310
매화산자(梅花食散子)／215, 238, 240
매화차(梅花茶)／298
맥문동정과／270
맨드라미꽃전／156
메밀산자／238, 248
면견(麵繭)／236
명가식(明可食)／40
모과장／291
모과정과／216
모과차／291, 294
모과편／278
모듬백이／24
모약과／178, 215, 220
묘화산자(描畵食散子)／238, 250
무설기떡／208
무시루떡／40
무엿／284
무정과／216
물호박떡／38
밀감화채(蜜柑花菜)／326
밀산자는／250
밀수(蜜水)／288, 290, 338

ㅂ

바람떡／120
박계(朴桂)／224
박계류(朴桂類)／215
박산／240
박송편／86
박하／288
반과상(飯果床)／215
밤단자／138, 140
밤초／268
밥풀산자／215, 238, 240
밥풀엿강정／252
방울증편／114
배숙(梨熟)／322
배피떡／148
배화채／290
백고괴(白糕塊)／32
백단향(白檀香)／310
백당엿／216
백두구(白豆蔻)／310, 312
백령도김치떡／104
백매(白梅)／310
백매화연사(白梅花軟絲)／215, 246
백미장(白米漿)／289
백변두(白扁豆)／34
백복령병(白茯苓餠)／52
백산자／240
백설고(白雪糕)／14
백설기／14
백세건반강정／217
백세건반연사과／217
백세건반요화과(白細乾飯蓼花果)／230
백자연사(柏子軟絲)／215, 246
백자연사과／217
버찌편／278
병단상(餠團狀)／260
보리수단／290
복령떡／52
복령병(茯苓餠)／52
복분자편／276
복숭아단자／140
봉수탕(鳳髓湯)／291, 306
부편／106
북감자／134
북어다식／216
분자(粉餈)／9
빈사과／215
빈사과(賓紗果)／215, 238, 242
빙떡／182
빙사과(氷似果)／215
빙사과(氷紗果)／242

ㅅ

사(絲)주머니／350
사과버무리／28

사삼(沙蔘)／170
사삼병／170
사색감사과／217
삭일송편(朔日松餠)／12
산병／132
산사정과／270
산삼／170
산삼병／154, 170
산수유정과／268
산약병(山藥餠)／186
산자／217, 238
산자깨박산／238
살구과편／280
삼병／170
삼색요화과(三色蓼花果)／230
삼색한과／217
상수리／80
상애떡／108
상외떡／108
상주설기／26
상추떡／42
상화떡(霜花餠)／10
상화병(霜花餠)／108
새우다식／260
색단자／140
색떡／32, 126
생강단자／140
생강란(生薑卵)／264
생강정과／216, 268
생강편(生薑片)／278
생란／264
생편(生片)／278
서속(黍粟)／22
서속떡／22
서여다식(薯蕷茶食)／186
서여향병(薯蕷香餠)／186
석이단자／138, 140
석탄병(惜呑餠)／50
섭산삼병／170
섭전／160
세반산자／215, 238
소약과／215
소엽(蘇葉)／316
소자(蘇子)／316
솔방울떡／100
송고(松膏)／132
송병(松餠)／78
송편(松餠)／78, 90
송화／217
송화강정／215
송화다식／260, 338
송화밀수(松花蜜水)／338
송화산자／238
송화수／338
송화주／338
송화차(茶)／338
수단(水團)／82
수련(水蓮)／334
수리취인절미／208
수박화채／336
수비(水飛)／338
수삼정과／216, 270
수시(水柹)／50
수정과(水正果)／288, 290
숙수(熟水)／288, 291
숙실과(熟實果)／217, 262
숙실과류(熟實果類)／216
숙주나물／350
순차류(純茶類)／289
순채국／334
순채정과／334
순채자／334
순채화채(蓴菜花菜)／334
순채회／334
승검초(辛甘草)／18
승검초단자／140
승검초산자／238
승소(僧蔬)／142
시루떡(甑餠)／14, 36
시사과(柹沙果)／244
시설(柹雪)／44
식(茶食)／260
식혜(食醯)／288, 318
신감초말다식／260
신과병(新果餠)／20
쌀다식／216, 260
쌀엿／284
쌀엿강정／252, 254
쌍화차／291
쑥구리단자／138
쑥떡／120
쑥송편／86, 88

ㅇ

안동식혜(安東食醯)／342
안래홍(雁來紅)／114
애단자／138
앵두편／216, 278
약과(藥果)／178, 214, 217, 218
약밥(藥食)／110
약식(藥食)／110
어상(御床)／215
여귀꽃／238
여주산병(驪州散餠)／122
여지장／291
연(蓮)／334
연근정과／216, 268
연등회(燃燈會)／214
연사(軟絲)／238
연사과(軟絲果)／215, 246
연산삼／170
연안인절미／118
연약과／215
엿／216, 284
엿강정／252, 254
엿강정류／216
영지(靈芝)／142
영초(靈草)／158
예(醴・단술)／348
오그랑떡／206
오매(烏梅)／310
오메기떡／192

오미(五味)／328
오미자(五味子)／288
오미자차／291
오미자편／276
오미자화채(五味子花菜)／290, 328
오미탕／291
오색강정／217
오색엿강정／217
오색중세건반연사과／217
오약(烏藥)／308
오쟁이떡／148
옥촉서(玉蜀黍)／46
요화(여뀌꽃)／230
요화과(蓼花果)／230
요화대／230
용떡／128
용안육다식／216, 260
우기／208
우메기／178
우병／176
우병의／176
우자(芋子)／176
원소병(元宵餠)／290, 348
유과(油果)／215
유밀과(油蜜果)／214
유자／330
유자단자／138, 140
유자장(柚子漿)／291, 308
유자정과／268
유자차／291
유자청(柚子淸)／274, 276, 330
유자편／276
유자화채／330
유전병(油煎餠)／154
윤수(潤水)／288
율고(栗餻)／48
율란／262
율말／217
율무단자／138, 140, 196
율무미수(薏苡仁米水)／340
은군자(隱君子)／158
은장／291
은행단자／138, 140
음다(飮茶)／288
의이(薏苡)／340
의이인(薏苡仁)／340
이(飴)／348
익산섭전／160
인삼차／291
인절미／116
인절병(引切餠)／116
임금／312
임금갈수(林檎渴水)／312

ㅈ

자소숙수(紫蘇熟水)／291, 316
자소탕／291
잔치메시루떡／208
잡곡미수(雜穀米水)／340
잡곡부치개／174
잡과고(雜果糕)／210
잡과다식／216
잡과병／20
잡과편／210
잣강정／215
잣구리／200
잣박산／216, 238
잣엿강정／254
잣정과／270
장(漿)／288, 291, 348
장미화／154
장미화전／156
장수(漿水)／289, 310
재장／291
전과(煎果)／215, 268
전통음료／288
전화당(轉化糖)／270
절편／136
점다(點茶)／260
정과(正果)／268, 270
정과류(煎果類)／216
정향(丁香)／304
정향숙수(丁香熟水)／312
제향(祭享)／216
제호탕(醍醐湯)／287, 298
조각(造角)／154, 178
조개송편／82
조과(造果)／216
조과류(造果類)／212
조란／260
조약전(造藥煎)／178
조청(造淸)／214
조침떡／54
좁쌀떡／130, 206
주악／178
죽엽／312
중광(重光)／158
중박계(中朴桂)／213, 222
중배끼／222
중양(重陽)／158
중양절／158
중양화(重陽花)／158
즙(汁)／284
증병(甑餠)／38, 114
증병도신(甑餠禱神)／38
증편(蒸餠)／11, 206
지사제(止瀉劑)／156
지지는떡(油煎餠)／12
진감전／154
진다례(進茶禮)／212
진다의식(進茶儀式)／284
진달래술／320
진달래화채／286, 320
진말다식／214
진유(眞油)／132
진피(眞皮)／56
찌는떡(甑餠, 蒸餠)／12

ㅊ

차(茶)／284
차수과／213

차조기잎／312
차조인절미／130
착면／346
찰떡／118
찰옥수수시루떡／48
참꽃／320
찹쌀경단／188
찹쌀부치기／206
창면(昌麪)／286, 346
채과(菜蔬果)／226
천금채(千金菜)／44
천문동정과／214
청매／344
청애병(靑艾餠, 쑥떡)／10
청태／215
청태다식／258
청포(淸泡)／346
청황입모빙사과／215
초(炒)／214
추시주(秋柹酒)／46
축사인(縮砂仁)／304
출단화／152
치는떡(搗餠)／12
치자(梔子)／132
칡／84
칡녹말／84
칡송편／84, 88

ㅋ

콩떡／118
콩산자／236
콩설기／102
콩시루떡／18, 38
콩엿강정／214, 252
콩찰떡／102
큰송편／206

ㅌ

타래과／224
탕(湯)／284, 287
탕음(湯飮)／312
태병／154
태식／214
토란단자／140
토란병(土卵餠)／176
토지(土芝)／176
토지병／154
통과의례／213

ㅍ

파래다식／214, 258
팔관회(八關會)／212
팥고물시루떡／38
팥단자／140
팥시루떡／38
편산／236

ㅎ

하밀감(夏蜜柑)／322
한과(漢菓)／212
한과류(韓果類)／212
한구(寒具)／160, 234
합병(盒餠)／66
해송자(海松子)／304
행당맥락(杏餳麥酪)／284
행인정과／216, 270
향애(香艾)단자／12, 138, 140
혜서(蕙醑)／288
호두엿강정／252, 254
호박삼색단자／142
호박송편／86
혼인인절미／118, 208
혼인절편／208
홍·백매화연사과／217
홍매화연사(紅梅花軟絲)／215, 246
홍백매화강정／217
홍백세건반요화과(紅白細乾飯蓼花果)／230
홍백세반강정／217
홍세건반연사과／217
홍세건반요화과(紅細乾飯蓼花果)／230
화밀(花蜜)／220
화분(花粉)／338
화전(花煎)／152, 154
화채(花菜)／288
환동자(還瞳子)／168
환병(環餠)／236
황골엿／216, 284
황률다식／216, 260
회향탕／291
후병(厚餠)／66
흑임자강정／215
흑임자다식／216, 217, 260
흑임자산자／238

| 전통의 맛과 멋 | 제6판

한국의 떡·한과·음청류

1998 년 11 월 15 일 초 판 발행
2001 년 4 월 1 일 수정초판 발행
2002 년 7 월 1 일 수정 2 판 발행
2004 년 10 월 20 일 개정 3 판 발행
2006 년 9 월 1 일 개정 4 판 발행
2008 년 4 월 20 일 개정 5 판 발행
2010 년 5 월 10 일 개정 6 판 1쇄 발행
2013 년 7 월 10 일 개정 6 판 2쇄 발행
2023 년 1 월 20 일 개정 6 판 3쇄 발행

글쓴이／윤 숙 자
펴낸이／주 병 오

펴낸곳／지구문화사 (倫)
JIGU PUBLISHING Co

경기도 파주시 회동길 209
파주출판문화정보산업단지
전화 (031) 955－7566 · 7577／7731~7733
팩시 (031) 955－7730

등록／1979 년 7 월 13 일 제 9－57 호

《값 **35, 000** 원》

ISBN 978－89－7006－498－7